中国合同库——合同范本系列

法天使
fatianshi.cn

创业，你需要的合同

第二版

施志广 等/编著

法律出版社
LAW PRESS · CHINA
北京

图书在版编目(CIP)数据

创业,你需要的合同 / 施志广等编著. -- 2 版. -- 北京 : 法律出版社, 2023
ISBN 978 -7 -5197 -7388 -5

Ⅰ. ①创… Ⅱ. ①施… Ⅲ. ①合同—基本知识—中国 Ⅳ. ①D923.6

中国版本图书馆 CIP 数据核字(2022)第 236615 号

创业,你需要的合同(第二版)
CHUANGYE, NI XUYAO DE HETONG (DI-ER BAN)

施志广 等/编著

策划编辑 朱海波
责任编辑 朱海波
装帧设计 鲍龙卉

出版发行 法律出版社
编辑统筹 法律应用出版分社
责任校对 邢艳萍
责任印制 刘晓伟
经 销 新华书店

开本 880 毫米×1230 毫米 1/24
印张 24.5 字数 580 千
版本 2023 年 1 月第 2 版
印次 2023 年 1 月第 1 次印刷
印刷 三河市兴达印务有限公司

地址:北京市丰台区莲花池西里 7 号(100073)
网址:www.lawpress.com.cn
投稿邮箱:info@lawpress.com.cn
举报盗版邮箱:jbwq@lawpress.com.cn
销售电话:010-83938349
客服电话:010-83938350
咨询电话:010-63939796

书号:ISBN 978-7-5197-7388-5
定价:98.00 元
凡购买本社图书,如有印装错误,我社负责退换。电话:010-83938349

施志广

“法天使-中国合同库”联合创始人
美国天普大学法学硕士（在读）
中华女子学院法学院特聘导师
北京市东城区人民法院特邀调解员
具备法律职业资格
电话/微信：13141323672

常金光

“法天使- 中国合同库”创始人
执业律师
《合同起草审查指南》
团体标准主要起草人

程艳如

“法天使-中国合同库”内容部门负责人
北京航空航天大学法学硕士
多年金融行业和互联网行业
大型企业法务工作经验

韩若君

法律和理工科交叉背景，大型国企与英语教师跨界经验
具备法律职业资格，现投身于TMT法律领域

王宏宇

西南政法大学法学硕士，具备法律职业资格
主要从事公司治理方面的法律服务工作

前　言

2016年9月，法天使出版了《创业，你需要的合同》1.0版。内容上，该书聚焦为初创企业提供较高品质的合同范本，涉及公司设立、股权融资、劳动人事等初创企业高频需求的领域。形式上，该书采用线上与线下相结合的方式，读者在阅读纸质书的同时，可通过书上的二维码，实时下载最新的合同范本。

彼时，法天使刚成立不久，中国合同库的建设亦刚刚起步。作为法天使成立以来出版的第一本书，出版之时，恰逢“大众创业，万众创新”如火如荼之际，该书的专业性、实用性和便捷性得到创业者及初创公司的广泛认可，此后几年，法律出版社响应读者需求，数次加印。

截至2022年12月，距本书第一版出版发行已经过去了六年时间。六年来，法天使在合同领域认真踏实地做出了许多努力：出版了《中国合同库》系列、《合同起草审查指南》系列、《中国合同大全：中国合同分类法》等二十余本合同类图书；开发了合同起草审查工具“律师助手”；发起制定了《合同起草审查指南》团体标准；组织发起了旨在评测法律人合同专业能力的合同标准考试；每年召集业内专业人士，主办一场中国合同大会，商讨如何更好地提高全社会的合同水平；独家支持了国家市场监督管理总局的合同示范文本库项目成功上线。

当然，在文本建设上，相较六年前，中国合同库中的合同范本，在内容与体系上更加完整、更加精细。六年来，不断有读者朋友联系法律出版社和法天使，希望能方便快捷地获得高品质的合同范本，以规避潜在的合同风险。在2022中国合同大会即将到来之际，我们认为，是时候再版这本书了。

本次再版，基于法天使—中国合同库多年来的积累与研发，相比第一版，做了以下几个方向的改进。

首先，在文本类型的选择上，更贴近读者的需求。因本书篇幅有限，在文本类型选取时，不得不有所取舍。通过初创企业可能涉及的诉讼纠纷来反向选择合同文本，作者对中国裁判文书中的司法数据进行了整理与分析，并征求了有丰富实务经验的律师和公司法务朋友们的意见，多方调研且与裁判文书的统计数据交叉验证后，筛选出了入选的合同类型。

其次，在文本体系的构建上，结合中国合同分类法，本书的部分文本，在合同正文前，新增了“配套文件”和“其他场景”的内容。在实务中，许多情形下，单个文本并不能支持一个完整的交易或法律事务，在核心文本中，将“配套文件”的名称和编号罗列，便于读者使用完整的成套文件。同时，同一类合同，在不同的业务场景下，需要不同的法律文本，在典型场景中，将“其他场景”的文本名称和编号罗列，便于读者选择适用不同的业务场景。

最后，在文本内容的呈现上，结合中国合同库及合同生成器的内容，为每个合同文本新增了“审查点”的内容，并对审查点进行等级划分，便于读者在使用文本时从宏观层面了解该文本潜在的合同风险。同时，在合同文本中，正文部分多采用常用的典型合同条款，以批注的形式展示了其他不同场景下合同条款。

我们深知，创业面临着诸多艰难，商业活动本就千变万化，固定的合同文本并不能完全满足各类交易与各方诉求。我们希望能用好的合同文本，为初创企业和创业者减少纠纷、促进交易，做出一点点贡献。

施志广

2022 年 12 月于北京

使用说明

特别提示

1. 本纸质书所涉及的大部分文本、审查点、条款，可以在线查看，但下载该文本可能需要付费或购买律师助手会员。

2. **随书赠送权益卡，开通权限后，两个月内有效，每个月可下载不超过30个文本，权益卡赠送的权限足以下载本书中全文展现的文本，如超出使用期限或超出使用范围，用户需另行购买。**开通权益卡，可参考权益卡上使用说明，登录法天使官方网站 www.fatianshi.cn，查看对应文本。

提供在线文本下载是一个额外福利，如不能查看电子版，不影响本书内容的完整性，如因任何原因不能查看使用，作者和出版机构不承担相应义务和责任。

3. 由于中国合同库中的文本不断更新、优化，不排除个别情况下，本书中所列文本、审查点、条款已经修订、更名或者下架删除。如被删除，请查找使用类似的文本或条款。

4. 本书中引用的所有合同文本、条款，均需由读者根据具体情况修订使用，本书作者、出版社和法天使不对读者使用书中合同文本、条款文本所导致的问题承担责任。

一、合同文本在线查看

1.1　有限公司设立

出资协议 | 19540

适用场景：

适用：设立非一人公司　内资公司

不适用：设立一人公司　外资公司

2 个或 2 个以上出资人设立有限责任公司，全体出资人签订出资协议、制备公司章程并完成注册登记。

含有《出资协议》《有限责任公司章程》《出资证明书》《股东名册》等文本。

如上图，文本标题旁列有数字编号。读者可通过如下方式进一步查阅使用(假如文本编号为 19540)。

方式一：关注法天使公众号“law-angel”，菜单栏点击“合同库 - 搜合同”，在搜索框中输入 19540，您就可以搜到该文本 .。

方式二：打开并登录法天使网站 www.fatianshi.cn，搜索文本编号 19540，或者搜索文本标题。

二、合同审查点在线查看

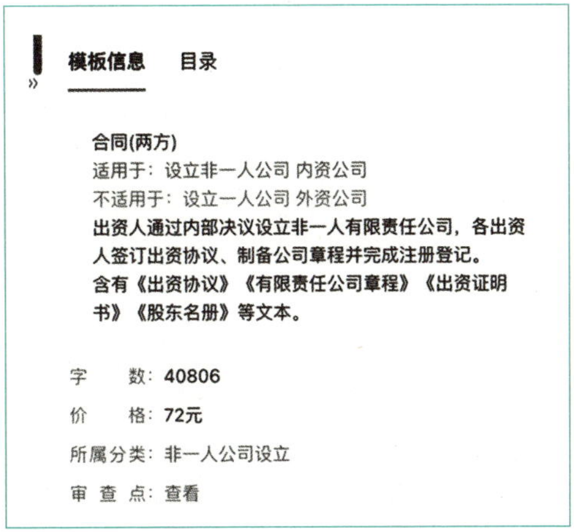

在电脑上，打开并登录法天使网站 www.fatianshi.cn，按上述方法找到该合同并打开正文后，可在该网页右侧模板信息栏，找到审查点，点击“查看”。

三、合同条款在线查看

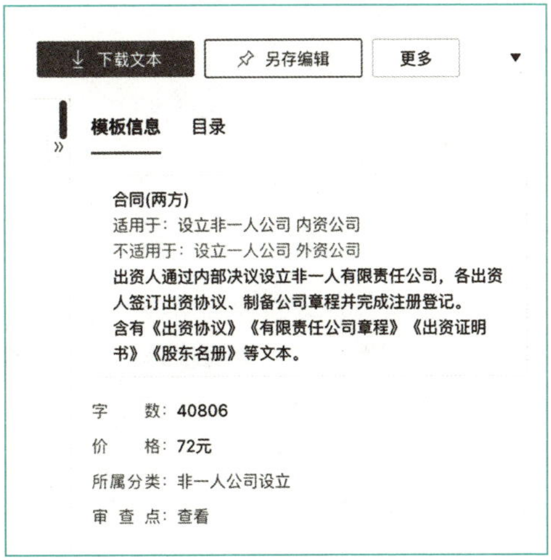

在合同文本中，正文部分多采用常用的典型合同条款，限于篇幅，条款批注部分只罗列了其他不同场景的名称。在电脑上，打开并登录法天使网站 www.fatianshi.cn，按上述方法找到该合同并打开正文后，在网页右上角，点击“另存编辑”，在编辑页面可以查找相应条款，点击该条款后，可查看“条款组”的其他条款。

四、配套文件在线查看

配套文件：

（一）出资人内部决议阶段

1. 股东会决议（设立非全资子公司的决议）

2. 董事会决议（设立非全资子公司的决议）

3. 合伙人会议决议（转投资－设立非一人公司）

4. 配偶声明（对外投资）

（二）出资人签订交易文件阶段

5. 出资协议（内资通用）

6. 有限责任公司章程（非一人公司－设董事会、监事会）

7. 有限责任公司章程简单版（非一人公司－设董事会、监事会）

部分文本是成套文本，因篇幅所限，只罗列了该成套文本中一个核心文本，通过上述方式找到核心文本后，可同时看到所有“配套文件”。

五、其他场景文本在线查看

其他场景：

▲ 19542 设立非一人有限责任公司成套文本（外资）

▲ 19626 设立非一人有限责任公司成套文本（内资－国资）

▲ 19539 设立一人有限责任公司成套文本（非国资）

▲ 19538 设立一人有限责任公司成套文本（国有独资）

▲ 19585 设立有限责任公司成套文本（私募股权投资－首轮融资）

因篇幅所限，同一类合同，只选取了一个典型场景，“其他场景”的文本只罗列名称和编号，不再全文列出。如有需要，可根据编号和名称，按上述方法在线查看。

六、更多合同文本在线查看

相较于中国合同库中 2000 多类、上万个合同范本，本书内容只是创业主题下合同文本的重新组合编排，很难兼顾到每个读者，有更多文本需求，可登录法天使官网，通过合同分类或关键词进行查询。

目 录

01
CHAPTER

第一章

公司设立

1.1 有限公司设立

出资协议 | 19540

适用场景：

适用：设立非一人公司 内资公司

不适用：设立一人公司 外资公司

2 个或 2 个以上出资人设立有限责任公司，全体出资人签订出资协议、制备公司章程并完成注册登记。

含有《出资协议》《有限责任公司章程》《出资证明书》《股东名册》等文本。

重要审查点：

【重要等级：**高**】

审查点 1：注意未达成股权投资合意的“出资款”“增资款”可能被认定为债权投资

1. 未就出资或增资事宜达成明确合意的，当事人投入的“出资款”“增资款”可能被认定为对目标公司的“债权”而非股权投资。

2. 协议中应当明确约定出资行为的性质系通过出资 / 增资方式成为目标公司股东，并约定对应的认缴注册资本金额和取得的股权比例，以及公司注册资本、股权结构等重要信息，以免因上述事项约定不明或未约定，导致被法院认定为各方未就股权投资达成合意。

审查点 2：注意超额出资未明确约定性质可能被认定为借款

股东向公司缴纳的出资价值高于协议约定的出资或增资金额，如无特殊约定，超出部分可能被认定为对公司的借款。因此应在协议中明确约定超额出资的处理，如计入资本公积或作为股东借款。

审查点 3：约定收取固定 / 保底汇报的股权投资是股还是债需要具体分析

1. 就内部关系而言，需结合投资人的交易目的、合同履行情况、是否参与公司经营、是否承担经营风险综合判断投资性质。

2. 涉及第三方债权人利益时，经公司股权内部登记（内部公示），取得股东身份；经工商登记（外部公示），股东身份产生对抗善意第三人的效力。善意第三人基于公示的权利外观所产生的信赖利益受法律保护，涉及第三人利益保护时（典型场景是破产清算程序中向债权人利益保护的倾斜），有判例将之认定为股权。

3. 内外关系是否区别认定仍存在不确定性。《最高人民法院关于适用〈中华人民共和国民法典〉有关担保制度的解释》（以下简称《担保制度司法解释》）第 69 条所明确的是让与担保中作为担保物的标的股权的出资责任，并可对抗公司及公司债权人。而名股实债与让与担保并不直接等同，前者还同时构建了债权债务法律关系，对于名股实债的外部关系如何认定还有待进一步观察后续司法实务中的处理。

审查点 4：公司亏损仍需对股东分配固定收益的约定无效

无论是何种投资性质、法律关系，合同中如有公司累计亏损仍需对股东分配固定收益的约定，该约定都因违背《公司法》规定的公司分红条件无效。

审查点 5：“名股实债”中超出司法保护借贷利率上限的部分不能得到支持

对于存在“名股实债”风险的合同与交易，应考虑下列起草审查措施：

（1）如果是为了规避监管对直接债权交易的限制，则可考虑通过嵌套投资来实现，即投资其他合规金融产品（嵌套层），由该金融产品直接进行债权交易（放贷）。

（2）提示当事人“超出借贷利率上限的部分不被支持”的风险，或考虑调整合同类型。

（3）对于投资人来说，尽量将其他股东拉进支付保底 / 固定回报的最终责任主体中。

（4）可考虑调整为股权质押或股权让与担保。

有“名股实债”风险的合同与交易并非绝对不能进行，不过要在考虑上述措施、权衡风险与收益的基础上进行决策。

审查点 6：签署主体应包括全体出资人

出资协议应由全体出资人共同签订。

审查点 7：注意法律禁止或限制从事营利性活动的自然人成为股东的风险

法律法规等规范性文件明确禁止或限制从事营利性活动的自然人，在禁止或限制范围内不得成为股东。这类主体主要是军人、具有或曾经具有公职身份或国企领导职务的人士。

审查点 8：注意避免不能作为股东的法人、非法人组织成为股东

常见不得作为股东的法人、非法人组织：

（1）一人有限责任公司（自然人独资）不能投资设立新的一人有限责任公司。

（2）根据《律师法》第 27 条关于“律师事务所不得从事法律服务以外的经营活动”的规定，律师事务所不得作为其他行业的公司股东。

以上主体出资，在市场监督管理部门办理设立登记将存在障碍。

【重要等级：**中**】

审查点 9：辨析设立有限责任公司还是股份有限公司

1. 设立有限责任公司是更符合实际的、常规的做法，设立股份公司是非常规做法。

尤其是对于规模不大、没有特殊的内部治理要求的公司，基本上都是设立有限责任公司。

2. 在特殊情况下，例如，股东人数超过 50 人且不愿采取间接持股方式，或者股东希望股份流动性较高、公司治理更为规范等，可以考虑选择设立股份有限公司。

3. 对于以未来尽快上市 / 新三板挂牌为目的成立的公司，可以考虑直接设立股份有限公司，也可以先设立有限责任公司，在申请上市 / 挂牌前整体变更为股份有限公司。

审查点 10：注意《公司法》对股东人数的限制并采取相关措施

1. 根据《公司法》第 24 条的规定，有限责任公司的出资人不得超过 50 人。如超过人数上限，将无法办理公司登记。因此，设立、增资、转让交易中均需预先审查，看交易完成后目标公司的股东人数是否符合人数限制。

2. 如果发现交易的实施将会导致超过人数上限的，应考虑下列措施中的一种或多种：

（1）考虑通过间接方式取得目标公司股权，如设立持股平台间接持股、受让目标公司母公司的股权等。

（2）股权代持。

（3）在股权转让或增资场合，受让方 / 增资方可以要求目标公司调整股权结构减少股东人数，并将完成上述调整作为支付股权转让价款或实缴出资的前提条件。

审查点 11：注意特殊行业股东资格要求

某些特殊行业对股东资格（也可以说是“股东条件”）有特别要求。工商登记前置审批中，对某些特殊行业企业资格或资质类的行政许可，一般对股东资格均有要求；金融类企业对股东资格一般有特别要求。因此，在具体的股权类交易中，需注意检索相关法律法规及其他规范性文件，确认是否存在对股东资格的强制性要求。

审查点 12：避免以共有的方式持有股权

从“共有人”的角度，不建议约定以共有的方式持有股权，也无法进行共有登记。确有必要的，可以确定各自持股份额、单独持有，同时如有需要可以通过表决权委托、一致行动等方式统一行动。

审查点 13：注意对非货币出资进行相关审查

1. 审查法律法规等对特殊行业的股东出资方式是否有特别要求。

2. 审查是否符合《公司法》规定的一般出资条件。应审查资产是否权属清晰、有无权利负担以及是否符合其他出资条件。

3. 确保合同条款对非货币资产信息的约定足以指向特定资产。

4. 对资产状况作出陈述与保证。

除了在出资协议、增资协议、公司章程中对出资方式进行约定以外，各方还可能在配套协议中专门约定非货币出资的具体安排，这包括：

（1）用于出资的资产详细信息、范围。

（2）资产评估作价的安排。

（3）资产转让过户到目标公司名下的时间、具体安排。

（4）出资方对资产承担的价值、质量、权利无瑕疵方面的担保。包括可以约定资产严重贬值时的补足出资责任。

（5）出资方对资产承担的维护、配套服务等责任。

审查点 14：“标的＋价款”相关条款：约定出资安排与股权安排

1. 标的条款（出资安排条款）。

（1）注意出资人认缴出资的总额并非约定得越高越好。

（2）超额出资应明确性质，如计入资本公积或作为股东借款，避免争议。

（3）不得约定以公司资金出资，或约定公司盈利后返还出资。

（4）应当约定瑕疵出资责任。

2. 标的条款（股权安排条款）。

（1）全体股东可以约定不同于出资比例的持股比例。

（2）全体股东可以约定不按实缴出资比例分红。

审查点 15：非货币出资相关条款：约定非货币出资的确定、缴付

1. 非货币出资的确定条款。

（1）股东以非货币资产出资的，出资协议中应当约定资产的重要信息，以确定用以出资的资产，防止出现争议。

（2）根据资本确定原则，非货币出资的确定还应包括价值确定。

2. 非货币出资的缴付条款。

协议中应当明确约定股东履行出资义务的方式，资产必须有效移转至公司。

（1）以不动产出资的，履行出资义务的方式为过户加交付；动产出资的，履行出资义务的方式为交付。

（2）以知识产权出资的，应当约定权利过户时间，以及技术资料等的交付时间。

（3）用以出资的资产难以界定交付行为的，应当根据交易的实际情况、公司的利益点，有针对性地约定履行出资义务的方式及标准，例如，约定技术资料的范围、交付方式、验收标准等。

3. 非货币出资的资本维持条款。

（1）对于某些非货币资产，如专利权、采矿权等，由于其存在特殊性，还应当由出资方对资产状况作出特殊承诺与保证。

（2）瑕疵出资的特有替换责任。

（3）价值下降的补足义务。

（4）股权动态调整与不按照持股 / 出资比例分红。

应当根据需要约定是否采用股权动态调整，以及不按持股 / 出资比例分配利润。

审查点 16：注意做好出资协议与公司章程之间的衔接

具体措施包括：

（1）出资协议中涉及的若干重要约定，如果属于必须由公司章程约定的内容，或者需记载入公司章程方能对抗善意第三人，则应当在出资协议内约定上述内容应当记载入公司章程。

（2）律师在起草、审查公司章程时，应尽可能将对己方当事人重要、且可以纳入公司章程的条款内容写入公司章程。

（3）对于确实不适宜记载入公司章程的条款（如前文所述的出于市场监督管理部门的要求或出于保密考虑），应当在出资协议中约定，并约定两者有冲突时以出资协议为准。如前所述，应注意此种情形下出资协议不能对抗善意第三人。

配套文件：

（一）出资人内部决议阶段

1. 股东会决议（设立非全资子公司的决议）
2. 董事会决议（设立非全资子公司的决议）
3. 合伙人会议决议（转投资 - 设立非一人公司）
4. 配偶声明（对外投资）

（二）出资人签订交易文件阶段

5. 出资协议（内资通用）
6. 有限责任公司章程（非一人公司 - 设董事会、监事会）

7. 有限责任公司章程简单版（非一人公司 - 设董事会、监事会）
8. 有限责任公司章程简单版（非一人公司 - 设执行董事、监事）

（三）公司成立后阶段

9. 出资证明书
10. 股东名册

其他场景：

▲ 19542 设立非一人有限责任公司成套文本（外资）
▲ 19626 设立非一人有限责任公司成套文本（内资 - 国资）
▲ 19539 设立一人有限责任公司成套文本（非国资）
▲ 19538 设立一人有限责任公司成套文本（国有独资）
▲ 19585 设立有限责任公司成套文本（私募股权投资 - 首轮融资）

文本正文：

出资协议

甲方
名称：________________
统一社会信用代码：________________
乙方
名称：________________
统一社会信用代码：________________

本协议各方经平等自愿协商，根据《中华人民共和国民法典》《中华人民共和国公司法》及相关法律法规，就共同出资设立一家有限责任公司（以下简称“公司”）事宜，签订本协议以共同遵守。

法天使[1]：
【可选择条款】
（5）公司的营业期限：自公司成立之日起至长期。

第一部分　公司设立

1. 拟设立公司基本信息

（1）公司拟定名称：＿＿＿＿＿＿有限责任公司。

（2）公司组织形式为有限责任公司。

（3）公司住所地拟设在＿＿省＿＿市＿＿区＿＿路＿＿号。

（4）公司经营范围：请填充。

（5）公司的营业期限：10年，自2022年01月01日起算（含当日）。[1]

以上基本信息均以公司登记机关最终核准登记的内容为准。

2. 注册资本

各方一致同意，公司设立时注册资本为人民币（大写）＿＿元（￥＿＿元）。

3. 股东出资

3.1　为免歧义，各方一致确认：

3.1.1　各方出资额：包括各方计入注册资本金和计入资本公积金的出资总额。

3.1.2　各方认缴注册资本：各方投资计入注册资本的金额。

3.1.3　持股比例：各方认缴注册资本占公司注册资本总额的比例。

3.2　出资方应按本协议约定履行出资义务。出资缴付方式：

3.2.1　对于货币出资，应在约定的出资时间内将资金一次性或分期支付至公司成立后在＿＿银行＿＿支行开设的对公账户。

3.2.2　对于非货币出资，应在约定的出资时间内依法办理财产权的转移手续，将出资资产交付给公司，移交出资资产相关资料，办理出资资产的变更登记手续（如有）。

3.3　甲方出资

3.3.1　甲方出资额为：人民币（大写）＿＿元（￥＿＿元）。其中：计入注册资本金￥＿＿元、计入资本公积金￥＿＿元，持股比例为＿＿%（百分之＿＿）。

3.3.2　甲方出资方式：货币。

3.3.3　甲方出资时间：

（1）第一期出资：人民币（大写）＿＿元（¥＿＿元），于＿＿年＿＿月＿＿日前缴付。

（2）第二期出资：人民币（大写）＿＿元（¥＿＿元），于＿＿年＿＿月＿＿日前缴付。[1]

3.4　乙方出资

3.4.1　乙方出资额为：人民币（大写）＿＿元（¥＿＿元）。其中：计入注册资本金¥＿＿元、计入资本公积金¥＿＿元，持股比例为＿＿%（百分之＿＿）。

3.4.2　乙方出资方式：货币。

3.4.3　乙方出资时间：

（1）第一期出资：人民币（大写）＿＿元（¥＿＿元），于＿＿年＿＿月＿＿日前缴付。

（2）第二期出资：人民币（大写）＿＿元（¥＿＿元），于＿＿年＿＿月＿＿日前缴付。[2]

3.5　出资证明与股东名册

3.5.1　出资证明

公司应于股东足额缴付出资后5个工作日内向该股东签发出资证明书。出资证明书由公司盖章，并应载明下列事项：

（1）公司名称；

（2）公司成立日期；

（3）公司注册资本；

（4）股东的姓名或者名称、缴纳的出资额和出资日期；

（5）出资证明书的编号和核发日期。

3.5.2　股东名册

公司成立后5个工作日内，应当置备股东名册，股东名册由公司盖章，并应记载下列事项：

法天使[1]*：
【全部货币出资，分期缴付】使用文中条款。
【全部货币出资，一次性缴付】
【全部非货币资产出资】
【货币＋非货币资产混合出资】

法天使[2]：
【全部货币出资，分期缴付】使用文中条款。
【全部货币出资，一次性缴付】
【全部非货币资产出资】
【货币＋非货币资产混合出资】

*批注中提示了实践中可能的其他条款设置方式，但由于篇幅限制，不能展现所有条款内容，读者感兴趣可到中国合同库中电子合同文本处进一步查看。

（1）股东的姓名或者名称及住所；

（2）股东的出资额；

（3）出资证明书编号。

记载于股东名册的股东，可以依股东名册主张行使股东权利。

3.6 瑕疵出资责任

3.6.1 股东未履行或者未全面履行出资义务或者抽逃出资的，为“瑕疵出资股东”，应承担瑕疵出资责任。

3.6.2 违约责任

瑕疵出资股东应当向已足额缴纳出资的股东承担相当于应缴未缴或抽逃的出资额5‱（万分之五）/日的违约金，直到全面履行出资义务或补缴抽逃出资为止。

3.6.3 权利限制

在全面履行出资义务或补缴抽逃出资之前，瑕疵出资股东不得行使下列权利：

（1）公司利润分配请求权；

（2）优先购买其他股东转让的股权；

（3）公司新增注册资本优先认缴权；

（4）公司终止后，剩余财产分配请求权。

3.6.4 股东会决议处理

瑕疵出资股东经公司催告缴纳或者返还，在规定期间内仍未缴纳或者返还出资的，其他股东可以召开股东会并形成以下一项或多项决议。

3.6.4.1 减少公司注册资本，该股东认缴出资等额减少，其他股东认缴出资保持不变。

3.6.4.2 要求该股东将未缴纳或者未返还的出资部分对应的股权转让给其他股东。

3.6.4.3 要求该股东将未缴纳或者未返还的出资部分对应的股权转让给公司指定的第三人。

3.6.4.4 将该股东除名。被除名股东对公司或其他股东造成损害的，应当赔偿损失。

股东会审议前述事项时，瑕疵出资股东不享有表决权，前述决议经代表其余股东合计表决权的三分之二以上（含本数）表决权的股东同意即为有效。公司应当及时办理法定减资程序或者由其他股东或者第三人缴纳相应的出资。涉及工商变更登记手续的，瑕疵出资股东有义务按照公司的书面通知予以配合。

3.7　非货币出资的特别约定

3.7.1　等额货币替换出资

各方同意，如果非货币出资一方未在本协议约定的期限内按照本协议约定履行完毕全部出资义务，则其余股东有权要求非货币出资一方用等额的货币替换出资资产用于出资。

3.7.2　特别补足责任

3.7.2.1　各方同意，自非货币出资实缴之日起2年内，公司有权委托评估机构对非货币出资一方用以出资的资产重新评估一次。

3.7.2.2　如评估价值现值较出资时的评估价值发生减值，且评估价值现值不足出资时评估价值的80%（百分之八十），则非货币出资一方应当在评估报告出具之日起10日内以货币方式补足与评估价值之间的差额，否则应承担瑕疵出资的违约责任及其他责任。

3.7.3　股权动态调整

3.7.3.1　各方同意，根据出资资产对公司的实际价值，动态调整非货币出资一方持有的股权比例。具体应根据出资资产的效力状态、技术研发周期、产品转化情况、产品的市场效果等因素进行综合认定：

（1）当请列明具体情形时，则____方将其持有的____%（百分之____）的公司股权无偿转让予____方；

（2）当请列明具体情形时，则____方将其持有的____%（百分之____）的公司股权无偿转让予____方。

3.7.3.2　各方应当根据上述调整方式的约定，在调整触发情形发生之日起10个工作日内签署相关股权转让协议并办理相应的股权变更登记手续。如股权不允许以无偿方式转让，则各方应当共同努力，以届时法律允许的最低对价转让，以保证股权比例的调整，同时应当由转让方补偿受让方实际支付的对价。

3.7.3.3 截至调整触发情形发生之日的未分配利润（如有），分配比例不受动态调整的影响，并应于调整完成后10个工作日内完成分配。

3.8 特殊投入安排

3.8.1 各方同意，特殊投入方对公司提供特殊投入，同时由出资提供方对特殊投入方进行补偿。具体按本条约定处理。

3.8.2 特殊投入方：____方。

3.8.3 特殊投入

特殊投入方向公司提供服务，具体为：

3.8.3.1 服务内容：请填充。

3.8.3.2 服务期限：1年，自2022年01月01日起算（含当日）。在服务期限内，特殊投入方仅从公司领取低于正常报酬的、不超过每月￥____元的工资。[1]

3.8.4 出资提供方补偿安排

3.8.4.1 出资提供方：____方。

3.8.4.2 补偿资金：人民币（大写）____元（￥____元）。

3.8.4.3 出资提供方应于本协议约定的出资时间届满前至少提前5个工作日将补偿资金支付给特殊投入方；特殊投入方收到后应按本协议约定向公司履行出资义务。

3.8.4.4 各方一致确认，上述补偿安排不构成代持，不影响特殊投入方的股东权利，出资提供方亦不得要求特殊投入方偿还补偿资金，本协议另有约定的除外。

3.8.5 股权质押

3.8.5.1 各方同意，特殊投入方应当在公司成立之日起2个工作日内，与出资提供方签署股权质押协议，将其持有的公司股权质押给出资提供方。

3.8.5.2 质押期限：自质押协议签署之日起至投入期限届满之日止。

3.8.5.3 股权质押期间，特殊投入方的分红权、表决权等股东权利不受影响，但特殊投入方不得转让、赠与或以任何其他方式处置质押股权，亦不得在质押股权上设置任何担保等第三方权利。

3.8.6 完全未履行特殊投入的处理

特殊投入方未按照本协议约定履行任何投入义务，经出资提供方或公司催告后5

法天使[1]：
【投入服务】
使用文中条款。
【投入办公场所】
3.8.3 特殊投入
3.8.3.1 特殊投入方向公司无偿提供办公场所，具体为：
办公场所地址：
____省____市____区____路____号
面积：____m^2
配套设施：（请填充）
使用期限：自____年____月____日起（含当日）至____年____月____日（含当日）止。
【投入其他资源】
3.8.3 特殊投入
3.8.3.1 特殊投入方向公司无偿提供下列资源，具体为：
（1）________。
（2）________。

个工作日内仍不依约履行的，出资提供方有权选择下列方式之一处理：

（1）以￥1元价格收购特殊投入方所持有的、补偿资金对应出资金额部分的股权；

（2）要求特殊投入方立即归还全部补偿资金并按全国银行间同业拆借中心发布的一年期贷款市场报价利率（LPR）的标准的四倍支付利息损失。

3.8.7 特殊投入不足的处理

特殊投入方未向公司提供本合同约定的全部特殊投入的，出资提供方有权根据特殊投入方的实际投入比例，要求特殊投入方归还未投入部分对应的补偿资金，并以此为基数、按全国银行间同业拆借中心发布的一年期贷款市场报价利率（LPR）的标准的四倍支付利息损失。

4. 设立事务与费用承担

4.1 各方同意，公司设立的全部事宜由____方负责办理，其他各方应提供一切必要协助。

4.2 公司设立的费用，由____方先行垫付。上述费用在公司成立后由公司承担。公司未能成立的，由各方按认缴出资比例分担。对公司未能成立有过错的当事方，应当承担相应的赔偿责任。[1]

法天使[1]：
【适用于由一方负责办理的场景，约定较为简略】
使用文中条款。
【适用于设置筹备负责人的场景，约定较为详细】
【适用于设立筹备组的场景】

第二部分 公司治理结构

5. 股东会

5.1 公司股东会由全体股东组成，股东会是公司的最高权力机构。

5.2 股东会职权

5.2.1 一般职权

（1）决定公司的经营方针和投资计划；

（2）选举和更换非由职工代表担任的董事、监事，决定有关董事、监事的报酬事项；

（3）审议批准董事会的报告；

（4）审议批准监事会的报告；

法天使[1]：
【适用于股东对公司治理有严格的分工和制衡的场景，多见于规模较大的公司】使用文中条款。
【适用于对公司治理没有特别要求的场景】
5.3　公司股东会按照《公司法》和公司章程的相关规定行使职权。

法天使[2]：
【按约定比例行使表决权】
使用文中条款。
【按认缴比例行使表决权】
5.4　公司股东会会议由股东按认缴出资比例行使表决权。
【按实缴比例行使表决权】
5.4　公司股东会会议由股东按实缴出资比例行使表决权。

（5）审议批准公司的年度财务预算方案、决算方案；

（6）审议批准公司的利润分配方案和弥补亏损方案。

5.2.2　特别职权

（1）对公司增加或者减少注册资本作出决议；

（2）对发行公司债券作出决议；

（3）对公司合并、分立、解散、清算或者变更公司形式作出决议；

（4）制定、修改、解释公司章程；

（5）审议批准公司的任何对外投资；

（6）审议批准公司任何关联交易；

（7）审议批准金额（不含利息）在人民币（大写）伍佰万元整（含本数）以上，且占公司上一年度净资产10%（百分之十）（含本数）以上的公司融资借款；

（8）审议批准公司对外提供担保的行为；

（9）审议批准交易金额在人民币（大写）贰佰万元整（含本数）以上，且占公司上一年度净资产5%（百分之五）（含本数）以上的非关联交易；

（10）决定公司保险方案和固定资产折旧方案；

（11）决定对公司董事会的授权范围、授权期限及前述授权事项的变更和撤销；

（12）法律、行政法规和公司章程规定的其他职权。

5.3　股东会对一般职权事项作出决议，须经代表过半数表决权的股东通过；股东会对特别职权事项作出决议，须经代表三分之二以上（含本数）表决权的股东通过。[1]

5.4　公司股东会会议由股东按约定比例行使表决权：甲方享有____%（百分之____）表决权，乙方享有____%（百分之____）表决权。[2]

6. 董事会

6.1　公司董事会是股东会的执行机构，对股东会负责。

6.2　董事人选与任期

6.2.1　公司董事会由3名董事组成。董事由股东会在股东提名的人选中选举产生。其中甲方有权提名2名董事人选，乙方有权提名1名董事人选，各方应促使其他方提名的董事人选当选。

6.2.2　董事会设董事长一人，由董事会从甲方提名的董事人选中选举产生。

6.2.3　董事会设副董事长一人，由董事会从乙方提名的董事人选中选举产生。

6.2.4　董事任期三年，可连选连任。董事在任期届满前，股东会不得无故解除其职务。

6.3　任何董事死亡、丧失行为能力、被撤职或辞职，视为董事会席位出缺，应由提名该董事的一方另行提名，由股东会在提名的人选中选举，继任董事应在出缺董事的剩余任期内担任董事职务。

6.4　董事会职权

6.4.1　一般职权

（1）召集股东会会议，并向股东会报告工作；

（2）执行股东会的决议；

（3）制订公司的年度财务预算方案、决算方案；

（4）制订公司的利润分配方案和弥补亏损方案；

（5）决定公司的内部管理机构的设置；

（6）决定聘任或解聘公司总经理及其报酬事项；决定聘任或者解聘公司副总经理、财务负责人，并决定其报酬事项；

（7）制订公司的基本管理制度；

（8）审议批准金额（不含利息）不满人民币（大写）伍佰万元整或公司上一年度净资产10%（百分之十）（以较高的金额为准）的公司融资借款；

（9）审议批准交易金额不满人民币（大写）贰佰万元整或公司上一年度净资产5%（百分之五）（以较高的金额为准）的非关联交易；

（10）法律、公司章程规定以及股东会决议授予的其他职权。

6.4.2　特别职权

（1）决定公司的经营计划和投资方案；

（2）制订公司增加或减少注册资本以及发行公司债券的方案；

（3）制订公司合并、分立、解散或者变更公司形式的方案。

6.5　董事会议决议

6.5.1　公司董事会决议的表决，实行董事一人一票。

6.5.2　董事会对一般职权事项作出决议，须经过半数董事通过；董事会对特别职权事项作出决议，须经三分之二以上（含本数）董事通过。

6.5.3　各方一致同意，董事会作出决议须经二分之一以上董事通过，本协议另有约定的除外。[1]

7. 监事会

7.1　公司设监事会，由 3 名监事组成，其中职工监事 1 名。

7.2　除职工监事外，其余监事由股东会在股东提名的人选中选举产生。其中甲方有权提名 1 名监事人选，乙方有权提名 1 名监事人选。

7.3　监事会主席由甲方提名的监事担任。

7.4　公司监事会按照《公司法》和公司章程的相关规定行使职权。

7.5　监事任期三年，可连选连任。[2]

8. 法定代表人

公司法定代表人由董事长担任。[3]

9. 公司高级管理人员

9.1　总经理：由董事会从甲方提名的人选中聘任。

9.2　财务负责人：由董事会从甲方提名的人选中聘任。

9.3　其他高级管理人员：由总经理从甲方提名的人选中聘任。

第三部分　股 权 处 置

10. 股权转让

10.1　内部转让

股东之间可以相互转让其全部或者部分股权。

10.2　对外转让

10.2.1　股东向股东以外的人转让股权，应当经其他股东过半数同意。

法天使[1]：
【公司设董事会的情形】
使用文中条款。
【公司不设董事会、设执行董事的情形】

法天使[2]：
【公司设监事会】
使用文中条款。
【公司不设监事会】
7. 监事
7.1　公司不设监事会，设监事 1 名，监事由股东会在甲方提名的人选中选举产生。
7.2　监事按照《公司法》和公司章程的相关规定行使职权。
7.3　监事任期三年，可连选连任。

法天使[3]：
【可选择条款】
8. 法定代表人
公司法定代表人由执行董事担任。
8. 法定代表人
公司法定代表人由总经理担任。

10.2.2　股东应就其股权转让事项书面通知其他股东征求同意，其他股东自接到书面通知之日起满 30 日（含当日）未答复的，视为同意转让。

10.2.3　其他股东半数以上（含本数）不同意转让的，不同意的股东应当购买该转让的股权；不购买的，视为同意转让。[1]

10.2.4　对外转让时其他股东的优先购买权 [2]

股东对外转让股权，在同等条件下，其他股东有优先购买权。

两个以上股东主张行使优先购买权的，协商确定各自的购买比例；协商不成的，按照转让时各自的认缴出资比例行使优先购买权。

10.2.5　对外转让股权的限制

10.2.5.1　尽管有前述约定，股东自公司成立之日起 1 年内不得向股东以外的人转让股权。

10.2.5.2　股东对外转让股权时，不能将股权转让给公司的竞争对手或与公司经营具有同业竞争或类似营业竞争关系的主体，且股权受让方应符合以下股东条件：

（1）依法成立并有效存续的公司；

（2）上年度经审计的净资产金额在人民币（大写）壹仟万元整以上；

（3）从事公司上游或下游业务。

11. 股权继承

自然人股东身故后，其法定继承人自动继承股东资格。[3]

12. 股权分割

12.1　各方同意，任一股东离婚，若其股权所代表的价值被认定为夫妻共同财产，其配偶不能取得股东地位，由该股东对其配偶进行财产分配补偿或协商处理。

12.2　如该股东与其配偶出现争议导致配偶主张股东地位或股东权利的，公司与其他股东有权采取如下措施。

12.2.1　其他股东有权要求按下列股权转让条件受让该股东的股权：

（1）转让价款：按照最近一次的年度或半年度审计（以审计基准日在后的为准）报告中的公司净资产价值计算所得的股权价值计算。

（2）支付时间：不晚于转让协议签订后 3 个月内。

法天使 [1]：
【对外转让须经其他股东过半数同意】
使用文中条款。
【不得对外转让】
【对外转让无须其他股东同意】

法天使 [2]：
【可选择条款】
10.2.4　股东对外转让股权时，其他股东不享有优先购买权。

法天使 [3]：
【自动继承】
使用文中条款。
【不得自动继承】

12.2.2 该股东的全部或部分股权无其他股东同意受让的，公司有权要求回购或定向减资，其他股东在此对公司回购或减资给予预先的同意，不得在股东会会议持反对的表决意见。否则，持反对意见的股东须按下列股权转让条件受让股权；多个股东持反对意见的，按转让时各自的认缴出资比例受让股权。[1]

13. 股权赠与

13.1 股东向其他股东之外的第三方赠与股权的，其他股东不享有优先购买权。[2]

14. 股权质押

股东将股权出质须经公司股东过半数同意；为公司债务提供担保的除外。[3]

15. 股权回购

15.1 法定回购

15.1.1 有下列情形之一的，对股东会该项决议投反对票的股东在股东会决议通过之日起 30 日内可以请求公司收购其股权：

（1）公司连续 5 年不向股东分配利润，而公司该 5 年连续盈利，并且符合《公司法》规定的分配利润条件的；

（2）公司合并、分立、转让主要财产的；

（3）公司章程规定的营业期限届满或者章程规定的其他解散事由出现，股东会会议通过决议修改章程使公司存续的。

15.1.2 股权回购价格

发生前款约定的回购情形的，股权回购价格按照以下方式确定：请填充。

15.2 约定回购

15.2.1 有下列情形之一的，股东有权要求公司收购其股权：

（1）股东会作出变更公司主营业务的决议的，投反对票的股东有权在股东会决议通过之日起 10 日内要求公司回购其股权；

（2）持股满 5 年且持股比例低于 5%（百分之五）的，有权在每年度的第一个季度内要求公司回购其股权。

15.2.2 发生前款约定的回购情形的，股权回购价格按照以下方式确定：请填充。

法天使[1]：
【不得分割】
使用文中条款。
【分割无须其他股东同意】
【分割无须其他股东同意＋优先购买权】

法天使[2]：
【其他股东没有优先购买权】
使用文中条款。
【其他股东有优先购买权】
13.1 股东向其他股东之外的第三方赠与股权的，视同对外转让股权，其他股东有权按照下列股权转让条件主张优先购买权：
（1）转让价款：按照最近一次的年度或半年度审计（以审计基准日在后的为准）报告中的公司净资产价值计算所得的股权价值计算。
（2）支付时间：不晚于转让协议签订后 3 个月内。

法天使[3]：
【可以出质】
14. 股权质押
股东可将股权出质。
【原则上不可以出质＋除外情况】
使用文中条款。

第四部分　其他公司事务安排

16. 公司增资

16.1　新增注册资本的优先认缴权

公司新增注册资本时，股东有权优先按照认缴的出资比例认缴出资。[1]

16.2　股东放弃优先认缴部分的处理

公司新增注册资本时，就股东放弃优先认缴的新增注册资本，其他股东享有优先认缴权，两个以上股东主张优先认缴的，按照增资时各自的实缴出资比例对该部分新增注册资本行使优先认缴权。[2]

17. 利润分配

17.1　公司税后净利润按以下方式分配：

17.1.1　优先完成对甲方的分配，分配额为人民币（大写）　　元（¥　　元）。

17.1.2　完成对甲方的优先分配后，如果公司仍有剩余未分配净利润，则由除甲方之外的其他股东按照请填写股东名称及约定分配比例的方式分配。

17.1.3　如公司税后净利润不足以完成对甲方的分配，则甲方本年度未分配利润可累积到下一年度分配，可累积的有效期为1年。

17.1.4　本条约定的税后净利润的核算周期，按每一完整会计年度（当年1月1日至12月31日）计算。原则上公司每年进行一次利润分配。[3]

18. 公司解散

18.1　公司出现以下情形之一，公司应按照法定程序解散：

（1）公司成立后5年内公司年均营业收入未达人民币（大写）壹仟万元整以上的；

（2）公司成立后5年内未能上市或被整体收购的；

（3）法律、行政法规或公司章程规定的其他情形。[4]

19. 清算分配

公司财产在分别支付清算费用、职工的工资、社会保险费用和法定补偿金，缴纳所欠税款，清偿公司债务后的剩余财产，按照股东的实缴出资比例分配。[5]

法天使[1]：
【按认缴出资比例享有优先认缴权】使用文中条款。
【无优先认缴权】
【按实缴出资比例享有优先认缴权】

法天使[2]：
【其他股东仍享有优先认缴权】使用文中条款。
【其他股东不再享有优先认缴权】

法天使[3]：
【优先完成对特定股东的分配（不足部分可累积至下一年度），剩余未分利润由其他股东按约定比例分配】使用文中条款。
【按实缴出资比例分配】
【按认缴出资比例分配】
【按约定比例分配】
【按约定比例分配，净利润金额不同，比例不同】
【部分按实缴比例分配，部分按约定比例分配】
【按实缴比例分配，当特定股东达到固定分配数额后，剩余未分利润由其他股东享有】

法天使[4]：
【特别事由】使用文中条款。
【法定事由】

法天使[5]：
【按实缴出资比例分配】使用文中条款。
【按认缴出资比例分配】
【按约定比例分配】

20. 公司僵局

20.1 发生以下情形视为公司僵局：

（1）公司持续两年以上无法召开股东会；

（2）股东表决时无法达到公司章程规定的比例，持续两年以上不能作出有效的股东会决议；

（3）公司董事长期冲突，且无法通过股东会解决；

（4）经营管理发生其他严重困难，公司继续存续会使股东利益受到重大损失的情形。

20.2 发生公司僵局，按照以下方式解决：

20.2.1 公司持股比例最高的股东有权按照¥______元的价格收购其他股东的股权，其他股东不得拒绝；

20.2.2 公司持股比例最高的股东不同意收购其他股东股权的，公司解散。

第五部分 陈述与保证

21. 不竞争义务

21.1 承担不竞争义务的主体：全体出资人。

21.2 不竞争期限：自本协议签订之日起请填充年。

21.3 不竞争地域范围：中华人民共和国（港澳台地区除外）。

21.4 在不竞争期限和地域范围内，承担不竞争义务的主体不得进行任何以下竞争行为：

（1）以任何方式从事、投资、参与或管理任何与公司业务相同、类似或相竞争的实体、业务或产品，在任何与公司业务相同、类似或相竞争的实体、业务或产品中拥有任何直接或间接的权利或利益；

（2）通过直接或间接控制的其他经营主体或以自然人名义从事与公司业务相同、类似或相竞争的业务；

（3）为任何与公司业务存在相同、类似或相竞争业务的单位、组织或个人提供服务，包括但不限于担任其雇员、服务人员、董事、监事、代理人、顾问等；

（4）使用各种方法引诱或试图引诱公司的客户或供应商，使其成为自身或其他个人、其他公司的客户或供应商；

（5）直接或间接地为自身或任何第三方，以任何方式雇用、聘用或鼓励、诱导或促使任何正在为公司工作的公司或个人，以终止其与公司的关系或联系。

21.5　以下行为不视为违反不竞争义务：

21.5.1　持有与公司业务相同、类似或相竞争的上市公司的股票，但非上市公司实际控制人，且持股比例低于30%（百分之三十）。

前款所称公司业务，是指：请填充。

21.6　违反不竞争义务的责任

21.6.1　违反不竞争义务的一方应当立即停止违约行为。

21.6.2　违反不竞争义务的一方应向其他出资人支付相当于本协议约定的违约方出资额总额的违约金，该违约金在其他出资人之间按照认缴出资比例分配。违约金不足以弥补损失的，还应赔偿损失。

22. 陈述与保证

22.1　各方声明

22.1.1　本协议各方于本协议签订日向其他方作出如下陈述与保证，该陈述与保证在公司成立后仍然持续有效。各方确认，各方系建立在对本条项下的陈述与保证充分信赖的基础上方达成本协议。

22.1.2　每一项陈述与保证应被视为单独陈述与保证（除非本协议另有明确的相反规定），而且前述每一项陈述与保证不应因参照或援引任何其他陈述与保证条款或本协议的任何其他条款而受到限制或制约。

22.1.3　如有与下列所作陈述与保证不符的情况，作出陈述与保证的一方已于本协议签订日前以书面形式向其他方披露。

22.1.4　各方承诺，如果其知悉在本协议签订后发生任何情形，使该方作出的任何陈述与保证在任何方面变为不真实、不准确或具误导性，将立即书面通知合同其余方。

22.2　各方通用陈述与保证

22.2.1　该方系合法设立且有效存续的实体（法人或非法人组织）或具有完全民事行为能力的自然人。

22.2.2　除本协议另有约定外，该方拥有签订本协议和履行本协议全部义务所必需的所有合法权力、权利，已取得签订本协议和履行本协议全部义务所必需的所有内部和外部的批准、授权和许可。

22.2.3　该方提交的文件、资料等均是真实、准确、全面、完整和有效的，并无任何隐瞒、遗漏、虚假或误导之处。

22.2.4　该方签订本协议和履行本协议任何义务不会：

（1）违反该方的公司章程或任何组织性文件的规定；

（2）违反法律、法规或其他规范性文件；

（3）违反对该方有法律约束力的任何其他协议、合同、文件、该方对任何第三方作出的承诺或保证（无论是书面的还是口头的）、该方对任何第三方所负担的其他有法律约束力的义务。

22.3　关于公司设立与出资的陈述与保证

协议各方均承诺：

22.3.1　该方确认自身符合法律法规及监管规范等规范性文件规定的拟设公司股东所需满足的条件，不存在不得作为拟设公司股东的情形。

22.3.2　该方确认用于出资的资产是其合法自有财产。

22.4　非货币出资方的特别陈述与保证

全部或部分采用非货币出资的主体就出资资产作出如下陈述与保证，该陈述与保证在公司成立后仍然持续有效：

22.4.1　出资资产是出资方合法所有财产，出资方对出资资产享有完整的、完全的、排他的权利，不存在与其他人共同共有或按份共有的情形，不存在权利代持的情形；未授予第三方任何权利，也不存在抵押、质押、冻结、查封或其他权利负担、权利受限制的情形。

22.4.2　出资方按照本协议约定的出资时间将出资资产完整、完全的转让至设立后的公司。出资方完成出资后不再对出资资产享有任何权利，出资资产全部权利均归属设立后的公司所有。

22.4.3　出资资产不存在权利失效或可能造成权利失效的情形。

22.4.4　不存在未向本协议其他方书面披露的、其他任何进行中的有关出资资产的诉讼、行政处罚、行政复议、申诉、调查或其他的法律程序、行政程序，也不存在任何可能导致该等程序发生的事实或情况。不存在有关出资资产的、未向本协议其他方书面披露的、依照法院、仲裁机构或其他司法、行政部门作出的判决、裁决或决定应承担法律责任或义务的情形。

22.5　特殊投入方的特别陈述与保证

特殊投入的主体就特殊投入作出如下陈述与保证，该陈述与保证在公司成立后仍然持续有效：

22.5.1　特殊投入是服务的，特殊投入方保证服务成果归属于公司，包括但不限于全部的知识产权；保证服务不侵犯任何第三方的权利。

22.5.2　特殊投入非服务的，特殊投入方保证特殊投入是其合法所有的资产，对特殊投入享有完整的、完全的、排他的权利，不存在与其他人共同共有或按份共有的情形，不存在权利代持的情形；未授予第三方任何权利，也不存在抵押、质押、冻结、查封或其他权利负担、权利受限制的情形；不存在权利失效或可能造成权利失效的情形。

22.5.3　不存在未向本协议其他方书面披露的、其他任何进行中的与特殊投入有关的诉讼、行政处罚、行政复议、申诉、调查或其他的法律程序、行政程序，也不存在任何可能导致该等程序发生的事实或情况；不存在有关特殊投入的、未向本协议其他方书面披露的、依照法院、仲裁机构或其他司法、行政部门作出的判决、裁决或决定应承担法律责任或义务的情形。

第六部分　其他约定

23. 保密义务

23.1　本协议各方均应当对本协议的内容、因履行本协议或在本协议期间知悉的或收到的对方的商务、财务、技术、产品的信息、用户资料或其他标明保密的文件或信息（以下简称“保密信息”）予以保密，未经保密信息披露方事先书面同意，不得向本协议以外的任何第三方披露。

23.2　保密信息接收方为本协议目的可向其确有必要知悉的雇员、法律顾问或财务顾问披露对方提供的保密资料，但同时须指示该等人员遵守本条规定的保密义务，该等人员违反本条保密义务视为接收方违反本条保密义务。

23.3　保密信息接收方违反本条规定泄露披露方的保密信息的，由此产生的法律责任由接收方承担，造成披露方损失的，接收方依法应当承担赔偿责任。

23.4　上述保密义务，在本合同终止或解除后仍需履行。

24. 违约责任

24.1　任何一方违反本协议约定的，应承担协议中约定的违约责任。本协议中未约定的，应赔偿守约方全部损失。

24.2　本协议中约定的违约金或违约责任不足以赔偿守约方全部损失的，应赔偿守约方全部损失。

24.3　守约方全部损失包括但不限于对守约方所造成的直接损失、可得利益损失、守约方支付给第三方的赔偿费用 / 违约金 / 罚款、调查取证费用 / 公证费、诉讼费用、律师费用以及因此而支付的其他合理费用。

25. 合同送达方式

25.1　为更好地履行本合同，双方提供如下通知方式：

（1）甲方接收通知方式

联系人：________________

地址：________________

手机：________________

（2）乙方接收通知方式

联系人：________________

地址：________________

手机：________________

25.2　双方应以书面快递方式向对方上述地址发送相关通知。接收通知方拒收、无人接收或未查阅的，不影响通知送达的有效性。

25.3　上述地址同时作为有效司法送达地址。

25.4　一方变更接收通知方式的，应以书面形式向对方确认变更，否则视为未变更。

26. 其他约定

26.1　不可抗力

26.1.1　不可抗力定义：指在本合同签署后发生的、本合同签署时不能预见的、其发生与后果是无法避免或克服的、妨碍任何一方全部或部分履约的所有事件。上述事件包括地震、台风、水灾、火灾、战争、国际或国内运输中断、流行病、罢工，以及根据中国法律或一般国际商业惯例认作不可抗力的其他事件。一方缺少资金非为不可抗力事件。

26.1.2　不可抗力的后果：

（1）如果发生不可抗力事件，影响一方履行其在本合同项下的义务，则在不可抗力造成的延误期内中止履行，而不视为违约。

（2）宣称发生不可抗力的一方应迅速书面通知其他各方，并在其后的十五（15）日内提供证明不可抗力发生及其持续时间的足够证据。

（3）如果发生不可抗力事件，各方应立即互相协商，以找到公平的解决办法，并且应尽一切合理努力将不可抗力的影响减少到最低限度。

（4）金钱债务的迟延责任不得因不可抗力而免除。

（5）迟延履行期间发生的不可抗力不具有免责效力。

26.2　部分无效处理

如任何法院或有权机关认为本合同的任何部分无效、不合法或不可执行，则该部分不应被认为构成本合同的一部分，但不应影响本合同其余部分的合法有效性及可执行性。

26.3　不放弃权利

除非另有约定，任何一方未能行使或迟延行使其在本合同项下的任何权利，不得被视为其放弃行使该等权利，且任何权利的任何单独或部分行使亦不得妨碍该等权利的进一步行使或其他任何权利的行使。一方在任何时候放弃追究其他各方违反本合同任何条款或规定的违约行为，不得被视为该方放弃追究其他各方今后的违约行为，且不得被视为该方放弃其在该等规定项下的权利或其在本合同项下的其他任何权利。

26.4 合同解释

26.4.1 本合同的不同条款和分条款的标题与编号，仅供查阅方便之用，不构成本合同的一部分，不作为解释本合同任何条款或权利义务的依据。

26.4.2 本合同中，“以上”“以下”“以内”包含本数，“超过”“不满”“以外”不包含本数，某期日的“前/以前”“后/以后”或类似表述包含该期日当日。

26.4.3 本合同中对金额或数量使用大小写时，如大小写不一致，应以大写为准。

26.4.4 如果本合同正文和附件的意思发生冲突，则应按正文或附件中以何者为准的明确约定处理。

如无明确约定，则各方应尽力将整个合同（包括正文与附件）作为一个整体来阅读理解，最为明确具体的实现合同目的的条款应优先考虑。

26.5 不得转让义务

除本协议另有约定，未经另一方事先书面同意，任何一方不应转让本协议项下的全部或部分义务。

27. 法律适用

本合同的制定、解释及其在执行过程中出现的或与本合同有关的纠纷之解决，受中华人民共和国（港澳台地区除外）现行有效的法律约束。

28. 争议解决

因本合同以及本合同项下订单/附件/补充协议等（如有）引起或有关的任何争议，由合同各方协商解决，也可由有关部门调解。协商或调解不成的，应向________所在地有管辖权的人民法院起诉。[1]

第七部分　附　　则

29. 本协议与公司章程关系

29.1　公司章程应当包括本协议第 1 条“拟设公司基本信息”至第 3 条“股东出资”、第 5 条“股东会”至第 19 条“清算分配”的内容，工商登记机关禁止写入公司章程的内容除外。

29.2　本协议在公司成立后持续有效。如本协议与公司章程不一致的，除非公司章程对适用顺序或本协议效力作出明确规定，否则应以本协议为准。

30. 其他

30.1　本协议一式四份，协议各方各执二份。各份协议文本具有同等法律效力。

30.2　本协议未尽事宜，各方应另行协商并签订补充协议。

30.3　本协议包含如下附件：请填充。

上述附件是本协议的一部分，具有与本协议同等的法律效力。

30.4　各方为办理工商变更登记、备案等手续所另行签订的协议（如有）与本协议不一致的，以本协议为准。

30.5　本协议经各方签名或盖章后生效。[2]

签订时间：　　　　年　　　　月　　　　日

甲方（盖章）：

法定代表人或授权代表：

乙方（盖章）：

法定代表人或授权代表：[3]

法天使 [1]：
【住所地法院管辖】
使用文中条款。
【仲裁管辖】
【合同签订地法院管辖】
【仲裁法院选择】

法天使 [2]：
此条款为含【附件】的情形。

法天使 [3]：
【双方单位 + 提示各方】
【单位 + 个人】
【个人 + 个人】

1.2　合伙企业设立

合伙协议（有限合伙）| 19984

适用场景：

甲方、乙方、丙方共同出资设立一家有限合伙企业，具体就合伙人的出资方式、数额和缴付期限、合伙费用、合伙企业事务执行、财产份额的转让、继承、出质、入伙、退伙、禁止行为、利润分配和亏损分担办法、解散与清算等内容作出了约定。并附件《合伙人名册》《授权委托书》。

重要审查点：

【重要等级：**中**】

审查点 1：辨析使用合伙协议与民事合伙合同

1. 除了不设立企业以外，民事合伙合同的相关权利义务与普通合伙企业的合伙协议基本相通。

2. 民事合伙合同没有“有限合伙”“特殊的普通合伙”这些形式。

3. 使用民事合伙合同应谨慎，一般应避免合伙关系。如果是在合作、服务类的合同中，还要明确约定双方并非合伙关系，不对外承担连带责任。

审查点 2：辨析使用合伙与借贷

合伙协议如约定由部分合伙人（包括有限合伙人）享有固定收益、但不承担合伙企业的亏损，法院有可能认定为借贷关系。如果存在此类约定，协议仍可以签署，仍可以采取合伙协议的形式，只是要提示出借人（不承担风险的合伙人）一方，超出标准的利率有可能不会得到支持。

审查点 3：部分专业服务机构合伙人应具备职业资格

例如，《会计师事务所执业许可和监督管理办法》第 11 条要求会计师事务所的合伙人应当“具有注册会计师执业资格”。《律师法》第 15 条要求设立律师事务所，“设立人应当是具有三年以上执业经历的律师”。

审查点 4：外国人、外国企业可以作为合伙人

外国人、外国企业可以依据《合伙企业法》设立合伙企业，但也要受到负面清单等限制。

审查点 5：特定主体不能担任普通合伙人

1. 根据《合伙企业法》第 3 条的规定，国有独资公司、国有企业、上市公司以及公益性的事业单位、社会团体不得成为普通合伙人。

2.《合伙企业法》第 3 条禁止范围外的公司可以成为普通合伙人。结合《公司法》第 15 条，“公司可以向其他企业投资；但是，除法律另有规定外，不得成为对所投资企业的债务承担连带责任的出资人”，以及《合伙企业法》第 3 条，虽然法条上不够明确，但实务中公司成为普通合伙人已经非常常见、没有障碍，所以无须担心。

审查点 6：应核实合伙企业人数

1. 如为普通合伙企业，应核实合伙人人数在 2 人以上。

2. 如为有限合伙企业，应核实普通合伙人与有限合伙人总人数在 2 人以上 50 人以下，且至少有 1 名普通合伙人。

3. 不仅是设立合伙企业，涉及入伙、退伙、普通合伙人与有限合伙人转换时，也应考虑上述问题。

审查点 7：注意有限合伙人不得以劳务出资

1. 根据《合伙企业法》，普通合伙人对合伙企业的出资方式可以说是完全没有限制，有限合伙人则不得以劳务出资。

2. 对于以权利、资产等出资的，从其他合伙人的角度，必须明确说明出资财产的范围、权利保证、财产交付或变更登记的时间等。

3. 如果部分合伙人是以劳务出资，则其他合伙人可以考虑通过附件或配套合同，明确约定提供劳务的期限和形式、对劳务的要求。

审查点 8：考虑工商程序的应对

1. 合伙协议中尽量不要采取类似“阴阳合同”的做法，避免私下约定与登记的合伙协议有实质性冲突。

2. 注意未按规定变更登记的风险，可能导致限期更正、罚款等行政责任。

3. 如果合伙企业并未设立，各方签署的合伙协议仍有效，但实际上是《民法典》合同编所规定的“合伙合同”，相应纠纷案由可归于“合同纠纷”而非“合伙企业纠纷”。

4. 如果存在挂名合伙人，应当就挂名合伙人的权益、风险承担与追偿等作出明确的书面约定。

审查点 9：“利润分配、亏损分担方式”条款

1. 对普通合伙企业：如果不是只由部分合伙人享受利润或只由部分合伙人承担亏损，则利润分配比例、亏损承担比例可以协商约定。对有限合伙企业：可以约定只有部分合伙人分享利润，其他合伙人不分享利润。

2. 实务中存在的类似“无权要求分配律师事务所利润”的“名誉合伙人”的做法，这种做法并不违法。

3. 注意保底承诺存在争议。采取此类做法时，需要向当事人提示风险。如果想让保底承诺有效，可以选择独立第三方出具保底承诺，可以选择多样化的保底形式，并明确约定保底条款无效之后的处理方式。

审查点 10：“合伙事务决定程序”

1. 对民事合伙：以约定为准，无约定应经全体合伙人一致同意。

2. 对普通合伙企业：可参照《合伙企业法》第 30 条、第 31 条约定。

3. 对有限合伙企业：（1）有必要考虑在合伙协议中对有限合伙人的表决权利作出排除或特别约定。可考虑设置合伙人会议，约定有限合伙人以合伙人会议（或其他类似合伙企业治理结构）的方式参与管理合伙事务，并明确合伙人会议的表决事项，具体的表决比例，以及何种表决方式（如前面提到的按一人一票表决或按出资比例表决）。（2）合伙协议中如果赋予有限合伙人一定的表决权利，需要注意可能带来“执行合伙事务、对外承担连带责任”的风险，但这种风险不大。全体合伙人可考虑在合伙协议中作出声明，免除有限合伙人因参与合伙人会议而被认定执行合伙事务的

责任。也可考虑参照《合伙企业法》第 76 条的规定，约定如果发生争议纠纷，合伙企业和其他合伙人对相应的有限合伙人享有一定的追偿权。

成套文本：

（一）设立阶段

1. 有限合伙企业合伙协议

（二）设立后阶段

2. 合伙企业出资确认书

3. 全体合伙人对各合伙人认缴或者实际缴付出资的确认书

其他场景：

▲ 19981 设立普通合伙企业成套文本

▲ 19983 设立特殊的普通合伙企业成套文本

文本正文：

合伙协议

甲方（普通合伙人）： ________________

身份证号码：________________

乙方（普通合伙人）： ________________

统一社会信用代码：________________

丙方（有限合伙人）： ________________

身份证号码：________________

本协议各方经平等自愿协商，根据《中华人民共和国民法典》《中华人民共和国合伙企业法》及相关法律法规，就各方自愿组成一个共同经营体，设立一家有限合伙企业事宜，签订本协议以共同遵守。

第一部分　合伙企业设立

1. 合伙企业基本信息

（1）合伙企业的名称为____________（有限合伙）。

（2）合伙企业的组织形式为有限合伙企业。

（3）合伙企业的经营场所拟设在________________。

（4）合伙企业的合伙目的为________________。

（5）合伙企业的经营范围为________________。

（6）合伙企业的营业期限为________________。

以上事宜均以合伙企业登记机关最终核准登记的内容为准。

2. 合伙人

2.1　本合伙企业由普通合伙人及有限合伙人共同设立。普通合伙人对合伙企业债务承担无限连带责任，有限合伙人对合伙企业债务以其认缴的出资额为限承担责任。

2.2　经全体合伙人一致同意，普通合伙人可以转变为有限合伙人，有限合伙人可以转变为普通合伙人。

2.2.1　普通合伙人转变为有限合伙人的，对其作为普通合伙人期间合伙企业发生的债务承担无限连带责任。

2.2.2　有限合伙人转变为普通合伙人的，对其作为有限合伙人期间有限合伙企业发生的债务承担无限连带责任。

2.3　本合伙企业的合伙人情况，详见本协议附件《合伙人名册》（如有）。

3. 合伙人的出资方式、数额和缴付期限

3.1　全体合伙人共认缴出资人民币（大写）　　　元（¥　　　元）。

3.2. 合伙人应按本协议约定履行出资义务。出资缴付方式：

对于货币出资，应在约定的出资时间内将资金一次性足额支付至合伙企业指定账户。

对于非货币出资，应在约定的出资时间内依法办理财产权的转移手续，将出资资产交付给合伙企业，移交出资资产相关资料，办理出资资产的变更登记手续（如有）。

对于劳务出资，应在约定的出资时间内到岗为合伙企业提供劳务，具体以与合伙

企业签订的合同为准（如有，且限该出资方为普通合伙人）。

3.3　甲方出资

3.3.1　甲方出资额：人民币（大写）　　元（￥　　元），占认缴出资总额的　　%（百分之　　）。

3.3.2　甲方出资方式：货币。[1]

3.3.3　出资时间：　　年　　月　　日前缴付出资。[2]

3.4　乙方出资

3.4.1　乙方出资额：人民币（大写）　　元（￥　　元），占认缴出资总额的　　%（百分之　　）。

3.4.2　乙方出资方式：劳务出资。[3]

劳务说明：________________

3.4.3　出资时间：　　年　　月　　日前缴付出资。[4]

3.5　丙方出资

3.5.1　丙方出资额：人民币（大写）　　元（￥　　元），占认缴出资总额的　　%（百分之　　）。

3.5.2　丙方出资方式：非货币出资。具体为：

出资资产：________________

评估价值：根据____以____年____月____为基准日出具的____号《资产评估报告》，该出资资产的评估价值为人民币____元。[5]

3.5.3　出资时间：　　年　　月　　日前缴付出资。[6]

3.6　合伙人名册

合伙企业成立后5个工作日内，应当置备合伙人名册，并应记载下列事项：

（1）合伙人的姓名或者名称及住所；

（2）合伙人的出资额和出资日期。

记载于合伙人名册的合伙人，可以依合伙人名册主张行使合伙人权利。

3.7　违约责任

合伙人未按期缴纳或未缴足出资的，应当赔偿由此给其他合伙人造成的损失；如

法天使[1]：
【甲方货币出资】使用文中条款。
【甲方非货币出资】
【甲方劳务出资（限该出资方为普通合伙人）】

法天使[2]：
【一期出资】使用文中条款。
【多期出资】

法天使[3]：
【乙方劳务出资（限该出资方为普通合伙人）】使用文中条款。
【乙方货币出资】
【乙方非货币出资】

法天使[4]：
【一期出资】使用文中条款。
【多期出资】

法天使[5]：
【丙方非货币出资】使用文中条款。
【丙方货币出资】
【丙方劳务出资（限该出资方为普通合伙人）】

法天使[6]：
【丙方一期出资】使用文中条款。
【多期出资】

果逾期____日仍未缴足出资，按本协议项下“退伙”处理。

4. 合伙费用

4.1 各方同意，合伙企业设立的全部事宜由甲方负责办理，其他各方应提供一切必要协助。

4.2 合伙企业设立的费用，由甲方先行垫付。上述费用在合伙企业成立后由合伙企业承担。合伙企业未能成立的，由各方按认缴出资比例分担。对合伙企业未能成立有过错的当事方，应当承担相应的赔偿责任。

第二部分 合伙企业事务执行

5. 执行事务合伙人

5.1 执行合伙企业事务的合伙人对外代表企业。全体合伙人一致同意，委托下列合伙人执行合伙企业事务：

5.1.1 ____方负责经营管理，____方负责财务出纳、财务会计。

5.1.2 由甲方作为执行合伙企业事务的负责人。[1]

5.2 执行事务合伙人代表

5.2.1 执行事务合伙人在合伙企业中委派其执行事务合伙人代表请填充主体姓名。执行事务合伙人应确保其委派的执行事务合伙人代表能够独立执行合伙企业事务并遵守本协议的约定。

5.2.2 本合伙企业存续期限内，非经执行事务合伙人书面提议并经合伙人会议审议批准，执行事务合伙人代表不得任意变更。

5.2.3 执行事务合伙人代表根据本协议或合伙人会议的授权为执行合伙事务所作的全部行为包括与任何第三人进行业务合作及就有关事项进行交涉、签订文件等对合伙企业具有约束力。

5.3 执行事务合伙人职权

执行合伙企业事务的合伙人对全体合伙人负责，并行使下列职责：

（1）对外开展业务，订立合同。

法天使[1]：
【委托数名合伙人，分工负责执行合伙事务】使用文中条款。
【委托一名合伙人执行合伙事务】5.1.2 执行合伙企业事务的合伙人对外代表企业。全体合伙人一致同意，委托甲方为执行合伙企业事务的合伙人，其他合伙人不再执行合伙企业事务。

（2）主持合伙企业的日常生产经营、管理工作。

（3）拟定合伙企业利润分配或者亏损分担的具体方案。

（4）制定合伙企业内部管理机构的设置方案。

（5）制定合伙企业具体管理制度或者规章制度。

（6）提出聘任合伙企业的经营管理人员。

（7）制定增加合伙企业出资的方案。

（8）向其他合伙人报告合伙企业事务执行情况以及经营状况、财务状况。

（9）法律、行政法规和本协议规定的其他职权。

6. 全体合伙人之授权

6.1　全体合伙人在此确认，执行事务合伙人受到全体或任一合伙人的书面授权，则可以代表全体或任一合伙人在下列文件上签字或盖章：

（1）本协议的修正案或修改后的合伙协议。

当修改内容为本协议约定的合伙会议决定事项之相关内容时，执行事务合伙人代表凭合伙人依据本协议作出的合伙人会议决议或出具的书面同意文件即可代表全体合伙人签订；其余事项执行事务合伙人代表可直接代表全体合伙人签订，并通知全体合伙人。

（2）符合本协议约定的合伙人入伙、退伙、变更出资额、合伙权益转让事项的文件，包括但不限于入伙协议、退伙协议、变更出资额、合伙权益转让协议等工商变更登记所需各项文件。

（3）合伙企业设立、变更所涉全部工商登记文件及政府部门审批、核准、备案文件。

（4）当执行事务合伙人担任合伙企业的清算人时，为执行合伙企业解散或清算相关事务而需签订的文件。

6.2　虽有本条上述授权，如法律法规或者企业登记机关要求全体或任一合伙人亲自签订相关文件，则应以法律法规或企业登记机关的要求为准。

7. 合伙人会议

7.1　合伙人会议的组成

合伙人会议为合伙企业的最高权力机构，由全体普通合伙人和有限合伙人组成。

7.2 合伙会议职权

7.2.1 合伙人会议讨论决定如下事项：

（1）听取执行事务合伙人的年度报告。

（2）改变合伙企业的经营范围和组织形式。

（3）根据执行事务合伙人的提议，变更合伙企业的名称和主要经营场所。

（4）审议批准以合伙企业的名义对外举债或提供担保的议案。

（5）批准有限合伙人转让合伙权益。

（6）审议批准执行事务合伙人向其关联方转让合伙权益。

（7）审议批准普通合伙人向其关联方之外的第三方转让合伙权益。

（8）批准合伙人将其持有的合伙企业财产份额出质。

（9）接纳新的合伙人入伙。

（10）根据执行事务合伙人的提议，决定合伙人的除名。

（11）批准普通合伙人变更为有限合伙人，或有限合伙人变更为普通合伙人。

（12）更换合伙企业的执行事务合伙人。

（13）根据执行事务合伙人的提议，决定延长、解散或提前清算合伙企业。

（14）审议批准由执行事务合伙人以外的人士担任本合伙企业清算人的提案。

（15）除本协议明确授权执行事务合伙人独立决定之内容外，关于本协议其他内容的修订。

（16）法律法规规定或者本协议其他条款约定应由合伙人会议讨论的其他事项。

7.3 合伙人会议实行一人一票表决制度。

7.4 合伙人会议对前款事项作出决议，须经代表三分之二以上（含本数）表决权的合伙人通过。

7.5 合伙人会议决议对全体合伙人有约束力。

7.6 合伙人会议的召开

7.6.1 合伙企业每年召开一次合伙人年度会议，由执行事务合伙人召集。

经执行事务合伙人提议或经单独或合计间接持有10%以上公司股权比例的合伙人提议，合伙企业应召开合伙人临时会议（“临时会议”与“年度会议”统称“合伙人会议”）。

执行事务合伙人不能召集或不召集的，提议召开会议的合伙人可自行召集。

7.6.2　合伙人会议由执行事务合伙人主持。执行事务合伙人不能主持或不主持的，半数以上的合伙人可以推举一名合伙人主持。

7.6.3　执行事务合伙人应于合伙人会议召开 15 日前发出召集会议的通知。会议通知应为书面形式，且应至少包含如下内容：

（1）会议的时间、地点；

（2）会议议程和相关资料；

（3）联系人和联系方式。

7.6.4　合伙人可以自行出席合伙人会议，也可以委托其他合伙人代理出席合伙人会议，代理人应当提交授权委托书，并在授权范围内行使权利。

7.6.5　合伙人会议可以现场或电话会议、视频会议中一种或几种全体参会合伙人均可有效获取信息的方式召开。

7.6.6　对于属执行事务合伙人召集临时会议讨论的事项，执行事务合伙人亦可决定不召集会议，而以书面形式征求全体合伙人意见，各合伙人均应在收到该等书面文件后 15 日内书面回复。未以任何方式参加会议或未在约定期限内回复意见的合伙人将被视为对会议讨论事项投弃权票并同意从表决权总数中减去相应份额。

7.6.7　合伙人会议应对会议所讨论事项的决议作成会议记录，出席会议的合伙人应当在会议记录上签名。

8. 合伙人的权利义务

8.1　非执行事务合伙人的权利义务

8.1.1　不参加执行事务的合伙人享有以下权利：

（1）对企业的经营管理提出建议。

（2）获取经审计的合伙企业财务会计报告。

（3）对涉及自身利益的情况，查阅合伙企业财务会计账簿等财务资料。

（4）参与选择承办有限合伙企业审计业务的会计师事务所。

（5）监督执行事务的合伙人、检查其执行合伙企业事务的情况。

（6）有权对未参加执行的事务提出异议。提出异议时，应当暂停该项事务的执行。

（7）如执行事务合伙人违反本协议或者全体合伙人的决定执行事务的，有权决定撤销该委托。

（8）在合伙企业中的利益受到侵害时，有权向有责任的合伙人主张权利或者提起诉讼。

（9）执行事务合伙人怠于行使权利时，督促其行使权利或者为合伙企业利益以自己的名义提起诉讼。

（10）有权依法为合伙企业提供担保。

8.1.2　不参加执行事务的合伙人负有以下义务：

（1）普通合伙人未根据本协议约定被选为执行事务合伙人的，不得执行合伙事务。

（2）有限合伙人不执行合伙事务，不得对外代表合伙企业。任何有限合伙人均不得参与管理或控制合伙企业的投资业务及其他以合伙企业名义进行的活动、交易和业务，或代表合伙企业签订文件，或从事其他对合伙企业形成约束的行为。

全体合伙人一致确认，有限合伙人在履行本协议时，就“合伙人会议职权”约定的事项进行表决的行为，以及履行“非执行事务合伙人的权利义务”的行为，均不视为执行合伙事务。有限合伙人不承担由此被认定为表见普通合伙人的无限连带责任。

9. 违约责任

合伙人违反本协议“合伙企业事务执行”约定的，应按实际损失进行全额赔偿。违反情节严重的，由其他全体合伙人决定除名。

第三部分　财产份额处置

10. 财产份额的转让

10.1　各方同意，合伙人之间转让在合伙企业中的全部或者部分财产份额时，应当通知其他合伙人。

10.2　普通合伙人不得将财产份额转让给其他合伙人之外的主体，有限合伙人可以将财产份额转让给其他合伙人之外的主体。

10.3　有限合伙人向合伙人以外的人转让其在合伙企业中的全部或者部分财产份额，应当经其他合伙人一致同意。有限合伙人应就其财产份额转让事项书面通知其他合伙人征求同意，其他合伙人自接到书面通知之日起满30日（含当日）未答复的，视为同意转让。其他合伙人半数以上（含本数）不同意转让的，不同意的合伙人应当购买该转让的财产份额；不购买的，视为同意转让。[1]

10.4　合伙人对外转让财产份额的，在同等条件下，其他合伙人有优先购买权。两个以上合伙人主张行使优先购买权的，协商确定各自的购买比例；协商不成的，按照转让时各自的认缴出资比例行使优先购买权。[2]

10.5　尽管有前述约定，自合伙企业成立之日起____年内合伙人不得向合伙人以外的人转让财产份额。

10.6　合伙人向合伙人以外的人转让财产份额，该受让方应按本协议“入伙”的约定享有权利承担债务。合伙人转让其在合伙企业中的全部财产份额的，该转让方按本协议“退伙”的约定承担债务。

11. 财产份额的继承

11.1　自然人合伙人身故后，合伙人资格不得自动继承，应经其他合伙人一致同意后，方可继承，但其他合伙人对因继承发生变化的合伙企业财产份额变动享有“同等条件”下的优先购买权；如未能获得其他合伙人一致同意的，合伙人资格不得继承，由合伙企业减资，其他合伙人在此对合伙企业减资给予预先的同意，不得持反对意见，否则持反对意见的合伙人须按照本条中的“同等条件”受让财产份额，多个合伙人持反对意见的，按转让时各自的认缴出资比例受让财产份额。合伙企业减资后，被继承合伙人的合伙人资格消灭，对应价款支付给法定继承人。[3]

12. 财产份额的出质

12.1　普通合伙人不可以其在合伙企业中的财产份额出质。有限合伙人以其在合伙企业中的财产份额出质，需经全体合伙人一致同意。

12.2　任何一方违反本协议，擅自以其在合伙企业中的财产份额出质的，出质行为无效。由此给其他合伙人造成损失的，应承担赔偿责任。[4]

法天使[1]：
【普通合伙人不得对外转让财产份额，有限合伙人可以。对外转让需其他人同意】
使用文中条款。
【普通合伙人、有限合伙人均不得对外转让财产份额】
【普通合伙人不得对外转让财产份额，有限合伙人可以。对外转让无须同意】
【普通合伙人可以对外转让财产份额，有限合伙人不可以。对外转让无须同意】
【普通合伙人可以对外转让财产份额，有限合伙人不可以。对外转让需其他人同意】
【普通合伙人、有限合伙人均可以对外转让财产份额。对外转让无须同意】
【普通合伙人、有限合伙人均可以对外转让财产份额。对外转让需其他人同意】

法天使[2]：
【对外转让财产份额，其他合伙人享有优先购买权的场景】
使用文中条款。
【适用于排除优先购买权的场景】

法天使[3]：
【非自动继承】
使用文中条款。
【自动继承】

法天使[4]：
【禁止普通合伙人财产份额出质，但不禁止有限合伙人的场景。财产份额出质视同财产份额转让】
使用文中条款。
【适用于对财产份额出质无限制的场景】
【适用于禁止财产份额出质的场景，可根据需要约定除外情形】
【适用于财产份额出质视同财产份额转让的场景，可根据需要约定除外情形】
【适用于禁止普通合伙人财产份额出质，但不禁止有限合伙人的场景。财产份额出质无限制】

第四部分　其他事务安排

13. 入伙、退伙

13.1　入伙

13.1.1　新合伙人入伙时，经全体合伙人一致同意，并依法订立书面协议。订立书面协议时，原合伙人向新合伙人告知合伙企业的经营状况和财务状况。

13.1.2　新合伙人与原合伙人享有同等权利，承担同等责任。新合伙人对入伙前合伙企业债务承担连带责任。

13.2　退伙

13.2.1　自愿退伙

有下列情形之一时，合伙人可以退伙：

（1）合伙协议约定的退伙事由出现。

（2）经全体合伙人一致同意退伙。

（3）发生合伙人难以继续参加合伙企业的事由。

（4）其他合伙人严重违反合伙协议约定的义务。[1]

13.3　当然退伙

有下列情形之一的，合伙人当然退伙：

（1）作为合伙人的自然人死亡或者被依法宣告死亡；

（2）作为合伙人的自然人被依法认定为无民事行为能力人或者限制民事行为能力人；

（3）个人丧失偿债能力；

（4）作为合伙人的法人或者其他组织依法被吊销营业执照、责令关闭、撤销，或者被宣告破产；

（5）法律规定或者合伙协议约定合伙人必须具有相关资格而丧失该资格；

（6）合伙人在合伙企业中的全部财产份额被人民法院强制执行。

退伙事由实际发生之日为退伙生效日。

法天使[1]：
【适用于约定了合伙企业经营期限的场景】
使用文中条款。
【适用于未约定合伙企业经营期限的场景】
13.2.1　自愿退伙
合伙人在不给合伙企业事务执行造成不利影响的情况下，可以退伙，但应当提前30日通知其他合伙人。擅自退伙的，应当赔偿由此给其他合伙人造成的损失。

13.4　除名退伙

13.4.1　有下列情形之一的，经其他合伙人一致同意，可以决议将该合伙人除名：

（1）未履行出资义务；

（2）因故意或者重大过失给合伙企业造成损失；

（3）执行合伙事务时有不正当行为；

（4）发生合伙协议约定的事由。

对合伙人的除名决议应当书面通知被除名人。被除名人接到除名通知之日，除名生效，被除名人退伙。

被除名人对除名决议有异议的，可以自接到除名通知之日起 30 日内，向人民法院起诉。

13.4.2　普通合伙人退伙后，对基于退伙前的原因发生的合伙企业债务，承担无限连带责任。

有限合伙人退伙后，对基于退伙前的原因发生的合伙企业的债务，以其退伙时从有限合伙企业中取回的财产承担责任。

合伙人退伙时，合伙企业财产少于合伙企业债务的，该退伙人应按照本协议“亏损分担”的约定承担债务。

14. 禁止行为

14.1　合伙人在合伙企业存续期间不得进行以下任何行为：

（1）自营或者同他人合作经营与本合伙企业相似或相竞争的业务。合伙人系有限合伙人的除外。

（2）未经全体合伙人一致同意，私自以合伙企业名义进行业务活动。

（3）未经全体合伙人一致同意，与本合伙企业进行交易。合伙人系有限合伙人的除外。

（4）从事损害本合伙企业利益的活动。[1]

14.2　合伙人违反本协议“禁止行为”约定的，由此获得的利益归本合伙企业；如造成损失，应按实际损失进行赔偿。劝阻不听者，由其他全体合伙人决定除名。

法天使[1]:
【适用于约定全体合伙人禁止行为的场景】
使用文中条款。
【适用于约定全体合伙人禁止行为的场景】
14.1　合伙人在合伙企业存续期间不得进行以下任何行为：
（1）自营或者同他人合作经营与本合伙企业相似或相竞争的业务。
（2）未经全体合伙人一致同意，私自以合伙企业名义进行业务活动。
（3）未经全体合伙人一致同意，与本合伙企业进行交易。
（4）从事损害本合伙企业利益的活动。

法天使 [1]：
【按实缴比例分担】
使用文中条款。
【按认缴比例分配】
【按任意约定比例分配（但不能存在有合伙人不分配的情形）】

法天使 [2]：
【按实缴比例分担】
使用文中条款。
【按认缴比例分担】
【按任意约定比例分担（注意：不能存在有合伙人不承担的情形）】

15. 利润分配和亏损分担办法

15.1　利润分配、亏损分担原则

15.1.1　合伙企业应当按照约定的财产份额比例，分享合伙企业的经营成果、分担合伙企业的经营风险，分配合伙企业的利润，并在合伙终止时分配合伙企业资产。

15.1.2　普通合伙人对合伙企业债务承担无限连带责任，有限合伙人对合伙企业债务以其认缴的出资额为限承担责任。

15.2　利润分配

各方同意，本合伙企业所获利润，每年最晚于 12 月 31 日前进行一次审计。经审计的利润，应提取 10% 计入资本公积用于弥补合伙企业的亏损或者扩大合伙企业生产经营。提取后仍有剩余的，由全体合伙人依照以下比例进行分配：

合伙企业的利润，由全体合伙人按实缴出资比例分配。[1]

15.3　亏损分担

合伙企业对其债务，应先由其全部财产进行清偿。合伙企业不能清偿到期债务的，由全体合伙人按实缴出资比例承担责任，合伙人清偿债务超过自己应当承担比例的部分，有权向其他应承担责任的合伙人追偿。[2]

16. 解散与清算

16.1　合伙企业有下列情形之一的，应当解散：

（1）经营期限届满，合伙人决定不再经营。

（2）合伙协议约定的解散事由出现。

（3）全体合伙人决定解散。

（4）合伙人已不具备法定人数满 30 日。

（5）合伙协议约定的合伙目的已经实现或者无法实现。

（6）依法被吊销营业执照、责令关闭或者被撤销。

（7）法律、行政法规规定的其他原因。

16.2　合伙人严重违反本协议或因重大过失违反《合伙企业法》而导致合伙企业解散的，应对其他合伙人承担赔偿责任。

16.3　合伙企业清算办法应当按《合伙企业法》的规定进行清算。

清算期间，本合伙企业存续，但不得开展与清算无关的经营活动。合伙企业财产在支付清算费用和职工工资、社会保险费用、法定补偿金以及缴纳所欠税款、清偿债务后的剩余财产，合伙人依照本协议“利润分配”约定的比例进行分配。

16.4　清算结束后，清算人应当编制清算报告，经全体合伙人签名、盖章后，在15日内向企业登记机关报送清算报告，申请办理合伙企业注销登记。

第五部分　陈述与保证

17. 陈述与保证

17.1　本协议各方于本协议签订日向其他方作出如下陈述与保证，该陈述与保证在合伙企业成立后仍然持续有效。各方确认，各方系建立在对本条项下的陈述与保证充分信赖的基础上方达成本协议。

17.2　每一项陈述与保证应被视为单独陈述与保证（除非本协议另有明确的相反规定），而且前述每一项陈述与保证不应因参照或援引任何其他陈述与保证条款或本协议的任何其他条款而受到限制或制约。

17.3　如有与下列所作陈述与保证不符的情况，作出陈述与保证的一方已于本协议签订日前以书面形式向其他方披露。

17.4　各方承诺，如果其知悉在本协议签订后发生任何情形，使该方作出的任何陈述与保证在任何方面变为不真实、不准确或具误导性，将立即书面通知合同其余方。

17.5　协议各方通用陈述与保证

协议各方均承诺：

17.5.1　该方系合法设立且有效存续的实体（法人或非法人组织）或具有完全民事行为能力的自然人。

17.5.2　除本协议另有约定外，该方拥有签订本协议和履行本协议全部义务所必需的所有合法权力、权利，已取得签订本协议和履行本协议全部义务所必需的所有内部和外部的批准、授权和许可。

17.5.3　该方提交的文件、资料等均是真实、准确、全面、完整和有效的，并无任何隐瞒、遗漏、虚假或误导之处。

17.5.4　该方签订本协议和履行本协议任何义务不会：

（1）违反该方的公司章程或任何组织性文件的规定；

（2）违反法律、法规或其他规范性文件；

（3）违反对该方有法律约束力的任何其他协议、合同、文件、该方对任何第三方作出的承诺或保证（无论是书面的还是口头的）、该方对任何第三方所负担的其他有法律约束力的义务。

17.6　关于合伙企业设立与出资的陈述与保证

协议各方均承诺：

17.6.1　该方确认自身符合法律法规及监管规范等规范性文件规定的拟设合伙企业合伙人所需满足的条件，不存在不得作为拟设合伙企业合伙人的情形。

17.6.2　该方确认用于出资的资产是其合法自有财产。

17.7　非货币出资方的特别陈述与保证

全部或部分采用非货币出资的主体就出资资产作出如下陈述与保证，该陈述与保证在合伙企业成立后仍然持续有效：

17.7.1　出资资产是出资方合法所有财产，出资方对出资资产享有完整的、完全的、排他的权利，不存在与其他人共同共有或按份共有的情形，不存在权利代持的情形；未授予第三方任何权利，也不存在抵押、质押、冻结、查封或其他权利负担、权利受限制的情形。

17.7.2　出资方按照本协议约定的出资时间将出资资产完整、完全地转让至设立后的合伙企业。出资方完成出资后不再对出资资产享有任何权利，出资资产全部权利均归属设立后的合伙企业所有。

17.7.3　出资资产不存在权利失效或可能造成权利失效的情形。

17.7.4　不存在未向本协议其他方书面披露的、其他任何进行中的有关出资资产的诉讼、行政处罚、行政复议、申诉、调查或其他的法律程序、行政程序，也不存在任何可能导致该等程序发生的事实或情况。不存在有关出资资产的、未向本协议其他方书面披露的、依照法院、仲裁机构或其他司法、行政部门作出的判决、裁决或决定应承担法律责任或义务的情形。

17.8　劳务出资方的特别陈述与保证

17.8.1　劳务投入的主体就劳务投入作出如下陈述与保证，该陈述与保证在合伙企业成立后仍然持续有效：

出资方为合伙企业的普通合伙人，不存在违反法律法规规定的主体资格要求。

第六部分　其他约定

18. 违约责任

18.1　任何一方违反本协议约定的，应承担协议中约定的违约责任。本协议中未约定的，应赔偿守约方全部损失。

18.2　本协议中约定的违约金或违约责任不足以赔偿守约方全部损失的，应赔偿守约方全部损失。

18.3　守约方全部损失包括但不限于对守约方所造成的直接损失、可得利益损失、守约方支付给第三方的赔偿费用/违约金/罚款、调查取证费用/公证费、诉讼费用、律师费用以及因此而支付的其他合理费用。

19. 合同联系方式

19.1　为更好地履行本协议，各方提供如下联系方式：

（1）甲方联系方式

联系人：________________

地址：________________

手机：________________

微信：________________

电子邮箱：________________

（2）乙方联系方式

联系人：________________

地址：________________

手机：________________

微信：________________

电子邮箱：________________

（3）丙方联系方式

联系人：________________

地址：________________

手机：________________

微信：________________

电子邮箱：________________

19.2　通过电子邮箱及其他电子方式送达时，发出之日即视为有效送达。

19.3　通过快递等方式送达时，对方签收之日或发出后第三日视为有效送达（以两者较早一个日期为准）；对方拒收或退回的，视为签收。

19.4　上述联系方式同时作为有效司法送达地址。

19.5　一方变更联系方式，应以书面形式通知对方；否则，该联系方式仍视为有效，由未通知方承担由此而引起的相关责任。

19.6　本联系方式条款为独立条款，不受合同整体或其他条款的效力影响，始终有效。

20. 其他约定

20.1　不可抗力

20.1.1　不可抗力定义：指在本协议签署后发生的、本协议签署时不能预见的、其发生与后果是无法避免或克服的、妨碍任何一方全部或部分履约的所有事件。上述事件包括地震、台风、水灾、火灾、战争、国际或国内运输中断、流行病、罢工，以及根据中国法律或一般国际商业惯例认作不可抗力的其他事件。一方缺少资金非为不可抗力事件。

20.1.2　不可抗力的后果：

（1）如果发生不可抗力事件，影响一方履行其在本协议项下的义务，则在不可抗力造成的延误期内中止履行，而不视为违约。

（2）宣称发生不可抗力的一方应迅速书面通知其他各方，并在其后的十五（15）日内提供证明不可抗力发生及其持续时间的足够证据。

（3）如果发生不可抗力事件，各方应立即互相协商，以找到公平的解决办法，并且应尽一切合理努力将不可抗力的影响减少到最低限度。

（4）金钱债务的迟延责任不得因不可抗力而免除。

（5）迟延履行期间发生的不可抗力不具有免责效力。

20.2　部分无效处理

如任何法院或有权机关认为本协议的任何部分无效、不合法或不可执行，则该部分不应被认为构成本协议的一部分，但不应影响本协议其余部分的合法有效性及可执行性。

20.3　合同解释

20.3.1　本协议的不同条款和分条款的标题与编号，仅供查阅方便之用，不构成本协议的一部分，不作为解释本协议任何条款或权利义务的依据。

20.3.2　本协议中，“以上”“以下”“以内”包含本数，“超过”“不满”“以外”不包含本数，某期日的“前 / 以前”“后 / 以后”或类似表述包含该期日当日。

20.3.3　本协议中对金额或数量使用大小写时，如大小写不一致，应以大写为准。

20.3.4　如果本协议正文和附件的意思发生冲突，则应按正文或附件中以何者为准的明确约定处理。

如无明确约定，则各方应尽力将整个合同（包括正文与附件）作为一个整体来阅读理解，最为明确具体的实现合同目的的条款应优先考虑。

21. 法律适用

本协议的制定、解释及其在执行过程中出现的或与本协议有关的纠纷之解决，受中华人民共和国（港澳台地区除外）现行有效的法律约束。

22. 争议解决

因本合同以及本合同项下订单 / 附件 / 补充协议等（如有）引起或有关的任何争议，由合同各方协商解决，也可由有关部门调解。协商或调解不成的，应向＿＿所在地有管辖权的人民法院起诉。

23. 附则

23.1　本合同一式四份，合同各方各执一份，另一份用于办理登记。各份合同文本具有同等法律效力。

23.2　本合同经各方签名或盖章后生效。

全体合伙人签字：

年　　　　月　　　　日

附件：合伙人名册

姓名 / 名称	身份证号 / 统一社会信用代码	住所	认缴出资额
普通合伙人			
有限合伙人			
合计			

全体合伙人签字：

年　　　　月　　　　日

附件：授权委托书

委托方： ________________

身份证号码：________________

受托方： ________________

统一社会信用代码：________________

一、定义

1. 委托方财产份额：指委托方持有的＿＿（有限合伙）＿＿%（百分之＿＿）的财产份额，对应认缴出资人民币（大写）＿＿元（¥＿＿元）（以下简称"委托方财产份额"）。

2. 合伙协议：指＿＿（有限合伙）全体合伙人协商一致，以书面形式订立，并经企业登记机关工商登记的合伙企业的契约。

二、授予权利

就委托方财产份额，委托方不可撤销地授权受托方，作为委托方唯一的、排他的代理人，全权代表其在下列文件上签字：

（1）按照合伙协议的约定修改或修订合伙协议的相关文件。

（2）使合伙企业主体资格存续、能够继续以有限合伙企业名义行动并符合相关监管规定的登记、备案文件，包括但不限于合伙企业符合合伙协议约定之变更事项的企业登记、备案文件。

（3）上述变更事项包括但不限于：合伙企业的名称、主要经营场所、执行事务合伙人、经营范围、合伙企业类型、合伙人姓名或者名称及住所、认缴或者实际缴付的出资数额、缴付期限、出资方式、合伙期限及《合伙企业法》规定的其他登记、备案事项的变更；上述企业登记、备案文件包括但不限于：变更登记申请书、认缴或实缴出资确认书、变更决定书、执行事务合伙人委托书、执行事务合伙人委派代表的委派书及其他登记、备案文件。

（4）有关符合合伙协议约定的合伙人入伙、退伙、财产份额转让事项的文件，包括但不限于入伙协议、退伙协议、财产份额转让协议、增加或减少认缴出资协议。

法天使[1]：
【有转委托权】使用文中条款。
【有权安排受托方人员行使，但不得另外转委托】
三、转委托
受托方有权安排受托方法定代表人及受托方员工代为行使受托方的权利，但不得另外委托第三方行使受托方权利。

（5）当普通合伙人担任合伙企业的清算人时，合伙企业根据合伙协议约定及《合伙企业法》的要求解散和终止的相关文件。

三、转委托

受托方有转委托权，可以就上述事项的办理自行再委托其他个人或单位而不必事先通知委托方或获得委托方的同意。[1]

四、特别声明

1. 该授权是不可撤销的、长期的，在委托方为持股平台合伙人期间均为有效。

2. 在本授权书授权范围内，受托方就委托方财产份额的一切行为均视为委托方的行为，签订的一切文件均视为委托方签订，委托方予以承认。

3. 在本授权委托书有效期内，委托方特此放弃已经通过本授权委托书授权给受托方的与委托方财产份额有关的所有权利，不再自行行使该等权利。

五、附则

本授权书自签订后即生效。

签订日期：　　年　　月　　日

委托方（签名或盖章）：

1.3　非公众股份公司设立

发起人协议 | 19547

适用场景：

适用：非公众股份公司

不适用：上市公司、有限责任公司

各发起人通过内部决议新设非公众股份有限公司，签订发起人协议、制备公司章程并完成设立登记。

含有《发起人协议》《股份有限公司章程》《出资证明书》《股东名册》等文本。

重要审查点：

【重要等级：**高**】

审查点 1："名股实债"中超出司法保护借贷利率上限的部分不能得到支持

对于存在"名股实债"风险的合同与交易，应考虑下列起草审查措施：

（1）如果是为了规避监管对直接债权交易的限制，则可考虑通过嵌套投资来实现，即投资其他合规金融产品（嵌套层），由该金融产品直接进行债权交易（放贷）。

（2）提示当事人"超出借贷利率上限的部分不被支持"的风险，或考虑调整合同类型。

（3）对于投资人来说，尽量将其他股东拉进支付保底 / 固定回报的最终责任主体中。

（4）可考虑调整为股权质押或股权让与担保。

有"名股实债"风险的合同与交易并非绝对不能进行，不过要在考虑上述措施、权衡风险与收益的基础上进行决策。

审查点 2：如为非公众股份公司，应该核实股东人数没有超过 200 人

根据《证券法》，要求非公众股份公司不得向不特定对象（或向特定对象累计超过 200 人）公开发行和转让股票。未经证监会注册公开发行的，会导致责令退还所募资金、罚款、取缔等责任，严重的可能构成"擅自发行股票罪"等刑事责任。

如非公众股份公司公司类合同涉及上述情形，应提示风险，建议停止此做法。

【重要等级：**中**】

审查点 3：辨析设立有限责任公司还是股份有限公司

1. 设立有限责任公司是更符合实际的、常规的做法，设立股份公司是非常规做法。

尤其是对于规模不大、没有特殊的内部治理要求的公司，基本上都是设立有限责任公司。

2. 在特殊情况下，例如股东人数超过 50 人且不愿采取间接持股方式，或者股东希望股份流动性较高、公司治理更为规范等，可以考虑选择设立股份有限公司。

3. 对于以未来尽快上市 / 新三板挂牌为目的成立的公司，可以考虑直接设立股份有限公司，也可以先设立有限责任公司，在申请上市 / 挂牌前整体变更为股份有限公司。

审查点 4：主体应包括全体发起人

1. 协议主体应包括全体发起人，整体变更时即为有限责任公司全体股东。

2. 发起人人数需要在 2 人以上 200 人以下。

审查点 5：应该核实股份是否存在"共有人"

从"共有人"的角度，可以考虑确定各自持股份额、单独持有并登记于股东名册（股份托管时则登记于自己名下）。同时如有需要可以通过表决权委托、一致行动等方式统一行动。

审查点 6：半数以上发起人在境内应当有住所

1. 整体变更时亦需要考虑满足发起人住所这一要求。

2. 如果发起人住所不符合这一要求，可考虑通过"过桥手段"实现。

（1）发起设立时，可由其他境内住所股东先作为出资人，并事先做好日后的股份转让安排。

（2）整体变更时，可采取股权转让（无境内住所股东转让股权给其他股东或非股东的第三方）与回购方式，或者仅转让不回购，实现人头上的过半数以上在境内有住所。

值得注意的是，IPO 时股东的变更需要满足"申请发行前最近 3 年内实际控制人不发生变化"的要求，但前述股东变更并非必然导致不满足此要求。

配套文件：

（一）发起人内部决议阶段

1. 股东（大）会决议（设立非全资子公司）

2. 董事会决议（设立非全资子公司）

3. 合伙人会议决议（转投资 - 设立股份公司）

4. 配偶声明（对外投资）

（二）发起人签订交易文件阶段

5. 发起人协议

6. 股份有限公司章程（非公众公司）

（三）设立后阶段

7. 出资证明书

8. 股东名册

其他场景：

▲ 19549 有限责任公司变更为股份有限公司成套文本

文本正文：

发起人协议

甲方（发起人 1）： ________________

统一社会信用代码：________________

乙方（发起人 2）： ________________

统一社会信用代码：________________

本协议各方经平等自愿协商，根据《中华人民共和国民法典》《中华人民共和国公司法》及相关法律法规，就共同发起设立一家股份有限公司（以下简称“公司”）事宜，签订本协议以共同遵守。

第一部分　公 司 设 立

1. 拟设公司基本信息

（1）公司拟定名称为________________公司。

法天使[1]：
【认购价格统一】
使用文中条款。
【认购价格不统一】
3.1 股份认购价格
3.1.1 甲方认购公司股份的每股认购价格为人民币（大写）____元（¥____元）。
3.1.2 乙方认购公司股份的每股认购价格为人民币（大写）____元（¥____元）。

（2）公司的组织形式为股份有限公司。

（3）公司的住所地拟设在________。

（4）公司的经营范围为________。

（5）公司的营业期限为________。

以上基本信息均以公司登记机关最终核准登记的内容为准。

2. 注册资本、股份总数与每股金额

2.1 各方一致同意，公司设立时注册资本为人民币（大写）　　元（¥　　元）。

2.2 公司的注册资本按照每股金额人民币（大写）壹元（¥1元）（下称“每股金额”）划分为股份，公司的股份总数为____股。

3. 股份认购

3.1 股份认购价格

3.1.1 公司股份的每股认购价格为人民币（大写）　　元（¥　　元）。[1]

3.2 认购股份数量与持股比例

3.2.1 持股比例指各方持有的公司股份数量占公司股份总数的比例。公司成立后，持股数量或公司股份总数发生变化的，持股比例将相应改变。

3.2.2 甲方认购____股，在公司成立时的持股比例为　　%（百分之　　）；

3.2.3 乙方认购____股，在公司成立时的持股比例为　　%（百分之　　）。

4. 出资

4.1 为免歧义，各方一致确认：

各方出资额：各发起人认购公司股份所应缴付的出资，也称“股款”。计算方法为：出资额＝认购股份数量 × 每股认购价格。

各方出资额中认购股份数量 × 每股金额计入注册资本，其余出资额计入资本公积金。

4.2 发起人应按本协议约定履行出资义务。出资缴付方式：

对于货币出资，应在约定的出资时间内将资金一次性足额支付至公司指定账户。

对于非货币出资，应在约定的出资时间内依法办理财产权的转移手续，将出资资产交付给公司，移交出资资产相关资料，办理出资资产的变更登记手续（如有）。

4.3 甲方出资

4.3.1 甲方出资额为：人民币（大写） 元（¥ 元），其中计入注册资本金 元、计入资本公积金 元。

4.3.2 甲方出资方式：货币。[1]

4.3.3 出资时间： 年 月 日前缴付出资。[2]

4.4 乙方出资

4.4.1 乙方出资额为：人民币（大写） 元（¥ 元），其中计入注册资本金 元、计入资本公积金 元。

4.4.2 乙方出资方式：非货币出资。具体为：

出资资产：______

评估价值：根据____以____年____月____为基准日出具的____号《资产评估报告》，该出资资产的评估价值为人民币____元。[3]

4.4.3 乙方出资时间： 年 月 日前缴付出资。[4]

4.5 出资证明与股东名册

4.5.1 出资证明

公司应于股东足额缴付出资后5个工作日内向该股东签发出资证明书。出资证明书由公司盖章，并应载明下列事项：

（1）公司名称；

（2）公司成立日期；

（3）公司注册资本；

（4）股东的姓名或者名称、股份认购价格、认购股份数量、缴纳的出资额和出资日期；

（5）出资证明书的编号和核发日期。

4.5.2 股东名册

公司成立后5个工作日内，应当置备股东名册，股东名册由公司盖章，并应记载下列事项：

（1）股东的姓名或者名称及住所；

法天使[1]：
【甲方货币出资】使用文中条款。
【甲方非货币出资】

法天使[2]：
【一期出资】使用文中条款。
【多期出资】

法天使[3]：
【非货币出资】使用文中条款。
【货币出资】

法天使[4]：
【一期出资】使用文中条款。
【多期出资】

（2）各股东所持股份数；

（3）各股东取得股份的日期；

（4）出资证明书编号。

记载于股东名册的股东，可以依股东名册主张行使股东权利。

4.6 瑕疵出资责任

4.6.1 股东未履行或者未全面履行出资义务或者抽逃出资的，为“瑕疵出资股东”，应承担瑕疵出资责任。

4.6.2 违约责任

瑕疵出资股东应当向已足额缴纳出资的股东承担相当于应缴未缴或抽逃的出资额5‱（万分之五）/日的违约金，直到全面履行出资义务或补缴抽逃出资为止。

4.6.3 权利限制

在全面履行出资义务或补缴抽逃出资之前，瑕疵出资股东不得行使下列权利：

4.6.4 公司利润分配请求权；

4.6.5 优先购买其他股东转让的股权；

4.6.6 公司新增注册资本优先认缴权；

4.6.7 公司终止后，剩余财产分配请求权。

4.6.8 股东大会决议处理

瑕疵出资股东经公司催告缴纳或者返还，在规定期间内仍未缴纳或者返还出资的，其他股东可以召开股东大会并形成以下一项或多项决议：

（1）减少公司注册资本，该股东认购股本等额减少，其他股东认购股本保持不变。

（2）要求该股东将未缴纳或者未返还的出资部分对应的股份转让给其他股东。

（3）要求该股东将未缴纳或者未返还的出资部分对应的股份转让给公司指定的第三人。

（4）将该股东除名。被除名股东对公司或其他股东造成损害的，应当赔偿损失。

股东大会审议前述事项时，瑕疵出资股东不享有表决权，前述决议经出席会议的股东所持表决权的三分之二以上（含本数）通过即为有效。公司应当及时办理法定减资程序或者由其他股东或者第三人缴纳相应的出资。涉及工商变更登记等手续的，瑕疵出资股东有义务按照公司的书面通知予以配合。

4.7 非货币出资的特别约定

4.7.1 等额货币替换出资

各方同意，如果非货币出资一方用以出资的资产未在本协议约定的期限，按照本协议的约定履行完毕全部出资义务的，则经其余股东过半数同意，公司有权要求非货币出资一方用等额的货币替换出资资产用于出资。

4.7.2 特别补足责任

各方同意，自非货币出资实缴之日起2年内，公司有权委托评估机构对非货币出资一方用以出资的资产重新评估一次。如评估价值较出资时的评估价值减值且减值在20%（百分之二十）以上（含本数），则非货币出资一方应当在评估报告出具之日起10日内以货币方式补足与评估价值之间的差额，否则应承担瑕疵出资的违约责任及其他责任。

4.7.3 股份动态调整

4.7.3.1 各方同意，根据出资资产对公司的实际价值，动态调整非货币出资一方持有的股份比例。具体调整方式如下：

____方股权比例的调整标准，应根据出资资产的效力状态、技术研发周期、产品转化情况、产品的市场效果等因素综合认定，具体调整触发情形和调整方式为：

（1）如____，则甲方将其持有的____股公司股份无偿转让予乙方；

（2）如____，则乙方将向甲方无偿转让其持有的____股的公司股份。

4.7.3.2 各方应当根据上述调整方式的约定，在调整触发情形发生之日起10个工作日内签署相关股份转让协议并办理相应的股份变更登记手续。如股份不允许以无偿方式转让，则各方应当共同努力，以届时法律允许的最低对价转让，以保证股份比例的调整，同时应当由转让方补偿受让方实际支付的对价。

4.7.3.3 截至调整触发情形发生之日的未分配利润（如有），分配比例不受动态调整的影响，并应于调整完成后10个工作日内完成分配。

4.8 特殊投入安排

4.8.1 各方同意，特殊投入方对公司提供特殊投入，同时由出资提供方对特殊投

法天使[1]：
【投入服务】
使用文中条款。
【投入办公场所】
4.8.3 特殊投入
特殊投入方向公司无偿提供办公场所，具体为：
办公场所地址：
______
面积：______
配套设施：____
使用期限：____年____月____日至____年____月____日
【投入其他资源】
4.8.3 特殊投入
特殊投入方向公司无偿提供下列资源，具体为：
请填充。

入方进行补偿。具体按本条约定处理。

4.8.2 特殊投入方：____方。

4.8.3 特殊投入

特殊投入方向公司提供服务，具体为：

服务内容：______________

服务期限：______________

说明：上述服务期限内，特殊投入方仅从公司领取低于正常报酬的、不超过每月____元的工资。[1]

4.8.4 出资提供方补偿安排

4.8.4.1 出资提供方：____方。

4.8.4.2 补偿资金：本协议约定的特殊投入方的出资额，即____元。

4.8.4.3 出资提供方应于本协议约定的出资时间届满前至少提前5个工作日将补偿资金支付给特殊投入方；特殊投入方收到后应按本协议约定向公司履行出资义务。

4.8.4.4 各方一致确认，上述补偿安排不构成代持，不影响特殊投入方的股东权利，出资提供方亦不得要求特殊投入方偿还补偿资金，本协议另有约定的除外。

4.8.5 股份质押

4.8.5.1 各方同意，特殊投入方应当在公司成立之日起2个工作日内，与出资提供方签署股份质押协议，将其持有的公司股份质押给出资提供方。

4.8.5.2 质押期限自质押协议签署之日起，至投入期限届满之日止。

4.8.5.3 股份质押期间，特殊投入方的分红权、表决权等股东权利不受影响，但特殊投入方不得转让、赠与或以任何其他方式处置质押股份，亦不得在质押股份上设置任何担保等第三方权利。

4.8.6 完全未履行特殊投入的处理

特殊投入方未按照本协议约定履行任何投入义务，经出资提供方或公司催告后5个工作日内仍不依约履行的，出资提供方有权选择下列方式之一处理：

（1）以1元价格回购特殊投入方所持有的、补偿资金对应出资金额部分的股份；

（2）要求特殊投入方立即归还全部补偿资金并按全国银行间同业拆借中心发布的一年期贷款市场报价利率（LPR）的标准的四倍支付利息损失。

4.8.7　特殊投入不足的处理

特殊投入方未向公司提供本合同约定的全部特殊投入的，出资提供方有权根据特殊投入方的实际投入比例，要求特殊投入方归还相当于“补偿资金 × 未投入部分比例”的款项，并按全国银行间同业拆借中心发布的一年期贷款市场报价利率（LPR）的标准的四倍支付利息损失。

法天使 [1]：
【适用于设立筹备组的场景】使用文中条款。
【适用于由一方负责办理的场景，约定较为简略】
【适用于设置筹备负责人的场景，约定较为详细】

5. 筹办事务与费用承担 [1]

5.1　各方同意，在本协议生效之日起 5 日内（含当日），成立筹备组负责公司设立事宜。具体职责为：

（1）聘请中介机构；

（2）向有关主管部门申请批准设立公司；

（3）制作设立公司的各种文件；

（4）组织协调公司各发起人之间的关系；

（5）向公司登记机关申请公司名称预核准；

（6）筹备并召集首次股东大会；

（7）其他与公司筹办有关的事宜。

5.2　筹备组由 5 名成员组成，其中甲方委派 3 名，乙方委派 2 名，甲方指定筹备组组长。

5.3　各方应根据关于申请设立股份有限公司的有关要求，及时向筹备组提供申请设立公司所需要的文件和资料，并协助筹备组办理申请公司设立的有关事宜。

5.4　因设立公司所发生的费用（公司筹办费用）先由甲方垫付，待公司成立后，由公司依据相应的缴费凭证向甲方支付。公司筹办费用包括但不限于公司筹委会的正常开支、注册登记费等。公司设立失败的，因设立公司所发生的费用由各方按照认购股份的比例分担。对公司未能成立有过错的当事方，应当承担相应的赔偿责任。

第二部分　公司治理结构

6. 股东大会

6.1　公司股东大会由全体股东组成，股东大会是公司的最高权力机构。

6.2　股东大会职权

6.2.1　一般职权

（1）决定公司的经营方针和投资计划；

（2）选举和更换非由职工代表担任的董事、监事，决定有关董事、监事的报酬事项；

（3）审议批准董事会的报告；

（4）审议批准监事会的报告；

（5）审议批准公司的年度财务预算方案、决算方案；

（6）审议批准公司的利润分配方案和弥补亏损方案。

6.2.2　特别职权

（1）对公司增加或者减少注册资本作出决议；

（2）对发行公司债券作出决议；

（3）对公司合并、分立、解散、清算或者变更公司形式作出决议；

（4）制定、修改、解释公司章程；

（5）审议批准公司的任何对外投资；

（6）审议批准公司任何关联交易；

（7）审议批准金额（不含利息）在人民币 500 万元以上（含本数），且占公司上一年度净资产 10%（百分之十）以上（含本数）的公司融资借款；

（8）审议批准公司对外提供担保的行为；

（9）审议批准交易金额在人民币 200 万元以上（含本数），且占公司上一年度净资产 5%（百分之五）以上（含本数）的非关联交易；

（10）决定公司保险方案和固定资产折旧方案；

（11）决定对公司董事会及总经理的授权范围、授权期限及前述授权事项的变更和撤销；

（12）法律、行政法规和公司章程规定的其他职权。

6.3　股东大会对一般职权事项作出决议，须经出席会议的股东所持表决权的过半数通过；股东大会对特别职权事项作出决议，须经出席会议的股东所持表决权的三分之二以上（含本数）通过。[1]

6.4　公司股东大会会议由股东按持股比例行使表决权，即股东所持每一股份有一表决权。[2]

7. 董事会

7.1　公司董事会是股东大会的执行机构，对股东大会负责。

7.2　公司董事会由5名董事组成。董事由股东大会在股东提名的人选中选举产生。其中甲方有权提名3名董事人选，乙方有权提名2名董事人选，各方应促使其他方提名的董事人选当选。

7.3　任何董事死亡、丧失行为能力、被撤职或辞职，视为董事会席位出缺，应由提名该董事的一方另行提名，由股东大会在提名的人选中选举，继任董事应在出缺董事的剩余任期内担任董事职务。

7.4　董事会设董事长一人，由董事会从甲方提名的董事人选中选举产生。

7.5　董事会设副董事长一人，由董事会从乙方提名的董事人选中选举产生。

7.6　董事任期三年，可连选连任。董事在任期届满前，股东大会不得无故解除其职务。

7.7　董事会职权

7.7.1　一般职权

（1）召集股东大会会议，并向股东大会报告工作；

（2）执行股东大会的决议；

（3）制订公司的年度财务预算方案、决算方案；

（4）制订公司的利润分配方案和弥补亏损方案；

（5）决定公司的内部管理机构的设置；

（6）决定聘任或解聘公司总经理及其报酬事项；决定聘任或者解聘公司副总

法天使[1]：
【适用于股东对公司治理有严格的分工和制衡的场景，多见于规模较大的公司】
使用文中条款。
【适用于对公司治理没有特别要求的场景】
6.3　公司股东会按照《公司法》和公司章程的相关规定行使职权。

法天使[2]：
【适用于按照持股比例行使表决权的场景】
使用文中条款。
【按约定比例行使表决权，除已经规范性文件可以同股不同权的公司类型外，其他类型的公司如此设定在效力上存在争议】
6.4　公司股东大会会议由股东按约定比例行使表决权：甲方享有__%（百分之__）表决权，乙方享有__%（百分之__）表决权。

经理、财务负责人等公司章程中规定的其他高级管理人员，并决定其报酬事项；

（7）制订公司的基本管理制度；

（8）审议批准金额（不含利息）不满人民币 500 万元或公司上一年度净资产 10%（百分之十）（以较高的金额为准）的公司融资借款；

（9）审议批准交易金额不满人民币 200 万元或公司上一年度净资产 5%（百分之五）（以较高的金额为准）的非关联交易；

（10）法律、公司章程规定以及股东大会决议授予的其他职权。

7.7.2　特别职权

（1）决定公司的经营计划和投资方案；

（2）制订公司增加或减少注册资本以及发行公司债券的方案；

（3）制订公司合并、分立、解散或者变更公司形式的方案。[1]

7.8　公司董事会决议的表决，实行董事一人一票。

7.9　董事会对一般职权事项作出决议，须经过半数董事通过；董事会对特别职权事项作出决议，须经三分之二以上（含本数）董事通过。[2]

8. 监事会

8.1　公司设监事会，由 3 名监事组成，其中职工监事 1 名。

8.2　除职工监事外，其余监事由股东大会在股东提名的人选中选举产生。其中甲方有权提名 1 名监事人选，乙方有权提名 1 名监事人选。

8.3　监事会主席由甲方提名的监事担任。

8.4　公司监事会按照《公司法》和公司章程的相关规定行使职权。

8.5　监事任期三年，可连选连任。

9. 法定代表人

9.1　公司法定代表人由董事长担任。[3]

10. 公司高级管理人员

10.1　总经理

总经理由董事会从甲方提名的人选中聘任。

法天使 [1]：【可选择条款】7.7.2　公司董事会按照《公司法》和公司章程的相关规定行使职权。

法天使 [2]：【可选择条款】7.9　各方一致同意，董事会作出决议须经过半数董事通过，本协议另有约定的除外。

法天使 [3]：【可选择条款】9.1　公司法定代表人由总经理担任。

10.2　财务负责人

财务负责人由董事会从甲方提名的人选中聘任。

10.3　其他高级管理人员

由董事会根据甲方的提名决定聘任。

第三部分　股份处置

11. 股份转让

11.1　股东之间可以相互转让其全部或者部分股份。

11.2　尽管有前述约定，股份转让应符合以下限制：

（1）自公司成立之日起____年内股东不得向股东以外的人转让股份。

（2）发起人持有的本公司股份，自公司成立之日起一年内不得转让。

（3）公司公开发行股份前已发行的股份，自公司股票在证券交易所上市交易之日起一年内不得转让。

（4）公司董事、监事、高级管理人员应当向公司申报所持有的本公司的股份及其变动情况，在任职期间每年转让的股份不得超过其所持有本公司股份总数的百分之二十五；所持本公司股份自公司股票上市交易之日起一年内不得转让。上述人员离职后半年内，不得转让其所持有的本公司股份。公司章程可以对公司董事、监事、高级管理人员转让其所持有的本公司股份作出其他限制性规定。[1]

12. 股份继承 [2]

12.1　自然人股东身故后，股东资格不得自动继承，应经其他股东过半数同意后，方可继承，但其他股东对因继承发生变化的公司股份变动享有“同等条件”下的优先购买权；如未能获得其他股东过半数同意的，股东资格不得继承，由公司回购或公司减资，其他股东在此对公司回购或减资给予预先的同意，不得在股东大会会议持反对的表决意见，否则持反对意见的股东须按照本条中的“同等条件”受让股份，多个股东持反对意见的，按转让时各自的持股比例受让股份。公司回购或减资后，被继承股东的股东资格消灭，对应价款支付给法定继承人。

法天使[1]：
【可增加条款】
【适用于限定仅能内部转让股权的场景】
【适用于对股东内部转让股权没有限制的场景】
【适用于对外转让股权须经半数股东同意的场景】
【适用于对外转让股权须经半数股东同意，且赋予其他股东优先购买权的场景】
【适用于不赋予优先购买权的场景】

法天使[2]：
【可增加条款】
【适用于自动继承的场景】
12. 股份继承
自然人股东身故后，其法定继承人自动继承股东资格。

法天使[1]：
【不接受通过离婚分割取得股权的场景】
使用文中条款。
【适用于对离婚分割无限制的场景】
【适用于对离婚分割有优先购买权的场景】

法天使[2]：
【约定其他股东对股权赠与享有优先购买权的场景，“同等条件”的定义可根据各方协商结果调整】
使用文中条款。
【适用于约定其他股东对股权赠与无优先购买权的场景】

法天使[3]：
【股权出质视同股权转让的场景，可根据需要约定除外情形】
使用文中条款。
【适用于对股权出质无限制的场景】
【适用于禁止股权出质的场景，可根据需要约定除外情形】

12.2　本条中的“同等条件”特指：

转让价款：按照最近一次的年度或半年度审计（以审计基准日在后的为准）报告中的公司净资产价值计算所得的股份价值计算。

支付时间：不晚于转让协议签订后3个月内。

13. 股份分割[1]

13.1　各方同意，任一股东离婚，若其股份所代表的价值被认定为夫妻共同财产，其配偶不能取得股东地位，由该股东对其配偶进行财产分配补偿或协商处理。

13.2　如该股东与其配偶出现争议导致配偶主张股东地位或股东权利的，公司与其他股东有权采取如下措施：

（1）其他股东有权要求按下列股份转让条件受让该股东的股份；

（2）该股东的全部或部分股份无其他股东同意受让的，公司有权要求回购或定向减资，其他股东在此对公司回购或减资给予预先的同意，不得在股东大会会议持反对的表决意见，否则持反对意见的股东须按下列股份转让条件受让股份，多个股东持反对意见的，按转让时各自的持股比例受让股份。

股份转让条件为：

转让价款：按照最近一次的年度或半年度审计（以审计基准日在后的为准）报告中的公司净资产价值计算所得的股份价值计算。

支付时间：不晚于转让协议签订后3个月内。

14. 股份赠与

14.1　股东向其他股东之外的第三方赠与股份的，视同对外转让股份，其他股东有权按照下列股份转让条件主张优先购买权。

转让价款：按照最近一次的年度或半年度审计（以审计基准日在后的为准）报告中的公司净资产价值计算所得的股份价值计算。

支付时间：不晚于转让协议签订后3个月内。[2]

15. 股份质押

15.1　股东将股份出质须经公司股东半数以上（含本数）同意；为公司债务提供担保的除外。[3]

第四部分　其他公司事务安排

16. 公司增资

16.1　依照法律、行政法规的规定，经股东大会决议，公司可以通过增发股份增加注册资本。

16.2　公司新增注册资本时，股东有权优先按照增资时的持股比例认购增发的股份。

16.3　公司新增注册资本时，就股东放弃优先认购的增发股份，其他股东享有优先认购权，两个以上股东主张优先认购的，按照增资时各自的持股比例对该部分增发股份行使优先认购权。

17. 利润分配

17.1　公司税后净利润按全体股东的持股比例分配。[1]

18. 公司解散

公司出现法律、法规或公司章程规定的应予解散的情形时，公司应按照法定程序解散。[2]

19. 清算分配

19.1　公司财产在分别支付清算费用、职工的工资、社会保险费用和法定补偿金，缴纳所欠税款，清偿公司债务后的剩余财产，按照股东的持股比例分配。[3]

第五部分　陈述与保证

20. 不竞争义务

20.1　承担不竞争义务的主体：全体发起人。

20.2　不竞争期限：自本协议签订之日起请填充年。

20.3　不竞争地域范围：中华人民共和国（港澳台地区除外）。

20.4　在不竞争期限和地域范围内，承担不竞争义务的主体不得进行任何以下竞争行为：

法天使[1]：
【可选择条款】

法天使[2]：
【法定事由】
使用文中条款。
【特别事由】

法天使[3]：
【可选择条款】
【除已经规范性文件可以同股不同权的公司类型外，其他类型的公司如此设定在效力上存在争议】

（1）以任何方式从事、投资、参与或管理任何与公司业务相同、类似或相竞争的实体、业务或产品，在任何与公司业务相同、类似或相竞争的实体、业务或产品中拥有任何直接或间接的权利或利益；

（2）通过直接或间接控制的其他经营主体或以自然人名义从事与公司业务相同、类似或相竞争的业务；

（3）为任何与公司业务存在相同、类似或相竞争业务的单位、组织或个人提供服务，包括但不限于担任其雇员、服务人员、董事、监事、代理人、顾问等；

（4）使用各种方法引诱或试图引诱公司的客户或供应商，使其成为自身或其他个人、其他公司的客户或供应商；

（5）直接或间接地为自身或任何第三方，以任何方式雇用、聘用或鼓励、诱导或促使任何正在为公司工作的公司或个人，以终止其与公司的关系或联系。

但是，以下行为不视为违反不竞争义务：持有与公司业务相同、类似或相竞争的上市公司的股票，但非上市公司实际控制人，且持股比例低于30%（百分之三十）。

20.5　公司业务是指：请填充。

20.6　违反不竞争义务，应当立即停止违约行为，并向其他发起人支付相当于本协议约定的违约方出资额总额的违约金，该违约金在其他发起人之间按照持股比例分配。违约金不足以弥补损失的，还应赔偿损失。

21. 陈述与保证

21.1　本协议各方于本协议签订日向其他方作出如下陈述与保证，该陈述与保证在公司成立后仍然持续有效。各方确认，各方系建立在对本条项下的陈述与保证充分信赖的基础上方达成本协议。

21.2　每一项陈述与保证应被视为单独陈述与保证（除非本协议另有明确的相反规定），而且前述每一项陈述与保证不应因参照或援引任何其他陈述与保证条款或本协议的任何其他条款而受到限制或制约。

21.3　如有与下列所作陈述与保证不符的情况，作出陈述与保证的一方已于本协议签订日前以书面形式向其他方披露。

21.4　各方承诺，如果其知悉在本协议签订后发生任何情形，使该方作出的任何陈述与保证在任何方面变为不真实、不准确或具误导性，将立即书面通知合同其余方。

21.5　协议各方通用陈述与保证

协议各方均承诺：

21.5.1　该方系合法设立且有效存续的实体（法人或非法人组织）或具有完全民事行为能力的自然人。

21.5.2　除本协议另有约定外，该方拥有签订本协议和履行本协议全部义务所必需的所有合法权力、权利，已取得签订本协议和履行本协议全部义务所必需的所有内部和外部的批准、授权和许可。

21.5.3　该方提交的文件、资料等均是真实、准确、全面、完整和有效的，并无任何隐瞒、遗漏、虚假或误导之处。

21.5.4　该方签订本协议和履行本协议任何义务不会：

（1）违反该方的公司章程或任何组织性文件的规定；

（2）违反法律、法规或其他规范性文件；

（3）违反对该方有法律约束力的任何其他协议、合同、文件、该方对任何第三方作出的承诺或保证（无论是书面的还是口头的）、该方对任何第三方所负担的其他有法律约束力的义务。

21.6　关于公司设立与出资的陈述与保证

协议各方均承诺：

21.6.1　该方确认自身符合法律法规及监管规范等规范性文件规定的拟设公司股东所需满足的条件，不存在不得作为拟设公司股东的情形。

21.6.2　该方确认用于出资的资产是其合法自有财产。

21.7　非货币出资方的特别陈述与保证

全部或部分采用非货币出资的主体就出资资产作出如下陈述与保证，该陈述与保证在公司成立后仍然持续有效：

21.7.1　出资资产是出资方合法所有财产，出资方对出资资产享有完整的、完全的、排他的权利，不存在与其他人共同共有或按份共有的情形，不存在权利代持的情形；

未授予第三方任何权利，也不存在抵押、质押、冻结、查封或其他权利负担、权利受限制的情形。

21.7.2　出资方按照本协议约定的出资时间将出资资产完整、完全的转让至设立后的公司。出资方完成出资后不再对出资资产享有任何权利，出资资产全部权利均归属设立后的公司所有。

21.7.3　出资资产不存在权利失效或可能造成权利失效的情形。

21.7.4　不存在未向本协议其他方书面披露的、其他任何进行中的有关出资资产的诉讼、行政处罚、行政复议、申诉、调查或其他的法律程序、行政程序，也不存在任何可能导致该等程序发生的事实或情况。不存在有关出资资产的、未向本协议其他方书面披露的、依照法院、仲裁机构或其他司法、行政部门作出的判决、裁决或决定应承担法律责任或义务的情形。

21.8　特殊投入方的特别陈述与保证

特殊投入的主体就特殊投入作出如下陈述与保证，该陈述与保证在公司成立后仍然持续有效：

21.8.1　特殊投入是服务的，特殊投入方保证服务成果归属于公司，包括但不限于全部的知识产权；保证服务不侵犯任何第三方的权利。

21.8.2　特殊投入非服务的，特殊投入方保证特殊投入是其合法所有的资产，对特殊投入享有完整的、完全的、排他的权利，不存在与其他人共同共有或按份共有的情形，不存在权利代持的情形；未授予第三方任何权利，也不存在抵押、质押、冻结、查封或其他权利负担、权利受限制的情形；不存在权利失效或可能造成权利失效的情形。

21.8.3　不存在未向本协议其他方书面披露的、其他任何进行中的与特殊投入有关的诉讼、行政处罚、行政复议、申诉、调查或其他的法律程序、行政程序，也不存在任何可能导致该等程序发生的事实或情况；不存在有关特殊投入的、未向本协议其他方书面披露的、依照法院、仲裁机构或其他司法、行政部门作出的判决、裁决或决定应承担法律责任或义务的情形。

第六部分　其 他 约 定

法天使[1]：【详见附件】

22. 保密义务

22.1　本协议各方均应当对本协议的内容、因履行本协议或在本协议期间知悉的或收到的对方的商务、财务、技术、产品的信息、用户资料或其他标明保密的文件或信息（以下简称“保密信息”）予以保密，未经保密信息披露方事先书面同意，不得向本协议以外的任何第三方披露。

22.2　保密信息接收方为本协议目的可向其确有必要知悉的雇员、法律顾问或财务顾问披露对方提供的保密资料，但同时须指示该等人员遵守本条规定的保密义务，该等人员违反本条保密义务视为接收方违反本条保密义务。

22.3　保密信息接收方违反本条规定泄露披露方的保密信息的，由此产生的法律责任由接收方承担，造成披露方损失的，接收方依法应当承担赔偿责任。

22.4　上述保密义务，在本合同终止或解除后仍需履行。

23. 违约责任

23.1　任何一方违反本协议约定的，应承担协议中约定的违约责任。本协议中未约定的，应赔偿守约方全部损失。

23.2　本协议中约定的违约金或违约责任不足以赔偿守约方全部损失的，应赔偿守约方全部损失。

23.3　守约方全部损失包括但不限于对守约方所造成的直接损失、可得利益损失、守约方支付给第三方的赔偿费用 / 违约金 / 罚款、调查取证费用 / 公证费、诉讼费用、律师费用以及因此而支付的其他合理费用。

24. 合同送达方式[1]

24.1　为更好地履行本协议，双方提供如下通知方式：

（1）甲方接收通知方式

地址：________________

联系人：________________

手机：________________

（2）乙方接收通知方式

地址：________________

联系人：________________

手机：________________

24.2　双方应以书面快递方式向对方上述地址发送相关通知。接收通知方拒收、无人接收或未查阅的，不影响通知送达的有效性。

24.3　上述地址同时作为有效司法送达地址。

24.4　一方变更接收通知方式的，应以书面形式向对方确认变更，否则视为未变更。

25. 其他约定

25.1　不可抗力

25.1.1　不可抗力定义：指在本合同签署后发生的、本合同签署时不能预见的、其发生与后果是无法避免或克服的、妨碍任何一方全部或部分履约的所有事件。上述事件包括地震、台风、水灾、火灾、战争、国际或国内运输中断、流行病、罢工，以及根据中国法律或一般国际商业惯例认作不可抗力的其他事件。一方缺少资金非为不可抗力事件。

25.1.2　不可抗力的后果：

（1）如果发生不可抗力事件，影响一方履行其在本合同项下的义务，则在不可抗力造成的延误期内中止履行，而不视为违约。

（2）宣称发生不可抗力的一方应迅速书面通知其他各方，并在其后的十五（15）日内提供证明不可抗力发生及其持续时间的足够证据。

（3）如果发生不可抗力事件，各方应立即互相协商，以找到公平的解决办法，并且应尽一切合理努力将不可抗力的影响减少到最低限度。

（4）金钱债务的迟延责任不得因不可抗力而免除。

（5）迟延履行期间发生的不可抗力不具有免责效力。

25.2　部分无效处理

如任何法院或有权机关认为本合同的任何部分无效、不合法或不可执行，则该部分不应被认为构成本合同的一部分，但不应影响本合同其余部分的合法有效性及可执行性。

25.3　不放弃权利

除非另有约定，任何一方未能行使或迟延行使其在本合同项下的任何权利，不得被视为其放弃行使该等权利，且任何权利的任何单独或部分行使亦不得妨碍该等权利的进一步行使或其他任何权利的行使。一方在任何时候放弃追究其他各方违反本合同任何条款或规定的违约行为，不得被视为该方放弃追究其他各方今后的违约行为，且不得被视为该方放弃其在该等规定项下的权利或其在本合同项下的其他任何权利。

25.4　合同解释

25.4.1　本合同的不同条款和分条款的标题与编号，仅供查阅方便之用，不构成本合同的一部分，不作为解释本合同任何条款或权利义务的依据。

25.4.2　本合同中，“以上”“以下”“以内”包含本数，“超过”“不满”“以外”不包含本数，某期日的“前 / 以前”“后 / 以后”或类似表述包含该期日当日。

25.4.3　本合同中对金额或数量使用大小写时，如大小写不一致，应以大写为准。

25.4.4　如果本合同正文和附件的意思发生冲突，则应按正文或附件中以何者为准的明确约定处理。

如无明确约定，则各方应尽力将整个合同（包括正文与附件）作为一个整体来阅读理解，最为明确具体的实现合同目的的条款应优先考虑。

25.5　不得转让义务

除本协议另有约定，未经另一方事先书面同意，任何一方不应转让本协议项下的全部或部分义务。

26. 争议解决

因本协议任何争议，由协议各方协商解决，也可由有关部门调解。协商或调解不成的，应向＿＿＿＿＿所在地有管辖权的人民法院起诉。

27. 法律适用

本协议的制定、解释及其在执行过程中出现的或与本协议有关的纠纷之解决，受中华人民共和国（港澳台地区除外）现行有效的法律约束。

第七部分　附　　则

28. 本协议与公司章程关系

28.1　公司章程应当包括本协议第 1 条“拟设公司基本信息”至第 4 条“出资”、第 6 条“股东大会”至第 19 条“清算分配”的内容。

28.2　本协议在公司成立后持续有效。如本协议与公司章程不一致的，除非公司章程对适用顺序或本协议效力作出明确规定，否则应以本协议为准。

29　其他

29.1　本协议一式四份，协议各方各执二份。各份协议文本具有同等法律效力。

29.2　本协议未尽事宜，各方应另行协商并签订补充协议。

29.3　本协议包含如下附件：请填充。

上述附件是本协议的一部分，具有与本协议同等的法律效力。

29.4　各方为办理工商变更登记、备案等手续所另行签订的协议（如有）与本协议不一致的，以本协议为准。

29.5　本协议经各方签名或盖章后生效。

签订时间：　　　　年　　　　月　　　　日

甲方（盖章）：

法定代表人或授权代表：

乙方（盖章）：

法定代表人或授权代表：

1.4 其他文件

委托持股合同 | 17715

适用场景：

甲方（委托方、实际出资人、隐名股东）委托乙方（受托方、名义股东、显名股东）代持股权。不适用：股权交易中过渡性委托持股。

重要审查点：

【重要等级：**中**】

审查点 1：协议中可以对合同解除作出专门约定或排除，还应适当考虑受托人单方解除合同产生的后果

例如，委托人如何要求其配合办理委托人显名或将代持股权转让给委托人指定的第三人，或者委托人如何追究受托人违约责任等。

审查点 2：考虑目标公司及其他股东

委托人将来有需要显名且目标公司、其他股东能够表示同意的情况下，可将目标公司、其他股东作为合同主体签署，或者专门书面对股权代持表示知情同意。实务中有的股权代持不愿意让目标公司、其他股东知道，那么将来要求显名就可能遇到障碍。

审查点 3：应当考虑配偶、家属和其他利害关系人

受托人离婚或身亡需要分割财产或发生继承的，代持股权可能被其配偶、继承人主张分割共同财产或继承。为此，可由受托人配偶、家庭成员和其他利害关系人作为合同主体签署，或者在合同尾部确认签署，或专门声明确认。一般来说，受托人配偶签署是有必要的，其他人员如果不方便，不签署也问题不大。

审查点 4：外国投资者委托中国人代持时应符合外商投资法规

1. 代持协议的效力依目标公司业务领域的不同而有如下几种可能：

（1）如果目标公司业务领域是外商投资不受限制的领域，或者是受到限制但该外国人的投资符合条件，则此时的股权代持与非外国人的股权代持并无不同。

（2）如果目标公司业务领域是外商禁止投资的领域，此时股权代持协议应属无效。

（3）如果目标公司业务领域是被限制且不符合条件，则等于是禁止外商投资，此时股权代持协议应属无效。

2. 在协议有效、目标公司属于外商能够投资的领域的情况下，外国人如要求显名，获得法院支持条件比一般中国人代持股权要求显名所需条件更多一些。《最高人民法院关于审理外商投资企业纠纷案件若干问题的规定（一）》第 14 条规定的条件是：实际投资者已经实际投资 + 其他股东认可实际投资者的股东身份 + 征得外商投资企业审批机关的同意，而《最高人民法院关于适用〈中华人民共和国公司法〉若干问题的规定（三）》第 25 条对一般的实际出资人显名只要求“公司其他股东半数以上同意”。

3. 在协议无效的情况下，外国投资者当然不能要求显名。实际投资者可以要求返还投资款（股权贬值的返还现有股权的等值价款），对之前的股权收益可以要求“合理分配”，不过还要考虑行政罚款、没收违法所得的行政处罚风险。

审查点 5：委托人应选择可信人员作为委托人

股权代持模式本身就有风险，受托人自身的债务风险直接影响委托人的风险。因此律师应提示委托人：

（1）应尽量选择可信任、债务风险较小的人代持。

（2）将股权相关的资料、出资证明、凭证等妥善保管在自己手中。

（3）适当注意监督受托人的债务风险，如发现受托人可能存在债务风险，被人起诉等，应立即考虑通过可行的方式（如显名、股权转让，当然这些操作能否实施还有赖于相关方的配合）停止代持或更换代持人员。

审查点 6：受到监管的保险公司、商业银行、基金管理人等机构关系到公共利益和社会秩序，这类机构股权的代持可能无效

进一步考虑后果的话，代持无效是指不能支持委托方要求显名或要求确认股权归属于委托方，但是双方的委托投资关系以及出资事实仍然是成立的，委托方仍可以要求返还出资甚至要求分配投资收益。

审查点 7：隐名股东显名程序

1. 有限责任公司股权代持协议履行过程中，如隐名股东要求显名，需要征得其他股东半数以上同意，或能证明过半数的其他股东知道其实际出资的事实且对其实际行使股东权利未曾提出异议。

在采取股权代持安排之初，如果可行，就应该事先由其他股东对股权代持和未来的显名安排表示同意。

2. 如公司章程就对外转让股权的限制较显名的程序更为宽松，也可考虑通过股权转让方式实现隐名股东的显名，但应注意预先取得其他股东对优先购买权（如有）的放弃，并考虑税负区别。

3. 外资的股权代持显名可能涉及审批机关的许可。

审查点 8：配套文件

1. 股权代持协议与股权质押协议常常形成“配套型”关系。

为了防止受托人私自转让标的股权或为标的股权设立质押，委托人可采用“股权代持协议 + 股权质押协议”的组合，即签署股权代持协议后，另行签署股权质押协议，质押权人可以是隐名股东本人，也可以是隐名股东指定的第三人。

2. 可以考虑配套的其他协议、文件。

（1）保证合同、保证函。由受托人一方的保证人签署。

（2）授权委托书、表决权委托协议等。这使得委托人可用显名股东代理人的名义行使股东权利，掌握目标公司情况。

审查点 9：保障委托人权益的条款

1. 明确代持关系——这是最基本的。

2. 明确委托人实际享有股权相关权益，受托人应将股权相关收益归委托人所有，根据委托人指示行事等。

3. 明确有关出资款均为委托人实际出资。

4. 明确代持为无偿，如为有偿则明确标准。

5. 明确委托人有权随时解除本合同，有权随时要求显名至委托人或委托人指定的第三人名下。

6. 明确委托人有权转让标的股权及股权代持协议中的权利；对标的股权转让或质押等处置，受托人应予配合。

7. 明确违约责任。

审查点 10：保障受托人权益的条款

1. 如为有偿，应明确报酬标准。

2. 明确委托人应承担股权相关的出资、税负等责任。

代持协议对公司和公司的债权人不具有法律约束力。受托人存在承担出资义务和承担公司债务补充赔偿责任的法律风险。受托人承担责任后，向委托人的追偿因委托人清偿能力等因素存在回收的不确定性。受托人为控制风险，可考虑以下协议安排：

（1）代持协议可约定实际出资人将出资提前缴付至双方监管账户，作为代持人签署《出资协议》或《增资协议》的先决条件。

（2）约定惩罚性违约责任。

（3）要求提供担保。

3. 明确受托人解除合同情况下，委托人应尽快配合办理相关手续，使得受托人不再记载为显名股东。

文本正文：

委托持股合同

甲方（委托方）

名称：________________

统一社会信用代码：________________

乙方（代持方）

名称：________________

统一社会信用代码：________________

本合同各方经平等自愿协商，根据《中华人民共和国民法典》《中华人民共和国公司法》及相关法律法规，就甲方委托乙方代持目标公司股权事宜，签订本合同以共同遵守。

1. 委托事项

1.1　标的股权

标的股权，是指________有限责任公司（以下简称“目标公司”）____%（百分之____）的股权［对应认缴注册资本金额为人民币（大写）____元（￥____元）］，以及股权代持期间，基于前述股权通过公积金转增股本、增资扩股等方式取得的股权。[1]

1.2　除标的股权外，乙方本身持有目标公司____%（百分之____）的股权［对应认缴注册资本金额为人民币（大写）____元（￥____元）］，以下简称“自有股权”。[2]

1.3　各方确认：

1.3.1　**标的股权的出资义务实际全部由甲方承担，股东权利完全归甲方所有，标的股权的相关义务由甲方承担；乙方仅作为标的股权的名义股东，代表甲方出资及持有标的股权，对标的股权不享有股东权利，亦不承担标的股权相关义务。**

取得标的股权所需投资款由甲方在相关投资合同约定的付款时限届满的3个工作日前提供给乙方。

1.3.2　乙方将根据甲方指示，配合甲方办理下列标的股权的相关手续：

（1）根据甲方书面指示，以乙方名义代为签订投资相关合同。

（2）根据甲方书面指示，在公司登记机关登记乙方为标的股权的所有人，乙方作为标的股权的名义股东。

（3）根据甲方书面指示，以乙方名义代为投入目标公司或支付给股权转让方。

2. 委托期限

2.1　委托期限：即代持期间，自本合同生效之日起至甲方收回委托并将标的股权工商变更登记于甲方或甲方指定之第三方名下之日止。

2.2　尽管有前述约定，委托期限不得超过3年，否则双方应另行协商展期事宜。

2.3　未经甲方同意，乙方不得提前解除委托。[3]

法天使[1]：
【已设立的目标公司的标的股权】
使用文中条款。
【拟设立的目标公司的标的股权】

法天使[2]：
【持有自有股权】
使用文中条款。
【不持自有股权】

法天使[3]：
【约定最长委托代持期限】
使用文中条款。
【无最长委托期限】

3. 委托报酬

3.1 双方同意按照“固定费用”的模式计算甲方应当向乙方支付的委托报酬，委托报酬为人民币（大写）______元（¥______元）/ 年。

3.2 甲方在委托期限每届满 1 年之日起 5 个工作日内向乙方一次性支付上年度委托报酬。[1]

3.3 乙方在取得甲方同意后，若经目标公司股东会选举或聘任，由乙方担任目标公司任何职务或者以任何方式从目标公司获得报酬的，不影响甲方应付委托报酬的计算，即乙方仍可获得按前款约定计算的全部委托报酬。[2]

4. 税费承担

因执行本合同项下的委托事务产生的相关费用及税金均由甲方承担。甲方应至少在前述费用发生之日的 3 个工作日前，将相关费用全额支付给乙方。[3]

5. 收款账号

5.1 本合同项下甲方指定收款账户信息如下：

户名：________________

账号：________________

开户行：________________

5.2 本合同项下乙方指定收款账户信息如下：

户名：________________

账号：________________

开户行：________________

6. 委托权限与委托要求

6.1 乙方应当忠实、勤勉、尽责地履行受托义务，维护甲方的利益。

6.1.1 乙方应当根据甲方的书面指示代为行使各类股东权利，包括但不限于行使股东知情权、提议召开股东会、股东会提案权、股东表决权、监督权、提起股东派生诉讼的权利等。

6.1.2 由标的股权产生的或与标的股权有关的收益、所得（包括但不限于现金分红、送配股、剩余财产分配或任何其他资产分配、补偿、违约金、股权转让价款等）

法天使[1]：
【固定费用的委托报酬】使用文中条款。
【无委托报酬】
【提取一定比例的分红作为委托报酬】

法天使[2]：
【乙方在目标公司任职的，委托报酬作扣减】使用文中条款。
【乙方在目标公司任职的，不影响委托报酬的支付】

法天使[3]：
【甲方承担且甲方提前支付】使用文中条款。
【甲方最终承担，但由乙方先行垫付】

的所有权全部归甲方所有，乙方应于收到后 3 个工作日内全额移交甲方。

6.1.3　乙方应自觉接受甲方监督并及时向甲方如实报告标的股权执行情况。

（1）乙方收到目标公司向股东发送的通知，应当于当日内转发告知甲方。

（2）乙方定期（每月最后 1 个工作日）或应甲方的要求随时向甲方报告受托事项的执行情况及其他相关情况。

（3）甲方作为标的股权的实际所有人，有权依据本合同对乙方不适当的受托行为进行监督与纠正。

6.2　乙方权利限制

6.2.1　乙方仅作为名义股东，标的股权不属于乙方自有财产，乙方对标的股权无任何所有权、使用权、收益权、处分权，乙方仅系根据本合同及甲方的意志代表甲方持有标的股权，根据甲方的书面指示办理本合同项下的委托事务。

6.2.2　标的股权不适用有关乙方财产分割、继承或承继等的任何规定。若因乙方的原因，如债务纠纷等，造成标的股权被冻结的，乙方应自冻结之日起 10 日内提供其他任何财产向法院、仲裁机构或其他机构申请解冻。

6.3　乙方不得从事下列行为：

6.3.1　不得利用名义股东身份为自己牟取任何私利，不得实施任何可能损害甲方利益的行为。

6.3.2　未经甲方事先书面同意，乙方不得：

（1）转委托第三方持有标的股权及股东权益；

（2）在任何文件上以目标公司股东名义签字，或在任何涉及目标公司利益的文件上签字，但仅涉及自有股权（如有）的除外；

（3）以股东名义对目标公司的具体工作人员进行任何指派或指示，但仅涉及自有股权（如有）的除外；

（4）处置标的股权及相关权益，包括但不限于转让、赠与、放弃或在标的股权上设定任何形式的担保等。

6.4　甲方权利保留

甲方有权转让、设定质押等权利限制或向第三方赠与标的股权，乙方须无条件同

法天使[1]：
【多方保密】使用文中条款。
【乙方保密】
【甲方保密】

意，在收到甲方书面指示后3个工作日内签署涉及到的相关法律文件、配合办理相关手续。

6.5 表决权委托

乙方应当根据甲方的要求，授权甲方代为行使各类股东权利，签署无条件的、不可撤销的授权委托书。

6.6 尽管有前述约定，当标的股权与自有股权的各类股东权利在行使时发生实质冲突的，双方应当及时就拟行使的权利进行充分沟通和交流，并及时形成共同意见；如果双方未能达成一致意见，应当以甲方意见为准。

7. 保密

7.1 合同各方保证对在讨论、签订、履行本合同过程中所获悉的属于其他方的且无法自公开渠道获取的文件及资料（包括但不限于商业秘密、公司计划、运营活动、财务信息、技术信息、经营信息及其他商业秘密）予以保密。未经该资料和文件的原提供方同意，其他方不得向任何第三方泄露该商业秘密的全部或部分内容。

上述保密义务，在本合同终止或解除之后仍需履行。[1]

7.2 本合同关于对保密信息的保护不适用于以下情形：

（1）保密信息在披露给接收方之前，已经公开或能从公开领域获得。

（2）在本合同约定的保密义务未被违反的前提下，保密信息已经公开或能从公开领域获得。

（3）接收方应法院或其他法律、行政管理部门要求披露保密信息（通过询问、要求资料或文件、传唤、民事或刑事调查或其他程序）。当出现此种情况时，接收方应及时通知提供方并作出必要说明，同时给予提供方合理的机会对披露内容和范围进行审阅，并允许提供方就该程序提出异议或寻求必要的救济。

（4）由于法定不可抗力因素，导致不能履行或不能完全履行本合同确定的保密义务时，甲乙双方相互不承担违约责任；在不可抗力影响消除后的合理时间内，一方或双方应当继续履行本协议。在上述情况发生时，接收方应在合理时间内向提供方发出通知，同时应当提供有效证据予以说明。

8. 违约责任

8.1　甲方违约责任

甲方未按本合同约定支付委托报酬和承担税费的，每日按应付未付款项5‰（万分之五）向乙方支付违约金，且乙方有权从应向甲方返还的分红款中直接扣除委托报酬、税费及违约金。

8.2　乙方违约责任

8.2.1　乙方未经甲方书面同意，擅自转让标的股权的，应当根据甲方的要求立即返还股权。股权事实上无法返还的，或者甲方不要求返还的，则立即支付相当于标的股权价值130%（百分之一百三十）的违约金，乙方收取的转让价款高于本条款所约定的违约金的，超出部分归甲方所有。

8.2.2　乙方逾期通知甲方目标公司增资扩股事宜，或者未按照甲方指示行使增资扩股股东优先认购权，导致甲方丧失相关权益的，应当以标的股权价值为参照，扣除增资扩股认购成本，作为甲方的实际损失进行赔偿。

8.2.3　乙方违反本合同不适当履行受托义务，甲方有权通知乙方限期纠正；逾期不纠正、拒不纠正或纠正不符合本合同约定的，则甲方有权要求乙方每日按标的股权价值的5‰（万分之五）支付违约金。

8.3　任何一方有其他违反本合同情形的，应承担合同中约定的违约责任。本合同中未约定或者约定的违约责任不足以赔偿守约方全部损失的，违约方应赔偿守约方全部损失。

本合同中的全部损失包括但不限于对守约方所造成的直接损失、可得利益损失、守约方支付给第三方的赔偿费用 / 违约金 / 罚款、调查取证费用 / 公证费 / 鉴定费用、诉讼仲裁费用、保全费用、律师费用、维权费用以及其他合理费用。

8.4　本条所指“标的股权价值”按照以下三种计算方式中计算结果最高者为准：

（1）标的股权股权比例 × 最近一个会计年度的目标公司净资产；

（2）标的股权股权比例 × 目标公司最近一次融资时的目标公司估值；

（3）最近一次公司股权的转让价款 ÷ 转让股权股权比例 × 标的股权股权比例。

法天使 [1]：
除【不可抗力】以及【合同解释原则】以外，还可添加以下条款：
【部分无效处理】
【不放弃权利】
【确认签约能力】
【按时履行重要】
【不得转让义务】

9. 其他约定 [1]

9.1 不可抗力

9.1.1 不可抗力定义：指在本合同签署后发生的、本合同签署时不能预见的、其发生与后果是无法避免或克服的、妨碍任何一方全部或部分履约的所有事件。上述事件包括地震、台风、水灾、火灾、战争、国际或国内运输中断、流行病、罢工，以及根据中国法律或一般国际商业惯例认作不可抗力的其他事件。一方缺少资金非为不可抗力事件。

9.1.2 不可抗力的后果：

（1）如果发生不可抗力事件，影响一方履行其在本合同项下的义务，则在不可抗力造成的延误期内中止履行，而不视为违约。

（2）宣称发生不可抗力的一方应迅速书面通知其他各方，并在其后的十五（15）日内提供证明不可抗力发生及其持续时间的足够证据。

（3）如果发生不可抗力事件，各方应立即互相协商，以找到公平的解决办法，并且应尽一切合理努力将不可抗力的影响减少到最低限度。

（4）金钱债务的迟延责任不得因不可抗力而免除。

（5）迟延履行期间发生的不可抗力不具有免责效力。

9.2 合同解释

9.2.1 本合同的不同条款和分条款的标题与编号，仅供查阅方便之用，不构成本合同的一部分，不作为解释本合同任何条款或权利义务的依据。

9.2.2 本合同中，“以上”“以下”“以内”包含本数，“超过”“不满”“以外”不包含本数，某期日的“前 / 以前”“后 / 以后”或类似表述包含该期日当日。

9.2.3 本合同中对金额或数量使用大小写时，如大小写不一致，应以大写为准。

9.2.4 如果本合同正文和附件的意思发生冲突，则应按正文或附件中以何者为准的明确约定处理。

如无明确约定，则各方应尽力将整个合同（包括正文与附件）作为一个整体来阅读理解，最为明确具体的实现合同目的的条款应优先考虑。

10. 法律适用

本合同的制定、解释及其在执行过程中出现的或与本合同有关的纠纷之解决，受中华人民共和国（港澳台地区除外）现行有效的法律约束。

11. 合同送达方式

11.1　为更好地履行本合同，双方提供如下通知方式：

（1）甲方接收通知方式

联系人：________________

地址：________________

手机：________________

（2）乙方接收通知方式

联系人：________________

地址：________________

手机：________________

11.2　双方应以书面快递方式向对方上述地址发送相关通知。接收通知方拒收、无人接收或未查阅的，不影响通知送达的有效性。

11.3　上述地址同时作为有效司法送达地址。

11.4　一方变更接收通知方式的，应以书面形式向对方确认变更，否则视为未变更。

12. 争议解决

因本合同引起的或与本合同有关的任何争议，均提请____________仲裁委员会按照其仲裁规则进行仲裁。仲裁裁决是终局的，对合同各方均有约束力。[1]

13. 附则

13.1　本合同一式四份，合同各方各执两份。各份合同文本具有同等法律效力。

13.2　本合同未尽事宜，双方应另行协商并签订补充协议。

13.3　本合同包含如下附件：请填充。

上述附件是本合同的一部分，具有与本合同同等的法律效力。

13.4　本合同经各方签名或盖章后生效。

法天使[1]：
【约定法院】
12. 争议解决
因本合同引起的或与本合同有关的任何争议，由合同各方协商解决，也可由有关部门调解。协商或调解不成的，应向______所在地有管辖权的人民法院起诉。

签订时间：　　　　年　　　月　　　日

甲方（盖章）：

法定代表人或授权代表：

乙方（签名）：

法定代表人或授权代表：

本人对上述委托持股合同及股权代持的事实无异议。如有需要，本人将配合办理相关代持股权变更登记手续。

乙方配偶/亲属签名：

见证人签名：

附件：声　明

本人（本单位）对＿＿＿＿＿＿＿＿有限责任公司签订的股权代持协议及股权代持的事实无异议。如有需要，本人（本单位）将配合办理相关代持股权变更登记手续。

签署日期：　　　　年　　　月　　　日

签名或盖章：

附件：授权委托书

甲方（委托方）

名称：＿＿＿＿＿＿＿＿

统一社会信用代码：＿＿＿＿＿＿＿＿

乙方（代持方）

名称：＿＿＿＿＿＿＿＿

统一社会信用代码：________________

委托方向代持方进行如下授权：

一、授予权利

1. 委托方股权：是指委托方持有的________________有限责任公司的______%（百分之______）股权［对应认缴注册资本金额为人民币（大写）______元（¥______元）］，以及股权代持期间基于前述股权通过公积金转增股本、增资扩股等方式取得的股权。（下称“委托方股权”）。

2. 就委托方股权，委托方不可撤销地授权代持方，作为委托方唯一的、排他的代理人，全权行使委托方股权的全部股东权利，包括但不限于：

（1）股东会的召集权；

（2）向股东会提出议案，包括但不限于选举或任免董事、监事及总经理的议案；

（3）出席股东会，以及就股东会决策事项的表决权；

（4）股东知情权，包括但不限于查阅目标公司章程、股东会记录等；

（5）对公司经营的建议与质询权；

（6）委托方股权的其他全部股东权利。

3. 代持方有权收取、处置由委托方股权产生的现金股息红利及其他非现金收益。

二、转委托

代持方有权安排代持方法定代表人及代持方员工代为行使代持方的权利，但不得另外委托第三方行使代持方权利。[1]

三、特别声明

1. 该授权是不可撤销的、长期的，在委托方为公司股东期间均为有效。

2. 在本授权书授权范围内，代持方就委托方股权的一切行为均视为委托方的行为，签署的一切文件均视为委托方签署，委托方予以承认。

3. 在本授权委托书有效期内，委托方特此放弃已经通过本授权委托书授权给代持方的与委托方公司股权有关的所有权利，不再自行行使该等权利。

法天使[1]：
【有权安排代持方人员行使，但不得另外转委托】
使用文中条款。
【有转委托权】
二、转委托
代持方有转委托权，可以就上述事项的办理自行再委托其他个人或单位而不必事先通知授权方或获得授权方的同意。

四、附则

本授权书自签署后即生效。

签署日期：　　　　年　　　　月　　　　日

委托方（签名或盖章）：

02
CHAPTER

第二章

融　　资

增资协议（私募股权投资 - 首轮融资）| 19588

适用场景：

私募股权投资人通过投决会，决定投资认购目标公司的增资，各方签订增资协议并制备公司章程。

含有《投决会会议决议（增资）》《增资协议》《股东协议》《有限责任公司章程（首轮融资）》等文本。

重要审查点：

【重要等级：**中**】

审查点 1：增资与买老股并存时，增资协议与股权转让协议形成配套关系

1. 注意增资协议与股权转让协议的关联协同。

购买标的是老股和新股的区别会导致有协议部分条款有区别，但是其中有大量条款是相关联、类似甚至相同的。

注意投资新股和购买老股两项交易是否互为条件，还是各为独立的交易，这一点可以参考复合合同的处理。

二项交易均可能对公司股权结构有所影响，注意协议中有关股权结构的条款表述，以及合同程序的处理等。

2. 增资协议与股权转让协议可以分开也可以合在一起。

如果交易方案简单，交易方比较少，老股与新股法律文件协商不耽误进度，往往是合在一起；反之，通常是分开起草。

在分开起草的情况下，两个合同之间一般会交叉引用，如股权转让协议在交割条件、陈述和保证部分，会直接约定援引增资协议的相应条款。这样可以简化文件的起草。

审查点 2：股权投资协议与投资条款清单（投资意向书）的配套

1. 投资意向书的使用场景。

投资条款清单是投资人经过初步调查，产生较明确的投资意向后，要与被投公司签署第一份法律文件。签署完成后，便进入全面尽职调查以及可能的过桥借款和后续交易文件阶段。

2. 投资条款清单中必须要有法律效力的明确约定。

投资条款清单中的条款可以分为“交易条款”（对应后续要签署的投资协议的主要条款）与“通用条款”（法律效力、保密、排他期、争议解决等）。投资条款清单中必须要有法律效力的明确约定，常规做法是约定：本文件除了“保密”“排他期”“费用和支出”“管辖法律和仲裁”条款，不具有法律约束力。

不过在投融资实务中，除非有非常合理且正当的理由，就条款清单已经确定的内容，在投资文件阶段不会再次谈判，而是直接写入投资文件，虽然也会从完整性和规范性的角度做文字补充，原则上不能与条款清单相冲突。

3. 投资条款清单中的“排他期”又称“独家谈判权”条款，是一个特色条款，要求目标公司和创始股东在一定期间内不得与其他投资人进行融资谈判。

审查点 3：增资协议、股东协议可以合成一份协议，也可以是两份协议

一般来说，如果是较为规范、详细的股权投资协议，会分成两份协议来处理。

如果分成两份协议，那么大致上股东协议用于约定投资人保护版块的条款，“标的 + 价款”也就是增资方案条款、交割条款、陈述与保证、交割后义务相关条款会放在增资协议中。

审查点 4：股权投资协议与公司章程的配套

虽然各地工商部门对公司章程通常有窗口标准文本的要求，从投资人的角度，股东协议中约定的对投资人保护的条款，其中少量重要的涉及外部第三方的条款应尽量写入公司章程，主要包括：股东会董事会安排（一票否决权）、创始人股权转让限制等。

审查点 5：多轮股权投资协议之间的协调

对于增资协议，可以先后存在多份增资协议，如无特别安排，新的增资协议不影响历史上的增资协议，各轮次的增资协议中的投资人按照协议约定享有相应的权利。对于股东协议，惯常安排是全部股东、目标公司、投资人在当前的股权投资协议中列明所有的权利义务安排，并约定“之前签署的与本协议不一致的协议、条款均失效”，公司在某一时间点正常情况下应当仅有一份有效的股东协议。

审查点 6：增资方案条款

1. 股权投资一般采用“溢价增资”的方式进行。

2. 注意核算计入注册资本和资本公积金的金额，投资方所占股权比例应该等于投资方对应的注册资本金额除以投后目标公司的全部注册资本金额。

目标公司原注册资本为 A 元，投资方拟出资 B 元，占投后目标公司的股权比例为 C（一个百分比）。投资方计入注册资本的金额为 X 元，计入资本公积金的金额为 Y 元，

那么 C=X/（A+X），X=A/（1–C）×C，Y=B–X，投后目标公司的全部注册资本则为 A+X 或者 A/（1–C）。

3. 同一轮融资多个投资人的注意事项。

（1）如果本轮融资有多个投资人，则务必按照“先总后分”的顺序完成计算。

第一步：先将多个投资人合并计算（视为一个总的投资人），以多个投资人总的投资额、占投后目标公司总的股权比例，根据前面所说的算法，算出总的新增注册资本金额。

第二步：根据事先已经沟通好的多个投资人之间的持股比例分配方案，相应计算出各个投资人的认缴注册资本，各个投资人的其他出资则列入资本公积金。

（2）在计算完成后，要根据各数值之间的关系进行适当验算，以确保计算准确。

由于计算中会产生小数点的四舍五入，可能导致计算出的各个数据有微小误差，应确保所有股东的认缴注册资本之和等于公司注册资本，所有股东持股比例之和等于百分百。

审查点 7：投资人保护版块相关条款

1. 应考虑约定以下投资人保护相关条款。

（1）第一类控制性条款，主要包括股东会与董事会有关条款、一票否决权、拖售权、共同出售权（又称随售权、跟售权）、转股限制、优先购买权、优先认缴权、信息权、期权池、全职服务与竞业限制、受限股安排。

（2）第二类经济性条款，主要包括平等待遇及最惠待遇、反稀释、超额认购权、优先分红权、优先清算权、对赌条款。

2. 是否接受这些条款以及谈判的空间，取决于创始股东与投资人的相对地位。

这些条款目的都是保护投资人的，但这是投资人的角色、地位所决定的，不能僵化地说是合理或不合理。另外，这些条款几乎已经成了私募股权投资领域的惯例，条款背后也都能说出商业层面的合理性。

多数情况下，创始股东为了得到融资“不得不”接受这些条款，但少数情况下，创始股东较强势，并不缺少资金而投资人急于“上船”投资时，这些条款也可能大大简化、作出让步。

3. 律师应了解交易惯例，站在委托人立场把握各个条款的谈判空间和博弈的角度。

4. 这些市场惯例条款都已经有常规表述，律师主要是理解和运用，根据当事人的需求和地位从商业上把握是否可以接受、采取何种模式，并不需要“原创”条款。

5. 虽然实务中大部分股权投资协议较为复杂，但是早期的天使投资中，基于对创始股东的信任（投资人认为如果不能信任就不要投资了），股权投资协议也可能非常简单，大部分“投资人保护”的条款都删减了，几乎就成了一个简单的增资协议。

审查点 8：创始人责任限制条款

1. 从目标公司或创始股东方考虑，建议增加一些责任限制的条款。

2. 创始人责任限制通常只是针对创始人个人的责任。

3. 比较强势的公司通常提出的责任限制条款有。

（1）非恶意或故意情况下，以创始人的股权价值为限：就保证人发生的任何违约而言，除任何保证人故意不当行为、故意失实陈述、重大过失和 / 或欺诈之外，创始人的任何个人资产（创始人持有的按公允市值估值的公司普通股除外，包括该等股权的变现）在任何方面均不得用于履行创始人根据本协议承担的任何赔偿义务；

（2）创始人作为第二序位赔偿人：对于任何违约行为，受偿主体应首先要求目标公司履行赔偿义务，如果目标公司未向该受偿主体全额赔偿损失，则创始人应承担交易文件项下的赔偿义务；

（3）以投资人的投资价款为限：在不存在任何保证人的故意不当行为和 / 或欺诈的情况下，保证人对该投资人承担的全部赔偿义务应以投资人的投资价款为限；

（4）有一定的免赔额：保证人无义务就其损失向受偿主体作出赔偿，除非该等损失的总额超过人民币 ×× 元。

配套文件：

（一）确认投资意向阶段

1. 投资意向书（A 轮 / 首轮融资）

（二）内部决议阶段

2. 投决会会议决议（增资）
3. 增资股东会决议（目标公司）

（三）签订交易文件阶段

4. 增资协议（首轮融资、含投资人特别权利）
5. 增资协议（首轮融资）
6. 股东协议（首轮融资）
7. 有限责任公司章程（首轮融资）

（四）设立后阶段

8. 出资证明书
9. 股东名册

其他场景：

▲ 19589 有限责任公司增资成套文本（私募股权投资 - 二轮融资 - 单一投资人）

▲ 19590 有限责任公司增资成套文本（私募股权投资 - 二轮融资 - 多个投资人）

文本正文：

增资协议（首轮融资、含投资人特别权利）

甲方（目标公司）：＿＿＿＿＿＿＿＿＿＿

统一社会信用代码：＿＿＿＿＿＿＿＿＿＿

乙方（投资人）： ________________

统一社会信用代码：________________

丙方 1（创始股东）： ________________

身份证号码：________________

丙方 2（创始股东）： ________________

身份证号码：________________

上述全部主体合称“各方”，丙方 1、丙方 2 合称“丙方”。

本合同各方经平等自愿协商，根据《中华人民共和国民法典》《中华人民共和国公司法》及相关法律法规，就投资人投资目标公司事宜，签订本合同以共同遵守。

第一部分　定　　义

1. 定义

除本合同条款另有特别说明，本合同中使用的字词与表述的含义如下：

1.1　出资额：包括计入注册资本金和计入资本公积金的出资总额。

1.2　认缴注册资本：投资计入注册资本的金额。

1.3　持股比例：股东认缴注册资本占公司注册资本总额的比例。

1.4　交割日：本次增资办理完毕工商变更登记之日。

1.5　集团公司：指目标公司和目标公司已设立、控制或不时设立、控制的子公司、分公司或关联公司。

1.6　关联公司：在出现下列任一情况时，任何实体应被视为某一主体的关联公司：（1）直接或间接控制该主体、被该主体控制或与该主体同受其他主体控制的任何实体；（2）任何实体的注册资本、投票权、股权或决策权的 50% 或以上由该主体直接或间接拥有（反之亦然）；（3）该主体通过合同、董事职位或其他方式指导、影响或制定该实体的决策、管理和政策的方向（反之亦然）；（4）由该主体的关联人担任董事、合伙人、股东、高管的任何实体。

1.7　重大合同：指符合以下要求的全部合同、合同或其他形式的文件或安排：

（1）合同金额超过人民币（大写）　　元（¥　　元）；（2）合同履行期限超过本合同签署之日后的6个月；（3）合同中含有排他性条款、不竞争条款或其他限制公司的产品销售、业务经营或业务拓展的规定；（4）与公司在职或前任董事、高级管理人员、股东、雇员或长期顾问之间签订的任何性质的合同和合同；（5）关于公司资产出售或购买的任何合同、合同或安排（因日常业务经营经营而发生的除外）；（6）有关公司管理人员或雇员或其他人的奖金、养老金、退休金、期权、商业保险或类似的合同；（7）对外投资合同、合同、意向书或其他安排；（8）知识产权转让和许可使用合同（无论公司作为转让方、受让方、许可方或被许可方）；（9）合同性质超出了公司的正常业务经营活动的范畴；（10）其他有可能造成公司的资产和业务重大不利变化的合同。

1.8　重大不利变化：指下述情况、变更或影响：（1）进入破产或清算程序；（2）被责令停产停业、扣缴或吊销营业执照；（3）被处以人民币　　元以上罚款；（4）其他对业务或资产、负债（包括但不限于或有负债）、经营业绩或财务状况造成或可能造成超过人民币　　元损失的情形。

1.9　交易文件：本合同及各方签署的内容如本合同附件的《公司章程》，以及为完成本次增资事宜需要或应乙方要求签署的其他附属合同、决议及其他文件（包括但不限于本次增资相关的全部工商登记材料），统称“交易文件”。

第二部分　增资方案

2. 增资金额

2.1　甲方注册资本由人民币　　元增加至人民币　　元，本次新增注册资本人民币　　元。

3. 增资价格

3.1　本次增资价格为每一元注册资本对应人民币　　元。[1]

4. 新增注册资本的出资

4.1　本次增资的认缴方：乙方

法天使[1]：
【说明增资价格的依据】
3.1　根据请填充会计师事务所出具的请填充号《审计报告》（见附件），截至审计基准日（定价基准日），甲方经审计的净资产价值为人民币____元。
本次增资价格根据甲方经审计的净资产价值确定，每1元注册资本对应人民币____元。
【不说明增资价格的依据】
使用文中条款。

法天使[1]：
【一笔出资】
使用文中条款。
【分笔出资】
4.2.3 出资时间：
分两笔出资：
（1）第一笔出资乙方应在本协议约定的“出资先决条件”全部得到满足后的5个工作日内将出资额的____%（百分之____）一次性全额缴付至公司指定银行账户。
（2）第二笔出资乙方应在交割日后5个工作日内将其余出资款一次性全额缴付至公司指定银行账户。

4.2 乙方本次出资

4.2.1 乙方出资额为：人民币（大写）　　元（¥　　元），其中计入注册资本金　　元、计入资本公积金　　元，持股比例为　　%。

4.2.2 乙方出资方式：货币。

4.2.3 出资时间：乙方应在本合同约定的“出资先决条件”全部得到满足后的10个工作日内将出资款一次性全额缴付至公司指定银行账户。[1]

4.3 出资先决条件

4.3.1 各方同意，除非乙方书面豁免，否则乙方在本合同项下的出资义务以下列先决条件全部满足为前提：

4.3.1.1 交易文件已完成签署；

4.3.1.2 甲方已向乙方提交全体股东放弃优先认缴权的声明（如涉及）以及甲方股东会批准本次增资的决议，且决议应明确表决批准本次增资、同意签署交易文件和本合同约定的董事及董事会改组安排；

4.3.1.3 甲方和丙方在本合同中所作“陈述与保证”持续保持是完全真实、完整、准确的、无重大不利变化，没有任何违反过渡期约定或其他交易文件的约定的行为；

4.3.1.4 甲方未发生任何业务经营、财务状况或资产等方面的重大不利变化，未发生经合理预见可能会导致重大不利变化的情况；

4.3.1.5 任何政府部门、司法机关均没有任何未决的或可能采取的行动或程序，以限制或禁止本合同预期进行的任何交易或该等交易附带的任何交易的完成；

4.3.1.6 关键员工（名单见本合同附件）均已经与甲方签署令乙方认可的劳动合同、知识产权归属及保密合同、不竞争合同，且除关键员工外的其他员工均已与甲方签署令乙方满意的知识产权归属合同；

4.3.1.7 甲方公司董事会已完成改组，由____位董事组成，乙方委派的____位董事（“乙方董事”）已经被正式任命为甲方公司董事；

4.3.1.8 甲方已向乙方提交交割日后12个月内商业计划及年度预算，且已经获得乙方的批准；

4.3.1.9 乙方已完成业务、财务、法律尽职调查且对尽职调查结果满意；

4.3.1.10　乙方已取得其投资委员会对于认缴本次增资的批准。

4.3.1.11　甲方已向乙方提交书面承诺，承诺上述4.3.1.1.~4.3.1.10的先决条件已全部满足或被乙方书面豁免。

4.3.2　如前述出资先决条件在本合同签订之日起30日内未能全部满足且未被乙方豁免，则乙方有权单方解除本合同且不承担任何责任。

4.4　目标公司账户信息

户名：________________

账号：________________

开户行：________________

5. 增资前后股权结构

5.1　本次增资前，甲方全体股东持股比例为：

丙方1：____%；

丙方2：____%。

5.2　本次增资后，甲方全体股东持股比例为：

丙方1：____%（含____%的期权池）；

丙方2：____%；

乙方：____%。

6. 增资用途

6.1　甲方应根据经甲方有权机构批准的公司预算方案和商业计划将本次增资获得的出资款全部用于经营和发展集团公司的主营业务、日常运营资金和乙方认可的其他用途，不得将乙方出资款用于偿还股东借款、分红或回购公司股权。

第三部分　交　　割

7. 交割程序

7.1　甲方应在乙方按照本合同约定缴付出资之日起2个工作日内，向乙方签发出资证明书。

法天使[1]：
【一笔出资的工商登记手续办理要求】
使用文中条款。
【分笔出资的工商登记手续办理要求】

法天使[2]：
【乙方有后续增资权】
使用文中条款。
【未约定后续增资权】

法天使[3]：
【广义加权平均方式】
使用文中条款。
【完全棘轮方式】
【狭义加权平均方式】
转换价格＝【本轮融资的每股价格 × 后轮融资前的注册资本金额（不含期权池对应注册资本金额）＋后轮融资价格 × 后轮增资数额】/（后轮融资前的注册资本金额（不含期权池对应注册资本金额）＋后轮融资增加的注册资本金额）

7.1.1 本次增资的工商变更登记手续由甲方和丙方负责办理，乙方予以必要的配合。

7.1.2 甲方和丙方应当在本合同生效后 5 个工作日内开始办理关于本次增资的工商变更登记手续，并应当于乙方缴付出资款之日后的 20 个工作日内完成工商变更登记手续，取得新的企业法人营业执照。[1]

7.2 甲方应于办理完毕本次增资的工商变更登记手续当日，将乙方登记于甲方股东名册。

8. 股权取得

8.1 各方同意，乙方自交割日起即成为甲方股东，享有股东权利，承担股东义务。

第四部分　投资人特别权利

8.2 后续增资权

8.2.1 本次投资交割后，乙方有权再次对甲方增资人民币（大写）______元（¥______元），获得届时甲方全面稀释基础上______%（百分之______）的股权。

8.2.2 后续增资权的行权期限为本次投资交割日起 1 年内。[2]

8.3 反稀释

8.3.1 若甲方后续增加注册资本（后轮融资），且该等增资的每一元注册资本的单价低于本轮融资乙方按照增资协议认购甲方每一元注册资本的单价（“单位认购价格”），则乙方有权要求重新按照转换价格确认本轮融资的单位认购价格，并以此重新确定其应当获得的甲方股权的比例。

转换价格＝（本轮融资的每股价格 × 后轮融资前的注册资本金额＋后轮融资价格 × 后轮融资增加的注册资本数额）/（后轮融资前的注册资本金额＋后轮融资增加的注册资本金额）[3]

8.3.2 乙方通过上述方式重新确定后的持股比例与乙方现有持股比例之间的差额，由甲方及丙方通过股权调整予以补足。具体为：

甲方及丙方应当予以配合，以 1 元人民币象征性价格将丙方相应股权转让给乙方，并承担由此产生的税费成本。若届时上述调整无法以1元价格进行，则甲方及丙方采取一切必要的措施，以法律允许的方式使乙方以最低的成本完成调整。

8.3.3　下列情形不适用本反稀释条款：

（1）甲方执行员工股权激励计划。

（2）甲方首次公开发行股票并上市。

8.4　优先认缴权

8.4.1　本次投资后，甲方增加注册资本的，乙方享有优先于甲方其他股东认购新增注册资本的优先权。乙方认缴新增注册资本的价格、条款和条件应与其他潜在投资方、认缴方实质相同。

8.4.2　如果甲方决定增加注册资本，甲方应当提前至少10个工作日向乙方送达书面通知，该通知应包括增加注册资本的条款与条件（包括但不限于公司估值、增加注册资本金额、增资价格以及相关优先权利），并同时向乙方发出以该条件和价格购买增加注册资本的要约书。乙方应当在收到上述要约后10个工作日内通知甲方其是否行使优先认缴权。如果乙方未在收到上述要约后的10个工作日内通知甲方是否行使优先认缴权，则视为放弃本款所赋予的优先认缴权。

8.4.3　优先认缴权不适于如下新增注册资本：

（1）因执行经董事会或股东会批准的员工股权激励而调整注册资本；

（2）甲方上市时发行的任何股份或证券。

8.5　优先分红权

8.5.1　乙方有权优先于其他股东获得其投资额按____%（百分之____）年复利计算的可累计的的年优先股息。向乙方支付优先股息后，如有剩余分红资金的，应在全体股东之间按各自持股比例进行分配。各方应采取乙方认可的符合中国法律法规的任何方式，以实现上述约定的分红权。

8.6　优先清算权

8.6.1　甲方进行清算（包括惯常被视作清算的事件，如导致控制权变更的并购或重大资产转让）时，甲方财产按下列顺序进行分配：

（1）优先向乙方支付乙方清算优先款，清算优先款为乙方投资金额的1.2倍与甲方已宣布但未分配的利润之和。

（2）在乙方清算优先款得到足额支付之后，甲方应向包括乙方在内的全体股东按照其持股比例分配剩余财产（若有）。

8.6.2 若法律法规对优先清算款的支付另有限制，丙方同意将其清算分配所得无偿转让给乙方，以完成优先清算款的支付，实现优先清算权。

8.7 创始股东转让股权时的优先购买权与共同出售权

8.7.1 丙方对股权的转让、处分等受本协议相关约定限制的同时，若丙方（“转让方”）拟向除乙方以外的任何第三方（“受让方”）转让其持有的部分或全部丙方股权（“待售股权”），乙方有权行使以下任一权利：

（1）在同等条件下优先于受让方购买待售股权的全部或部分（“优先购买权”）。

（2）以同等条件按其与转让方之间的相对持股比例向受让方共同出售其所持有的股权的全部或部分（“共同出售权”）。

8.7.2 丙方拟转让股权时，应就该股权转让事项书面通知乙方和甲方（“转让通知”），该转让通知应写明：

（1）受让方的姓名或名称；

（2）拟转让的出资额；

（3）待售股权的转让价格；

（4）待售股权的其他转让条款和条件。

在收到转让通知后 5 个工作日内（“优先购买权行使期限”），乙方有权决定是否行使优先购买权。

8.7.3 若乙方放弃行使或未行使优先购买权，则乙方有权要求受让方以转让通知中列明的条件和价格向乙方购买一定比例的股权，该比例按下列公式计算：$S=P\times A/B$，其中：

（1）S 为乙方有权出售的股权比例最高值；

（2）P 为丙方待转让的股权比例；

（3）A 为乙方持有的股权比例；

（4）B 为丙方和乙方的股权比例之和。

8.7.4　行使共同出售权的乙方应在优先购买权行使期限届满后的5个工作日内（“共同出售权行使期限”）发出书面通知（“出售通知”），并在其中注明其选择行使共同出售权所涉及的股权比例。如果乙方选择行使共同出售权，则丙方应采取包括相应降低其出售股权比例等方式协助乙方的共同出售权实现。如果乙方已选择行使其共同出售权而受让方未向乙方购买相关股权，则丙方不得向受让方转让股权。

8.7.5　如果乙方明确放弃优先购买权和共同出售权，或者在上述期限内未确认行使优先购买权和共同出售权，则丙方有权自收到放弃通知或共同出售权行使期限届满之日起九十日内按照转让通知中列明的条款和条件向受让方转让股权。如果该股权转让未在上述期限内完成，则丙方不得继续该次转让，“优先购买权与共同出售权”将被重新触发，丙方须重新向乙方发出转让通知。

8.7.6　丙方违反本条约定（包括但不限于未向乙方递交书面通知）进行的任何股权转让行为无效，乙方有权要求甲方，且甲方应当采取一切合理及必要的行动对违反本条规定的股权转让作出禁止性或限制性措施，并不得对违反上述约定进行的股权转让进行工商登记备案。

8.8　投资人转让股权特别约定

8.8.1　乙方有权无限制地将其持有的全部或部分甲方股权转让给任何第三方，甲方和丙方在此不可撤销地同意上述转让并应积极配合乙方签署必要的法律文件并进行工商登记备案以完成该等转让，且该等转让不受任何优先购买权、共同出售权或其他任何条件或限制的制约。除另有约定外，该等转让完成后，受让乙方股权的任何第三方将享有本协议项下乙方的所有权利并承担乙方在本协议项下的所有义务。

8.8.2　尽管有上述约定，乙方不得向甲方的竞争对手转让任何甲方股权。为本条之目的，“竞争对手”是指与甲方主营业务具有竞争关系的任何公司和实体。

8.8.3　尽管有上述约定，若乙方向甲方其他股东或第三方转让其在甲方中持有的全部或部分股权，丙方有权按其持股比例优先于甲方其他股东和第三方购买乙方拟转让的全部或部分股权。丙方应在收到乙方的股权转让通知后五个工作日内书面通知乙方其是否行使优先购买权，如果丙方在前述期限内没有通知乙方其将行使优先

法天使[1]：
【可选择条款】
8.10 如果有第三方愿意以对甲方不低于¥____元的整体估值的价格收购甲方（包括但不限于收购公司控制权或全部或实质上全部的股权或资产或业务）时，若乙方同意进行上述出售，则丙方应同意并采取必要行动完成该收购，包括但不限于将其所持股权出售、转让给收购方。

购买权，应视为丙方放弃行使优先购买权。

8.9 领售权

8.10 持有超过三分之二以上表决权的股东（其中必须包括乙方）表决同意出售甲方，丙方应同意该交易，并以同样的价格和条件出售他们的股权。[1]

8.11 回购权

8.11.1 在下列情形之一发生时，如乙方仍持有甲方股权，则乙方有权要求甲方或丙方购买乙方所持有的全部或部分甲方股权：

（1）截至交割日起满3年之日，甲方未能实现上市。

（2）甲方控股股东发生变化。

（3）甲方或丙方出现违反投资协议的重大违约行为。

8.11.2 回购价格为以下金额的总和：

（1）乙方的投资金额以及按照____%（百分之____）的年复利计算所得的利息（计息期间为自甲方收到乙方投资款之日起直至甲方或者丙方实际支付全部回购价款之日止）。

（2）甲方已经宣布的但尚未向乙方分配的利润。

8.12 信息权

8.12.1 乙方持有甲方股权期间，甲方应向乙方提交以下信息资料：

（1）每个财务年结束后90日内，提交经由乙方接受的审计事务所审计的甲方年度合并财务报表。

（2）每财务季度结束后45日内，提交甲方未审计的季度合并财务报表。

（3）每财务月度结束后30日内，提交甲方未审计的月度合并财务报表。

（4）于新财政年度开始前至少提前30日，提交经董事会批准（含乙方董事批准）的甲方（及所有子公司和关联公司）下一年的年度预算计划和业务年度计划书。

（5）乙方合理要求的与甲方经营和财务有关的其他信息。

（6）若甲方获悉任何可能对其业务、经营、财务或发展前景产生重大不利影响的信息，应自获悉该等信息之日起2日内提供给乙方。

8.12.2 乙方有权随时查阅甲方经营记录、会计记录、账簿、财务报告，包括在合理通知甲方的情况下，到甲方现场查阅上述文件及询问相关人员。

8.13 最优惠待遇

8.14 如果甲方的任何现有股东或参与本次投资的其他投资方根据本次投资相关交易文件之前的任何文件或与本次投资相关的交易文件享有任何优于乙方在交易文件下的优先权，或者享有任何额外的优先权，则乙方应当自动享有同样的该等优先权利。[1]

第五部分 创始股东权利限制

8.15 限制性股权

8.15.1 丙方持有的甲方股权为限制性股权，自本次投资交割日起分4年等份兑现。

8.15.2 丙方在此同意，如果其在兑现期内的任何时间因主动与甲方终止了雇佣关系或甲方出于正当理由终止与丙方的雇佣关系，则甲方或乙方有权以书面通知的方式，按人民币1元或法律允许的最低价格收购丙方届时未兑现的限制性股权，并要求丙方就其离职后有权继续持有的已经兑现的限制性股权签署表决权委托书（该委托书的签署形式和内容应符合甲方和乙方要求）。

8.15.3 丙方应在收到甲方或乙方上述书面通知后三十（30）日内，尽快签署相关股权转让协议、股权表决权委托书和其他相关文件，并采取所有甲方或乙方要求的措施，以尽快完成甲方或乙方对丙方限制性股权的收购（包括办理必要的工商变更登记）。

8.15.4 如甲方发生整体出售或甲方无正当理由终止其与丙方的雇佣关系，则丙方所持有的限制性股权将全部加速兑现。

8.15.5 甲方或乙方对本条权利的行使，按以下顺位：

甲方有权优先收购丙方的限制性股权。如届时甲方无法实现或怠于行使该等权利，则乙方有权收购丙方的限制性股权。

法天使[1]：
【可选择条款】
8.14 如果甲方的任何现有股东根据本次投资相关交易文件之前的任何文件或与本次投资相关的交易文件享有任何优于乙方在交易文件下的优先权，或者享有任何额外的优先权，则乙方应当自动享有同样的该等优先权利。
8.14 如果甲方在后续融资中给予任何新投资方或现有股东优于乙方在本次投资相关的交易文件下的优先权，或者给予任何新投资方或现有股东任何额外的优先权，则乙方应当自动享有同样的该等优先权利。

8.16　转让限制

8.16.1　丙方同意并确认，在本次投资完成后、甲方合格上市之前，未经乙方事先书面同意，丙方不得以任何形式转让、处置其持有的任何甲方股权，包括但不限于在该等股权上设定质押或任何负担，但丙方向其全资持有的公司转让股权的不受该等限制（前提是丙方及该受让方仍受本次投资正式交易文件的约束，且丙方就该等受让方的违约行为承担连带责任）。

8.16.2　“合格上市”是指：甲方（或重组后其他包括甲方业务和资产的上市主体）在中国境内或境外的知名证券交易所首次公开发行并上市，且上市时的估值不低于人民币（大写）＿＿＿元（￥＿＿＿元）或等值外币且融资金额不低于人民币（大写）＿＿＿元（￥＿＿＿元）或等值外币。

第六部分　股权激励

9. 股权激励

9.1　股权激励期权池

9.1.1　期权池：主要用于对甲方管理人员、核心骨干人员等的股权激励，占增资后公司总注册资本＿＿＿%（百分之＿＿＿）（对应增资后公司注册资本＿＿＿万元人民币）。

9.1.2　期权池名义持有人：丙方1。

9.1.3　甲方和丙方在此不可撤销地同意并确认后续期权池的增加不得稀释乙方持有的甲方股权。

9.2　甲方应于交割日后6个月内或乙方书面同意的其他期限内制定令乙方满意的员工激励计划和期权合同模板，该等文件应当由甲方公司董事会批准（含乙方董事的同意）。

第七部分　增资后公司治理

10. 公司治理特别约定

10.1　交割日后，甲方公司治理应符合本条的约定。

10.2　股东会

10.2.1　股东会会议分为定期会议和临时会议，定期会议每年召开一次。

10.2.2　股东会由股东按照持股比例行使表决权。

10.2.3　有关任何集团公司的以下事项必须经代表二分之一或以上表决权股东（公司法有更高表决权比例规定的，按公司法规定处理）同意且其中必须包含乙方同意方可通过：

（1）修改章程。

（2）增加或者减少注册资本，回购任何股东持有的公司股权。

（3）合并、分立、并购、重组，以及任何使公司（或其子公司和关联公司）的控制权发生变化的交易，无论是通过单独交易还是一系列交易。

（4）清算、解散、终止，批准清算报告，对可能导致公司（或其子公司和关联公司）解散、歇业、破产、清算的事件作出决议。

（5）变更公司形式。

（6）对公司（或其子公司和关联公司）的营业范围作出任何重大变更，实质改变或终止公司（或其子公司和关联公司）的主营业务，参与任何与主营业务完全不同的行业领域，或者实质修改公司（或其子公司和关联公司）的经营计划。

（7）发行债券或其他融资工具。

（8）批准或实质修改年度财务预算或决算、年度经营计划（年度财务预算和年度经营计划合称为“预算和经营计划”）。

（9）批准或实质修改利润分配方案、弥补亏损方案。

（10）公司（或其子公司和关联公司）全部或实质部分的业务、资产（包括知识产权、技术、房产，以及其他无形资产、有形资产等）、股权或权益的转让、出租、许可或处置，或设置任何抵押、质押、留置、或其他权利负担，无论是通过单项交易还是一系列交易。

（11）设立任何控股的子公司、合伙或合资企业；设立、解散或出售任何子公司、合伙或合资企业、或分支机构。

（12）兼并或收购任何第三方的全部或大部分业务、资产（包括知识产权、技术、房产，以及其他无形资产、有形资产等）、股权、表决权或其他权益，无论是通过单项交易还是一系列交易。

（13）批准通过合格上市方案，包括上市的重要条款和条件，例如上市地点、时间、估值、发行价、中介机构（如承销商、投行或财务顾问）的委任等。

（14）公司（或其子公司和关联公司）的董事会人数、选举和免任规则的改变；增加或减少董事会的决策权；选举和更换公司（或其子公司和关联公司）董事，或决定有关董事报酬事项。

（15）批准通过公司员工股权激励计划以及对该等员工股权激励计划的任何实质修订（包括但不限于对该等员工股权激励计划下预留股权的任何增加或减少）。

（16）批准分红或任何利润分配。

（17）对本次增资正式协议项下任何有关乙方的权利、优先权、特权、权力或有利于乙方的规定作任何形式的修改、变更或删减。

（18）以任何形式向除乙方以外的任何其他主体批准、设置或授予权利，以使其权利优先于或者等同于乙方的股东权利（法定股东权利除外）或本次增资正式协议项下的任何其他权利。

（19）批准公司与其子公司或关联公司之间，或者公司（或其子公司和关联公司）与股东、董事或高级管理人员之间的任何关联交易（除劳动合同下规定的薪酬外）。

（20）公司签署任何涉及前述事项的协议。

10.3　董事会

10.3.1　董事会由____位董事组成，乙方有权委派____位董事（“乙方董事”）。同时，乙方亦对集团公司中的任一公司享有同等的董事委派权和同等的董事表决权。

10.3.2　董事长为请填充委派的董事。董事长是公司的法定代表人。

10.3.3　董事会会议应至少每半年召开一次，董事会召开会议的有效出席人数为所有董事的三分之二（其中需包括乙方董事）。

10.3.4　董事会会议应当提前 10 个工作日或乙方同意的其他期限，向各位董事发出书面通知。董事可以亲自或通过电话会议或电视会议的方式与会，前提是每一名与会人能清楚地听到彼此发言，该等与会者应视为出席会议。

10.3.5　董事因参加董事会会议而产生的一切与之相关的合理费用应全部由公司承担。公司应为董事会成员提供适用法律许可的最大的免责保护，包括但不限于负责赔偿任何董事会成员因行使其职责而对第三方承担的赔偿责任，但不应赔偿因董事违反法律、重大渎职或存在欺诈而导致的第三方赔偿责任。

10.3.6　董事会决议的表决，实行一人一票。

10.3.7　以下事项需要经二分之一以上董事（其中应包含乙方董事）同意方可通过。除以下所列事项外，其他需要董事会批准的事项由董事会全体董事的二分之一以上通过决议即可：

（1）涉及的金额单笔超过人民币（大写）　　元（¥　　元）或者在 12 个月内累计超过人民币（大写）　　元（¥　　元）或者在经股东会审议批准的预算和经营计划之外的以下交易事项（需要股东会批准的交易除外）：公司（或其子公司和关联公司）的业务、资产（包括知识产权、技术、无形资产等）、股权或权益的转让、出租、许可或处置，或设置任何抵押、质押、留置、或其他权利负担，或提供任何贷款，或导致公司承担任何负债或责任；

（2）对外投资、设立任何非控股的子公司、合伙或合资企业、购买或认购任何主体的任何股份、股权、表决权、业务、资产、债权、债务、证券、信托或其他权益，且涉及金额单笔超过人民币（大写）　　元（¥　　元）或者在 12 个月内累计超过人民币（大写）　　元（¥　　元）；

（3）公司（或其子公司和关联公司）向金融机构或者第三方借款，且单笔超过人民币（大写）　　元（¥　　元）或者在 12 个月内累计超过人民币（大写）　　元（¥　　元）；

（4）公司在 12 个月内累计产生超过人民币（大写）　　元（¥　　元）的负债或债务担保；

（5）对财务会计、税务制度作出重大变更，聘请、变更审计师；

（6）雇用或解聘高级管理人员（包括但不限于法定代表人，首席执行官、财务总监、运营总监等），或终止或变更上述人员的劳动合同的主要条款或薪酬待遇；

（7）订立任何涉及向第三方授予独家权利或限制公司（或其子公司和关联公司）业务发展的交易，或者订立金额单笔超过人民币（大写）　　元（¥　　元）或财务年度累计超过人民币（大写）　　元（¥　　元）的合同或承诺，或对重大合同进行对公司（或其子公司和关联公司）严重不利的修改；

（8）任何超出预算和经营计划 10%（百分之十）以外的开支；

（9）任何可以合理预期对公司（或其子公司和关联公司）造成重大不利影响的事件；

（10）公司签署任何涉及前述事项的协议。

10.4　监事

10.4.1　公司不设监事会，设监事一人，由请填充提名，并经股东会选举产生。监事任期为三年，任期届满，可以连任。

10.5　总经理

10.5.1　公司设总经理一名。总经理由董事会聘任，任期为 3 年，可以连选连任。

第八部分　过　渡　期

11. 过渡期期限

11.1　过渡期：指自本合同签订之日（不含当日）起至交割日（不含当日）之间的期间。

12. 过渡期安排

12.1　甲方与丙方确保所有集团公司将仅以与过去惯例相符的方式合法合规地开展业务经营，并应尽最大努力保持商业组织完整，维持同第三方的关系，保留现有管理人员和雇员，保持公司拥有的或使用的所有资产和财产的现状（正常损耗除外）。

12.2　在甲方正常工作时间内，甲方及丙方应当向乙方提供乙方合理要求的有关集团公司的资料。

12.3　甲方应及时书面告知乙方以下事项，应乙方要求评析以下事项对集团公司的影响，进而保证集团公司将按照合理方式稳定运营：

（1）集团公司的股本结构、财务状况、资产、负债、业务、前景或经营方面对集团公司产生或可能产生任何重大不利影响的变更；

（2）签署包含非正常条款（包括但不限于长期、条件苛刻的条款）的合同以及关于前述事项的任何提议、意向；

（3）政府部门批准或登记的进展情况（如适用）。

12.4　过渡期内，除非本合同另有明确规定或者经乙方书面同意，甲方与丙方应确保集团公司不得进行任何下述行为：

（1）增加或减少公司的注册资本，回购公司股权；

（2）分配或者宣布分配公司红利；

（3）对公司采取任何合并、分立、中止经营、并购、重组、清算、申请破产或者其他类似的行为；

（4）变更公司主营业务，或者使公司从事其现行营业执照登记经营范围以外的其他业务；

（5）对公司资产和业务进行租赁、转让或以任何其他方式进行处置，价值累计超过人民币_____元；

（6）进行累计超过人民币_____元的对外投资或对现有对外投资作出任何安排和任何变动；

（7）使公司对外举借金额超过人民币_____元的新增借款或者贷款、其他形式的金钱债务；

（8）使公司对外提供信用保证或者为自身或任何第三人就任何数额的债务提供任何形式的担保（包括抵押、质押、保证或其他方式），在甲方的股权、资产上设置任何形式的第三方权利；

（9）直接或间接诱使第三方作出或向其作出、或考虑来自第三方向其作出的与本次增资有关的任何投资，或通过任何方式与任何第三方就该等投资进行商议或向任何第三方提供与本合同项下交易有关的任何信息；

（10）对公司章程进行任何修改（因本次增资而对公司章程进行修改的除外）；

（11）使公司在正常经营活动以外发生任何单笔超过人民币______元的支出、负债、责任、义务或费用；

（12）使公司进行或决定进行在经董事会批准的员工报酬分配机制外的员工奖金和福利分配；

（13）在任何方面实质性改变公司对外投资、债务、管理及其他涉及经营的重要政策，在任何方面实质性改变或修改其劳动及薪酬政策，或者对任何劳动合同的主要条款进行变更；

（14）对公司董事会或管理层成员进行任何变更；

（15）与关联方达成任何交易；

（16）采取其他可能会导致公司产生重大不利变化的行为；

（17）采取其他任何可能导致在交割后乙方持有的公司股权被摊薄的行为。

第九部分 陈述与保证

13. 交割前陈述与保证

13.1 本合同各方于本合同签订日向其他方作出如下陈述与保证，该陈述与保证在交割日仍然持续有效。各方确认，各方系建立在对本条项下的陈述与保证充分信赖的基础上方达成本合同。

13.2 每一项陈述与保证应被视为单独陈述与保证（除非本合同另有明确的相反规定），而且前述每一项陈述与保证不应因参照或援引任何其他陈述与保证条款或本合同的任何其他条款而受到限制或制约。

13.3 如有与下列所作陈述与保证不符的情况，作出陈述与保证的一方已于本合同签订日前以书面形式向其他方披露。

13.4 各方承诺，如果其知悉在本合同签订后发生任何情形，使该方作出的任何陈述与保证在任何方面变为不真实、不准确或具误导性，将立即书面通知合同其余方。

13.5 合同各方通用陈述与保证

合同各方均承诺：

13.5.1 该方系合法设立且有效存续的实体（法人或非法人组织）或具有完全民事行为能力的自然人。

13.5.2 除本合同另有约定外，该方拥有签订本合同和履行本合同全部义务所必需的所有合法权力、权利，已取得签订本合同和履行本合同全部义务所必需的所有内部和外部的批准、授权和许可。

13.5.3 该方提交的文件、资料等均是真实、准确、全面、完整和有效的，并无任何隐瞒、遗漏、虚假或误导之处。

13.5.4 该方签订本合同和履行本合同任何义务不会：

（1）违反该方的公司章程或任何组织性文件的规定；

（2）违反法律、法规或其他规范性文件；

（3）违反对该方有法律约束力的任何其他合同、合同、文件、该方对任何第三方作出的承诺或保证（无论是书面的还是口头的）、该方对任何第三方所负担的其他有法律约束力的义务。

13.6 甲方与丙方于本合同签订日向乙方共同作出如下陈述与保证，该陈述与保证在交割日仍然持续有效。各方确认，乙方系建立在对本条项下的陈述与保证充分信赖之基础上方达成本合同。

13.6.1 依甲方公司章程的合法有效规定，丙方对公司增资享有优先认缴权。甲方在签订本合同前已按照《公司法》及公司章程的要求征求过丙方的意见，丙方均对本交易表示同意并已放弃优先认缴权。

13.6.2 甲方的全部注册资本已按照法律规定和章程的要求全部按时缴足。

13.6.3 丙方所持甲方股权不存在任何被冻结、质押等权利负担或权利受限制的情形，丙方所持甲方股权不存在其他任何法律或事实上的瑕疵，不存在任何权属争议。

13.6.4 甲方是依法设立并有效存续的合法经营企业。其自设立以来的各项变更均已依法取得有审批权限部门相应的批准、同意和许可。甲方目前开展的各项经营业务均已依法取得政府部门的各项批准、授权、执照、许可等，该批准、授权、执照、许可均合法有效，甲方不存在任何违反该批准、授权、执照、许可要求的行为或者情形。本合同的签订和履行也不会导致该批准、授权、执照、许可被终止或撤销。

13.6.5　除已向乙方书面披露的甲方全部资产的权利负担外，甲方全部资产不受其他任何担保、抵押、质押、留置、所有权保留或其他权利负担的限制，甲方对该等资产拥有完整、唯一的所有权，并实际占有、控制着甲方的全部资产。

13.6.6　除已经书面披露的瑕疵外，甲方是公司名称、品牌、商标和专利、商品名称及品牌、网站名称、域名、专有技术、各种经营许可证等相关权利的唯一的、合法的所有权人，不存在任何侵权行为，也未因侵权或其他原因受到任何第三方的索赔或诉讼。甲方亦没有向任何第三方转让、许可使用或以其他方式处置前述权利。

13.6.7　甲方自成立以来，在财务、税收、环境保护等各方面遵守中国法律法规，无违法违规行为。

13.6.8　除已经书面披露的瑕疵外，甲方已在其他方面遵守与劳动用工相关的法律，已与所有的员工签订了劳动合同，并依法支付、缴纳养老保险、医疗保险、失业保险、工伤保险、住房公积金以及其他法律要求的社会保险基金或员工福利，不存在拖欠员工工资、津贴、奖金、加班费的情况，不存在任何未决的或潜在的劳动争议或纠纷（包括但不限于正在进行的劳动调解、劳动仲裁或劳动诉讼）。

13.6.9　甲方作为合同一方的任何合同和法律文件均合法有效并对相关方具有法律约束力。甲方已依照法律和合同适当履行了其作为合同一方的合同和法律文件项下的全部义务，不存在会导致重大不利影响的违约行为，并且不存在可能导致任何此类违约的情形。

13.6.10　甲方不存在任何未向增资方书面披露的负债及或有负债，包括但不限于甲方没有向任何实体和自然人作出任何形式的担保或保证。

13.6.11　甲方不存在未向乙方书面披露的、其他任何进行中的标的在 100 万元以上的诉讼、行政处罚、行政复议、申诉、调查或其他的法律程序、行政程序，也不存在任何可能导致该等程序发生的事实或情况。甲方不存在未向增资方书面披露的、依照法院、仲裁机构或其他司法、行政部门作出的判决、裁决或决定应承担法律责任或义务的情形。

13.6.12　甲方、丙方与任何其他实体之间的重大合同不会因任何交易文件的签署或履行而终止，也不会受到任何交易文件的重大影响。

13.7　乙方于本合同之签订日向甲方与丙方作出如下陈述与保证，该陈述与保证在交割日仍然持续有效。各方确认，甲方与丙方系建立在对本条项下的陈述与保证充分信赖之基础上方达成本合同。

（1）乙方确认自身符合法律法规及监管规范等规范性文件规定的甲方股东所需满足的条件，不存在不得作为甲方股东的情形。

（2）用于增资的出资为合法自有财产。

14. 交割后承诺

乙方缴付出资且交割完成后，甲方与丙方承诺完成如下事项：

14.1　立即着手建立完善的财务制度，包括但不限于财务内控制度，以保障公司的内部财务授权清晰、财务数据及记录准确、财务处理符合中国法律及公司内部管理规定。

14.2　遵守有关知识产权的适用法律，与乙方共同协商确定知识产权保护战略和相关品牌调整事宜，并尽快向相关政府部门及时申请注册公司主营业务所需的专利、商标、软件著作权或其他知识产权，尽最大努力保护甲方利益。

14.3　除非基于本合同及附件约定进行的行为或获得乙方书面同意，甲方将始终：

（1）以正常方式经营运作，继续维持其与客户的正常业务合作关系，以保证交割日后公司的商誉和经营不受到重大不利影响；

（2）除交易文件另有约定外，不会回购股权，也不会进行任何异常交易或产生异常债务；

（3）及时履行签订的合同、合同或其他与公司资产和业务有关的文件；

（4）保证公司继续合法经营，获取、保持其经营所需要的所有政府批文和其他准许及同意，且当中国法律或政府机关明确要求其获得任何经营必须的证照、批准批复或备案文件时，尽公司最大努力在要求的期限内或投资方同意的更长的期限内取得该证照、批准批复或备案文件；

（5）及时将对公司已造成或可能造成重大不利影响的任何事件、事实、条件、变化或其他情况及时书面通知乙方。

14.4　在本合同履行过程中，甲方和丙方有义务就在该期间内新发生的违反本合同内容的情况向乙方及时、完整、准确地进行披露。

14.5　未经乙方事先书面同意，并且无论乙方是否届时为甲方股东，甲方和丙方均不得使用、公开或者复制乙方的名称和标识、乙方任何合伙人的姓名、照片、图片、标识，用于任何市场推广、广告或者促销。

15. 不竞争义务

15.1　承担不竞争义务的主体：丙方。

15.2　不竞争期限：丙方是甲方的股东、董事或雇员的期间，直至其与甲方解除劳动关系后的两年内或其不再持有甲方股权后的两年内（以较晚发生的为准）。

15.3　不竞争地域范围：中华人民共和国（港澳台地区除外）。

15.4　在不竞争期限和地域范围内，承担不竞争义务的主体不得进行任何以下竞争行为：

（1）以任何方式从事、投资、参与或管理任何与公司业务相同、类似或相竞争的实体、业务或产品，在任何与公司业务相同、类似或相竞争的实体、业务或产品中拥有任何直接或间接的权利或利益；

（2）通过直接或间接控制的其他经营主体或以自然人名义从事与公司业务相同、类似或相竞争的业务；

（3）为任何与公司业务存在相同、类似或相竞争业务的单位、组织或个人提供服务，包括但不限于担任其雇员、服务人员、董事、监事、代理人、顾问等；

（4）使用各种方法引诱或试图引诱公司的客户或供应商，使其成为自身或其他个人、其他公司的客户或供应商；

（5）直接或间接地为自身或任何第三方，以任何方式雇用、聘用或鼓励、诱导或促使任何正在为公司工作的公司或个人，以终止其与公司的关系或联系。

但是，以下行为不视为违反不竞争义务：持有与公司业务相同、类似或相竞争的上市公司的股票，但非上市公司实际控制人，且持股比例低于30%（百分之三十）。

15.5　公司业务是指：目标公司当前主营业务。

15.6　违反不竞争义务，应当立即停止违约行为，并向乙方支付相当于乙方出资额总额的违约金。违约金不足以弥补损失的，还应赔偿损失。

第十部分　其他约定

16. 保密义务

16.1　本合同各方均应当对本合同的内容、因履行本合同或在本合同期间知悉的或收到的对方的商务、财务、技术、产品的信息、用户资料或其他标明保密的文件或信息（以下简称“保密信息”）予以保密，未经保密信息披露方事先书面同意，不得向本合同以外的任何第三方披露。

16.2　保密信息接收方为本合同目的可向其确有必要知悉的雇员、法律顾问或财务顾问披露对方提供的保密资料，但同时须指示该等人员遵守本条规定的保密义务，该等人员违反本条保密义务视为接收方违反本条保密义务。

16.3　保密信息接收方违反本条规定泄露披露方的保密信息的，由此产生的法律责任由接收方承担，造成披露方损失的，接收方依法应当承担赔偿责任。

16.4　上述保密义务，在本合同终止或解除后仍需履行。

17. 违约责任

17.1　任何一方违反本合同约定的，应承担合同中约定的违约责任。本合同中未约定的，应赔偿守约方全部损失。

17.2　甲方与丙方对因违约应向乙方承担的赔偿责任承担连带责任。但是涉及因创始股东离职或其他原因收购创始股东股权时，仅针对存在离职或其他原因的特定创始股东进行收购。

17.3　本合同中约定的违约金或违约责任不足以赔偿守约方全部损失的，应赔偿守约方全部损失。

17.4　守约方全部损失包括但不限于对守约方所造成的直接损失、可得利益损失、守约方支付给第三方的赔偿费用 / 违约金 / 罚款、调查取证费用 / 公证费、诉讼费用、律师费用以及因此而支付的其他合理费用。

18. 不可抗力

18.1　不可抗力定义：指在本合同签署后发生的、本合同签署时不能预见的、其发生与后果是无法避免或克服的、妨碍任何一方全部或部分履约的所有事件。上述事件包括地震、台风、水灾、火灾、战争、国际或国内运输中断、流行病、罢工，以及根据中国法律或一般国际商业惯例认作不可抗力的其他事件。一方缺少资金非为不可抗力事件。

18.2　不可抗力的后果：

（1）如果发生不可抗力事件，影响一方履行其在本合同项下的义务，则在不可抗力造成的延误期内中止履行，而不视为违约。

（2）宣称发生不可抗力的一方应迅速书面通知其他各方，并在其后的十五（15）日内提供证明不可抗力发生及其持续时间的足够证据。

（3）如果发生不可抗力事件，各方应立即互相协商，以找到公平的解决办法，并且应尽一切合理努力将不可抗力的影响减少到最低限度。

（4）金钱债务的迟延责任不得因不可抗力而免除。

（5）迟延履行期间发生的不可抗力不具有免责效力。

19. 送达方式

19.1　为更好地履行本合同，各方提供如下通知方式：

（1）甲方接收通知方式

地址：________________

联系人：________________

手机：________________

（2）乙方接收通知方式

地址：________________

联系人：________________

手机：________________

（3）丙方 1 接收通知方式

联系人：________________

地址：________________

手机：________________

（4）丙方 2 接收通知方式

联系人：________________

地址：________________

手机：________________

19.2　各方应以书面快递方式向对方上述地址发送相关通知。接收通知方拒收、无人接收或未查阅的，不影响通知送达的有效性。

19.3　上述地址同时作为有效司法送达地址。

19.4　一方变更接收通知方式的，应以书面形式向对方确认变更，否则视为未变更。

20. 其他约定

20.1　部分无效处理

如任何法院或有权机关认为本合同的任何部分无效、不合法或不可执行，则该部分不应被认为构成本合同的一部分，但不应影响本合同其余部分的合法有效性及可执行性。

20.2　不放弃权利

除非另有约定，任何一方未能行使或迟延行使其在本合同项下的任何权利，不得被视为其放弃行使该等权利，且任何权利的任何单独或部分行使亦不得妨碍该等权利的进一步行使或其他任何权利的行使。一方在任何时候放弃追究其他各方违反本合同任何条款或规定的违约行为，不得被视为该方放弃追究其他各方今后的违约行为，且不得被视为该方放弃其在该等规定项下的权利或其在本合同项下的其他任何权利。

21. 法律适用

本合同的制定、解释及其在执行过程中出现的或与本合同有关的纠纷之解决，受中华人民共和国（港澳台地区除外）现行有效的法律约束。

22. 争议解决

因本合同引起或有关的任何争议，由合同各方协商解决，也可由有关部门调解。协商或调解不成的，应向公司住所地有管辖权的人民法院起诉。

第十一部分　附　　则

23. 终止与恢复

为实现甲方合格上市之目的，若中国法律法规或有关监管机构要求，则在上述要求范围内的投资者特别权利和甲方或丙方特别限制或义务均应自甲方向有关上市主管机构递交上市申请时终止，且若该等上市申请被拒绝或自提交之日起 180 日内未能取得有关主管机构的批准时，前述权利和义务应自动恢复。

24. 交易文件的签署

各方同意于签署本合同的同时或在乙方认可的其他时间完成本合同之外的其他交易文件的签署。

25. 本合同与其他交易文件的关系

就本合同中未约定的与本次交易有关的事项，应适用及遵守公司章程及其他交易文件的约定。就公司章程的约定中与本合同约定事项存在任何冲突或不一致的，及公司章程未约定的，均应适用及遵守本合同的约定。

26. 其他

26.1　本合同一式六份，协议各方各持一份，其余二份由甲方持有用于办理增资手续，每份具有同等法律效力。

26.2　本合同附件为本合同有效组成部分。

本合同附件包括：

附件 1：公司章程

附件 2：关键员工名单

26.3　本合同自合同各方签名或盖章后生效。

签订时间： 年 月 日

甲方（盖章）：
法定代表人或授权代表：
乙方（盖章）：
法定代表人或授权代表：
丙方 1（签名或盖章）：
法定代表人或授权代表：
丙方 2（签名或盖章）：
法定代表人或授权代表：

增资协议（引入新股东）| 19556

适用场景：

目标公司股东通过内部决议决定引入新股东，增资方通过内部决议决定投资入股，各方签订增资协议并修改公司章程。

含有不同版本的《增资协议》以及《章程修正案》等文本。

重要审查点：

【重要等级：**高**】

审查点 1：增资协议应由目标公司与增资方签署

1. 未将目标公司作为协议主体而将目标公司全体股东作为协议主体并不必然影响协议效力，但可能导致后续纠纷。

2. 目标公司控股股东与增资方签订增资协议的做法是不规范的。

3. 不参与增资的原股东考虑作为协议主体。

审查点 2：应核实目标公司股权是否被质押或冻结

1. 目标公司股权被质押或冻结的，增资行为存在被认定为无效或无法办理企业变更登记的交易风险。

2. 目标公司股权被质押或冻结的，不建议直接采用增资方式，在无法实现解质押或解除冻结的情况下，投资人可考虑采取其他变通途径，如通过原股东出让部分未被质押或冻结的股权的方式达到投资目的。

审查点 3：应考虑主体内部程序之目标公司增资决议程序

1. 如非全体股东一致同意，则增资须经股东会决议，否则增资行为很可能无效。

2. 增资方对目标公司增资股东会决议等相关文件负有审慎注意和形式审查义务。

增资方对目标公司增资决议程序的应对措施是下列两种作法之一：

（1）全体股东一致同意时：将目标公司全体股东作为增资协议主体，或者要求目标公司提供目标公司全体股东签署的同意增资方案的文件；

（2）部分股东不同意时：应将股东会决议文件作为增资协议附件，并由目标公司、签署的股东确认属实，以证明己方已尽审慎义务。

如果在签约时，还未能完成上述手续，则应该将完成上述手续作为先决条件。

配套文件：

（一）内部决议阶段

1. 增资股东会决议（目标公司）
2. 放弃增资优先认缴权的声明
3. 股东会决议（对其他公司增资的决议）
4. 董事会决议（对其他公司增资的决议）
5. 合伙人会议决议（转投资 – 增资）
6. 配偶声明（增资）

（二）签订交易文件阶段

7. 增资协议（新股东加入 – 两方主体）

8. 增资协议（新股东加入 – 三方主体）
9. 增资协议（国资 – 引入新股东）
10. 增资协议（外资 – 引入新股东）
11. 章程修正案（非一人公司增资通用）

（三）对赌安排

12. 股东会决议（对赌 – 目标公司）
13. 估值调整协议（与目标公司、控股股东对赌）
14. 估值调整协议（与控股股东对赌）
15. 配偶声明（对赌—控股股东配偶）

其他场景：

▲19560 有限责任公司增资成套文本（债转股）

文本正文：

增 资 协 议

甲方（目标公司）： ____________________
统一社会信用代码：____________________
乙方（增资方）： ____________________
统一社会信用代码：____________________
丙方 1（现有股东）： ____________________
统一社会信用代码：____________________
丙方 2（现有股东）： ____________________
统一社会信用代码：____________________

上述全部合同主体合称“合同各方”，丙方 1、丙方 2 合称“丙方”。

本合同各方经平等自愿协商，根据《中华人民共和国民法典》《中华人民共和国公司法》及相关法律法规，就乙方认缴甲方新增注册资本事宜，签订本合同以共同遵守。

第一部分 定 义

1. 定义

除本合同另有约定外，下列词语在本合同中具有如下含义：

1.1 定价基准日：请填充，在本合同中也称“基准日”。

1.2 交割日：本次增资办理完毕工商变更登记之日。

1.3 重大不利变化：指下述涉及甲方（包括其控股子公司，如有）的任何情况、变更或影响：

（1）进入破产或清算程序；

（2）被责令停产停业、扣缴或吊销营业执照；

（3）被处以人民币（大写）　　元（￥　　元）以上罚款；

（4）其他对业务或资产、负债（包括但不限于或有负债）、经营业绩或财务状况造成或可能造成超过人民币（大写）　　元（￥　　元）损失的情形。

1.4 出资额：包括计入注册资本金和计入资本公积金的出资总额。

1.5 认缴注册资本：投资计入注册资本的金额。

1.6 持股比例：股东认缴注册资本占公司注册资本总额的比例。

第二部分 增资方案

2. 增资金额

甲方注册资本由人民币（大写）　　元（￥　　元）增加至人民币（大写）　　元（￥　　元），即本次新增注册资本人民币（大写）　　元（￥　　元）。

3. 增资价格

3.1 根据请填写会计师事务所名称出具的编号为＿＿＿＿＿＿的《审计报告》（见

附件），截至审计基准日（同“定价基准日”），甲方经审计的净资产价值为人民币（大写）______元（¥______元）。本次增资价格根据甲方经审计的净资产价值确定。

3.2 本次增资价格为每一元新增注册资本对应人民币（大写）______元（¥______元）。[1]

4. 新增注册资本的出资

4.1 增资方应按本合同约定履行对新增注册资本的出资缴付义务：

4.1.1 以货币出资的，应在约定的出资时间内将资金足额支付至目标公司指定账户。

4.1.2 以非货币出资的，应在约定的出资时间内依法办理财产权的转移手续，将出资资产交付给公司，移交出资资产相关资料，办理出资资产的变更登记手续（如涉及）。

4.2 乙方作为本次增资的认缴方：

4.2.1 出资额：人民币（大写）______元（¥______元）。其中，计入注册资本金人民币（大写）______元（¥______元）、计入资本公积金人民币（大写）______元（¥______元），持股比例为______%（百分之______）。

4.2.2 出资形式：货币。

4.2.3 出资缴付方式：各方同意，乙方将分两期缴付认缴出资额。

（1）第一期：乙方应于______年______月______日前缴付首笔出资额¥______元；

（2）第二期：乙方应于______年______月______日前缴付第二笔出资额¥______元；

前述各笔出资额均应于指定时间足额缴付至目标公司指定账户：

户名：______________

账号：______________

开户行：______________[2]

4.3 出资先决条件

4.3.1 各方同意，除非乙方书面豁免，否则乙方在本合同项下的出资义务以下列先决条件全部满足为前提：

（1）甲方已向乙方提交甲方股东会批准本次增资的决议，以及全体股东放弃优先认缴权的声明（如涉及）；

法天使[1]：
【根据会计师事务所经审计的目标公司净资产价值确定】
使用文中条款。
【根据资产评估机构给出的目标公司净资产评估价值确定】

法天使[2]：
【货币出资，分两期缴付】
使用文中条款。
【货币出资，一次性缴付】
【非货币出资，办理资产转移手续】
【非货币出资，资产价值不足认缴出资额的部分，由乙方以货币一次性补足】

（2）甲方已经以书面形式向乙方充分、真实、完整的披露甲方的资产、负债、权益、对外担保以及与本次增资相关的全部信息；

（3）甲方未发生任何业务经营、财务状况或资产等方面的重大不利变化；

（4）任何政府部门、司法机关均没有任何未决的或可能采取的行动或程序，以限制或禁止本合同预期进行的任何交易或该等交易附带的任何交易的完成；

（5）没有发生违反过渡期有关约定的情况；

（6）增资工商登记已办理完结，乙方成为经工商登记的甲方股东；

（7）甲方已向乙方提交书面承诺，承诺上述第（1）至（6）项先决条件已全部满足或被乙方书面豁免。

4.3.2 如前述增资先决条件在本合同签订之日起30日内未能全部满足且未被乙方豁免，则乙方有权单方解除本合同且不承担任何责任。

4.4 非货币出资的特别约定

4.4.1 等额货币替换出资

各方同意，如果非货币出资增资方（下称“非货币增资方”）用以出资的资产未在本合同约定的期限，按照本合同的约定履行完毕全部出资义务的，则其余股东有权要求非货币增资方用等额的货币替换出资资产用于出资。

4.4.2 特别补足责任

（1）各方同意，非货币出资缴付之日起____年内，甲方有权委托评估机构对非货币增资方用以出资的资产重新评估一次。

（2）如重新评估的价值较出资时的评估价值发生减值，且非货币资产的现值不足出资时原评估价值的80%（百分之八十）（不含本数），则非货币增资方应当在评估报告出具之日起10个工作日内以货币方式一次性补足出资资产现值与原评估价值之间的差额。

4.4.3 股权动态调整

4.4.3.1 各方同意，根据非货币出资资产对公司的实际价值（应根据出资资产的效力状态、技术研发周期、产品转化情况、产品的市场效果等因素综合认定），动态调整非货币增资方持有的股权比例。

4.4.3.2 触发股权动态调整的情形：

1. 如请填写非货币资产实际有增值的情形，则请填写甲方股东姓名或名称应将其持有的____%（百分之____）的公司股权无偿转让予非货币增资方；

2. 如请填写非货币资产实际有减值的情形，则非货币增资方将向请填写甲方股东姓名或名称无偿转让其持有的____%（百分之____）的公司股权。

4.4.3.3 股权动态调整的具体方式：

1. 各方应当根据前述约定，在调整触发情形发生之日起10个工作日内签署相关股权转让合同并办理相应的股权变更登记手续；

2. 滚存未分配利润（如有）由全体股东以调整完成后的持股比例按照公司章程的约定享有；

3. 如股权不允许以无偿方式转让，则各方应当共同努力，以届时法律允许的最低对价转让，以保证股权比例的调整；同时，应当由转让方补偿受让方实际支付的对价。

5. 增资前后股权结构

本次增资前后，甲方全体股东的持股比例情况如下：

阶段	股东名称	认缴出资额	实缴出资额	持股比例
增资前	丙方 1	¥____元	¥____元	____%（百分之____）
	丙方 2	¥____元	¥____元	____%（百分之____）
增资后	丙方 1	¥____元	¥____元	____%（百分之____）
	丙方 2	¥____元	¥____元	____%（百分之____）
	乙方	¥____元	¥____元	____%（百分之____）

法天使[1]：
【不作分割，全部由增资前股东享有】
使用文中条款。
【进行分割，分割日前利润归增资前股东享有，分割后利润归全体股东享有】
基准日前未分配利润安排
各方同意，截至定价基准日（含当日）形成的滚存未分配利润，以年月日为界，该日及该日之前形成的未分配利润由丙方享有，该日之后形成的由增资后全体股东享有。

法天使[2]：
【收益亏损均由增资后全体股东承担】
使用文中条款。
【收益亏损均由增资前全体股东承担】
【收益由增资后全体股东承担，亏损由增资前全体股东承担】
【收益由增资前全体股东承担，亏损由增资后全体股东承担】

6. 基准日前未分配利润安排

各方同意，截至定价基准日（含当日）形成的滚存未分配利润由丙方享有。[1]

7. 基准日至交割日损益安排

7.1 期间损益是指：定价基准日（不含当日）至交割日（不含当日）期间的公司收益和亏损。

7.2 期间损益的核算

7.2.1 专项审计：交割日后，由____方聘请审计机构对期间损益进行专项审计。审计费用由各方各自承担____%。专项审计应于交割日后30日内完成。

7.2.2 专项审计结果确定：

（1）收益：截至交割日，公司净资产高于定价基准日的金额。

（2）亏损：截至交割日，公司净资产低于定价基准日的金额。

7.3 期间损益归属[2]

（1）如有收益，则由本次增资后的全体股东享有与分配；

（2）如有亏损，则应由增资后的全体股东于专项审计报告出具后30日内补足。

第三部分 交 割

8. 交割程序

8.1 甲方应于本合同签订之日起10个工作日内，根据本次增资情况相应修改公司章程。

8.2 甲方办理包括工商变更登记在内的任何有关本次增资的变更手续。

8.2.1 甲方应在本合同签订之日起20个工作日内，办理完毕本次增资的工商变更登记手续。

8.2.2 工商变更登记费用由甲方承担，乙方和丙方应当对甲方办理工商变更登记的行为提供必要协助。

8.3 甲方应于办理完毕本次增资的工商变更登记手续当日，将乙方登记于甲方股东名册。

8.4　甲方应在乙方按照本合同约定缴付出资之日起2个工作日内，向乙方签发出资证明书。[1]

法天使[1]：【先办理工商登记再缴付出资】使用文中条款。【先缴付出资再办理工商登记】

9. 股权取得

各方同意，乙方自交割日起即成为甲方股东，根据《公司法》、公司章程及本合同的约定享有股东权利，承担股东义务。

第四部分　过　渡　期

10. 过渡期期限

过渡期：指自本合同签订之日（不含当日）起至交割日（不含当日）之间的期间。

11. 过渡期监管事项

过渡期内，除非本合同另有明确规定或者经乙方书面同意，甲方及丙方不得：

11.1　增加或减少甲方的注册资本；

11.2　分配或者宣布分配甲方红利；

11.3　对甲方采取任何合并、分立、中止经营、并购、重组、清算、申请破产或者其他类似的行为；

11.4　变更甲方主营业务，或者使甲方从事其现行营业执照登记经营范围以外的其他业务；

11.5　对甲方任何价值超过人民币（大写）　　元（¥　　元）的财产和业务进行出售，租赁、转让或以其他任何方式处置任何账面价值（以体现在经审计账目上的金额为准）超过人民币（大写）　　元（¥　　元）的资产；进行任何单笔价值超过人民币（大写）　　元（¥　　元）的对外投资或对现有对外投资作出任何安排和任何变动；

11.6　使甲方对外举借金额超过人民币（大写）　　元（¥　　元）的新增借款或者贷款、其他形式的金钱债务；

11.7　使甲方对外提供信用保证或者为自身或任何第三人就任何数额的债务提供任何形式的担保（包括抵押、质押、保证或其他方式），在甲方的股权、资产上设置任何形式的第三方权利；

11.8　直接或间接诱使第三方作出或向其作出、或考虑来自第三方向其作出的与本次增资有关的任何投资，或通过任何方式与任何第三方就该等投资进行商议或向任何第三方提供与本合同项下交易有关的任何信息；

11.9　对甲方的公司章程进行任何修改（因本次增资而对公司章程进行修改的除外）；

11.10　使甲方在正常经营活动以外发生任何单笔超过人民币（大写）＿＿元（￥＿＿元）的支出；

11.11　使甲方进行或决定进行在经董事会批准的员工报酬分配机制外的员工奖金和福利分配；

11.12　在任何方面实质性改变甲方对外投资、债务、管理及其他涉及经营的重要政策，在任何方面实质性改变或修改其劳动及薪酬政策，或者对任何劳动合同的主要条款进行变更；

11.13　对甲方董事会或管理层成员进行任何变更；

11.14　采取其他可能会导致甲方产生重大不利变化的行为。

第五部分　增资后公司治理

12. 股东会

12.1　公司股东会由全体股东组成，股东会是公司的最高权力机构。

12.2　股东会职权

12.2.1　一般职权

（1）决定公司的经营方针和投资计划；

（2）选举和更换非由职工代表担任的董事、监事，决定有关董事、监事的报酬事项；

（3）审议批准董事会的报告；

（4）审议批准监事会的报告；

（5）审议批准公司的年度财务预算方案、决算方案；

（6）审议批准公司的利润分配方案和弥补亏损方案。

12.2.2 特别职权

（1）对公司增加或者减少注册资本作出决议；

（2）对发行公司债券作出决议；

（3）对公司合并、分立、解散、清算或者变更公司形式作出决议；

（4）制定、修改、解释公司章程；

（5）审议批准公司的任何对外投资；

（6）审议批准公司任何关联交易；

（7）审议批准金额（不含利息）在人民币（大写）伍佰万元整以上（含本数），且占公司上一年度净资产 10%（百分之十）以上（含本数）的公司融资借款；

（8）审议批准公司对外提供担保的行为；

（9）审议批准交易金额在人民币（大写）贰佰万元整以上（含本数），且占公司上一年度净资产 5%（百分之五）以上（含本数）的非关联交易；

（10）决定公司保险方案和固定资产折旧方案；

（11）决定对公司董事会的授权范围、授权期限及前述授权事项的变更和撤销；

（12）法律、行政法规和公司章程规定的其他职权。[1]

12.3 公司股东会会议由股东按认缴出资比例行使表决权。[2]

12.4 股东会决议通过方式

12.4.1 股东会对一般职权事项作出决议，须经代表过半数表决权的股东通过；

12.4.2 股东会对特别职权事项作出决议，须经代表三分之二以上（含本数）表决权的股东通过。

13. 董事会

13.1 公司董事会是股东会的执行机构，对股东会负责。

13.2 公司董事会由 3 名董事组成。董事由股东会在股东提名的人选中选举产生。其中：

13.2.1 乙方有权提名 1 名董事人选，丙方 1 有权提名 1 名董事人选、丙方 2 有权提名 1 名董事人选。

13.2.2 董事会设董事长一人，由董事会从_____方提名的董事人选中选举产生。

法天使 [1]：
【适用于股东会有特殊职权的场景】
使用文中条款。
【适用于股东会无特殊职权的场景】
12.2 股东会职权
公司股东会按照《公司法》和公司章程的相关规定行使职权。

法天使 [2]：
【按认缴出资比例】
使用文中条款。
【按实缴出资比例】
12.3 公司股东会会议由股东按实缴出资比例行使表决权。
【按约定比例】
12.3 公司股东会会议由股东按约定比例行使表决权：
乙方：____%
丙方 1：____%
丙方 2：____%

13.2.3　董事会设副董事长一人，由董事会从_____方提名的董事人选中选举产生。

13.3　各方应自交割日起 5 个工作日内，重新选举董事组成公司董事会。董事任期三年，可连选连任。董事在任期届满前，股东会不得无故解除其职务。

13.4　任何董事死亡、丧失行为能力、被撤职或辞职，视为董事会席位出缺，应由提名该董事的一方另行提名，由股东会在提名的人选中选举，继任董事应在出缺董事的剩余任期内担任董事职务。

13.5　董事会行使下列职权：

13.5.1　一般职权

（1）召集股东会会议，并向股东会报告工作；

（2）执行股东会的决议；

（3）制订公司的年度财务预算方案、决算方案；

（4）制订公司的利润分配方案和弥补亏损方案；

（5）决定公司的内部管理机构的设置；

（6）决定聘任或解聘公司总经理及其报酬事项；决定聘任或者解聘公司副总经理、财务负责人等公司章程中规定的其他高级管理人员，并决定其报酬事项；

（7）制订公司的基本管理制度；

（8）审议批准金额（不含利息）不满人民币（大写）伍佰万元整或公司上一年度净资产 10%（百分之十）（以较高的金额为准）的公司融资借款；

（9）审议批准交易金额不满人民币（大写）贰佰万元整或公司上一年度净资产 5%（百分之五）（以较高的金额为准）的非关联交易；

（10）法律、公司章程规定以及股东会决议授予的其他职权。

13.5.2　特别职权

（1）决定公司的经营计划和投资方案；

（2）制订公司增加或减少注册资本以及发行公司债券的方案；

（3）制订公司合并、分立、解散或者变更公司形式的方案。

13.6　董事会决议方式

13.6.1　公司董事会决议的表决，实行董事一人一票。

13.6.2 董事会对一般职权事项作出决议，须经半数董事通过；董事会对特别职权事项作出决议，须经三分之二以上（含本数）董事通过。[1]

14. 监事会

14.1 公司设监事会，由 3 名监事组成，其中职工监事 1 名。

14.2 各方应自交割日起 5 个工作日内，重新选举监事组成公司监事会。监事任期三年，可连选连任。

14.3 除职工监事外，其余监事由股东会在股东提名的人选中选举产生。其中请填充有权提名 1 名监事人选，请填充有权提名 1 名监事人选。

14.4 监事会主席由请填充提名的监事担任。

14.5 公司监事会按照《公司法》和公司章程的相关规定行使职权。[2]

15. 法定代表人[3]

公司法定代表人由董事长担任。

16. 公司高级管理人员

16.1 总经理

总经理由董事会从____方提名的人选中聘任。

16.2 财务负责人

财务负责人由董事会从____方提名的人选中聘任。

16.3 其他高级管理人员

由董事会根据____方的提名决定聘任。

第六部分 陈述与保证

17. 不竞争义务

17.1 承担不竞争义务的主体：请填充。

17.2 不竞争期限：自本合同签订之日起请填充年。

17.3 不竞争地域范围：中华人民共和国（港澳台地区除外）。

17.4 在不竞争期限和地域范围内，承担不竞争义务的主体不得进行任何以下竞

法天使 [1]：
【公司设董事会，有特别职权】使用文中条款。
【公司设执行董事，无特别职权】
【公司设执行董事，有特别职权】
【公司设董事会，无特别职权】

法天使 [2]：
【公司设监事会】使用文中条款。
【公司不设监事会】

法天使 [3]：
【可选择条款】
1.5 法定代表人
公司法定代表人由执行董事担任。
1.5 法定代表人
公司法定代表人由总经理担任。

争行为：

（1）以任何方式从事、投资、参与或管理任何与公司业务相同、类似或相竞争的实体、业务或产品，在任何与公司业务相同、类似或相竞争的实体、业务或产品中拥有任何直接或间接的权利或利益；

（2）通过直接或间接控制的其他经营主体或以自然人名义从事与公司业务相同、类似或相竞争的业务；

（3）为任何与公司业务存在相同、类似或相竞争业务的单位、组织或个人提供服务，包括但不限于担任其雇员、服务人员、董事、监事、代理人、顾问等；

（4）使用各种方法引诱或试图引诱公司的客户或供应商，使其成为自身或其他个人、其他公司的客户或供应商；

（5）直接或间接地为自身或任何第三方，以任何方式雇用、聘用或鼓励、诱导或促使任何正在为公司工作的公司或个人，以终止其与公司的关系或联系。

但是，以下行为不视为违反不竞争义务：持有与公司业务相同、类似或相竞争的上市公司的股票，但非上市公司实际控制人，且持股比例低于30%（百分之三十）。

17.5　公司业务是指：目标公司当前主营业务。

17.6　违反不竞争义务，应当立即停止违约行为，并向其他未违反本义务的股东分别支付相当于该守约方出资额总额的违约金。违约金不足以弥补损失的，还应赔偿损失。

18. 新投资者进入限制

18.1　各方同意，本合同签署后：

18.1.1　甲方新一轮增资的每一元注册资本价格（简称“新一轮增资价格”），不得低于乙方本次增资的每一元注册资本价格（简称“乙方增资价格”）；

18.1.2　丙方向第三方转让股权的每股价格（简称“丙方每股转让价格”），不得低于乙方增资价格。

18.2　如果出现甲方新一轮增资价格或丙方每股转让价格低于本次乙方增资价格，则乙方增资价格需按照如下方式作出相应调整，以使得本轮增资方的价格与新的增资方或股权受让方的价格完全相同：

18.2.1　差额部分的计算方法为：（乙方增资价格 – 新一轮增资价格）× 乙方认

购注册资本；或（乙方增资价格 - 丙方每股转让价格）× 乙方认购注册资本。

18.2.2　此时，丙方应按乙方的要求向乙方以现金方式支付价格调整后的差额部分。

18.3　前条规定不适用于甲方可能发生的下述增资扩股的情形：

（1）经乙方认可的向公司管理层增资；

（2）公开发行股份并上市。

19. 陈述与保证

19.1　各方声明

19.1.1　本合同各方于本合同签订日向其他方作出如下陈述与保证，该陈述与保证在交割日仍然持续有效。各方确认，各方系建立在对本条项下的陈述与保证充分信赖的基础上方达成本合同。

19.1.2　每一项陈述与保证应被视为单独陈述与保证（除非本合同另有明确的相反规定），而且前述每一项陈述与保证不应因参照或援引任何其他陈述与保证条款或本合同的任何其他条款而受到限制或制约。

19.1.3　如有与下列所作陈述与保证不符的情况，作出陈述与保证的一方已于本合同签订日前以书面形式向其他方披露。

19.1.4　各方承诺，如果其知悉在本合同签订后发生任何情形，使该方作出的任何陈述与保证在任何方面变为不真实、不准确或具误导性，将立即书面通知合同其余方。

19.2　本合同各方均承诺：

19.2.1　该方系合法设立且有效存续的实体（法人或非法人组织）或具有完全民事行为能力的自然人。

19.2.2　除本合同另有约定外，该方拥有签订本合同和履行本合同全部义务所必需的所有合法权力、权利，已取得签订本合同和履行本合同全部义务所必需的所有内部和外部的批准、授权和许可。

19.2.3　该方提交的文件、资料等均是真实、准确、全面、完整和有效的，并无任何隐瞒、遗漏、虚假或误导之处。

19.2.4　该方签订本合同和履行本合同任何义务不会：

（1）违反该方的公司章程或任何组织性文件的规定；

（2）违反法律、法规或其他规范性文件；

（3）违反对该方有法律约束力的任何其他协议、合同、文件、该方对任何第三方作出的承诺或保证（无论是书面的还是口头的）、该方对任何第三方所负担的其他有法律约束力的义务。

19.3　甲方、丙方陈述与保证

甲方与丙方于本合同签订日向乙方共同作出如下陈述与保证，该陈述与保证在交割日仍然持续有效。

19.3.1　依甲方公司章程的合法有效规定，丙方对公司增资享有优先认缴权。甲方在签订本合同前已按照《公司法》及公司章程的要求征求过丙方的意见，丙方均对本交易表示同意并已放弃优先认缴权（书面确认文件见附件）。

19.3.2　甲方的全部注册资本已按照法律规定和章程的要求全部按时缴足。

19.3.3　丙方所持甲方股权不存在任何被冻结、质押等权利负担或权利受限制的情形，丙方所持甲方股权不存在其他任何法律或事实上的瑕疵，不存在任何权属争议。

19.3.4　甲方是依法设立并有效存续的合法经营企业。其自设立以来的各项变更均已依法取得有审批权限部门相应的批准、同意和许可。甲方目前开展的各项经营业务均已依法取得政府部门的各项批准、授权、执照、许可等，该批准、授权、执照、许可均合法有效，甲方不存在任何违反该批准、授权、执照、许可要求的行为或者情形。本合同的签订和履行也不会导致该批准、授权、执照、许可被终止或撤销。

19.3.5　除已向乙方书面披露的甲方全部资产的权利负担外，甲方全部资产不受其他任何担保、抵押、质押、留置、所有权保留或其他权利负担的限制，甲方对该等资产拥有完整、唯一的所有权，并实际占有、控制着甲方的全部资产。

19.3.6　除已经书面披露的瑕疵外，甲方是公司名称、品牌、商标和专利、商品名称、网站名称、域名、专有技术、各种经营许可证等相关权利的唯一的、合法的所有权人，不存在任何侵权行为，也未因侵权或其他原因受到任何第三方的索赔或诉讼。甲方亦没有向任何第三方转让、许可使用或以其他方式处置前述权利。

19.3.7　甲方自成立以来，在财务、税收、环境保护等各方面遵守中国法律法规，无违法违规行为。

19.3.8　除已经书面披露的瑕疵外，甲方已在其他方面遵守与劳动用工相关的法律，已与所有的员工签订了劳动合同，并依法支付、缴纳养老保险、医疗保险、失业保险、工伤保险、住房公积金以及其他法律要求的社会保险基金或员工福利，不存在拖欠员工工资、津贴、奖金、加班费的情况，不存在任何未决的或潜在的劳动争议或纠纷（包括但不限于正在进行的劳动调解、劳动仲裁或劳动诉讼）。

19.3.9　甲方作为合同一方的任何合同和法律文件均合法有效并对相关方具有法律约束力。甲方已依照法律和合同适当履行了其作为合同一方的合同和法律文件项下的全部义务，不存在会导致重大不利影响的违约行为，并且不存在可能导致任何此类违约的情形。

19.3.10　甲方不存在任何未向增资方书面披露的负债及或有负债，包括但不限于甲方没有向任何实体和自然人作出任何形式的担保。

19.3.11　甲方不存在未向乙方书面披露的、其他任何进行中的标的在 100 万元以上的诉讼、行政处罚、行政复议、申诉、调查或其他的法律程序、行政程序，也不存在任何可能导致该等程序发生的事实或情况。甲方不存在未向增资方书面披露的、依照法院、仲裁机构或其他司法、行政部门作出的判决、裁决或决定应承担法律责任或义务的情形。

19.4　乙方陈述与保证

乙方于本合同之签订日向甲方与丙方作出如下陈述与保证，该陈述与保证在本交易完成日仍然持续有效。各方确认，甲方与丙方系建立在对本条项下的陈述与保证充分信赖之基础上方达成本合同。

19.4.1　乙方确认自身符合法律法规及监管规范等规范性文件规定的甲方股东所需满足的条件，不存在不得作为甲方股东的情形。

19.4.2　用于增资的出资为合法自有财产。

19.5　非货币增资方的特别陈述与保证

全部或部分采用非货币出资的增资方就出资资产作出如下陈述与保证，该陈述与保证在交割日仍然持续有效：

19.5.1　出资资产是增资方合法所有财产，增资方对出资资产享有完整的、完全的、排他的权利，不存在与其他人共同共有或按份共有的情形，不存在权利代持的情形；未授予第三方任何权利，也不存在抵押、质押、冻结、查封或其他权利负担、权利受限制的情形。

19.5.2 增资方按照本合同约定的出资时间将出资资产完整、完全的转让至甲方。增资方完成出资后不再对出资资产享有任何权利，出资资产全部权利均归属甲方所有。

19.5.3 出资资产不存在权利失效或可能造成权利失效的情形。

19.5.4 不存在未向本合同其他方书面披露的、其他任何进行中的有关出资资产的诉讼、行政处罚、行政复议、申诉、调查或其他的法律程序、行政程序，也不存在任何可能导致该等程序发生的事实或情况。不存在有关出资资产的、未向本合同其他方书面披露的、依照法院、仲裁机构或其他司法、行政部门作出的判决、裁决或决定应承担法律责任或义务的情形。

第七部分 其他约定

20. 保密

20.1 合同各方保证对在讨论、签订、履行本合同过程中所获悉的属于其他方的且无法自公开渠道的文件及资料（包括但不限于商业秘密、公司计划、运营活动、财务信息、技术信息、经营信息及其他商业秘密）予以保密。未经该资料和文件的原提供方同意，其他方不得向任何第三方泄露该商业秘密的全部或部分内容。

上述保密义务，在本合同终止或解除之后仍需履行。

20.2 本合同关于对保密信息的保护不适用于以下情形：

（1）保密信息在披露给接收方之前，已经公开或能从公开领域获得。

（2）在本合同约定的保密义务未被违反的前提下，保密信息已经公开或能从公开领域获得。

（3）接收方应法院或其他法律、行政管理部门要求披露保密信息（通过询问、要求资料或文件、传唤、民事或刑事调查或其他程序）。当出现此种情况时，接收方应及时通知提供方并作出必要说明，同时给予提供方合理的机会对披露内容和范围进行审阅，并允许提供方就该程序提出异议或寻求必要的救济。

（4）由于法定不可抗力因素，导致不能履行或不能完全履行本合同确定的保密义务时，甲乙双方相互不承担违约责任；在不可抗力影响消除后的合理时间内，一方或双方应当继续履行本合同。在上述情况发生时，接收方应在合理时间内向提供方发出通知，同时应当提供有效证据予以说明。

21. 违约责任

21.1　乙方违约责任

乙方未能按照本合同的约定按期支付增资款的，每延迟一日，应按延迟金额5‰（万分之五）的标准向甲方支付违约金。

乙方逾期支付增资款超过30日的，甲方或丙方有权单方解除本合同且不承担任何责任。

21.2　甲方、丙方违约责任

21.2.1　甲方未能履行本合同“交割”条款的约定的，则每延迟一日，应按本合同约定的乙方出资额的5‰（万分之五）向乙方支付违约金。

21.2.2　如甲方、丙方单独或共同的违反本合同项下的承诺保证义务的，则甲方及丙方应当立即自负费用采取一切措施弥补损害并消除不利影响，除此之外还应当连带的向乙方承担相当于造成损失金额30%（百分之三十）的违约金。

5个工作日内仍未能弥补全部损害或消除全部不利影响的，乙方有权单方解除本合同且不承担任何责任。乙方选择解除本合同的，甲方与丙方还应连带地承担相当于本合同约定的乙方出资额的30%（百分之三十）的违约金。

21.3　依据本条约定行使单方解除权解除合同的，如果对甲方有管辖权的工商登记机关已经对本次增资事宜予以登记，则各方应通力合作，采取包括但不限于甲方减资的一切措施以撤销或变更该等登记，并退还乙方已支付的增资款（如有）。

21.4　任何一方有其他违反本合同情形的，应赔偿守约方全部损失。

本合同中的全部损失包括但不限于对守约方所造成的直接损失、可得利益损失、守约方支付给第三方的赔偿费用/违约金/罚款、调查取证费用/公证费/鉴定费用、诉讼仲裁费用、保全费用、律师费用、维权费用以及其他合理费用。

22. 送达方式

22.1　为更好地履行本合同，各方提供如下通知方式：

（1）甲方接收通知方式

地址：________________

联系人：________________

手机：________________

（2）乙方接收通知方式

地址：________________

联系人：________________

手机：________________

（3）丙方1接收通知方式

联系人：________________

地址：________________

手机：________________

（4）丙方2接收通知方式

联系人：________________

地址：________________

手机：________________

22.2　各方应以书面快递方式向对方上述地址发送相关通知。接收通知方拒收、无人接收或未查阅的，不影响通知送达的有效性。

22.3　上述地址同时作为有效司法送达地址。

22.4　一方变更接收通知方式的，应以书面形式向对方确认变更，否则视为未变更。

23. 其他约定

23.1　不可抗力

23.1.1　不可抗力定义：指在本合同签署后发生的、本合同签署时不能预见的、其发生与后果是无法避免或克服的、妨碍任何一方全部或部分履约的所有事件。上述事件包括地震、台风、水灾、火灾、战争、国际或国内运输中断、流行病、罢工，以及根据中国法律或一般国际商业惯例认作不可抗力的其他事件。一方缺少资金非为不可抗力事件。

23.1.2　不可抗力的后果：

（1）如果发生不可抗力事件，影响一方履行其在本合同项下的义务，则在不可抗力造成的延误期内中止履行，而不视为违约。

（2）宣称发生不可抗力的一方应迅速书面通知其他各方，并在其后的十五（15）日内提供证明不可抗力发生及其持续时间的足够证据。

（3）如果发生不可抗力事件，各方应立即互相协商，以找到公平的解决办法，并且应尽一切合理努力将不可抗力的影响减少到最低限度。

（4）金钱债务的迟延责任不得因不可抗力而免除。

（5）迟延履行期间发生的不可抗力不具有免责效力。

23.2　合同解释

23.2.1　本合同的不同条款和分条款的标题与编号，仅供查阅方便之用，不构成本合同的一部分，不作为解释本合同任何条款或权利义务的依据。

23.2.2　本合同中，“以上”“以下”“以内”包含本数，“超过”“不满”“以外”不包含本数，某期日的“前/以前”“后/以后”或类似表述包含该期日当日。

23.2.3　本合同中对金额或数量使用大小写时，如大小写不一致，应以大写为准。

23.2.4　如果本合同正文和附件的意思发生冲突，则应按正文或附件中以何者为准的明确约定处理。

如无明确约定，则各方应尽力将整个合同（包括正文与附件）作为一个整体来阅读理解，最为明确具体的实现合同目的的条款应优先考虑。

24. 法律适用

本合同的制定、解释及其在执行过程中出现的或与本合同有关的纠纷之解决，受中华人民共和国（港澳台地区除外）现行有效的法律约束。

25. 争议解决

因本合同以及本合同项下订单/附件/补充协议等（如有）引起或有关的任何争议，

由合同各方协商解决，也可由有关部门调解。协商或调解不成的，应向____所在地有管辖权的人民法院起诉。

第八部分　附　　则

26. 本合同与公司章程关系

26.1　各方应按照本合同“交割程序”的相关约定完成公司章程的修订。

26.2　公司章程应当包括本合同第五部分“增资后公司治理”的内容。

26.3　如本合同与公司章程不一致的，除非公司章程对适用顺序或本合同效力作出明确规定，否则应以本合同为准。

27. 其他

27.1　本合同一式四份，合同各方各执一份。各份合同文本具有同等法律效力。

27.2　本合同未尽事宜，各方应另行协商并签订补充协议。

27.3　本合同经各方签名或盖章后生效。

签订时间：　　　　年　　　　月　　　　日

甲方（盖章）：

法定代表人或授权代表：

乙方（盖章）：

法定代表人或授权代表：

丙方 1（盖章）：

法定代表人或授权代表：

丙方 2（盖章）：

法定代表人或授权代表：

03
CHAPTER

第三章

转　　让

股权转让合同 | 19517（转移控制权）

适用场景：

甲方（转让方）向乙方（受让方）转让甲方持有的丙方（目标公司）股权，乙方支付价款。甲方、丙方应将目标公司完整运营权（控制权）移交给乙方。

不适用：不转移控制权的股权转让。

重要审查点：

【重要等级：**高**】

审查点 1：注意避免不能作为股东的法人、非法人组织成为股东

常见不得作为股东的法人、非法人组织有：

（1）一人有限责任公司（自然人独资）不能投资设立新的一人有限责任公司。

（2）根据《律师法》第 27 条关于“律师事务所不得从事法律服务以外的经营活动”的规定，律师事务所不得作为其他行业的公司股东。

以上主体作为股权转让的受让方，在市场监督管理部门办理股权变更登记将存在障碍。

【重要等级：**中**】

审查点 2：辨析使用股权转让合同与股权赠与合同

1. 零对价转让股权是否构成股权赠与实务中的观点并不统一。转让价款约定为零元，办理工商登记时也可能存在障碍，可能被认定为赠与，拒绝依据股权转让协议办理，为避免风险，如确定零对价转让，建议事先与市场监督管理部门沟通、确认。

2. 为避免股权转让被认定为赠与，零对价的股权转让交易尽量约定一个象征性的对价，如 1 元或 100 元。并可在股权转让协议中进一步明确约定“双方一致确认，本交易非赠与，转让方不享有赠与人的撤销权”。

3. 如确系股权赠与的，应直接签订股权赠与合同，并在协议中明确双方达成赠与的合意。鉴于经过公证的赠与合同，赠与人在财产转移前无撤销权，故也可考虑办理公证。

审查点 3：选择股权退出方式时辨析使用股权转让协议和减资协议

如果有人能以合理价格受让，对退出方（转让方）来说，股权转让更适宜操作，转让程序更为简便。定向减资通常是在没有投资人接盘情况下的选择，且如公司无力支付减资资金的，退出方只能实现股东身份的退出，并不能实际实现资金的回笼。

审查点 4：受让股权时应考虑取得股权“共有人”的同意

从受让股权一方的角度，出让股东是个人且有配偶的，尽量取得其配偶对股权处分行为的书面同意或共同签署协议。

配偶不参与签署的，应在协议中由股东承诺其对股权享有所有权和独立的完全的处分权，该股权上无他人合法权益；律师还应向客户提示风险。

审查点 5：注意特殊行业的股东资格要求

某些特殊行业对股东资格（也可以说是“股东条件”）有特别要求。工商登记前置审批中，对某些特殊行业企业资格或资质类的行政许可，一般对股东资格均有要求；金融类企业对股东资格一般有特别要求。因此，在具体的股权类交易中，需注意检索相关法律法规及其他规范性文件，确认是否存在对股东资格的强制性要求。

审查点 6：注意《公司法》对股东人数的限制并采取相关措施

1. 根据《公司法》第 24 条的规定，有限责任公司的出资人不得超过 50 人。如超过人数上限，将无法办理公司登记。因此，设立、增资、转让交易中均需预先审查，看交易完成后目标公司的股东人数是否符合人数限制。

2. 如果发现交易的实施将会导致超过人数上限的，应考虑下列措施中的一种或多种：

（1）考虑通过间接方式取得目标公司股权，如设立持股平台间接持股、受让目标公司母公司的股权等。

（2）股权代持。

（3）在股权转让或增资场合，受让方 / 增资方可以要求目标公司调整股权结构减少股东人数，并将完成上述调整作为支付股权转让价款或实缴出资的前提条件。

审查点 7：主体应包括转让方和受让方

一般来说，作为交易对手的转让方和受让方是股权转让协议的签订主体。

转移控制权的，应尽量将目标公司也列为合同主体；合同为目标公司设定义务的，应将目标公司列为合同主体。

如果股权存在特殊性，合同主体也会有所不同。

审查点 8：注意尚未完成工商登记的股权作为转让标的的风险

如果转让人不是工商登记的股东，作为受让人，应综合采取下列全部或部分措施：

1. 将目标公司完成前次股权变更登记作为支付全部或部分价款的先决条件，并约定先决条件在一定期限内仍未满足的情形下受让方的单方解除权。

2. 由工商登记的股东、目标公司、其他股东等出具文件确认，受让人已经取得目标股权。

3. 合同细节上，还应将经市场监督管理部门登记的公司股权结构情况与实际的股权结构情况列明，说明内部公示情况，并简要说明背景原因。

审查点 9：注意代持股权作为转让标的的风险

1. 名义股东未经实际出资人同意转让股权的，可参照适用善意取得的规定处理。受让人在交易结构审查及协议起草阶段应防范代持风险。如未发现股权代持，则转让方应当在合同中承诺其转让的股权不存在代持，以便未来受让方主张善意取得。

2. 如确为代持股权，则名义股东与实际出资人均应同意。一般应将名义股东与实际出资人均列入合同主体。此种情形下，应当明确约定受让方取得的是目标公司的股权，享有目标公司的股东身份。

3. 名义股东反对时的处理。如果根据有关股权代持文件，名义股东有义务配合相关事宜，此时仍可以考虑转让，只是受让方的风险增大。若经评估实际出资人显名确实可行（得到半数以上股东的支持）受让方可以与实际出资人达成协议取得实际出资人的地位后，再采取隐名股东显名诉讼行动，使股权变更到受让方名下，或者实际出资人先通过诉讼等手段显名，再转让。

审查点 10：注意冒名登记股权作为转让标的的风险

作为受让人，首先必须核实真相，确认相关各方（目标公司、其他股东等）能够配合办理股权变更登记，方可正常进行交易，或者可要求转让方（实际出资人）先完成更名手续，再进行转让。

审查点 11：注意质押股权的转让应经质权人同意

如股权已被质押，为保护受让方利益，首选约定将解除质押作为支付股权转让价款的前提，次选约定将转让方取得质权人对股权转让的同意作为支付股权转让价款的前提。

审查点 12：注意冻结股权作为转让标的的风险

从受让方的角度，应该将解除冻结约定为付款先决条件。

审查点 13：注意未履行出资义务的股权作为转让标的的风险

1. 出资期限未届满的股权的转让。认缴出资期限未届满的股权，在注册资本认缴制下是一种合法状态，不同于“未缴纳或未足额缴纳出资”。

对于受让方，应当考虑“出资期限未届满”这一事实对计算股权转让价款的影响。

从双方角度，都有必要在转让协议中对实际出资情况进行说明，最后再说明后续出资义务的承担，以避免日后争议。

2. 瑕疵出资的股权转让：

（1）转让方与受让方可以对瑕疵出资责任承担作出约定，建议取得目标公司及其他股东对约定内容的一致书面确认，以对二者同样产生效力；

（2）如瑕疵出资导致出现除名风险，应考虑取得目标公司及其他股东对除名的豁免；

（3）目标公司及其他股东一致书面确认的方式可以是共同签订转让协议；

（4）应向客户提示风险，除非取得债权人的认可，否则约定是无法对抗债权人的。

审查点 14：注意股权转让交易侵害股东优先购买权的，合同有效，但可能无法履行

对于交易双方来说，侵害其他股东同意程序和优先购买权的股权转让合同虽然有效，因其他股东有权向法院主张以同等条件行使优先购买权，可能导致受让人最终无法获得股权，该情形下受让方只能请求转让方承担相应民事责任，如退还股权转让价款、支付违约金等。

审查点 15：考虑股东优先权程序

对于有限责任公司来说，涉及公司股权结构变化时，都要考虑优先权程序。具体而言，凡有股权转让行为的，均应考虑现有股东对标的股权的优先购买权。

审查点 16：注意审核公司章程来判断股权转让中股东优先权程序

《公司法》第 71 条第 3 款规定，“公司章程对股权转让另有规定的，从其规定”。

通过公司章程排除或者变通股东优先购买权属于公司自治的范畴，是公司人合性的一种体现方式，通常来说都是有效的。因此，应审核公司章程来判断股权转让中的股东优先权程序。

审查点 17：股权转让时应审核章程有无特别要求

1. 股权对外转让时：

（1）审核章程对股权转让有无特别规定，特别规定是否合法有效。

（2）如章程无合法的特别规定，则股权转让时，一般应将其他股东作为合同当事人，明示同意标的股权转让并放弃优先购买权，或者由其他股东书面明示放弃优先购买权。其他股东放弃优先购买权的文件可作为合同附件。合同中可将取得其他股东放弃优先购买权的声明作为先决条件。

（3）章程无合法的特别规定，如果其他股东不放弃优先购买权，则触发优先权购买权行使条件，其他股东有权在同等条件下就转让的股权行使优先购买权。

2. 股权内部转让时：同样应适当审核章程有无特别要求，并遵循章程的要求。

审查点 18：注意区分股权内部登记与外部登记的作用

一般认为，股权内部登记影响股权的归属（经过股权内部登记即取得股权），外部登记则赋予股权对第三人的效力（经过工商登记的股权才能对抗第三人）。

审查点 19：应当约定办理股权内部登记与工商登记事宜

为保护受让方的利益，应当在合同中约定受让方取得股权及开始享有分红权益的时间节点、办理股权内部登记的方式、办理内部登记与工商登记的期限和违约责任，并建议将完成股权内部登记与工商登记作为支付股权转让价款（至少是部分股权转让价款）的前提条件。

审查点 20：考虑股权内部登记的处理

如目标公司置备股东名册，应约定将受让方记载于名册；如目标公司未置备股东名册，应约定目标公司相应修改目标公司章程，将受让方记载为目标公司股东，且在目标公司现实可行的情况下也可同时要求目标公司开始置备股东名册并将受让方记载于名册。

审查点 21：考虑目标公司内部决议程序的处理

《公司法》第 71 条第 3 款规定，“公司章程对股权转让另有规定的，从其规定”，根据该规定应当要求目标公司提供经市场监督管理部门登记备案的公司章程，并核查有无特殊要求。

审查点 22：基于交割风险防范设计

1. 标的股权全部或部分先行质押在受让方名下，避免转让方一股二卖，或股权被转让方质押，或股权被转让方债权人冻结等风险。

2. 要求目标公司作为转让协议签署主体，约定转让协议生效之日股权变更。

3. 目标公司不作为转让协议签署主体的，也可约定转让协议生效之日股权变更，在股权内部登记完成前由转让方代持。需要注意此约定为转让方与受让方之间的内部约定，因未办理工商登记无外部公示效力，无法对抗善意第三人。

审查点 23：基于价款交割风险防范的设计

为保障受让方按约支付价款，可要求受让方支付履约保证金（应明确保证金是否具有定金性质）或金钱质押（专户托管）。

受让方为保障转让方保证金返还责任的履行，也可要求对支付的保证金（及后续支付价款）进行托管，或对保证金折合对应的标的股权比例进行质押。

审查点 24：间接持股

在直接购买标的股权存在交易障碍时，可考虑收购目标公司股东的股权是否可行。

如 A 拟购买 B 的股权，但 A 不符合法律法规对 B 公司的股东资格的要求，C 是 B 公司的控股股东，则 A 也可以考虑从 C 的股东处购买 C 公司的股权，以间接持股 B。

成套文本：

▲ 19517 有限责任公司股权转让（转移控制权）

（一）签约前程序阶段

1. 董事会决议
2. 股东会决议
3. 股权转让通知
4. 放弃优先购买权声明
5. 配偶声明（股权转让）

（二）交易文件

6. 股权收购意向书
7. 股权转让合同（转移控制权）
8. 股权转让协议（一人公司对外转让股权）
9. 股权转让协议（小额简单版）
10. 股权转让协议（股转 + 代持）
11. 股权转让协议（对转让方有利）
12. 股权转让协议（转让 + 对赌）
13. 股权转让合同（转移控制权—多个转让方一个受让方）
14. 股权转让合同（外资 – 转移控制权）
15. 章程修正案

（三）配套安排

16. 委托持股合同

（四）股权转让后阶段

17. 出资证明书
18. 股权转让后公司的股东名册

其他场景：

▲ 19524 有限责任公司股权转让（不转移控制权）成套文本

▲ 19305 股权转让合同（私募股权投资）
▲ 18363 股权转让合同（国资－转移控制权）
▲ 19822 股权转让合同（无条件股权回转）简单
▲ 19598 股权转让与回购成套文本

文本正文：

股权转让合同

甲方（转让方）
名称：________________
统一社会信用代码：________________
乙方（受让方）
名称：________________
统一社会信用代码：________________
丙方（目标公司）
名称：________________
统一社会信用代码：________________

本合同各方经平等自愿协商，根据《中华人民共和国民法典》《中华人民共和国公司法》及相关法律法规，就甲方向乙方转让所持丙方股权事宜，签订本合同以共同遵守。

第一部分　定　　义

1. 定义

除本合同另有约定外，下列词语在本合同中具有如下含义：

1.1　本合同：指本合同正文、全部附件及各方一致同意列为本合同附件之其他文件。

1.2　定价基准日：指＿＿年＿＿月＿＿日，简称“基准日”。

1.3　交割日：指甲方、丙方完成全部完整运营权交割手续之日。

1.4　重大不利影响：指个别或总体上阻碍目标公司的财务状况、经营业绩、经营状况、资产、许可、权利、员工关系、客户关系、职员、资本、知识产权或者将来期望、通常的经营活动的；严重妨碍甲方履行本合同义务的；以及影响本合同的有效性、合法性及阻碍履行可能性的情形。另外，对丙方造成￥＿＿元以上损失的情形视为重大不利影响。

第二部分　股权转让方案

2. 丙方出资情况及股权结构

截至本合同签订日，丙方注册资本为人民币（大写）＿＿元（￥＿＿元），实收资本为人民币（大写）＿＿元（￥＿＿元），股权结构如下：

股东名称	认缴注册资本金额（万元）	出资时间	实缴注册资本金额（万元）	持股比例
合计				100%

3. 标的股权

3.1　甲方同意将其持有的丙方＿＿%（百分之＿＿）的股权［对应认缴注册资本金额人民币（大写）＿＿元（￥＿＿元），实缴注册资本金额人民币（大写）＿＿元（￥＿＿元）］（以下简称“标的股权”）转让给乙方，乙方同意受让该标的股权。

3.2. 本合同签订之日，标的股权已质押于＿＿（“质权人”）用于担保债务清偿，截至本合同签订之日尚未得到清偿的债务金额为人民币（大写）＿＿元（￥＿＿元）。

法天使[1]：
【自由协商确定价款(货币出资、非货币出资均适用）】
使用文中条款。
【以出资资产评估值确定价款（仅限非货币出资适用）】
【暂定价款＋特定资产评估调整金额】

3.3　上述股权转让完成后，丙方的股权结构如下：

股东名称	认缴注册资本金额（万元）	出资时间	实缴注册资本金额（万元）	持股比例
合计				100%

4. 股权转让价款

各方同意，标的股权转让价款为人民币（大写）　　元（¥　　元）（以下简称“股权转让价款”）。[1]

5. 付款方式

5.1　本合同项下的股权转让价款分 3 笔支付。

5.2　首笔款

5.2.1　本合同签订后且首笔款付款先决条件全部成就后 5 个工作日内，乙方向甲方支付首笔股权转让价款。甲乙双方一致同意，首笔股权转让价款由乙方直接向质权人支付，即为乙方向甲方履行完毕首笔付款义务。首笔股权转让价款的金额为暂定转让价款的　　%（百分之　　），即人民币（大写）　　元（¥　　元）。

5.2.2　首笔款付款先决条件为：

（1）甲方向乙方提交丙方股东会同意本次股权转让的决议；

（2）丙方其他股东出具放弃优先购买权的书面声明或决议。

5.3　第二笔款

5.3.1　第二笔股权转让价款付款先决条件满足之日起 10 个工作日内，乙方向甲方支付第二笔股权转让价款。第二笔股权转让价款的金额等于最终转让价款减去首笔股权转让价款后剩余金额的 80%（百分之八十）。

5.3.2　第二笔股权转让价款付款先决条件为：

（1）标的股权解除质押；

（2）各方已按本合同“最终转让价款”的约定计算得出最终转让价款。

5.4　尾款（第三笔款）

交割日起 5 个工作日，乙方向甲方支付剩余未付股权转让价款。

5.5　除非经甲方书面通知更改，甲方指定收款账户如下：

户名：________________

账号：________________

开户行：________________ [1]

法天使 [1]：
【分三笔支付（适用于暂定股权转让价款的情形）】
使用文中条款。
【一次性支付】
【分两笔支付】

6. 资金监管

6.1　自本合同签订日起 5 个工作日内，甲方与乙方应与________银行（以下简称“监管银行”）共同签订资金监管合同，以乙方名义在监管银行开设一个独立的银行账户作为资金监管账户。

6.2　银行监管费用：甲方承担____%（百分之______），乙方承担____%（百分之______）。

6.3　资金监管合同中的资金监管方式应符合本合同约定和以下要求：

6.3.1　监管账户用途：仅限于存放与支付股权转让价款。

6.3.2　预留印鉴：由甲方与乙方各自的预留印鉴共同组成，任何资金划转均需同时使用双方预留印鉴。未经双方一致同意，不得变更或撤预留印鉴。

6.4　资金存入

6.4.1　乙方应于资金监管合同签订之日的下一工作日，将人民币（大写）______元（¥______元）存入监管账户。

6.5　资金支取

各方同意，按本合同“付款方式”约定的付款条件、时间、金额以及本合同关于扣减股权转让价款的约定，从监管账户中支付股权转让价款。如应付价款超出监管账户金额，由乙方直接向甲方付款。

6.6　资金的退回

6.6.1　本合同终止后，如监管账户内仍有资金且双方就本合同的履行不存在赔偿争议的，应于本合同终止之日的 5 个工作日内退回乙方在监管银行设立的其他自有

法天使[1]：
【对基准日前未分配利润的归属进行分割】使用文中条款。
【对基准日前未分配利润的归属不做分割】
7. 基准日前未分配利润安排
各方同意，标的股权对应的截至计价基准日（含当日）形成的滚存未分配利润由甲方享有。
对基准日前未分配利润的归属进行分割。

账户或乙方指定的其他账户。如双方之间存在赔偿争议，则与争议数额相同的资金应当保留在监管账户中，直到争议解决。

6.6.2　除非经乙方书面通知更改，乙方指定收款账户如下：

户名：________________

账号：________________

开户行：________________

7. 基准日前未分配利润安排

各方同意，标的股权对应的截至定价基准日（含当日）形成的滚存未分配利润，以____年____月____日为界，该日及该日之前形成的由甲方享有，该日之后形成的由乙方享有。[1]

8. 基准日至交割日损益安排

8.1　期间损益：是指定价基准日（不含当日）至交割日（不含当日）期间的，标的股权对应的目标公司收益和亏损。

8.2　期间损益的专项审计

8.2.1　专项审计基准日为：交割日，且专项审计应于交割日后30个工作日内完成。

8.2.2　审计费用：交割日后，乙方聘请审计机构对期间损益进行专项审计。审计费用由甲方承担50%（百分之五十）、乙方承担50%（百分之五十）。

8.2.3　损益金额根据专项审计结果确定：

8.2.3.1　收益：标的股权对应的，交割日目标公司净资产高于定价基准日的金额。

8.2.3.2　亏损：标的股权对应的，交割日目标公司净资产低于定价基准日的金额。

8.3　期间损益的支付安排

8.3.1　如有收益，则归甲方享有，乙方应于专项审计报告出具后30日内以现金方式一次性全额支付给甲方。

8.3.2　如有亏损，则由甲方承担。亏损金额可与乙方尚未支付的股权转让价款（如有）进行自动抵销；不足抵扣的部分（如有），甲方应于专项审计报告出具后30日内以现金方式一次性全额支付给乙方。

8.3.3　各方指定收款账户

8.3.3.1　除非经甲方书面通知更改，甲方指定收款账户如下：

户名：________________

账号：________________

开户行：________________

8.3.3.2　除非经乙方书面通知更改，乙方指定收款账户如下：

户名：________________

账号：________________

开户行：________________[1]

9. 后续出资义务

9.1　标的股权对应的认缴注册资本金额中未实缴部分为人民币（大写）　　元（¥　　元），交割后由甲方负责缴纳。乙方因此承担责任的，有权向甲方追偿。

9.2　丙方经其他股东全体一致同意，以完成交割和交割日后5个工作日内补缴出资为前提，就甲方的逾期出资行为免除其违约责任，交割后亦不得向乙方主张该违约责任。

10. 税、费用与开支

10.1　本合同项下股权转让标的应缴的所得税由甲方承担，甲方有权依据适用法律选择在乙方协助下自行申报缴纳，或要求乙方在甲方协助下完成甲方应纳所得税额的代扣代缴（如由乙方安排代扣代缴，应纳所得税额从股权转让价款中扣除）。

10.2　除非本合同及其他相关文件另有约定，各方应承担各自在本合同和所有相关文件以及有关交割的编制、谈判、签订和履行过程中的开销和费用（包括法律费用），并按照适用法律的相关规定各自支付本身的税项。

法天使[1]：
【收益归受让方，亏损由转让方补足】
使用文中条款。
【收益、亏损都归转让方】
【收益、亏损都归受让方】

第三部分　完整运营权的交割

11. 完整运营权交割安排

11.1　完整运营权交割分为“工商登记手续办理 + 运营权交割”两方面。

11.2　工商登记手续办理

11.2.1　工商登记手续内容

本条中的工商登记手续，包括如下事项：

（1）本合同项下的股权转让已依法向工商登记机关办理了变更登记手续，标的股权已登记在乙方名下。

（2）本合同附件所列的新《公司章程》已依法向工商登记机关办理了备案。

（3）丙方已收回向甲方签发的《出资证明书》，并向乙方签发了《出资证明书》，同时将乙方及其受让的出资额记载于丙方的股东名册。

11.2.2　工商登记手续办理时间

甲方与丙方应于下列条件全部成就之后5个工作日或____年____月____日前（以两者中较晚日期为准）办理完成上述工商登记手续的全部事项：

（1）乙方已经按约定支付股权转让首笔价款；

（2）乙方已经按约定支付保证金；

（3）乙方已经提交乙方股东会同意本次转让的书面文件；

（4）乙方已经完成其他根据合同约定乙方履行在先的义务。

11.3　运营权交割

甲方与丙方应配合完成下列运营权的交割事项，包括：

11.3.1　运营权交割内容

本条中的运营权交割，包括如下事项：

11.3.1.1　证照、公章等

（1）丙方变更后的营业执照、登记文件以及正副本（如有），以及银行开户许可证及从事丙方业务所必需的其他证照、登记和许可。

（2）丙方的公章、财务专用章、合同专用章以及其他专门用途的公章、在所有银行及其金融机构或者第三方预留的法定代表人、财务负责人、经办人印鉴以及其他为经营管理和对外联络所使用的其他印鉴（包括签名章等）。

11.3.1.2 财务手续

（1）丙方所有银行账号、证券账户、基金账户以及丙方在任何金融机构所开立的其他所有账户的相关合同、账户卡、密码、预留印鉴、最近一期对账单。

（2）丙方所有的财务会计资料和凭证及各种财务报表。

11.3.1.3 资产相关手续

丙方持有的不动产权证、各类特种设备的证照、固定资产及知识产权权利证照等。

11.3.1.4 人员安排

（1）丙方全部董事包括______、______、______已向丙方提交辞职函或签署文件，该文件中应明确表示：自交割日起辞去董事职务；丙方对其不负有支付任何款项、赔偿金和其他费用的义务。

上述文件应同时提交一份相同内容的原件给乙方。

（2）丙方总经理______、______、______已向丙方提交辞职函或签署文件，该文件中应明确表示：自交割日起辞去在丙方的全部职务并解除劳动关系；丙方对其不负有支付任何款项、赔偿金和其他费用的义务。

上述文件应同时提交一份相同内容的原件给乙方。

11.3.2 运营权交割时间

甲方与丙方应于下列条件全部成就之后5个工作日或____年____月____日前（以两者中较晚日期为准）办理完成运营权交割全部事项：

（1）乙方已经按约定支付股权转让首笔价款；

（2）乙方已经按约定支付保证金；

（3）乙方已经提交乙方股东会同意本次转让的书面文件；

（4）乙方已经完成其他根据合同约定乙方履行在先的义务。

11.4 乙方书面声明放弃某项交割事项办理的，视为甲方、丙方已经完成该事项。

11.5 交割手续中，需要一方协助提供相关手续的，一方应予提供；涉及材料、物资交接的，交接时应由各方共同签署交接文件一式两份，作为交接依据。

11.6　完整运营权交割完成

甲方、丙方根据上述约定完成全部完整运营权交割事项之日，即为本合同项下的“交割日”。

12. 最大努力

12.1　各方应尽其最大努力合作，以确保完整运营权顺利交割完成。

12.2　甲方、丙方充分理解，乙方进行本次股权转让的目的不仅在于取得标的股权，更在于取得基于标的股权对丙方的控制权。各方应基于此目的，履行本合同约定的完整运营权交割义务，并配合完成本合同未明确约定但根据此目的应予协助之事项。

13. 股权取得

各方同意，乙方自交割日起即成为丙方股东，根据《公司法》、公司章程及本合同约定享有股东权利，承担股东义务。

14. 交割延期

14.1　各方应尽最大努力使完整运营权交割按期进行。如有特殊情况，各方可协商适当延期。

14.2　完整运营权交割全部或部分无法完成，导致乙方无法实现取得标的股权和控制权的主要目的，且逾期超过 30 个工作日的，乙方有权书面通知解除本合同，要求甲方退还乙方支付的全部价款并赔偿乙方全部损失。

第四部分　股 权 保 值

15. 交易基础

15.1　甲方充分理解，标的股权之价值极大取决于与标的股权相关之丙方经营状况、资产状况、风险状况等。为此，甲方承诺：

15.1.1　与标的股权价值相关之重要信息均已经全面、真实地向乙方进行披露。

15.1.2　向乙方提供的财务资料、审计资料及相关资料属实。

15.1.3　采取本合同约定的措施及本合同未明确约定但与标的股权保值相关的合

理措施，使乙方取得的标的股权符合各方在订立合同时确认的标的股权应有价值。

15.2　如经甲方披露的目标公司名下资产不属实或存在影响价值的瑕疵（与甲方披露不符），则股权转让价款中应相应扣减该资产的价值（按当地市场类似资产价值计算）。

15.3　如因甲方或丙方违约，该违约情形导致标的股权相应价值减少超过相当于本合同约定总价款的 5% 以上，视为甲方或丙方根本违约，乙方有权解除本合同，要求甲方退还乙方支付的全部价款并赔偿乙方全部损失。

15.4　甲方、丙方特别声明下列事实属实，否则视为根本违约，乙方有权解除本合同，要求甲方退还乙方支付的全部价款并赔偿乙方全部损失：

（1）重要资产；

（2）重要知识产权；

（3）重要资源。

16. 披露义务

为本合同之目的，甲方及丙方在此明确其按照如下约定履行信息披露义务：

16.1　为本合同之目的，本条项下的甲方及丙方应包括其关联方及其雇员、管理人员和董事，以及相关的第三方及其雇员、管理人员和董事。

16.2　甲方及丙方在此明确其已经完成披露的事件、情况、信息和资料包括但不限于如下各项，并且有关披露的内容不存在任何的隐瞒、遗漏和误导，保证真实、完整、可靠：

（1）合同：丙方已生效但未履行完毕或未尚履行的各种合同、协议和契约或性质相同的文件已经全部披露给乙方。

（2）债务：不管是否列于丙方的财务账目上，不管是以货币还是以劳务或物品或其他为给付内容，包括拖欠的税款和应付股东的款项，包括丙方依其销售合同或有关销售政策应当支付给经销商、消费者的折扣、折让和奖励等丙方截至定价基准日的各种债务，已经全部列表提交给乙方。对原因已经生成但结果尚未确定的债务，转让方已经全部披露给乙方，不会使丙方遭受或有负债。

（3）责任：不管是丙方或其员工故意或过失所为，凡是应由丙方承担民事责任的，不管履行责任的内容、方法、期限和数量是否已经确定，只要引起责任的行为或事件已经发生，而责任并未有效解除的，已经全部向乙方披露。

（4）处罚：不管是丙方或其员工故意或过失所为，只要可能引起行政处罚的行为或事件已经发生，不管处罚权利人是否立案或是否下达处罚决定书，已经全部披露给乙方。

（5）诉讼：不管丙方为原告、被告或共同被告、第三人，只要有关诉案已经立案而未能合法有效地结案的，已经全部向乙方披露。

（6）他人权利：不管丙方主动所为或被动承受，只要已经发生丙方的资产抵押、质押、留质，以及权利质押、为第三人提供保证，或资产和账户被查封、扣押和冻结以及负有协助执行义务，而未有效解除的，已经全部向乙方披露。

（7）改制取得：丙方通过改制、分立、合并取得的资产以及该等资产是否设置有抵押或限制转让等的情况，已经全部向乙方如实披露。

（8）股东未尽义务和特别权利：凡丙方的股东依公司章程、合同规定应尽而未尽的义务和将继续享有的特别权利，包括独家供货权、独家经营权、共同使用权，等等，已经全部向乙方披露。

（9）他人财产：凡建在丙方享有土地使用权的土地上的不动产或机器设备，其产权为他人所有或有他人权益的已经向乙方披露，凡丙方为生产和经营所需长期使用他人的财产也已经向乙方披露。

（10）特别义务：丙方对其他企业、单位或个人提供诸如供电、供水、供汽、通过、出租、出借资产等义务的，不管是否有合同，只要具有持续性就已经向乙方披露。

（11）特别权利：凡是政府提供给丙方的特别权利，或者丙方对其他单位享有的特别权利，只要该权利是持续着的，就已经向乙方披露。

（12）员工和劳动合同：员工总数及有关待遇、劳动合同、工资、员工各项社会保险缴纳的情况以及丙方离休、退休、预退、工伤、停薪留职等特别员工的名单和公司的负担情况已经全部披露给乙方。

（13）丙方的资产、负债和财务报表：截至定价基准日的丙方的固定资产明细表、在建工程明细表、知识产权资产明细表、土地使用权明细表、存货明细考、债权明细表、负债明细表、资产负债表及近三年的审计报告，已经披露给转让方。

（14）除上述外，根据披露原则转让方应当披露的其他事件、情况、信息和资料，已经披露给转让方。

16.3　甲方披露事件、情况、信息和资料发生的期间为丙方成立至定价基准日，但以该事件、情况、信息和资料的影响尚未消除或其结果尚未发生和尚未处理的为限。

16.4　自定价基准日至交割日，丙方发生的重大事项，特别是对乙方和丙方不利的事项，甲方应及时（自知道该等情况之日起3个工作日内）通知乙方。但是该通知不视为陈述与保证或陈述与保证的违反被纠正或者条件已成就。

16.5　乙方及其委托人提出的信息披露要求应采用书面清单方式进行，甲方及丙方应指定专人予以对接，并应在3个工作日内回复并提供文件，并完成书面交接手续。

16.6　若甲方及丙方不能按照本条约定履行披露义务，视为违反了本合同的约定，构成违约行为，乙方有权按照本合同约定追究甲方及丙方的违约责任。

17. 丙方或有负债

17.1　或有负债

丙方或有负债，是指因丙方交割日前的各种原因引起的在丙方交割日后，应由丙方承担的各种债务或义务。包括但不限于甲方未列入丙方负债明细表的负债，或虽列入丙方的负债明细表，但丙方承担的债务大于负债明细表列明的数额的部分。

17.2　或有负债及甲方的赔偿责任

17.2.1　甲方的或有负债赔偿责任

凡是符合本合同“或有负债”约定的丙方的或有负债均应由甲方向丙方按或有负债的数额给予赔偿，但属于本合同“甲方赔偿责任的豁免”的约定的除外。

17.2.2　或有负债赔偿上限

甲方应予承担的或有负债赔偿责任和甲方的其他赔偿及弥补责任合计最高额应当受限于本合同“甲方的赔偿责任限制”的约定，但或有负债系本合同“甲方的赔偿责任”约定事项产生的除外。

17.2.3　或有负债赔偿的限责

除非本合同另有规定，甲方对丙方的或有负债的赔偿或弥补责任受限于本合同

“甲方的赔偿责任限制”的约定。

17.2.4　或有负债的责任期限和赔偿期间

（1）甲方对丙方及乙方承担赔偿责任的期间适用本合同“甲方的赔偿责任限制”的约定；

（2）甲方在接获乙方按照本合同“甲方的赔偿责任限制”的约定发出的索赔通知后，若甲方在5个工作日内（以下简称“异议期”）并无异议，则甲方应在5个工作日内将前述通知所载索赔金额全数赔付给乙方；若甲方在异议期内提出异议，则各方应通过协商或法律渠道解决。

18. 不竞争义务

18.1　承担不竞争义务的主体：甲方。

18.2　不竞争期限：自交割日起2年。

18.3　不竞争地域范围：中华人民共和国（港澳台地区除外）。

18.4　在不竞争期限和地域范围内，承担不竞争义务的主体不得进行任何以下竞争行为：

（1）以任何方式从事、投资、参与或管理任何与公司业务相同、类似或相竞争的实体、业务或产品，在任何与公司业务相同、类似或相竞争的实体、业务或产品中拥有任何直接或间接的权利或利益；

（2）通过直接或间接控制的其他经营主体或以自然人名义从事与公司业务相同、类似或相竞争的业务；

（3）为任何与公司业务存在相同、类似或相竞争业务的单位、组织或个人提供服务，包括但不限于担任其雇员、服务人员、董事、监事、代理人、顾问等；

（4）使用各种方法引诱或试图引诱公司的客户或供应商，使其成为自身或其他个人、其他公司的客户或供应商；

（5）直接或间接地为自身或任何第三方，以任何方式雇用、聘用或鼓励、诱导或促使任何正在为公司工作的公司或个人，以终止其与公司的关系或联系。

但是，以下行为不视为违反不竞争义务：持有与公司业务相同、类似或相竞争的上市公司的股票，但非上市公司实际控制人，且持股比例低于30%（百分之三十）。

18.5 公司业务是指：目标公司当前主营业务。

18.6 本合同交易价款已包含对承担不竞争义务的主体不竞争义务的补偿。

第五部分 过渡期安排

19. 过渡期

自本合同签订日（不含当日）起至交割日（不含当日）之间的期间为过渡期间（以下简称“过渡期”）。

20. 过渡期监管事项

甲方及丙方承诺在过渡期内，在未经乙方事先书面同意的情况下不得：

20.1 变更丙方注册资本。

20.2 分配丙方利润。

20.3 不得在丙方业务或资产之上：

20.3.1 设立任何留置权、产权负担、质押、抵押或其他第三方权利或权益，但不包括：

（1）就尚未到期税项的税务留置权或主管税务机关要求必须新设的税务负担；

（2）因法律的施行所产生的法定或其他法律权利（例如，丙方在其一般业务经营中就存货或产品而产生的供应商或顾客的有关权利）。

20.3.2 在并非通常业务运作中及并非以市值的价格处置或同意处置或收购或同意收购任何重大资产或投资。

20.4 以丙方名义向任何第三方发放贷款或提供信用（但不包括其按商业惯例条款及在其一般业务经营中向顾客提供的信用）或担保、保证或其他担保权益，但发放或提供予丙方有关关联公司者除外。

20.5 订立任何贷款合同，或借入任何金钱，但来自甲方或在其一般业务过程中所正常产生者除外。

20.6 订立任何不公平及严苛的合同，而其在甲方知悉的范围内，可合理预期将会对丙方与有关关联公司作为一个整体的业务造成重大不利影响。

20.7　订立任何重大合约或参与、作出或承担任何重大的超过人民币（大写）　　元(￥　　元)投资、合资、交易等或作出任何资本承担或承担任何或有负债。

20.8　致使丙方业务或资产的保险合同无效。

20.9　出让或尝试出让其为立约一方的任何合约（但不包括在一般业务经营中所产生的合约）项下的任何权利。

20.10　修订公司章程，但因本合同约定的股权转让所需的修订除外。

20.11　非正常的人员变动、升职或者调整薪酬水平，以及就丙方的员工福利，丙方不应就公司业务：

（1）支付或同意支付任何红利，或重大增加或同意重大增加被转让员工的工资率、薪水、福利或其他报酬；

（2）为不当辞退支付赔偿金或支付任何法定的离职补偿金、冗员裁员费或长期服务补偿或为不合理地辞退支付补偿金，或根据任何劳动保护法规或为了恢复任何前任员工的职务或重新聘用前任员工而支付任何其他款项；

（3）在任何重大方面变更雇用或解雇政策或惯例；

（4）发出任何削减冗员或裁员的通知，或开始与任何独立的工会、员工代表或政府机关就削减冗员、裁员或辞退员工进行协商。

20.12　替换公司的会计师事务所或会计师或变更会计政策或常规，除非因适应适用的法律法规规章、国有资产监管部门要求或注册会计师主管部门或协会要求而作出替换或改变。

20.13　在并非通常业务运作中（在通常业务运作中的债项追讨索偿除外），在任何民事、刑事、仲裁或任何其他法律程序中对任何法律责任、索赔、行动、付款要求或争议作出妥协、和解、放弃、免除任何权利。

20.14　在过渡期内，丙方订立任何单笔超过人民币（大写）　　元（￥　　元）或与任何单一合同方连续3个月累积金额超过人民币（大写）　　元（￥　　元）的正常业务经营的合同，或者订立任何非正常业务经营合同，或者订立周期超过3个月的正常业务经营合同的，需报乙方，乙方按各方商定的方法审核。

第六部分 陈述与保证

21. 陈述与保证

21.1 本合同项下各方于本合同签订日向其他方作出如下陈述与保证，该陈述与保证在交割日仍然持续有效。各方确认，乙方系建立在对本条项下的陈述与保证充分信赖之基础上方达成本合同。

21.2 各方陈述与保证

21.2.1 按照本合同的约定,各方在交割之前(如发生不可抗力事项可于交割之后)(1)为了本合同约定的交易之完成及有效，尽全力采取一切必要措施并履行义务；(2)制作本合同约定之交易所必需的全部文件及证书；(3)为此，以诚信为原则互相予以协助。

21.2.2 交割日前(1)如发生导致本合同记载的各方的陈述与保证可能与事实不相符或不准确的事由；以及(2)各方不能依据本合同的约定遵守或满足承诺、先决条件或约定事项的，该方应及时(自知道该等情况之日起3个工作日内)通知对方。但是该通知不视为陈述与保证或陈述与保证的违反被纠正或者条件已成就。

21.2.3 如在媒体上发表或对外公开有关本合同的内容及本合同的签订信息，则具体发表、公开的内容及时间应由各方事先达成一致意见。未经对方的事先同意，任何一方不得在媒体上发表或对外公开上述信息，但根据法律规定其有公开义务的除外。

21.3 甲方陈述与保证

21.3.1 甲方依据本合同所转让的股权是真实、合法、有效的。甲方已实缴的注册资本不存在抽逃出资、虚假出资情况。

21.3.2 标的股权是甲方合法所有的股权，除另有具体披露外，甲方对标的股权享有完全的、排他的权利，不存在与其他人共同或按份共有的情形，不存在任何隐名股东的情形；也不存在任何质押的情形。

21.3.3 甲方保证按照本合同约定履行披露义务。

21.3.4 甲方系非国有企业法人，在向乙方转让标的股权前已经得到甲方公司董事会和股东会的合法授权，不存在程序性问题；甲方向乙方转让标的股权，已得到丙方董事会和股东会的批准。

21.3.5　甲方保证，在过渡期内，甲方将尽力、有效及谨慎地参与经营丙方现有的业务，努力保持其正常运作，确保运营、服务的素质、人事的管理及商誉等各方面均不受损害。甲方保证自己或丙方不违反本合同的约定，不会发生任何不履行本合同约定的义务或者可引起重大不利影响的任何作为或不作为的情形。

21.3.6　在过渡期内，甲方将在乙方要求时，向乙方尽力提供一切与乙方受让标的股权或与丙方业务、财务、管理等各方面有关的资料，并不隐瞒任何与股权转让相关之资料、数据或凭证。此外，经甲方同意，在本合同签订后，乙方及其代理人可进入丙方的办公地点，查阅及复制有关的业务资料、资产情况、账目、记录等。在交割日后，如乙方要求，甲方有责任协助乙方取得或解释有关丙方的业务、财务、管理等方面的资料。

21.4　乙方陈述与保证

21.4.1　乙方为依法成立并有效存续的独立法人，并完全有能力支付本合同约定的转让价款。

21.4.2　乙方有全面的权力订立本合同及行使其在本合同下权利及履行其义务，以及授权予其签订本合同及履行其在本合同项下的义务的一切所需企业及其他行动已妥为作出，以及本合同构成对乙方的合法、有效及具约束力的合同并可根据其条款对乙方强制执行。

21.4.3　乙方签订、履行及完成本合同，不会及将不会在任何方面违反：

（1）适用于乙方的任何司法管辖区的任何政府机关、机构、法院的任何法律或法规或任何命令或法令的任何条文；

（2）乙方的注册成立及组成的法律和文件的任何条文；

（3）乙方为一方或受其约束或其他任何资产受约束的任何抵押、合同或其他承诺或文书的任何条文（视情况而定），以及不会及将不会根据任何该抵押、合同或其他承诺或文书致使在其资产上设立或施加任何产权负担。

21.4.4　除本合同“完整运营权交割安排”的约定外，就本合同（或确保其针对乙方的有效性或可强制执行性）的有效签订或履行其义务而言所需批准（如需）均已获得，并不需要适用于乙方的任何司法管辖区的任何政府部门、机关或机构的同意、牌照、批准或授权或备案或登记。

21.4.5 乙方谨此向甲方保证，于丙方交割完成后，乙方须促使并确保丙方维持丙方员工的工作及权益的稳定性及持续性。乙方须促使并确保丙方于交割日起2年之内不进行经济性裁员。

21.5 丙方陈述与保证

21.5.1 依丙方章程之规定，甲方向乙方转让股权，丙方的其他股东同等条件下有优先收购权，甲方在签订本合同前已正式征求过其他股东的意见，其他股东均已放弃优先收购权。

21.5.2 丙方是依法设立并有效存续的合法经营企业。其自设立以来的各项变更均已依法取得有审批权限部门相应的批准、同意和许可。丙方目前开展的各项经营业务均已依法取得政府部门的各项批准、授权、执照、许可等，该批准、授权、执照、许可均合法有效。本合同项下的股权转让不会导致该批准、授权、执照、许可被终止或撤销。

21.5.3 丙方已实缴注册资本不存在抽逃出资、虚假出资情况，除另有具体披露外，丙方的股权行为设定任何形式的权利负担，且丙方的股权没有受到任何法院、政府机关或部门发出的命令或判决的约束，亦没有受到任何向法院或政府机关或部门所作的承诺或保证的限制。

21.5.4 就丙方拥有、占有或使用任何不动产，丙方拥有良好的、不存在任何请求权或任何其他形式权利负担的所有权。

21.5.5 对于丙方目前使用的名称和其他知识产权等，丙方已合法取得相应的所有权或许可权利，不存在任何侵权行为，也未因侵权或其他原因受到任何第三方的索赔或诉讼。丙方没有向任何第三方转让附件所载明的商标专用权，也没有允许或者默认任何第三方对这些商标的使用。

21.5.6 丙方已经向乙方提供了所有以其为一方的合同，如出现因违约而可能对丙方产生重大影响的情形，则所产生的一切责任均由甲方承担。

21.5.7　丙方不存在任何破产或资不抵债的情形。

21.5.8　除另有具体披露外，丙方已与所有的雇员签订了劳动合同，并依法支付、缴纳养老保险、医疗保险、失业保险、工伤保险、住房公积金以及其他法律要求的社会保险基金或员工福利。

21.5.9　丙方自成立以来，在财务、税收、劳动、环境保护等各方面，遵守中国法律法规。

21.5.10　除另有具体披露外，丙方不是任何诉讼、仲裁、起诉、争议、调查或任何其他法律或行政程序的一方，也不存在任何可能导致该等程序发生的事实或情况，及不存在任何针对丙方的未履行判决。

21.5.11　除另有具体披露外，丙方不存在为他人提供保证、抵押、质押及其他任何形式担保的情况。

21.5.12　除另有具体披露外，丙方不存在拖欠员工工资、津贴、奖金、加班费的情况。

第七部分　其 他 约 定

22. 保密

22.1　合同各方保证对在讨论、签订、履行本合同过程中所获悉的属于其他方的且无法自公开渠道的文件及资料（包括但不限于商业秘密、公司计划、运营活动、财务信息、技术信息、经营信息及其他商业秘密）予以保密。未经该资料和文件的原提供方同意，其他方不得向任何第三方泄露该商业秘密的全部或部分内容。

上述保密义务，在本合同终止或解除之后仍需履行。

22.2　本合同关于对保密信息的保护不适用于以下情形：

（1）保密信息在披露给接收方之前，已经公开或能从公开领域获得。

（2）在本合同约定的保密义务未被违反的前提下，保密信息已经公开或能从公开领域获得。

（3）接收方应法院或其他法律、行政管理部门要求披露保密信息（通过询问、要求资料或文件、传唤、民事或刑事调查或其他程序）。当出现此种情况时，接收方应及时通知提供方并作出必要说明，同时给予提供方合理的机会对披露内容和范围进行审阅，并允许提供方就该程序提出异议或寻求必要的救济。

（4）由于法定不可抗力因素，导致不能履行或不能完全履行本合同确定的保密义务时，各方相互不承担违约责任；在不可抗力影响消除后的合理时间内，一方或多方应当继续履行本合同。在上述情况发生时，接收方应在合理时间内向提供方发出通知，同时应当提供有效证据予以说明。

23. 违约责任

23.1　甲方的赔偿责任

23.1.1　甲方须对由于以下情况或与之有关的情况所招致的乙方和丙方的任何损失作出赔偿、补偿并使乙方和丙方免受损失：

（1）甲方违反本合同“陈述与保证”约定的一项或多项。

（2）任何政府机关就丙方于股权转让交割完成之前所进行的业务，向丙方要求支付或索赔。

（3）丙方与甲方其他关联公司之间的关联交易产生的转让定价税务责任；丙方未缴清的增值税；以及丙方由于进项增值税虚增导致该公司少缴的增值税款。

（4）就丙方的员工而言，未按照中国法律法规缴纳社会保险及住房公积金。

（5）甲方违反本合同“不竞争义务”“保密信息”约定的一项或多项。

（6）公司存在任何合同项下的实质性违约或违反事件。

出现上述“甲方的赔偿责任”第（2）条约定的情形时，甲方或丙方应在收到相关政府执法部门的查询、通知时，应在该等查询、通知规定的时限届满前及早通知乙方，并提供该等查询、通知等文件和相关资料副本；各方配合回应查询、接受调查取证（若有）和研究应对措施；对政府执法部门处罚或征收、追缴的决定，如甲方有异议，乙方应配合、协助、促使并确保被处罚、处理人按甲方要求提起行政复议或行政诉讼。对本条所述事项，甲的责任承担以终审判决、裁决结果为准。

23.1.2　如果甲方违反本合同上述第1款约定，应当立即停止该等违约行为，消除该行为给乙方、丙方造成的影响，并向乙方支付相当于股权转让价款总额的____%（百分之____）作为违约金。如果乙方或交割日后的丙方能够证明由此所遭受的损失超过该违约金数额，甲方应当按照实际损失进行赔偿。如经乙方催告，甲方在合理期限内仍未能消除影响的，乙方有权要求解除合同。

23.2　甲方的赔偿责任限制

23.2.1　除本合同“不竞争义务”约定的甲方责任外，甲方的其他赔偿或补偿责任合计最高额不得超过甲方根据本合同就股权转让标的而实际收取的款项。

23.2.2　除本合同另约定的情况分别适用相应该（等）条款规定之外，甲方的赔偿或补偿责任受限于：

（1）如果单笔甲方对乙方赔偿责任的金额小于人民币（大写）____元（￥____元），则给予豁免。

（2）如果在假设本合同前款第（1）项约定不存在的情况下，甲方对乙方的赔偿责任的金额累加至大于人民币（大写）____元（￥____元），则甲方应按实际金额向乙方承担赔偿责任。

（3）除非自本合同约定的交割日起36个月内，乙方已经就任何索赔向甲方发出书面通知，而该通知符合本合同下款约定，否则甲方无须承担赔偿、补偿责任。

23.2.3　乙方就甲方对本合同任何违反而给予甲方的索赔通知须说明（包括有关合理详情）引起违反或责任的事项、违反的性质及有关估计索赔金额。

23.2.4　上述“甲方的赔偿责任限制”所述第2款的限制不适用于交割日前丙方的任何或有负债于交割日后变为实际负债所引起的付款法律责任或乙方或丙方（或其子公司或合营或联营公司）被判定有法律责任须支付的任何索赔，就任何该等索赔而言，通知甲方的时限为有关或有负债变为实际负债，或乙方知道有关实际负债日期起6个月之内（以较后的日期为准）。

23.2.5　上述“甲方的赔偿责任限制”所述第2款第（3）项的限制不适用于交割日前为任何第三方担任担保人或类似连带或补充责任人的丙方（或其子公司或合营或联营公司）所负有的法律责任所引起的付款法律责任。就任何该等法律责任引起的索赔而言，通知甲方的时限为该法律责任发生之日起6个月内。

23.3　乙方对价的扣除

23.3.1　乙方得以扣减股权转让价款的情形

（1）如出现甲方根据本合同“甲方的赔偿责任”约定须向乙方和丙方作出赔偿、补偿的情况，则在乙方尚未向甲方支付最后一笔股权转让价款前，乙方有权从应付甲方的该笔款项中扣减相当于乙方应可获得的赔偿、补偿的金额。但乙方不应扣减本合同第 1 笔的款项。

（2）如于支付本合同“付款方式”约定的最后一笔款项（以下简称“对价余额”）当日（以下简称“余额支付日”）前，有已发生法律效力的判决或裁定，并其判决或裁定甲方须向乙方支付若干款项，则乙方有权从对价余额中扣除。

（3）应收坏账的扣除：交割账目所载之交割日的所有应收款若未能于交割日后 1 年内收回，则未能收回的应收款项将被视为本合同“甲方的赔偿责任”下的补偿款项，尽管存在上述“甲方赔偿的扣除”“扣除权的限制”等扣减限制或本合同其他约定，乙方有权从本合同“付款方式”约定的最后一笔款项中直接扣减该等款项。

23.3.2　乙方扣减权的行权方式

乙方扣减的权利可无限次行使，直至须予支付的整笔款项减少至零。如有不足，则甲方应及时、足额向乙方进一步补偿、赔偿。

23.3.3　乙方扣减权的限制

乙方根据本合同“付款方式”的约定支付股权转让最后一笔款项时，有权行使本合同约定的扣减权利，但：

23.3.3.1　如于对价余额支付日，有已发生法律效力的判决或裁定，并其判决或裁定甲方无须向乙方支付任何款项，或乙方在有关该索赔的裁决或判决前因任何原因撤回该索赔，则乙方须向甲方支付对价余额全数。

23.3.3.2　如于支付本合同“付款方式”约定的最后一笔款项当日，若存在乙方已向人民法院或仲裁机构提出索赔申请，但尚未取得生效的判决或裁决，甲方应将乙方已向人民法院或仲裁机构提出的要求甲方向其作出的补偿、赔偿的金额（以下简称“索赔款项”）存入乙方及甲方同意的监管账户，则乙方仍须向甲方支付对价余额全数，并且在有发生法律效力的裁决书或判决书时，如：

（1）判决或裁决款项的金额少于索赔款项金额的，乙方须向监管银行给予指示，从监管账户将扣除判决或裁决款项的余额释放至甲方的指定账户，监管账户中的剩余款项作为判决或裁决款项的金额，归乙方支取；

（2）该判决或裁决为甲方无须向乙方支付任何款项，或乙方在人民法院判决或仲裁委员会裁决前因任何原因撤回该索赔的，则乙方向监管银行给予指示，从监管账户将索赔款项全数释放至甲方的指定账户。

23.4　避免重复索赔

23.4.1　乙方同意，乙方、丙方及其他有关关联公司不应就其已经完全受偿的任何索赔或已受偿的部分向甲方或甲方的控股公司或其控股公司的控股股东、子公司或关联公司重复索赔。

23.4.2　在各方按本合同“损益的核算”核算前，若乙方已经就本合同从甲方处实际获得赔偿、补偿金额，在各方按本合同“损益的核算”核算时，如交割账目内对与该等赔偿、补偿金额对应的资产或债务存在任何变化，则该等变化只限于超过该等买方或其控股公司、丙方已获赔偿、补偿金额的部分，以免重复获偿。

23.5　甲方赔偿责任的豁免

在下列情况下，甲方无须就甲方保证或本合同任何其他条文或附件负责：

23.5.1　若非由于政府、政府部门、机构或监管机构于本合同签订日后颁布、变更（包括诠释的变动）法律、法规、规章、规例、命令、指示、案例、行政常规或司法解释，或其解释，或调整其执行尺度或实践（包括变动税率或引入新税项），则引起有关索赔的该事项不会出现。

23.5.2　若非由于（1）乙方或其控股公司（或其分别的任何董事、高级管理人员、员工、顾问、代理、代名人或代表）在交割前或后的就本合同项下约定义务的不作为或所做或所承诺的任何行为；（2）丙方（或其任何董事、高级管理人员、员工、顾问、代理、代名人或代表）在交割后的不作为或所做或所承诺的任何行为，则引起有关索赔的该事项不会出现。

23.5.3　若非由于（1）乙方或其控股公司（或其分别的任何董事、高级管理人员、员工、顾问、代理、代名人或代表）指示或经其同意在交割前或后所产生或发生的行为、遗漏、交易或情况；（2）丙方（或其任何董事、高级管理人员、员工、顾问、代理、代名人或代表）指示或经其同意在交割后所发生的行为、遗漏、交易或情况，则引起有关索赔的该事项不会出现。

23.5.4 就丙方持有的保险所涵盖的任何事项而言，是在丙方根据该保险已经实际赔付的保险赔偿金额范围内。

23.5.5 甲方已经通过披露函作出准确、属实及没有误导的披露。

23.5.6 甲方根据本合同或附件或依商定格式的文件（或本合同或上述附件或该等依商定格式的文件的附件或其所提及的文件）项下条款进行的所有事项。

23.5.7 在交割账目内已作出足额拨备的事项或金额。

23.6 乙方的赔偿责任

23.6.1 乙方违反本合同“陈述与保证”约定的一项或多项，导致本合同项下的交易无效，或给甲方造成其他损失的，则乙方应赔偿甲方因此而致的全部经济损失。

23.6.2 乙方不按本合同“付款方式”约定支付股权转让价款的，每逾期 1 日，应按逾期金额的5‰（万分之五）向甲方支付违约金。逾期金额超过合同价款总额的5%（百分之五）以上且逾期超过 30 日的，甲方有权解除本合同。

23.6.3 乙方违反本合同其他条款的约定给甲方造成经济损失的，应赔偿甲方的损失。

24. 合同送达方式

24.1 为更好地履行本合同，各方提供如下通知方式：

（1）甲方接收通知方式

联系人：________________

地址：________________

手机：________________

（2）乙方接收通知方式

联系人：________________

地址：________________

手机：________________

（3）丙方接收通知方式

联系人：________________

地址：________________

手机：________________

24.2　各方应以书面快递方式向对方上述地址发送相关通知。接收通知方拒收、无人接收或未查阅的，不影响通知送达的有效性。

24.3　上述地址同时作为有效司法送达地址。

24.4　一方变更接收通知方式的，应以书面形式向对方确认变更，否则视为未变更。

25. 其他约定

25.1　不可抗力

25.1.1　不可抗力定义：指在本合同签署后发生的、本合同签署时不能预见的、其发生与后果是无法避免或克服的、妨碍任何一方全部或部分履约的所有事件。上述事件包括地震、台风、水灾、火灾、战争、国际或国内运输中断、流行病、罢工，以及根据中国法律或一般国际商业惯例认作不可抗力的其他事件。一方缺少资金非为不可抗力事件。

25.1.2　不可抗力的后果：

（1）如果发生不可抗力事件，影响一方履行其在本合同项下的义务，则在不可抗力造成的延误期内中止履行，而不视为违约。

（2）宣称发生不可抗力的一方应迅速书面通知其他各方，并在其后的十五（15）日内提供证明不可抗力发生及其持续时间的足够证据。

（3）如果发生不可抗力事件，各方应立即互相协商，以找到公平的解决办法，并且应尽一切合理努力将不可抗力的影响减少到最低限度。

（4）金钱债务的迟延责任不得因不可抗力而免除。

（5）迟延履行期间发生的不可抗力不具有免责效力。

25.2　部分无效处理

如任何法院或有权机关认为本合同的任何部分无效、不合法或不可执行，则该部分不应被认为构成本合同的一部分，但不应影响本合同其余部分的合法有效性及可执行性。

26. 法律适用

本合同的制定、解释及其在执行过程中出现的或与本合同有关的纠纷之解决，受中华人民共和国（港澳台地区除外）现行有效的法律约束。

27. 争议解决

因本合同以及本合同项下订单/附件/补充协议等（如有）引起或有关的任何争议，由合同各方协商解决，也可由有关部门调解。协商或调解不成的，应按下列第（1）种方式解决：

（1）提交________仲裁委员会进行仲裁。仲裁裁决是终局的，对各方均有约束力；

（2）向________所在地有管辖权的人民法院起诉。

28. 本合同与相关文件

28.1　本合同及其所附文件构成各方关于这些文件所述交易之全部协议，且取代所有之前与该等交易有关的各方之间口头或书面的约定。

28.2　本合同与各方签署的用于工商登记或相关手续的股权转让协议与本合同不一致的，以本合同为准。

29. 附则

29.1　本合同一式六份，合同各方各执二份。各份合同文本具有同等法律效力。

29.2　本合同未尽事宜，双方应另行协商并签订补充协议。

29.3　本合同包含如下附件：请填充。

上述附件是本合同的一部分，具有与本合同同等的法律效力。

29.4　各方为办理工商变更登记、备案等手续所另行签订的合同（如有）与本合同不一致的，以本合同为准。

29.5　本合同经各方签名或盖章后生效。

签订时间：　　　　年　　　　月　　　　日

甲方（盖章）：

法定代表人或授权代表：

乙方（盖章）：

法定代表人或授权代表：

丙方（盖章）：

法定代表人或授权代表：

股权转让合同 I 19524（不转移控制权）

适用场景：

甲方（转让方）向乙方（受让方）转让甲方持有的丙方（目标公司）股权，乙方支付价款。各方具体就目标公司出资情况及股权结构、标的股权、股权转让价款、付款方式、保证金、股权交割、过渡期安排、未分配利润安排、费用和开支、陈述与保证、不竞争义务、保密信息、违约责任、不可抗力、争议解决、最终合同，以及不放弃权利等内容作出了约定。

不适用：转移控制权的股权收购。

成套文本：

▲ 19524 有限责任公司股权转让（不转移控制权）

（一）签约前程序阶段

1. 董事会决议
2. 股东会决议
3. 股权转让通知
4. 放弃优先购买权声明

（二）交易文件

5. 股权收购意向书
6. 股权转让合同（不转移控制权）
7. 股权转让合同（一人公司股东对外转让部分股权）
8. 股权转让协议（不转移控制权，简单版）

9. 股权转让协议（外资 - 不转移控制权）
10. 股权转让合同（不转移控制权 + 代持）
11. 股权转让合同（不转移控制权 + 对赌）
12. 股权转让合同（不转移控制权 - 对转让方有利）
13. 章程修正案

（三）配套安排

14. 委托持股合同

（四）股权转让后阶段

15. 股东出资证明书
16. 公司的股东名册

其他场景：

▲ 19517 有限责任公司股权转让（转移控制权）成套文本
▲ 19305 股权转让合同（私募股权投资）
▲ 18363 股权转让合同（国资 – 转移控制权）
▲ 19822 股权转让合同（无条件股权回转）简单
▲ 19598 股权转让与回购成套文本

文本正文：

股权转让合同

甲方（转让方）
名称：________________
统一社会信用代码：________________
乙方（受让方）
名称：________________

统一社会信用代码：________________

丙方（目标公司）

名称：________________

统一社会信用代码：________________

本合同各方经平等自愿协商，根据《中华人民共和国民法典》《中华人民共和国公司法》及相关法律法规，就甲方向乙方转让所持丙方股权事宜，签订本合同以共同遵守。

第一部分　定　　义

1. 定义

除本合同另有约定外，下列词语在本合同中具有如下含义：

1.1　本合同：指本合同正文、全部附件及各方一致同意列为本合同附件之其他文件。

1.2　定价基准日：指____年____月____日，简称“基准日”。

1.3　交割日：完成股权工商登记手续、股权已登记在受让方名下之日（以下简称“交割日”）。

第二部分　股权转让方案

2. 丙方出资情况及股权结构

截至本合同签订日，丙方注册资本为人民币（大写）____元（￥____元），实收资本为人民币（大写）____元（￥____元），股权结构如下：

股东名称	认缴注册资本金额（万元）	出资时间	实缴注册资本金额（万元）	持股比例
合计				100%

3. 标的股权

3.1 甲方同意将其持有的丙方____%（百分之____）的股权［对应认缴注册资本金额人民币（大写）____元（¥____元），实缴注册资本金额人民币（大写）____元（¥____元）］（以下简称“标的股权”）转让给乙方，乙方同意受让该标的股权。

3.2. 本合同签订之日，标的股权已质押于____（“质权人”）用于担保债务清偿，截至本合同签订之日尚未得到清偿的债务金额为人民币（大写）____元（¥____元）。

3.3 上述股权转让完成后，丙方的股权结构如下：

股东名称	认缴注册资本金额（万元）	出资时间	实缴注册资本金额（万元）	持股比例
合计				100%

4. 股权转让价款

4.1 双方同意按照“暂定转让价款＋特定资产评估调整金额”的方式计算最终股权转让价款。

4.2 暂定转让价款

各方同意，标的股权的暂定转让价款为人民币（大写）____元（¥____元）。

4.3 特定资产评估调整金额

4.3.1 特定资产是指：

（1）资产名称：________

（2）资产说明：________

4.3.2 特定资产评估

各方同意按如下方式对特定资产进行评估，得出特定资产评估价值：

4.3.2.1 特定资产评估基准日：____年____月____日。

法天使 [1]：
【暂定价款 + 特定资产评估调整金额】
使用文中条款。
【自由协商确定价款（货币出资、非货币出资均适用）】
【以出资资产评估值确定价款（仅限非货币出资适用）】

法天使 [2]：
【一次性支付】
使用文中条款。
【分两笔支付】
【分三笔支付（适用于暂定股权转让价款的情形）】

4.3.2.2 评估时间：____年____月____日前。

4.3.2.3 评估方式：各方同意委托资产评估机构按照请填写资产评估方式的方式进行评估。

4.3.2.4 特定资产评估调整金额为：特定资产评估价值的100%。[1]

5. 付款方式

5.1 各方同意，自本合同签订且付款先决条件全部成就后5个工作日内，乙方向甲方一次性支付本合同项下的全部股权转让价款。甲乙双方一致同意，首笔股权转让价款由乙方直接向质权人支付，即为乙方向甲方履行完毕首笔付款义务。

5.2 付款先决条件为：

（1）甲方向乙方提交丙方股东会同意本次股权转让的决议；

（2）丙方其他股东出具放弃优先购买权的书面声明或决议。

5.3 除非经甲方书面通知更改，甲方指定收款账户如下：

户名：____________

账号：____________

开户行：____________[2]

6. 资金监管

6.1 自本合同签订日起5个工作日内，甲方与乙方应与银行（以下简称“监管银行”）共同签订资金监管合同，以乙方名义在监管银行开设一个独立的银行账户作为资金监管账户。

6.2 银行监管费用：甲方承担____%（百分之____），乙方承担____%（百分之____）。

6.3 资金监管合同中的资金监管方式应符合本合同约定和以下要求：

6.3.1 监管账户用途：仅限于存放与支付股权转让价款。

6.3.2 预留印鉴：由甲方与乙方各自的预留印鉴共同组成，任何资金划转均需同时使用双方预留印鉴。未经双方一致同意，不得变更或撤预留印鉴。

6.4 资金存入

6.4.1 乙方应于资金监管合同签订之日的下一工作日，将人民币（大写）____元

（¥　　　元）存入监管账户。

6.5　资金支取

各方同意，按本合同“付款方式”约定的付款条件、时间、金额以及本合同关于扣减股权转让价款的约定，从监管账户中支付股权转让价款。如应付价款超出监管账户金额，由乙方直接向甲方付款。

6.6　资金的退回

6.6.1　本合同终止后，如监管账户内仍有资金且双方就本合同的履行不存在赔偿争议的，应于本合同终止之日的5个工作日内退回乙方在监管银行设立的其他自有账户或乙方指定的其他账户。如双方之间存在赔偿争议，则与争议数额相同的资金应当保留在监管账户中，直到争议解决。

6.6.2　除非经乙方书面通知更改，乙方指定收款账户如下：

户名：________________

账号：________________

开户行：________________

6.6.3　除非经乙方书面通知更改，乙方指定收款账户如下：

户名：________________

账号：________________

开户行：________________

7. 基准日前未分配利润安排

各方同意，标的股权对应的截至定价基准日（含当日）形成的滚存未分配利润，以　　年　　月　　日为界，该日及该日之前形成的由甲方享有，该日之后形成的由乙方享有。[1]

8. 基准日至交割日损益安排

8.1　期间损益：是指定价基准日（不含当日）至交割日（不含当日）期间的，标的股权对应的目标公司收益和亏损。

8.2　期间损益的专项审计

8.2.1　专项审计基准日为：交割日，且专项审计应于交割日后30个工作日内完成。

法天使[1]：
【对基准日前未分配利润的归属进行分割】
使用文中条款。
【对基准日前未分配利润的归属不做分割】
7. 基准日前未分配利润安排
各方同意，标的股权对应的截至计价基准日（含当日）形成的滚存未分配利润由甲方享有。

法天使[1]：
【收益、亏损都归转让方】使用文中条款。
【收益归受让方，亏损由转让方补足】
【收益、亏损都归受让方】

8.2.2　审计费用：交割日后，乙方聘请审计机构对期间损益进行专项审计。审计费用由甲方承担50%（百分之五十）、乙方承担50%（百分之五十）。

8.2.3　损益金额根据专项审计结果确定：

8.2.3.1　收益：标的股权对应的，交割日目标公司净资产高于定价基准日的金额。

8.2.3.2　亏损：标的股权对应的，交割日目标公司净资产低于定价基准日的金额。

8.3　期间损益的支付安排

8.3.1　如有收益，则归甲方享有，乙方应于专项审计报告出具后30日内以现金方式一次性全额支付给甲方。

8.3.2　如有亏损，则由甲方承担。亏损金额可与乙方尚未支付的股权转让价款（如有）进行自动抵销；不足抵扣的部分（如有），甲方应于专项审计报告出具后30日内以现金方式一次性全额支付给乙方。

8.3.3　各方指定收款账户

8.3.3.1　除非经甲方书面通知更改，甲方指定收款账户如下：

户名：________________

账号：________________

开户行：________________

8.3.3.2　除非经乙方书面通知更改，乙方指定收款账户如下：

户名：________________

账号：________________

开户行：________________[1]

9. 后续出资义务

9.1　标的股权对应的认缴注册资本金额中未实缴部分为人民币（大写）　　元（￥　　元），交割后由甲方负责缴纳。乙方因此承担责任的，有权向甲方追偿。

9.2　丙方经其他股东全体一致同意，以完成交割和交割日后5个工作日内补缴出资为前提，就甲方的逾期出资行为免除其违约责任，交割后亦不得向乙方主张该违约责任。

10. 税、费用与开支

10.1 本合同项下股权转让标的应缴的所得税由甲方承担，甲方有权依据适用法律选择在乙方协助下自行申报缴纳，或要求乙方在甲方协助下完成甲方应纳所得税额的代扣代缴（如由乙方安排代扣代缴，应纳所得税额从股权转让价款中扣除）。

10.2 除非本合同及其他相关文件另有约定，各方应承担各自在本合同和所有相关文件以及有关交割的编制、谈判、签订和履行过程中的开销和费用（包括法律费用），并按照适用法律的相关规定各自支付本身的税项。

第三部分 股权交割

11. 交割安排

11.1 工商登记手续内容

各方应根据《公司法》及公司章程的规定履行交割义务，只有甲方、丙方完成下列事项才视为标的股权交割完成：

（1）本合同项下的股权转让已依法向工商登记机关办理了变更登记手续，标的股权已登记在乙方名下。

（2）本合同附件所列的新《公司章程》已依法向工商登记机关办理了备案。

（3）丙方已收回向甲方签发的《出资证明书》，并向乙方签发了《出资证明书》，同时将乙方及其受让的出资额记载于丙方的股东名册。

11.2 工商登记手续办理时间

甲方与丙方应于下列条件全部成就之后5个工作日或____年____月____日前（以两者中较晚日期为准）办理完成上述工商登记手续的全部事项：

（1）乙方已经按约定支付股权转让首笔价款；

（2）乙方已经提交乙方股东会同意本次转让的书面文件；

（3）乙方已经完成其他根据合同约定乙方履行在先的义务。

11.3 乙方书面声明放弃某项交割事项办理的，视为甲方、丙方已经完成该事项。

11.4 交割手续中，需要一方协助提供相关手续的，一方应予提供。

12. 股权取得

各方同意，乙方自交割日起即成为丙方股东，根据《公司法》、公司章程及本合同约定享有股东权利，承担股东义务。

13. 交割延期

13.1　各方应尽最大努力使股权交割按期进行。如有特殊情况，各方可协商适当延期。

13.2　股权交割全部或部分无法完成，导致乙方无法实现取得标的股权的主要目的，且逾期超过 30 个工作日的，乙方有权书面通知解除本合同，要求甲方退还乙方支付的全部价款并赔偿乙方全部损失。

第四部分　过渡期安排

14. 过渡期

自本合同签订日（不含当日）起至交割日（不含当日）之间的期间为过渡期间（以下简称“过渡期”）。

15. 过渡期监管事项

甲方及丙方承诺在过渡期内，在未经乙方事先书面同意的情况下不得：

（1）转让标的股权或用标的股权进行抵押、担保等。

（2）对外捐赠标的股权或用标的股权对外投资。

（3）以任何其他方式处置标的股权。

第五部分　陈述与保证

16. 不竞争

16.1　竞争性业务与产品：与丙方所提供的产品或从事的服务相同、类似或相竞争的业务与产品，包括但不限于下列业务：丙方（目标公司）的主营业务。

16.2　承担不竞争义务的主体：甲方。

16.3 不竞争期限：自交割日起2年。

16.4 不竞争地域范围：中华人民共和国（港澳台地区除外）。

16.5 在不竞争期限和地域范围内，承担不竞争义务的主体不得进行任何以下竞争行为：

（1）以任何方式从事、投资、参与或管理任何与公司业务相同、类似或相竞争的实体、业务或产品，在任何与公司业务相同、类似或相竞争的实体、业务或产品中拥有任何直接或间接的权利或利益；

（2）通过直接或间接控制的其他经营主体或以自然人名义从事与公司业务相同、类似或相竞争的业务；

（3）为任何与公司业务存在相同、类似或相竞争业务的单位、组织或个人提供服务，包括但不限于担任其雇员、服务人员、董事、监事、代理人、顾问等；

（4）使用各种方法引诱或试图引诱公司的客户或供应商，使其成为自身或其他个人、其他公司的客户或供应商；

（5）直接或间接地为自身或任何第三方，以任何方式雇用、聘用或鼓励、诱导或促使任何正在为公司工作的公司或个人，以终止其与公司的关系或联系。

但是，以下行为不视为违反不竞争义务：持有与公司业务相同、类似或相竞争的上市公司的股票，但非上市公司实际控制人，且持股比例低于30%（百分之三十）。

16.6 公司业务是指：目标公司当前主营业务。

16.7 本合同交易价款已包含对承担不竞争义务的主体不竞争义务的补偿。

17. 陈述与保证

17.1 本合同项下各方于本合同签订日向其他方作出如下陈述与保证，该陈述与保证在交割日仍然持续有效。各方确认，乙方系建立在对本条项下的陈述与保证充分信赖之基础上方达成本合同。

17.2 合同各方通用陈述与保证

17.2.1 每一方陈述与保证的事项均真实、完整和准确。

17.2.2 每一方均系具有签订本合同所需的所有权利、授权和批准，并且具有充分履行其在本合同项下每项义务所需的所有权利、授权和批准。

17.2.3　该方合法授权代表签订本合同后，本合同的有关约定构成该方合法、有效及具有约束力的权利义务关系。

17.2.4　无论是本合同的签订还是对本合同项下义务的履行，均不会抵触、违反或违背该方的营业执照／商业登记证、章程或任何法律法规或任何政府机构或机关的批准，或该方为签约方的任何合同或合同的任何规定。

17.2.5　截至本合同签订日，甲方与乙方之间不存在任何债务。

17.2.6　不存在与本合同约定事项有关或可能对该方签订本合同或履行该方在本合同项下义务产生不利影响的悬而未决或威胁要提起的诉讼、仲裁或其他法律、行政或其他程序或政府调查。

17.3　甲方陈述与保证

17.3.1　甲方为丙方合法股东，具备法律证明文件和完整的股东权益，不存在任何股权争议。

17.3.2　甲方转让的股权，是甲方在丙方的真实出资，依法可以转让的股权，甲方已实缴的注册资本不存在抽逃出资、虚假出资情况。除另有具体披露外，股权交割后，无任何事实上的、法律上的和公司章程上的争议和限制。

17.3.3　甲方转让的股权，除另有具体披露外，没有未披露的任何抵押、质押或担保，并免遭任何第三人的追索。

17.3.4　甲方履行本合同不会违反自身与任何第三人签订的合同，不违反本合同作出的任何陈述与保证。

17.4　乙方陈述与保证

17.4.1　乙方享有完全民事行为能力受让本合同项下的标的股权。

17.4.2　乙方受让标的股权的资金来源合法有据，且具有相应的支付能力。

17.5　丙方陈述与保证

17.5.1　本合同项下的股权转让事宜，已获得丙方董事会和股东会批准，不存在程序性问题。

17.5.2　依丙方章程之规定，甲方向乙方转让股权，丙方的其他股东同等条件下有优先收购权，甲方在签订本合同前已正式征求过其他股东的意见，其他股东均已放弃优先收购权。

17.5.3　丙方提交的人事、经营、效益、财务及资产状况真实、完整，无任何遗漏和虚假。

17.5.4　丙方获得的经营业务资质批准文书真实有效，无任何违法记录，不因本合同生效而终止或者撤销。

17.5.5　除已经披露的事项外，丙方不存在任何债务以及针对丙方的诉讼、仲裁或者行政处罚。

17.5.6　丙方所拥有的知识产权合法有效，不存在任何担保，不存在任何争议及诉讼。

17.5.7　丙方所拥有的土地使用权、房屋所有权合法有效，无任何法律上的限制，可以依法自由转让。

17.5.8　丙方履行本合同会违反自身与任何第三人签订的合同，不违反本合同作出的任何陈述与保证。

第六部分　其他约定

18. 保密

18.1　合同各方保证对在讨论、签订、履行本合同过程中所获悉的属于其他方的且无法自公开渠道的文件及资料（包括但不限于商业秘密、公司计划、运营活动、财务信息、技术信息、经营信息及其他商业秘密）予以保密。未经该资料和文件的原提供方同意，其他方不得向任何第三方泄露该商业秘密的全部或部分内容。

上述保密义务，在本合同终止或解除之后仍需履行。

18.2　本合同关于对保密信息的保护不适用于以下情形：

（1）保密信息在披露给接收方之前，已经公开或能从公开领域获得。

（2）在本合同约定的保密义务未被违反的前提下，保密信息已经公开或能从公开领域获得。

（3）接收方应法院或其他法律、行政管理部门要求披露保密信息（通过询问、要求资料或文件、传唤、民事或刑事调查或其他程序）。当出现此种情况时，接收方应及时通知提供方并作出必要说明，同时给予提供方合理的机会对披露内容和范围进行审阅，并允许提供方就该程序提出异议或寻求必要的救济。

（4）由于法定不可抗力因素，导致不能履行或不能完全履行本合同确定的保密义务时，甲乙双方相互不承担违约责任；在不可抗力影响消除后的合理时间内，一方或双方应当继续履行本协议。在上述情况发生时，接收方应在合理时间内向提供方发出通知，同时应当提供有效证据予以说明。

19. 违约责任

19.1 甲方违约责任

19.1.1 如果甲方未按照本合同“股权交割”的约定按时完成股权交割，则每迟延一日，甲方应向乙方支付相当于股权转让价款的5‱（万分之五）的违约金。

迟延20日仍未完成交割的，乙方有权发出书面通知终止本合同，除非各方另行达成书面合同予以延长一段合理的时间以满足本合同“交割先决条件”的约定或乙方根据本合同“交割先决条件的放弃”的约定放弃任何先决条件。

19.1.2 如果甲方违反本合同“费用和开支”的约定不承担应负的税收责任，使乙方遭受损失，甲方应予以赔偿。

19.1.3 如果甲方违反本合同“过渡期监管事项”的约定在过渡期内处置标的股权，则甲方应按处置标的股权的市价2倍向乙方支付违约金。

19.1.4 如果甲方违反本合同所作的陈述、保证或未按本合同履行义务，从而使乙方遭受损失的，乙方有权要求甲方赔偿乙方因此而致的全部经济损失。

19.1.5 如果甲方违反本合同“不竞争”“保密”约定的义务，乙方有权要求甲方立即停止违约行为，并向乙方支付相当于股权转让价款的100%（百分之一百）的违约金。违约金不足以弥补损失的，还应赔偿损失。

19.2 乙方违约责任

19.2.1 如果乙方违反本合同所作的陈述、保证或其他义务，从而使甲方遭受损失的，甲方有权要求乙方赔偿甲方因此而致的全部经济损失。

19.2.2 如果乙方未按照本合同“付款方式”的约定支付股权转让价款，则每延迟一日，乙方应向甲方支付相当于股权转让价款的5‰（万分之五）的违约金。

20. 合同送达方式

20.1 为更好地履行本合同，双方提供如下通知方式：

（1）甲方接收通知方式

联系人：________________

地址：________________

手机：________________

（2）乙方接收通知方式

联系人：________________

地址：________________

手机：________________

20.2 双方应以书面快递方式向对方上述地址发送相关通知。接收通知方拒收、无人接收或未查阅的，不影响通知送达的有效性。

20.3 上述地址同时作为有效司法送达地址。

20.4 一方变更接收通知方式的，应以书面形式向对方确认变更，否则视为未变更。

21. 其他约定

21.1 不可抗力

21.1.1 不可抗力定义：指在本合同签署后发生的、本合同签署时不能预见的、其发生与后果是无法避免或克服的、妨碍任何一方全部或部分履约的所有事件。上述事件包括地震、台风、水灾、火灾、战争、国际或国内运输中断、流行病、罢工，以及根据中国法律或一般国际商业惯例认作不可抗力的其他事件。一方缺少资金非为不可抗力事件。

21.1.2 不可抗力的后果：

（1）如果发生不可抗力事件，影响一方履行其在本合同项下的义务，则在不可抗力造成的延误期内中止履行，而不视为违约。

（2）宣称发生不可抗力的一方应迅速书面通知其他各方，并在其后的十五（15）日内提供证明不可抗力发生及其持续时间的足够证据。

（3）如果发生不可抗力事件，各方应立即互相协商，以找到公平的解决办法，并且应尽一切合理努力将不可抗力的影响减少到最低限度。

（4）金钱债务的迟延责任不得因不可抗力而免除。

（5）迟延履行期间发生的不可抗力不具有免责效力。

21.2　不放弃权利

除非另有约定，任何一方未能行使或迟延行使其在本合同项下的任何权利，不得被视为其放弃行使该等权利，且任何权利的任何单独或部分行使亦不得妨碍该等权利的进一步行使或其他任何权利的行使。一方在任何时候放弃追究其他各方违反本合同任何条款或规定的违约行为，不得被视为该方放弃追究其他各方今后的违约行为，且不得被视为该方放弃其在该等规定项下的权利或其在本合同项下的其他任何权利。

21.3　合同解释

21.3.1　本合同的不同条款和分条款的标题与编号，仅供查阅方便之用，不构成本合同的一部分，不作为解释本合同任何条款或权利义务的依据。

21.3.2　本合同中，“以上”“以下”“以内”包含本数，“超过”“不满”“以外”不包含本数，某期日的“前/以前”“后/以后”或类似表述包含该期日当日。

21.3.3　本合同中对金额或数量使用大小写时，如大小写不一致，应以大写为准。

21.3.4　如果本合同正文和附件的意思发生冲突，则应按正文或附件中以何者为准的明确约定处理。

如无明确约定，则各方应尽力将整个合同（包括正文与附件）作为一个整体来阅读理解，最为明确具体的实现合同目的的条款应优先考虑。

22. 法律适用

本合同的制定、解释及其在执行过程中出现的或与本合同有关的纠纷之解决，受中华人民共和国（港澳台地区除外）现行有效的法律约束。

23. 争议解决

因本合同以及本合同项下订单/附件/补充协议等（如有）引起或有关的任何争议，由合同各方协商解决，也可由有关部门调解。协商或调解不成的，应向丙方所在地有管辖权的人民法院起诉。

24. 本合同与相关文件

24.1 本合同及其所附文件构成各方关于这些文件所述交易之全部协议，且取代所有之前与该等交易有关的各方之间口头或书面的约定。

24.2 本合同与各方签署的用于工商登记或相关手续的股权转让协议与本合同不一致的，以本合同为准。

25. 其他

25.1 本合同一式六份，合同各方各执二份。各份合同文本具有同等法律效力。

25.2 本合同未尽事宜，各方应另行协商并签订补充协议。

25.3 本合同包含如下附件：请填充。

上述附件是本合同的一部分，具有与本合同同等的法律效力。

25.4 各方为办理工商变更登记、备案等手续所另行签订的合同（如有）与本合同不一致的，以本合同为准。

25.5 本合同经各方签名或盖章后生效。

签订时间：　　　　年　　　　月　　　　日

甲方（盖章）：

法定代表人或授权代表：

乙方（盖章）：

法定代表人或授权代表：

丙方（盖章）：

法定代表人或授权代表：

普通合伙企业财产份额转让协议 | 19281

适用场景：

甲方（转让方）向乙方（受让方）转让其持有的有限合伙企业的普通合伙人财产份额。

重要审查点：

审查点 1：工商登记不影响合伙企业类合同效力，但能产生对抗效力

合伙协议及其变动、入伙退伙、财产份额转让类协议的成立和生效均不受工商登记程序影响，但工商登记与能否对抗善意第三人相关。

审查点 2：考虑合伙人身份的取得时间点

合伙人的身份取得以“修改合伙协议”生效时间为准。

审查点 3：根据需要准备合伙人同意的文件

如为财产份额转让、入伙退伙，会涉及其他合伙人或全体合伙人一致表示同意的文件。

审查点 4：考虑入伙、退伙的相关安排

财产份额完全转让、对外转让的情况下，会涉及退伙、入伙。因此，最好同时签署入伙、退伙的文件，明确入伙、退伙相关安排。

审查点 5：注意履行法律或合伙协议约定的相关程序

法律对财产份额转让作出了相关的程序规定，合伙协议可能对此作出另外的要求。应核实这方面要求，且应符合这些要求，否则可能导致转让无法进行。

如需要其他合伙人同意，则可以通过会议决议、书面声明、共同作为合同主体等书面方式确认。

其他场景：

▲ 19299 合伙人财产份额转让协议（普通合伙企业）

▲ 19281 普通合伙人财产份额转让协议（有限合伙企业）

▲ 19269 有限合伙人财产份额转让协议
▲ 19323 合伙人财产份额转让协议（特殊的普通合伙企业）

文本正文：

合伙企业财产份额转让协议

甲方（转让方）：________________
身份证号码：________________
乙方（受让方）：________________
身份证号码：________________

本协议双方经平等自愿协商，根据《中华人民共和国民法典》《中华人民共和国合伙企业法》等相关法律法规，就甲方向乙方转让其持有的____________（统一社会信用代码：____________）的财产份额事宜，签订本协议以共同遵守。

1. 合伙企业出资情况及合伙人结构

1.1　截至本协议签订日，合伙企业出资情况及合伙人结构如下：

合伙人类型	合伙人姓名或名称	出资额	认缴出资额	实缴出资额	出资方式	出资时间	认缴出资比例
普通合伙人							
有限合伙人							
有限合伙人							
	合计						100%

法天使[1]:
【有偿转让】
使用文中条款。
【无偿转让】
3. 转让价款
定价基准日：请填充。
双方同意，就本协议项下的财产份额转让事宜，乙方无须向甲方支付任何价款。

2. 标的份额

2.1 甲方同意将其持有的合伙企业____%（百分之____）的普通合伙人财产份额［对应认缴出资额人民币（大写）____元（¥____元），实缴出资额人民币（大写）____元（¥____元）］（以下简称“标的份额”）转让给乙方，乙方同意受让该标的份额。

2.2 上述财产份额转让完成后，合伙企业出资情况及合伙人结构如下：

合伙人类型	合伙人姓名或名称	出资额	认缴出资额	实缴出资额	出资方式	出资时间	认缴出资比例
普通合伙人							
有限合伙人							
有限合伙人							
	合计						100%

2.3 双方同意，标的份额对应的尚未实缴的出资额由请填充承担。

3. 转让价款

3.1 定价基准日：请填充。

3.2 双方同意，标的份额转让价款为人民币（大写）____元（¥____元）。[1]

4. 付款方式

4.1 本合同项下的转让价款分 2 笔支付：

4.1.1 本合同签订后且首笔款付款先决条件全部成就后 5 个工作日内，乙方向甲方支付首笔财产份额转让价款人民币（大写）____元（¥____元）。

4.1.2 首笔款付款先决条件为：

（1）____________

（2）________________

4.1.3 交割日起5个工作日，乙方向甲方支付第2笔财产份额转让价款人民币（大写）　　元（¥　　元）。

4.2 除非经甲方书面通知更改，甲方指定收款账户如下：

户名：________________

账号：________________

开户行：________________

5. 费用与开支

5.1 除非本协议及其他相关文件另有约定，双方应承担各自在本协议和所有相关文件以及有关交割的编制、谈判、签订和履行过程中的开销和费用（包括法律费用），并按照适用法律的相关规定各自支付本身的税项。

6. 交割

6.1 双方应于本协议签订日起10个工作日内，根据本次财产份额转让情况相应修改合伙协议。

6.2 双方应于本协议签订日起20个工作日内，办理完毕标的份额的工商变更登记手续。

6.3 交割手续中，需要一方协助提供相关手续的，一方应予提供。

6.4 双方按前述约定事项完成财产份额交割之日，为本协议项下标的份额交割日（以下简称“交割日”）。

6.5 双方应于办理完毕入伙的工商变更登记手续当日，变更合伙人名册（如有）。

6.6 双方同意，甲方自交割日起即成为合伙企业的普通合伙人，根据合伙协议及本协议的约定，享有权利承担义务。

7. 基准日前损益安排

7.1 截至定价基准日，合伙企业的资产与负债情况为：请填充。

7.2 双方同意，截至定价基准日（含当日）形成的标的份额对应的滚存未分配利润由乙方享有。

7.3 双方同意，截至定价基准日（含当日）形式的标的份额对应的合伙企业负

法天使[1]：
【负债由乙方承担】
使用文中条款。
【负债由甲方承担】
7. 基准日前损益安排
截至定价基准日，合伙企业的资产与负债情况为：请填充。
双方同意，截至定价基准日（含当日）形成的标的份额对应的滚存未分配利润由乙方享有。
双方同意，截至定价基准日（含当日）形式的标的份额对应的合伙企业负债由甲方承担。

债由乙方按照合伙协议的约定承担。超出前述披露的负债金额的，超出部分由甲方承担，甲方应向乙方足额赔偿。[1]

8. 基准日至交割日损益安排

双方同意，就定价基准日（不含当日）至交割日（不含当日）期间标的份额所对应的合伙企业收益和损失，由乙方享有和承担。

9. 陈述与保证

9.1　本协议项下双方于本协议签订日向其他方作出如下陈述与保证，该陈述与保证在交割日仍然持续有效。双方确认，乙方系建立在对本条项下的陈述与保证充分信赖之基础上方达成本合同。

9.2　合同双方通用陈述与保证

9.2.1　每一方陈述与保证的事项均真实、完成和准确。

9.2.2　每一方均系具有签订本协议所需的所有权利、授权和批准，并且具有充分履行其在本协议项下每项义务所需的所有权利、授权和批准。

9.2.3　该方合法授权代表签订本协议后，本协议的有关约定构成该方合法、有效及具有约束力的权利义务关系。

9.2.4　无论是本协议的签订还是对本协议项下义务的履行，均不会抵触、违反或违背任何法律法规或任何政府机构或机关的批准，或该方为签约方的任何合同或合同的任何规定。

9.2.5　不存在与本协议约定事项有关或可能对该方签订本协议或履行该方在本协议项下义务产生不利影响的悬而未决或威胁要提起的诉讼、仲裁或其他法律、行政或其他程序或政府调查。

9.3　甲方陈述与保证

9.3.1　甲方为合伙企业合伙人，具备法律证明文件和完整的合伙人权益，不存在任何财产份额争议和财产份额责任。

9.3.2　甲方转让的财产份额，是甲方在合伙企业的真实出资，依法可以转让的财产份额。财产份额交割后，无任何事实上的、法律上的争议和限制。

9.3.3　甲方转让的财产份额，已获得合伙协议约定的程序批准，不存在程序性问题。

9.3.4 甲方转让的财产份额，没有设置任何抵押、质押或担保，并免遭任何第三人的追索。

9.3.5 甲方履行本协议不会违反自身与任何第三人签订的合同，不违反本协议作出的任何陈述与保证。

9.3.6 甲方已向乙方如实告知合伙企业的经营状况和财务状况。

9.4 乙方陈述与保证

9.4.1 乙方享有完全民事行为能力受让本协议项下的标的份额。

10. 违约责任

10.1 甲方未能履行本协议“交割”条款约定的内容的，则每延迟一日，应按标的份额对应认缴出资额的每日万分之五的标准分别向乙方支付违约金。

10.2 乙方未能按照本协议的约定按期支付转让价款的（如有），每延迟一日，迟延一方应按延迟金额每日万分之五的标准向守约方支付违约金。迟延超过 30 日的，甲方有权单方解除本协议且不承担任何责任。甲方选择解除本协议的，乙方还应承担相当于标的份额对应认缴出资额 30% 的违约金。

10.3 任何一方违反本协议约定的，应承担协议中约定的违约责任。本协议中未约定的，应赔偿守约方全部损失。

10.4 本协议中约定的违约金或违约责任不足以赔偿守约方全部损失的，应赔偿守约方全部损失。

10.5 守约方全部损失包括但不限于对守约方所造成的直接损失、可得利益损失、守约方支付给第三方的赔偿费用 / 违约金 / 罚款、调查取证费用 / 公证费、诉讼费用、律师费用以及因此而支付的其他合理费用。

11. 合同联系方式

11.1 为更好地履行本协议，双方提供如下联系方式：

（1）甲方联系方式

联系人：________________

地址：________________

手机：________________

微信：________________

电子邮箱：________________

（2）乙方联系方式

联系人：________________

地址：________________

手机：________________

微信：________________

电子邮箱：________________

11.2　通过电子邮箱及其他电子方式送达时，发出之日即视为有效送达。

11.3　通过快递等方式送达时，对方签收之日视为有效送达；对方拒收或退回的，视为签收。

11.4　上述联系方式同时作为有效司法送达地址。

11.5　一方变更联系方式，应以书面形式通知对方；否则，该联系方式仍视为有效，由未通知方承担由此而引起的相关责任。

11.6　本联系方式条款为独立条款，不受合同整体或其他条款的效力影响，始终有效。

12. 其他约定

12.1　不可抗力

12.1.1　不可抗力定义：指在本协议签署后发生的、本协议签署时不能预见的、其发生与后果是无法避免或克服的、妨碍任何一方全部或部分履约的所有事件。上述事件包括地震、台风、水灾、火灾、战争、国际或国内运输中断、流行病、罢工，以及根据中国法律或一般国际商业惯例认作不可抗力的其他事件。一方缺少资金非为不可抗力事件。

12.1.2　不可抗力的后果：

（1）如果发生不可抗力事件，影响一方履行其在本协议项下的义务，则在不可抗力造成的延误期内中止履行，而不视为违约。

（2）宣称发生不可抗力的一方应迅速书面通知其他双方，并在其后的十五（15）

日内提供证明不可抗力发生及其持续时间的足够证据。

（3）如果发生不可抗力事件，双方应立即互相协商，以找到公平的解决办法，并且应尽一切合理努力将不可抗力的影响减少到最低限度。

（4）金钱债务的迟延责任不得因不可抗力而免除。

（5）迟延履行期间发生的不可抗力不具有免责效力。

12.2 合同解释

12.2.1 本协议的不同条款和分条款的标题与编号，仅供查阅方便之用，不构成本协议的一部分，不作为解释本协议任何条款或权利义务的依据。

12.2.2 本协议中，“以上”“以下”“以内”包含本数，“超过”“不满”“以外”不包含本数，某期日的“前/以前”“后/以后”或类似表述包含该期日当日。

12.2.3 本协议中对金额或数量使用大小写时，如大小写不一致，应以大写为准。

12.2.4 如果本协议正文和附件的意思发生冲突，则应按正文或附件中以何者为准的明确约定处理。

如无明确约定，则双方应尽力将整个合同（包括正文与附件）作为一个整体来阅读理解，最为明确具体的实现合同目的的条款应优先考虑。

13. 法律适用

本协议的制定、解释及其在执行过程中出现的或与本协议有关的纠纷之解决，受中华人民共和国（港澳台地区除外）现行有效的法律约束。

14. 争议解决

因本合同以及本合同项下订单/附件/补充协议等（如有）引起或有关的任何争议，均提请________仲裁委员会按照其仲裁规则进行仲裁。仲裁裁决是终局的，对合同各方均有约束力。

15. 附则

15.1 本协议一式三份，合同双方各执一份，另一份用于办理登记。各份协议文本具有同等法律效力。

15.2 本协议包含如下附件：请填充。

上述附件是本协议的一部分，具有与本协议同等的法律效力。

15.3　本协议经双方签名或盖章后生效。

签订时间：　　　　年　　　　月　　　　日

甲方（签字）：
乙方（签字）：

有限合伙企业财产份额转让协议 | 19269

适用场景：

甲方（转让方）向乙方（受让方）转让其持有的有限合伙企业的有限合伙人财产份额。

重要审查点：

审查点 1：工商登记不影响合伙企业类合同效力，但能产生对抗效力

合伙协议及其变动、入伙退伙、财产份额转让类协议的成立和生效均不受工商登记程序影响，但工商登记与能否对抗善意第三人相关。

审查点 2：考虑合伙人身份的取得时间点

合伙人的身份取得以“修改合伙协议”生效时间为准。

审查点 3：根据需要准备合伙人同意的文件

若为财产份额转让、入伙退伙，会涉及其他合伙人或全体合伙人一致表示同意的文件。

审查点 4：考虑入伙、退伙的相关安排

财产份额完全转让、对外转让的情况下，会涉及退伙、入伙。因此，最好同时签署入伙、退伙的文件，明确入伙、退伙相关安排。

审查点 5：注意履行法律或合伙协议约定的相关程序

法律对财产份额转让作出了相关的程序规定，合伙协议可能对此作出另外的要求。应核实这方面要求，且应符合这些要求，否则可能导致转让无法进行。

如需要其他合伙人同意，则可以通过会议决议、书面声明、共同作为合同主体等书面方式确认。

其他场景：

▲ 19299 合伙人财产份额转让协议（普通合伙企业）

▲ 19281 普通合伙人财产份额转让协议（有限合伙企业）

▲ 19269 有限合伙人财产份额转让协议

▲ 19323 合伙人财产份额转让协议（特殊的普通合伙企业）

文本正文：

合伙企业财产份额转让协议

甲方（转让方）： ________________

身份证号码：________________

乙方（受让方）： ________________

身份证号码：________________

本协议双方经平等自愿协商，根据《中华人民共和国民法典》《中华人民共和国合伙企业法》等相关法律法规，就甲方向乙方转让其持有的有限合伙企业的财产份额事宜，签订本协议以共同遵守。

1. 定义

除本协议另有约定外，下列词语在本协议中具有如下含义：

1.1　合伙企业：指________（有限合伙），系一家由甲方、乙方、丙方于　　年　　月　　日共同出资设立的有限合伙企业。

1.2　定价基准日：指请填充。

2. 合伙企业出资情况及合伙人结构

2.1　截至本协议签订日，合伙企业出资情况及合伙人结构如下：

合伙人类型	合伙人姓名或名称	出资额	认缴出资额	实缴出资额	出资方式	出资时间	认缴出资比例
普通合伙人							
有限合伙人							
有限合伙人							
	合计						100%

3. 标的份额

3.1　甲方同意将其持有的合伙企业______%（百分之______）的有限合伙人财产份额［对应认缴出资额人民币（大写）______元（¥______元），实缴出资额人民币（大写）______元（¥______元）］（以下简称“标的份额”）转让给乙方，乙方同意受让该标的份额。

3.2　上述财产份额转让完成后，合伙企业出资情况及合伙人结构如下：

合伙人姓名或名称	出资额	认缴出资额	实缴出资额	出资方式	出资时间	认缴出资比例
普通合伙人						
有限合伙人						
有限合伙人						
合计						100%

3.3　双方同意，标的份额对应的尚未实缴的出资额由请填充承担。

4. 转让价款

4.1　双方同意，标的份额转让价款为人民币（大写）　　元（￥　　　元）。[1]

法天使 [1]：
【有偿转让】
使用文中条款。
【无偿转让】
4.1　转让价款
双方同意，就本协议项下的财产份额转让事宜，乙方无须向甲方支付任何价款。

5. 付款方式

5.1　本合同项下的转让价款分 2 笔支付：

5.1.1　本合同签订后且首笔款付款先决条件全部成就后 5 个工作日内，乙方向甲方支付首笔财产份额转让价款人民币（大写）　　元（￥　　元）。

5.1.2　首笔款付款先决条件为：

（1）________________

（2）________________

5.1.3　交割日起 5 个工作日，乙方向甲方支付第 2 笔财产份额转让价款人民币（大写）　　元（￥　　元）。

5.2　除非经甲方书面通知更改，甲方指定收款账户如下：

户名：________________

账号：________________

开户行：________________

6. 费用与开支

6.1　除非本协议及其他相关文件另有约定，双方应承担各自在本协议和所有相关文件以及有关交割的编制、谈判、签订和履行过程中的开销和费用（包括法律费用），并按照适用法律的相关规定各自支付本身的税项。

7. 交割

7.1　双方应于本协议签订日起 10 个工作日内，根据本次财产份额转让情况相应修改合伙协议。

7.2　双方应于本协议签订日起 20 个工作日内，办理完毕标的份额的工商变更登记手续。

7.3　交割手续中，需要一方协助提供相关手续的，一方应予提供。

7.4　双方按前述约定事项完成财产份额交割之日，为本协议项下标的份额交割日（以下简称“交割日”）。

7.5　双方应于办理完毕入伙的工商变更登记手续当日，变更合伙人名册（如有）。

7.6　双方同意，甲方自交割日起即成为合伙企业的有限合伙人，根据合伙协议及本协议的约定，享有权利承担义务。

8. 基准日前损益安排

8.1　截至定价基准日，合伙企业的资产与负债情况为：请填充。

8.2　双方同意，截至定价基准日（含当日）形成的标的份额对应的滚存未分配利润由乙方享有。

8.3　双方同意，截至定价基准日（含当日）形式的标的份额对应的合伙企业负债由乙方按照合伙协议的约定承担。超出前述披露的负债金额的，超出部分由甲方承担，甲方应向乙方足额赔偿。[1]

9. 基准日至交割日损益安排

双方同意，就定价基准日（不含当日）至交割日（不含当日）期间标的份额所对应的合伙企业收益和损失，由乙方享有和承担。

10. 陈述与保证

10.1　本协议项下双方于本协议签订日向其他方作出如下陈述与保证，该陈述与保证在交割日仍然持续有效。双方确认，乙方系建立在对本条项下的陈述与保证充分信赖之基础上方达成本合同。

10.2　合同双方通用陈述与保证

10.2.1　每一方陈述与保证的事项均真实、完成和准确。

10.2.2　每一方均系具有签订本协议所需的所有权利、授权和批准，并且具有充分履行其在本协议项下每项义务所需的所有权利、授权和批准。

10.2.3　该方合法授权代表签订本协议后，本协议的有关约定构成该方合法、有效及具有约束力的权利义务关系。

10.2.4　无论是本协议的签订还是对本协议项下义务的履行，均不会抵触、违反或违背任何法律法规或任何政府机构或机关的批准，或该方为签约方的任何合同或合同的任何规定。

法天使[1]：
【负债由乙方承担】
使用文中条款。
【负债由甲方承担】
8. 基准日前损益安排
8.1　截至定价基准日，合伙企业的资产与负债情况为：请填充。
8.2　双方同意，截至定价基准日（含当日）形成的标的份额对应的滚存未分配利润由乙方享有。
8.3　双方同意，截至定价基准日（含当日）形式的标的份额对应的合伙企业负债由甲方承担。

10.2.5 不存在与本协议约定事项有关或可能对该方签订本协议或履行该方在本协议项下义务产生不利影响的悬而未决或威胁要提起的诉讼、仲裁或其他法律、行政或其他程序或政府调查。

10.3 甲方陈述与保证

10.3.1 甲方为合伙企业合伙人，具备法律证明文件和完整的合伙人权益，不存在任何财产份额争议和财产份额责任。

10.3.2 甲方转让的财产份额，是甲方在合伙企业的真实出资，依法可以转让的财产份额。财产份额交割后，无任何事实上的、法律上的争议和限制。

10.3.3 甲方转让的财产份额，已获得合伙协议约定的程序批准，不存在程序性问题。

10.3.4 甲方转让的财产份额，没有设置任何抵押、质押或担保，并免遭任何第三人的追索。

10.3.5 甲方履行本协议不会违反自身与任何第三人签订的合同，不违反本协议作出的任何陈述与保证。

10.3.6 甲方已向乙方如实告知合伙企业的经营状况和财务状况。

10.4 乙方陈述与保证

10.4.1 乙方享有完全民事行为能力受让本协议项下的标的份额。

11. 违约责任

11.1 甲方未能履行本协议“交割”条款约定的内容的，则每延迟一日，应按标的份额对应认缴出资额的每日万分之五的标准分别向乙方支付违约金。

11.2 乙方未能按照本协议的约定按期支付转让价款的（如有），每延迟一日，迟延一方应按延迟金额每日万分之五的标准向守约方支付违约金。迟延超过 30 日的，甲方有权单方解除本协议且不承担任何责任。甲方选择解除本协议的，乙方还应承担相当于标的份额对应认缴出资额 30% 的违约金。

11.3 任何一方违反本协议约定的，应承担协议中约定的违约责任。本协议中未约定的，应赔偿守约方全部损失。

11.4 本协议中约定的违约金或违约责任不足以赔偿守约方全部损失的，应赔偿守约方全部损失。

11.5　守约方全部损失包括但不限于对守约方所造成的直接损失、可得利益损失、守约方支付给第三方的赔偿费用/违约金/罚款、调查取证费用/公证费、诉讼费用、律师费用以及因此而支付的其他合理费用。

12. 合同联系方式

12.1　为更好地履行本协议，双方提供如下联系方式：

（1）甲方联系方式

联系人：________________

地址：________________

手机：________________

微信：________________

电子邮箱：________________

（2）乙方联系方式

联系人：________________

地址：________________

手机：________________

微信：________________

电子邮箱：________________

12.2　通过电子邮箱及其他电子方式送达时，发出之日即视为有效送达。

12.3　通过快递等方式送达时，对方签收之日视为有效送达；对方拒收或退回的，视为签收。

12.4　上述联系方式同时作为有效司法送达地址。

12.5　一方变更联系方式，应以书面形式通知对方；否则，该联系方式仍视为有效，由未通知方承担由此而引起的相关责任。

12.6　本联系方式条款为独立条款，不受合同整体或其他条款的效力影响，始终有效。

13. 其他约定

13.1 不可抗力

13.1.1 不可抗力定义：指在本协议签署后发生的、本协议签署时不能预见的、其发生与后果是无法避免或克服的、妨碍任何一方全部或部分履约的所有事件。上述事件包括地震、台风、水灾、火灾、战争、国际或国内运输中断、流行病、罢工，以及根据中国法律或一般国际商业惯例认作不可抗力的其他事件。一方缺少资金非为不可抗力事件。

13.1.2 不可抗力的后果：

（1）如果发生不可抗力事件，影响一方履行其在本协议项下的义务，则在不可抗力造成的延误期内中止履行，而不视为违约。

（2）宣称发生不可抗力的一方应迅速书面通知其他双方，并在其后的十五（15）日内提供证明不可抗力发生及其持续时间的足够证据。

（3）如果发生不可抗力事件，双方应立即互相协商，以找到公平的解决办法，并且应尽一切合理努力将不可抗力的影响减少到最低限度。

（4）金钱债务的迟延责任不得因不可抗力而免除。

（5）迟延履行期间发生的不可抗力不具有免责效力。

13.2 合同解释

13.2.1 本协议的不同条款和分条款的标题与编号，仅供查阅方便之用，不构成本协议的一部分，不作为解释本协议任何条款或权利义务的依据。

13.2.2 本协议中，“以上”“以下”“以内”包含本数，“超过”“不满”“以外”不包含本数，某期日的“前 / 以前”“后 / 以后”或类似表述包含该期日当日。

13.2.3 本协议中对金额或数量使用大小写时，如大小写不一致，应以大写为准。

13.2.4 如果本协议正文和附件的意思发生冲突，则应按正文或附件中以何者为准的明确约定处理。

如无明确约定，则双方应尽力将整个合同（包括正文与附件）作为一个整体来阅读理解，最为明确具体的实现合同目的的条款应优先考虑。

14. 法律适用

本协议的制定、解释及其在执行过程中出现的或与本协议有关的纠纷之解决，受中华人民共和国（港澳台地区除外）现行有效的法律约束。

15. 争议解决

因本协议以及本协议项下订单/附件/补充协议等（如有）引起或有关的任何争议，均提请＿＿＿＿＿＿仲裁委员会按照其仲裁规则进行仲裁。仲裁裁决是终局的，对合同双方均有约束力。

16. 附则

16.1　本协议一式三份，合同双方各执一份，另一份用于办理登记。各份协议文本具有同等法律效力。

16.2　本协议包含如下附件：请填充。

上述附件是本协议的一部分，具有与本协议同等的法律效力。

16.3　本协议经双方签名或盖章后生效。

签订时间：　　　　年　　　　月　　　　日

甲方（签字）：

乙方（签字）：

04

CHAPTER

第四章

股权激励

股权激励协议（持股平台）| 19117

适用场景：

有限责任公司设立有限合伙企业作为持股平台，通过普通合伙人向有限合伙人转让合伙企业财产份额的形式向激励对象间接授予股权。

适用：通过有限合伙持股平台激励。

不适用：非期权非有限合伙持股平台。

重要审查点：

【重要等级：**中**】

审查点 1：判断选择“股权激励协议”还是“薪酬激励协议”

1. 薪酬激励：凡是激励对象不能取得工商登记的股权或是合伙企业财产份额的做法，都归类于此类，包括虚拟股权、分红权、股权增值权等。

2. 股权取得类激励：此类协议在正常履行的情况下，激励对象最终能取得工商登记的股权或是合伙企业财产份额。

3. “股权激励协议”还是“薪酬激励协议”的选择，也就是股权激励模式的选择，需要综合考虑多种企业管理、长期发展规划包括上市方面的规划、激励效果、员工需求等多种法律之外的因素，律师也需要对这些有所把握，才能为企业选择更合适的方案。

审查点 2：协议一般而言应由目标公司、持股平台、激励对象三方签署

仅有目标公司与激励对象签署是不合适的，因为目标公司并不持有自身的股权。

如果是从大股东或其他股东手中将激励股权转让给激励对象，则大股东或其他股东应作为合同主体。

审查点 3：激励对象最终获取的股权由其他股东代持的，代持人也应一并签订合同

不过在实务中这个代持主体和要出让激励股权的主体往往是一个主体，即激励对象从甲处取得激励股权，又约定仍由甲代持。

审查点 4：激励对象一般是公司高管或其他员工

从法律及合同本身来说，对激励对象并无限制，作为股权激励协议主体的激励对象可以不是员工，甚至可以是某个机构（用来激励该机构为公司提供长期服务）。

审查点5：制度化的股权激励方案应经董事会审议、股东会全体股东一致审议通过

强调全体股东一致通过，是因为股权取得类激励涉及全体股东的权利让渡（即便被激励对象付出了对价，这种对价也是显著低于激励股权的价值的），并可涵盖股权转让的其他股东的同意与优先权程序。

审查点6：来源于某个股东股权让渡的个别股权激励，可以不经股东会审议

此时，也需要提前取得其他股东对股权转让的同意和对优先购买权的放弃。

审查点7：制度化的股权激励涉及一系列的协议、制度和文件

1. 股权激励方案类。

包括股权激励的整体方案和具体实施细则，董事会、股东会对股权激励方案的审议决议。

2. 股权激励协议类。

除了签署股权激励协议，还往往要一并签署配套期权证书、激励对象承诺书等。

3. 股权激励实施过程中要使用的文件。

激励对象行权申请书、期权行权批准书等。

4. 股权登记相关文件。

合伙协议、工商登记文件等。

如果需要设立有限合伙企业等持股平台，则还需要另外设计持股平台设立的相关协议和文件。

审查点8：股权激励协议中的主要条款版块

1. “标的 + 价款”版块。

主要内容有激励股权数量 + 对价（出资金额、股权转让价款、期权的行权价格）。

2. 持股主体安排版块。

主要内容有持股平台的说明。

3. 期权安排。

主要内容有激励对象资格 + 等待期安排 + 行权安排 + 业绩等特别要求。

4. 股权限制安排。

主要内容有股权处分限制 + 回购安排 + 接受公司适当调整。

审查点 9：通过不同条款版块的组合可以形成不同形式的股权激励协议

1. “标的 + 价款”版块。

这一般是个别股权激励，直接向激励对象给予或低价转让股权。

2. “标的 + 价款”版块 + “股权限制安排”版块。

这种模式是立即给予股权，但是在一定期限内，股权受到限制。这就是所谓“限制性股权”，一般是针对重要高管，签署协议之时激励对象已经获得信任，可以直接授予股权了。

3. “标的 + 价款”版块 + “期权安排”版块 + “股权限制安排”版块。

这就是最为常见的“期权激励”。理论上“期权激励”模式可以没有“股权限制安排”，但实务中往往多少都会有一定的限制安排。

审查点 10：“期权安排 + 股权限制安排”的节点

1. 节点：期权授予日、等待期满日、行权手续办理时间、股权取得时间、工商登记时间、限制期满日、股权出让日。

等待期：期权授予日到等待期满日。

限制期：等待期满日到限制期满日。

2. 实务中，多数股权激励是分几期等待成熟。分两期到五期的都有，但分四期较常见。

3. 需要确定办理行权手续和最后办理工商登记的时间点、激励对象正式取得股权的时间节点。

这个股权取得的节点可以就是行权手续办理完毕之时，也可以是工商登记之日，甚至还可以是等待期满即自动取得（如果不需要支付对价的话）。

不排除有的股权激励并不办理工商登记，一直采用代持的形式直到上市，此时也需要约定激励对象取得股权的时间节点。

4. 有限责任公司的股权激励协议条款的主要内容，就是将上述节点以及不同阶段的权利义务界定清楚。

成套文件：

▲ 19117 有限责任公司股权激励全套文本（期权＋有限合伙持股平台）

（一）持股平台设立阶段

1. 股东会决议
2. 普通合伙人声明
3. 合伙协议（附合伙人名册）
4. 授权书

（二）期权授予阶段

5. 股东会决议
6. 股权激励计划
7. 股权激励协议

（三）行权阶段

8. 行权通知
9. 合伙企业财产份额转让协议
10. 入伙协议
11. 激励对象声明

（四）回购、解除阶段

12. 回购通知
13. 有限合伙财产份额转让协议（回购）
14. 退伙协议
15. 退出股权激励声明

其他场景

▲ 19601 有限责任公司股权激励（期权、行权后直接持股）成套文本

▲ 19731 非公众股份公司股权激励（期权、行权后直接持股）成套文本

▲ 19117 有限责任公司股权激励全套文本（期权＋有限合伙持股平台）

▲ 19733 非公众股份公司股权激励全套文本（期权＋有限合伙持股平台）

▲ 19738 非公众股份公司虚拟股权激励（分红权、虚拟股权）成套文本
▲ 19501 有限责任公司虚拟股权激励（分红权、虚拟股权）成套文本
▲ 20156 有限责任公司经销商激励合同（期权 + 直接持股）
▲ 19608 有限责任公司股权激励（期权、行权后大股东代持）成套文本
▲ 19600 有限责任公司股权激励（限制性股权、大股东代持）成套文本
▲ 19597 有限责任公司股权激励（限制性股权、激励对象直接持股）成套文本
▲ 19732 非公众股份公司股权激励（期权、行权后大股东代持）成套文本

文本正文：

股权激励协议

甲方（持股平台执行事务合伙人）： ________________
身份证号码：________________
乙方（激励对象）： ________________
身份证号码：________________
丙方（持股平台）： ________________
统一社会信用代码：________________

本合同各方经平等自愿协商，根据《中华人民共和国民法典》《中华人民共和国公司法》及相关法律法规，就授予乙方期权事宜，签订本合同以共同遵守。

第一部分　定　　义

1. 定义

除本合同条款另有特别说明，本合同中使用的字词与表述的含义如下：

1.1　本公司、公司：目标公司准确名称。

1.2　期权：公司授予乙方在符合行权条件时，以预先确定的行权价格取得公司

法天使[1]:
【合同签订日】使用文中条款。
【指定日期】

法天使[2]:
【象征性价格（相当于0元）】使用文中条款。
【指定价格】
【最近一轮融资价格的一定比例】

一定数量激励股权的权利。

1.3 持股平台：本公司设立的用于股权激励计划的、持有本公司一定股权的有限合伙企业。

1.4 激励股权：公司向激励对象授予的、通过持有持股平台的份额间接持有的公司股权。

1.5 行权：激励对象按照本合同约定的条件购买持股平台的份额间接持有公司股权的行为。

1.6 交割日：指办理完毕激励股权的工商变更登记之日。

1.7 股东身份：由于激励对象不直接持有公司股权，本合同中的股东身份应被理解为持股平台的合伙人身份。

1.8 合伙协议：乙方为成为丙方（持股平台）合伙人而签订的合伙协议或入伙协议。

第二部分 期权安排（股份数量）

2. 期权授予日

2.1 期权授予日为：本合同签订之日。[1]

3. 期权数量

3.1 甲方授予乙方期权股数：________________股。

上述为乙方被授予的全部期权股数。乙方实际取得的激励股权股份数，以乙方行权后所取得激励股权股份数为准。

3.2 公司总股数：本公司当前全部注册资本为元，折算______万股（下称“公司总股数”）。

本合同签订后，本公司注册资本如发生增加，则公司总股数按上述折算方式相应增加。

4. 行权价格

4.1 行权价格：丙方授权乙方在符合本合同约定条件的情况下，有权以0元的价格从甲方处购买激励股权（无须支付行权价格）。[2]

5. 间接持股

5.1　乙方行权后，乙方将通过受让甲方所持丙方财产份额并成为丙方有限合伙人方式间接持有激励股权；如在本协议签订后新设持股平台，则乙方将直接在丙方中作为有限合伙人间接持有激励股权。

5.2　乙方所受让 / 持有的丙方财产份额对应丙方出资金额（下称“乙方出资额”）按如下方式计算：

乙方出资额 = 乙方行权股份数 / 持股平台所持公司股份数 × 持股平台全部出资额

持股平台所持公司股份数以行权当时持股平台所持公司股份数为准。

5.3　乙方持股比例：乙方行权后所持有的目标公司股权比例，等于“乙方已行权股份数额 / 公司总股数”。

公司总股数以前述约定为准，公司注册资本如发生增加，则公司总股数相应增加，乙方持股比例相应下降；此时应以该调整后的乙方持股比例为准。

5.4　乙方认可，如乙方行权后，丙方因受让目标公司股权等方式使得丙方所持目标公司股权比例（所持公司股份数）增加，则甲方有权适当调整丙方中的乙方出资比例，本合同约定的乙方持股比例仍不变。

5.5　本协议中对激励股权的限制、回购等安排，均指通过对乙方在持股平台持有的合伙企业财产份额的限制、回购来处理。

第三部分　行权条件

6. 行权条件

6.1　截至行权日之前，以下条件全部满足时，乙方可对获授的已成熟期权进行行权：

6.1.1　拟行权期权已成熟。

6.1.2　乙方未丧失期权资格。

6.1.3　满足本合同中约定的特别行权条件。

7. 期权成熟

7.1　成熟期

乙方被授予的期权成熟期共 4 年，分 3 期成熟：

第 1 期为 2 年，期权成熟比例为 50%；

第 2 期为 1 年，期权成熟比例为 25%；

第 3 期为 1 年，期权成熟比例为 25%。

第 1 期成熟期自期权授予日起算。期权分期成熟的，前一期届满后第二日起即起算后一期。[1]

7.2　成熟条件：乙方在成熟期内持续与公司保持劳动关系。乙方在期权成熟前离职的（无论何种原因），未成熟的期权不再成熟。

7.3　成熟期顺延：如乙方在成熟期内请假的（因工作遭受事故伤害或者患职业病需要暂停工作接受工伤医疗的除外），单次请假超过 15 个工作日或在本年度内累计超过 30 个工作日的，则期权成熟期间应按请假天数相应自动延长。

7.4　加速成熟：经公司董事会或执行董事书面同意的，期权可以加速成熟。

8. 期权资格丧失

8.1　乙方出现下列情形之一时，乙方期权资格自动丧失：

8.1.1　因为《劳动合同法》第 39 条规定的情形之一，公司与乙方解除劳动关系的。

8.1.2　乙方违反与公司约定的竞业限制义务的。

8.1.3　故意或过失给公司造成人民币（大写）＿＿＿元（￥＿＿＿元）以上损害的。

8.1.4　被依法追究刑事责任的。

8.2　乙方期权资格丧失时，甲方、丙方有权与乙方解除本合同，乙方未行权的期权（无论是否成熟）全部失效，乙方不得再要求行权，亦不得要求任何补偿。

9. 特别行权条件

9.1　截至行权日之前，本条约定的特别行权条件必须满足乙方方可行权；不同条件下行权数量发生调整的，公司将依据约定确认乙方可行权的期权数量。

法天使[1]：

【4 年 3 期成熟】使用文中条款。

【4 年 4 期成熟】

7.1　成熟期

乙方被授予的期权成熟期共 4 年，分 4 期成熟：

第 1 期为 1 年，期权成熟比例为 25%；

第 2 期为 1 年，期权成熟比例为 25%；

第 3 期为 1 年，期权成熟比例为 25%；

第 4 期为 1 年，期权成熟比例为 25%。

第 1 期成熟期自期权授予日起算。前一期届满后即起算后一期。

【2 年 1 期成熟】

7.1　成熟期

乙方被授予的期权成熟期共 2 年，1 期成熟。成熟期自期权授予日起算，成熟期满时，期权全部成熟。

9.2　特别行权条件

9.2.1　关于乙方的特别行权条件

若乙方最新年度绩效考核结果达到优秀的，则乙方已成熟的期权可全部行权；

若乙方最新年度绩效考核结果达到合格的，则乙方已成熟的期权可行权＿＿%（百分之＿＿）；

若乙方最新年度绩效考核结果为不合格的，则乙方不可对已成熟的期权行权。[1]

9.2.2　关于公司的特别行权条件

截至行权日之前，公司年度营业收入连续两年每年增长20%以上。

9.3　特别行权条件未满足时的处理

9.3.1　特别行权条件全部或部分未满足时，乙方不得要求行权；已成熟但不能行权的期权应推迟到符合特别行权条件的下一期权行权。

9.3.2　如按照约定可部分行权的，乙方可就该部分期权进行行权，已成熟但不能行权的期权应推迟到符合特别行权条件的下一期权行权。[2]

第四部分　行 权 安 排

10. 行权时间

10.1　公司实行集中行权，具体日期由公司执行董事/董事会确定。

公司将在行权前通知乙方办理行权手续。[3]

11. 行权手续

11.1　公司将根据本合同约定的条件，考察乙方是否具备行权条件、具体行权数量等并作出安排。

11.2　行权办理：乙方应根据公司通知，在公司要求的时间内，支付行权价款，并按行权通知上的要求填写、签署相关文件，将文件提交至公司。乙方办理完成该类手续并支付行权价款之日，即为行权日。[4]

11.3　未行权的处理：已成熟而未行权的期权可累积至下一年度行权。但无论何种情况，在对最后一个成熟期所对应期权进行行权后，未行权的期权将失效，乙方

法天使[1]：
【根据绩效结果部分行权】
使用文中条款。
【绩效达标可全部行权】

法天使[2]：
【推迟行权】
使用文中条款。
【该部分期权失效】

法天使[3]：
【集中行权，在签订本合同时未确定行权日的情况】
使用文中条款。
【集中行权，在签订本合同时已确定行权日的情况】
【单独通知行权】

法天使[4]：
【需要支付行权价款的情况】
使用文中条款。
【无须支付行权价款的情况】

法天使[1]：
【行权有效期截止于对最后一个成熟期对应期权行权时的情形】使用文中条款。
【未行权视为放弃】
11.3　未行权的处理：乙方未按照公司通知要求办理相关行权手续，或者明示放弃行权的，则该部分期权失效，乙方不能再要求就该部分期权行权。

不再对未行权的期权享有任何权利。[1]

11.4　工商登记

行权日起的 20 个工作日内，甲方、丙方应办理相应工商变更手续，将乙方完成行权部分股权对应的持股平台财产份额变更到乙方名下。

11.5　如办理工商登记之时，持股平台注册资本发生变化，不影响本合同约定的激励股权对应的持股平台出资金额，但出资金额对应的财产份额比例相应发生变化。

12. 权利的取得

12.1　无论如何，乙方不直接享有任何公司股东权利。

12.2　在行权前，乙方不享有任何持股平台合伙人权利，且乙方不得对获授的期权进行任何处置，包括但不限于不得赠与、转让、分割、用于担保或偿还债务等。

12.3　自行权日起，乙方取得参与持股平台收益分配的权利，但不享有任何其他权利。

12.4　自交割日起，乙方根据《中华人民共和国合伙企业法》、合伙协议及本合同的约定享有相关权利，承担相关义务。

13. 重大变更

13.1　重大变更是指公司的下列变化：

13.1.1　公司作出启动上市或挂牌程序的决议；

13.1.2　公司作出改制为股份公司的决议；

13.1.3　公司发生收购、并购或股权结构需作重大调整；

13.1.4　公司需搭建、调整或解除 VIE 架构；

13.1.5　与上述情形类似的公司股权结构、性质的重大调整。

13.2　当公司将出现重大变更时，丙方应尽合理的努力（在法律许可范围内）将重大变更通知乙方。对于已经达到行权条件但尚未行权的期权，应在丙方规定时间内行权。对于尚未达到行权条件的期权，应予以注销。

13.3　公司发生重大变更时，公司有权要求对乙方激励股权进行适当调整。

13.3.1　调整方式包括：要求乙方通过持股机构间接持股；因搭建协议控制（VIE）结构而将激励股权变更为境外公司的股权期权；股份分拆；调整为股份公司的股份，等等。

13.3.2　公司同意，调整方式将遵守下列条件：对所有激励股权都采取公平的做法；有利于公司发展；公司董事会作出决议。

13.3.3　乙方同意配合公司作出的上述调整，包括配合签订相应变更协议。

如乙方不同意配合，则丙方有权要求按“过错性股权回购”的价格回购乙方全部激励股权。

13.4　如在发生重大变更前乙方已处置激励股权的，乙方应确保受让方接受本条的约定，配合公司的相关调整，包括配合签订相应变更协议。

13.5　当公司上市后，公司可以根据公司整体安排以及资本市场的情况，统一安排持股平台一次性减持或分次减持，乙方有权按其在持股平台中享有的权益比例参与减持收益的分配，乙方应遵守公司的相关安排。如在公司未统一安排持股平台一次性减持或分次减持时，乙方拟减持激励股权的，经激励对象提前通知公司，公司有权在符合公司整体安排并且在满足相关法律法规的前提下，减持持股平台持有的公司股份并将减持所得收益向乙方进行分配。

13.6　发生本条约定情形的，本协议其他与本条款存在冲突的事项，以实现本条款约定为准。

13.7　无论是否在股权限制期内，本条约定均有效，直至本合同解除或终止。

第五部分　股权限制期

14. 股权限制期

14.1　已行权股权仍受本条约定的股权限制期限制；在符合约定条件时，丙方有权要求回购。

14.2　股权限制期为：自行权日起，至行权日之日起满 3 年之日或丙方上市挂牌之日止（以两者较早者为准）。[1]

15. 处分限制

15.1　在股权限制期内，除本合同另有约定外，乙方不得处置激励股权（包括但不限于将股权进行转让、赠与、分割、继承、抵押、质押等）。

法天使 [1]：
【3 年】
使用文中条款。
【至上市为止】
14.2　股权限制期为：行权日起至丙方上市挂牌之日止。

法天使[1]：
【按较高价格回购】
使用文中条款。
【按行权价款及利息回购】
17.2　上述情形下，公司回购激励股权的价格为：乙方实际支付的行权价款加上利息。利息自支付行权价款之日起按年利率____%（百分之____）计算。

15.2　股权限制期满后，乙方转让激励股权时应当遵守合伙协议中的有关规定。

16. 过错性股权回购

16.1　股权限制期内，乙方有下列情形之一时，视为乙方过错，公司有权回购乙方已行权股权：

（1）乙方严重违反公司规章制度或劳动纪律的；

（2）乙方被追究刑事责任的；

（3）乙方的错误行为，致使公司利益受到重大损失的；

（4）乙方违反本协议约定的股权限制安排或相关约定的。

16.2　上述情形下，公司回购激励股权的价格为：原行权价格；如原行权价格为0，则公司有权0元回购。

17. 非过错性股权回购

17.1　股权限制期内，乙方有下列情形之一时，公司有权回购乙方全部或部分已行权股权：

（1）非因乙方过错，双方劳动关系解除或终止的；

（2）因乙方离婚导致股权争议其配偶要求成为股东的；

（3）乙方丧失劳动能力、死亡或被宣告死亡的。

17.2　上述情形下，公司回购激励股权的价格为：

（1）乙方实际支付的行权价款加利息。利息自支付行权价款之日起按年利率____%（百分之____）计算。

（2）公司最近一轮融资估值的____%（百分之____）。

（3）该部分股权对应的最近一年公司净资产金额。

回购价格以上述价格中最高者为准。[1]

18. 股权分割

乙方同意：无论是否在股权限制期内，激励股权不能作为夫妻共同财产，其配偶不能要求取得股东地位，由乙方对其配偶进行财产分配补偿或协商处理。

19. 回购安排

19.1　根据本合同约定公司有权回购时，公司有权安排由公司或公司指定人员作为受让方从乙方手中回购股权。

19.2　根据本合同约定公司有权回购时，乙方应配合办理相应工商登记变更手续，公司亦有权直接办理工商登记变更手续。

20. 税负的承担

20.1　乙方因股权激励获得的收益，应按国家税收法律法规的规定缴纳个人所得税。

20.2　公司有权根据国家税收法律法规的规定，代扣代缴乙方应缴纳的个人所得税。

第六部分　其他约定

21. 非聘用协议

本合同不构成公司对乙方聘用期限和聘用关系的任何承诺，公司对乙方的聘用关系或劳动关系仍以双方签订的劳动合同或聘用类协议约定为准。

22. 陈述与保证

22.1　本协议各方于本协议签订日向其他方作出如下陈述与保证，该陈述与保证在合并后仍然持续有效。各方确认，各方系建立在对本条项下的陈述与保证充分信赖的基础上方达成本协议。

22.2　每一项陈述与保证应被视为单独陈述与保证（除非本协议另有明确的相反规定），而且前述每一项陈述与保证不应因参照或援引任何其他陈述与保证条款或本协议的任何其他条款而受到限制或制约。

22.3　如有与下列所作陈述与保证不符的情况，作出陈述与保证的一方已于本协议签订日前以书面形式向其他方披露。

22.4　各方承诺，如果其知悉在本协议签订后发生任何情形，使该方作出的任何陈述与保证在任何方面变为不真实、不准确或具误导性，将立即书面通知合同其余方。

22.5　协议各方通用陈述与保证

协议各方均承诺：

22.5.1　该方系合法设立且有效存续的实体（法人或非法人组织）或具有完全民事行为能力的自然人。

22.5.2　除本协议另有约定外，该方拥有签订本协议和履行本协议全部义务所必需的所有合法权力、权利，已取得签订本协议和履行本协议全部义务所必需的所有内部和外部的批准、授权和许可。

22.5.3　该方提交的文件、资料等均是真实、准确、全面、完整和有效的，并无任何隐瞒、遗漏、虚假或误导之处。

22.5.4　该方签订本协议和履行本协议任何义务不会：

（1）违反该方的公司章程或任何组织性文件的规定；

（2）违反法律、法规或其他规范性文件；

（3）违反对该方有法律约束力的任何其他协议、合同、文件、该方对任何第三方作出的承诺或保证（无论是书面的或是口头的）、该方对任何第三方所负担的其他有法律约束力的义务。

22.6　关于股权激励的陈述与保证

22.6.1　甲方陈述与保证：

22.6.1.1　甲方履行本合同不会违反自身与任何第三人签订的合同，不违反本合同作出的任何陈述与保证。

22.6.2　乙方陈述与保证：

22.6.2.1　乙方应当按公司所聘岗位的要求，勤勉尽责、恪守职业道德，为公司的发展作出应有贡献。

22.6.2.2　乙方同意遵守相关法律、法规，以及与用人单位签订的劳动合同、用人单位的规章制度等。

22.6.2.3　乙方的资金来源为自筹资金、合法合规。

22.6.2.4　乙方享有完全民事行为能力受让本合同项下的激励股权。

22.6.3　丙方陈述与保证：

22.6.3.1　丙方履行本合同不会违反自身与任何第三人签订的合同，不违反本合同作出的任何陈述与保证。

23. 违约责任

任何一方违反本合同约定的，应承担协议中约定的违约责任。本合同中未约定的，应赔偿守约方全部损失。

24. 其他约定

24.1　不可抗力

24.1.1　不可抗力定义：指在本合同签署后发生的、本合同签署时不能预见的、其发生与后果是无法避免或克服的、妨碍任何一方全部或部分履约的所有事件。上述事件包括地震、台风、水灾、火灾、战争、国际或国内运输中断、流行病、罢工，以及根据中国法律或一般国际商业惯例认作不可抗力的其他事件。一方缺少资金非为不可抗力事件。

24.1.2　不可抗力的后果：

（1）如果发生不可抗力事件，影响一方履行其在本合同项下的义务，则在不可抗力造成的延误期内中止履行，而不视为违约。

（2）宣称发生不可抗力的一方应迅速书面通知其他各方，并在其后的十五（15）日内提供证明不可抗力发生及其持续时间的足够证据。

（3）如果发生不可抗力事件，各方应立即互相协商，以找到公平的解决办法，并且应尽一切合理努力将不可抗力的影响减少到最低限度。

（4）金钱债务的迟延责任不得因不可抗力而免除。

（5）迟延履行期间发生的不可抗力不具有免责效力。

24.2　合同解释

24.2.1　本合同的不同条款和分条款的标题与编号，仅供查阅方便之用，不构成本合同的一部分，不作为解释本合同任何条款或权利义务的依据。

24.2.2　本合同中，“以上”“以下”“以内”包含本数，“超过”“不满”“以外”不包含本数，某期日的“前 / 以前”“后 / 以后”或类似表述包含该期日当日。

24.2.3　本合同中对金额或数量使用大小写时，如大小写不一致，应以大写为准。

24.2.4　如果本合同正文和附件的意思发生冲突，则应按正文或附件中以何者为准的明确约定处理。

如无明确约定，则各方应尽力将整个合同（包括正文与附件）作为一个整体来阅读理解，最为明确具体的实现合同目的的条款应优先考虑。

25. 合同联系方式

25.1　为更好地履行本合同，各方提供如下联系方式：

（1）甲方联系方式

联系人：________________

地址：________________

手机：________________

微信：________________

电子邮箱：________________

（2）乙方联系方式

联系人：________________

地址：________________

手机：________________

微信：________________

电子邮箱：________________

（3）丙方联系方式

联系人：________________

地址：________________

手机：________________

微信：________________

电子邮箱：________________

25.2　通过电子邮箱及其他电子方式送达时，发出之日即视为有效送达。

25.3　通过快递等方式送达时，对方签收之日或发出后第三日视为有效送达（以两者较早一个日期为准）；对方拒收或退回的，视为签收。

25.4　上述联系方式同时作为有效司法送达地址。

25.5　一方变更联系方式，应以书面形式通知对方；否则，该联系方式仍视为有效，由未通知方承担由此而引起的相关责任。

25.6　本联系方式条款为独立条款，不受合同整体或其他条款的效力影响，始终有效。

26. 法律适用

本合同的制定、解释及其在执行过程中出现的或与本合同有关的纠纷之解决，受中华人民共和国（港澳台地区除外）现行有效的法律约束。

27. 争议解决

因本合同引起或有关的任何争议，由合同各方协商解决，也可由有关部门调解。协商或调解不成的，应向公司住所地有管辖权的人民法院起诉。

28. 附则

28.1　本合同自协议各方签名或盖章后生效。

28.2　本合同一式四份，协议各方各持一份，其余一份由丙方持有用于办理工商变更等相关手续，每份具有同等法律效力。

签订时间：　　　　年　　　　月　　　　日

甲方（签名）：

乙方（签名）：

丙方（签名或盖章）：

法定代表人或授权代表：

股权激励协议（股权转让）| 19597

适用场景：

丙方（公司）通过将甲方（股东）名下部分股权转让给乙方（激励对象）的方式授予激励股权，激励股权授予后仍受到股权限制期约束。授予价格可选择 0 元或其他对价。合同签订后即转让股权并办理工商变更登记。

适用：立即进行股权转让。

不适用：期权、虚拟股权、分红权。

成套文件：

（一）签约前程序阶段

1. 股东会决议
2. 股权转让通知
3. 放弃优先购买权声明

（二）股权授予阶段

4. 股权激励协议
5. 激励对象声明
6. 章程修正案

（三）股权转让后阶段

7. 公司股东出资证明书
8. 股权转让后公司的股东名册

（四）解除限售阶段

9. 解除限售通知

（五）回购、解除阶段

10. 回购通知
11. 股权回购合同

文本正文：

股权激励协议

甲方（股东）： ________________

统一社会信用代码：________________

乙方（激励对象）： ________________

身份证号码：________________

丙方（公司）： ________________

统一社会信用代码：________________

本合同各方经平等自愿协商，根据《中华人民共和国民法典》《中华人民共和国公司法》及相关法律法规，就丙方授予乙方限制性股权事宜，签订本合同以共同遵守。

第一部分 股权授予安排

1. 激励股权

1.1 激励股权是指丙方的如下股权：

股权比例：________________

对应注册资本金额：________________

对应实缴注册资本金额：________________

1.2 激励股权来源于甲方持有的丙方股权，由甲方按本合同约定转让给乙方。

2. 授予价格

2.1 各方同意，激励股权的授予价格为人民币（大写）____元（￥____元）（以下简称“购股价款”）。

2.2 乙方以下列付款方式向甲方支付购股价款：

首笔款：￥____元，于本合同签订后5个工作日内支付；

第二笔款：￥____元，于____前支付；

法天使[1]：
【有偿激励分次付款】
使用文中条款。
【有偿激励一次性付款】
【无偿激励】

法天使[2]：
【对基准日前未分配利润的归属进行分割】
使用文中条款。
【对基准日前未分配利润的归属不做分割】

法天使[3]：
【由乙方承担实缴出资义务】
使用文中条款。
【由甲方承担实缴出资义务】

第三笔款：¥____元，于____前支付；

第四笔款：¥____元，于____前支付。

2.3 甲方指定收款账户：

户名：________________

账号：________________

开户行：________________[1]

3. 工商变更

本合同签订后20个工作日内，甲方、丙方应办理相应工商变更手续，将激励股权变更到乙方名下。

4. 权利的取得

4.1 自激励股权办理工商变更登记至乙方名下之日（“交割日”）起，乙方获得相应股东权利，根据《公司法》、公司章程及本合同的约定享有股东权利，承担股东义务。

5. 基准日前未分配利润安排

各方同意，激励股权对应的截至定价基准日（含当日）形成的滚存未分配利润，以____年____月____日为界，该日及该日之前形成的由甲方享有，该日之后形成的由乙方享有。[2]

6. 出资义务的承担

6.1 激励股权对应的未实缴出资部分的出资义务由乙方承担，无论何种情况，乙方均不得主张由甲方或其他方承担上述义务。[3]

7. 税负的承担

7.1 乙方因股权激励获得的收益，应按国家税收法律法规的规定缴纳个人所得税。

7.2 丙方有权根据国家税收法律法规的规定，代扣代缴乙方应缴纳的个人所得税。

第二部分 股权限制期

8. 股权限制期

8.1 激励股权受本条约定的股权限制期限制；在符合约定条件时，丙方有权要求回购。

8.2　股权限制期为：交割日起至交割日之日起 3 年或丙方上市挂牌之日止（以两者较早者为准）。[1]

法天使 [1]：
【3 年】
使用文中条款。
【至上市为止】
8.2　股权限制期为：交割日起至丙方上市挂牌之日止。

9. 限制期顺延与加速解限

9.1　限制期顺延：如乙方在限制期内请假的（因工作遭受事故伤害或者患职业病需要暂停工作接受工伤医疗的除外），单次请假超过 15 个工作日或在本年度内累计超过 30 个工作日的，则限制期应按请假天数相应自动延长。

9.2　加速解限：经丙方董事会或执行董事书面同意的，激励股权可以加速解限。

10. 处分限制

10.1　在股权限制期内，除本合同另有约定外，乙方不得处分激励股权（包括但不限于将股权进行转让、赠与、分割、继承、抵押、质押等）。

10.2　股权限制期满后，乙方处分激励股权时应当遵守丙方公司章程及本合同中的有关规定。

11. 过错性股权回购

11.1　股权限制期内，乙方有下列情形之一时，视为乙方过错，公司有权回购乙方获授的激励股权：

11.1.1　乙方严重违反公司规章制度或劳动纪律的。

11.1.2　乙方被追究刑事责任的。

11.1.3　乙方违反本合同约定的股权限制安排或相关约定的。

11.1.4　乙方的错误行为，致使公司利益受到重大损失的。

11.1.5　股权限制期内乙方提出辞职或拒绝续签劳动合同的。

11.2　上述情形下，公司回购激励股权的价格为：乙方实际支付的购股价款；如购股价款为 0，则公司有权 0 元回购。

12. 非过错性股权回购

12.1　股权限制期内，乙方有下列情形之一时，公司有权回购乙方全部或部分激励股权：

12.1.1　非因乙方过错，双方劳动关系解除或终止的；

法天使[1]：
【按行权价款及利息回购】
使用文中条款。
【按较高价格回购】
12.2　上述情形下，公司回购激励股权的价格为：
（1）乙方实际支付的行权价款及利息。利息自支付行权价款之日起按年利率____%（百分之____）计算。
（2）公司最近一轮融资估值的____%（百分之____）。
（3）该部分股权对应的最近一年公司净资产金额。
回购价格以上述价格中最高者为准。

12.1.2　因乙方离婚导致股权争议其配偶要求成为股东的；

12.1.3　乙方丧失劳动能力、死亡或被宣告死亡的。

上述情形同时属于过错性股权回购的情形的，应按过错性股权回购处理。

12.2　上述情形下，公司回购激励股权的价格为：乙方实际支付的购股价款及利息。利息自支付购股价款之日起按年利率____%（百分之____）计算。[1]

13. 回购安排

13.1　根据本合同约定公司有权回购时，公司有权安排由公司或公司指定人员作为受让方从乙方手中回购股权。

13.2　根据本合同约定公司有权回购时，乙方应配合办理相应工商登记变更手续，公司亦有权直接办理工商登记变更手续。

14. 股权分割

乙方同意：无论是否在股权限制期内，激励股权不能作为夫妻共同财产，其配偶不能要求取得股东地位，由乙方对其配偶进行财产分配补偿或协商处理。

15. 重大变更

15.1　重大变更是指公司的下列变化：

15.1.1　公司作出启动上市或挂牌程序的决议；

15.1.2　公司作出改制为股份公司的决议；

15.1.3　公司发生收购、并购或股权结构需作重大调整；

15.1.4　公司需搭建、调整或解除 VIE 架构；

15.1.5　与上述情形类似的公司股权结构、性质的重大调整。

15.2　公司发生重大变更时，公司有权要求对乙方激励股权进行适当调整。

15.2.1　调整方式包括：要求乙方通过持股机构间接持股；因搭建合同控制（VIE）结构而将激励股权变更为境外公司的股权期权；股份分拆；调整为股份公司的股份，等等。

15.2.2　公司同意，调整方式将遵守下列条件：对所有激励股权都采取公平的做法；有利于公司发展；公司董事会作出决议。

15.2.3　乙方同意配合公司作出的上述调整，包括配合签订相应变更合同。

如乙方不同意配合，则丙方有权要求按“非过错性股权回购”的价格回购乙方全部激励股权。

15.3　如在发生重大变更前乙方已处置激励股权的，乙方应确保受让方接受本条的约定，配合公司的相关调整，包括配合签订相应变更合同。

15.4　发生本条约定情形的，本合同其他与本条款存在冲突的事项，以实现本条款约定为准。

15.5　无论是否在股权限制期内，本条约定均有效，直至本合同解除或终止。

第三部分　其他约定

16. 非聘用合同

本合同不构成公司对乙方聘用期限和聘用关系的任何承诺，公司对乙方的聘用关系或劳动关系仍以双方签订的劳动合同或聘用类合同约定为准。

17. 陈述与保证

17.1　本合同各方于本合同签订日向其他方作出如下陈述与保证，该陈述与保证在合并后仍然持续有效。各方确认，各方系建立在对本条项下的陈述与保证充分信赖的基础上方达成本合同。

17.2　每一项陈述与保证应被视为单独陈述与保证（除非本合同另有明确的相反规定），而且前述每一项陈述与保证不应因参照或援引任何其他陈述与保证条款或本合同的任何其他条款而受到限制或制约。

17.3　如有与下列所作陈述与保证不符的情况，作出陈述与保证的一方已于本合同签订日前以书面形式向其他方披露。

17.4　各方承诺，如果其知悉在本合同签订后发生任何情形，使该方作出的任何陈述与保证在任何方面变为不真实、不准确或具误导性，将立即书面通知合同其余方。

17.5　合同各方通用陈述与保证

合同各方均承诺：

17.5.1　该方系合法设立且有效存续的实体（法人或非法人组织）或具有完全民事行为能力的自然人。

17.5.2　除本合同另有约定外，该方拥有签订本合同和履行本合同全部义务所必需的所有合法权力、权利，已取得签订本合同和履行本合同全部义务所必需的所有内部和外部的批准、授权和许可。

17.5.3　该方提交的文件、资料等均是真实、准确、全面、完整和有效的，并无任何隐瞒、遗漏、虚假或误导之处。

17.5.4　该方签订本合同和履行本合同任何义务不会：

（1）违反该方的公司章程或任何组织性文件的规定；

（2）违反法律、法规或其他规范性文件；

（3）违反对该方有法律约束力的任何其他合同、合同、文件、该方对任何第三方作出的承诺或保证（无论是书面的或是口头的）、该方对任何第三方所负担的其他有法律约束力的义务。

17.6　关于股权激励的陈述与保证

17.6.1　甲方陈述与保证：

17.6.1.1　甲方履行本合同不会违反自身与任何第三人签订的合同，不违反本合同作出的任何陈述与保证。

17.6.2　乙方陈述与保证：

17.6.2.1　乙方应当按公司所聘岗位的要求，勤勉尽责、恪守职业道德，为公司的发展作出应有贡献。

17.6.2.2　乙方同意遵守相关法律、法规，以及与用人单位签订的劳动合同、用人单位的规章制度等。

17.6.2.3　乙方的资金来源为自筹资金、合法合规。

17.6.2.4　乙方享有完全民事行为能力受让本合同项下的激励股权。

17.6.3　丙方陈述与保证：

17.6.3.1　丙方履行本合同不会违反自身与任何第三人签订的合同，不违反本合同作出的任何陈述与保证。

18. 违约责任

任何一方违反本合同约定的，应承担合同中约定的违约责任。本合同中未约定的，应赔偿守约方全部损失。

19. 其他约定

19.1　不可抗力

19.1.1　不可抗力定义：指在本合同签署后发生的、本合同签署时不能预见的、其发生与后果是无法避免或克服的、妨碍任何一方全部或部分履约的所有事件。上述事件包括地震、台风、水灾、火灾、战争、国际或国内运输中断、流行病、罢工，以及根据中国法律或一般国际商业惯例认作不可抗力的其他事件。一方缺少资金非为不可抗力事件。

19.1.2　不可抗力的后果：

（1）如果发生不可抗力事件，影响一方履行其在本合同项下的义务，则在不可抗力造成的延误期内中止履行，而不视为违约。

（2）宣称发生不可抗力的一方应迅速书面通知其他各方，并在其后的十五（15）日内提供证明不可抗力发生及其持续时间的足够证据。

（3）如果发生不可抗力事件，各方应立即互相协商，以找到公平的解决办法，并且应尽一切合理努力将不可抗力的影响减少到最低限度。

（4）金钱债务的迟延责任不得因不可抗力而免除。

（5）迟延履行期间发生的不可抗力不具有免责效力。

19.2　合同解释

19.2.1　本合同的不同条款和分条款的标题与编号，仅供查阅方便之用，不构成本合同的一部分，不作为解释本合同任何条款或权利义务的依据。

19.2.2　本合同中，“以上”“以下”“以内”包含本数，“超过”“不满”“以外”不包含本数，某期日的“前 / 以前”“后 / 以后”或类似表述包含该期日当日。

19.2.3　本合同中对金额或数量使用大小写时，如大小写不一致，应以大写为准。

19.2.4　如果本合同正文和附件的意思发生冲突，则应按正文或附件中以何者为准的明确约定处理。

如无明确约定，则各方应尽力将整个合同（包括正文与附件）作为一个整体来阅读理解，最为明确具体的实现合同目的的条款应优先考虑。

20. 合同联系方式

20.1　为更好地履行本合同，双方提供如下联系方式：

（1）甲方联系方式

联系人：________________

地址：________________

手机：________________

（2）乙方联系方式

联系人：________________

地址：________________

手机：________________

（3）丙方联系方式

联系人：________________

地址：________________

手机：________________

20.2　通过电子邮箱及其他电子方式送达时，发出之日即视为有效送达。

20.3　通过快递等方式送达时，对方签收之日或发出后第三日视为有效送达（以两者较早一个日期为准）；对方拒收或退回的，视为签收。

20.4　上述联系方式同时作为有效司法送达地址。

20.5　一方变更联系方式,应以书面形式通知对方;否则,该联系方式仍视为有效,由未通知方承担由此而引起的相关责任。

20.6　本联系方式条款为独立条款,不受合同整体或其他条款的效力影响,始终有效。

21. 法律适用

本合同的制定、解释及其在执行过程中出现的或与本合同有关的纠纷之解决，受中华人民共和国（港澳台地区除外）现行有效的法律约束。

22. 争议解决

因本合同引起或有关的任何争议，由合同各方协商解决，也可由有关部门调解。协商或调解不成的，应向公司住所地有管辖权的人民法院起诉。

23. 附则

23.1　本合同一式三份，合同各方各执一份，另一份用于办理登记。各份合同文本具有同等法律效力。

23.2　本合同经各方签名或盖章后生效。

签订时间：　　　　年　　　　月　　　　日

甲方（盖章）：

法定代表人或授权代表：

乙方（盖章）：

法定代表人或授权代表：

丙方（盖章）：

法定代表人或授权代表：

股权激励协议（虚拟股权）| 19501

适用场景：

甲方（公司）授予乙方（员工）一定数量的虚拟股权作为工资以外的激励，乙方仅享有虚拟的分红权，无其他股东权利。

适用：授予激励对象虚拟股权 / 分红权。

不适用：授予激励对象公司的真实股权。

重要审查点：

【重要等级：**中**】

审查点 1：薪酬激励协议不能替代劳动合同

薪酬激励协议中可以说明：本协议与双方签订的劳动合同不一致的，以本协议为准。

审查点 2：薪酬激励协议不能代替竞业限制协议

1. 在薪酬激励协议中约定取得激励薪酬的员工就要承担竞业限制义务会存在争议。

2. 如有竞业限制的安排应另外签订协议，并约定离职后向员工支付的补偿标准，不能用在职期间的工资、奖金来代替。

审查点 3：判断选择“股权激励协议”还是“薪酬激励协议”

1. 薪酬激励：凡是激励对象不能取得工商登记的股权或是合伙企业财产份额的作法，都归类于此类，包括虚拟股权、分红权、股权增值权等。

2. 股权取得类激励：此类协议在正常履行的情况下，激励对象最终能取得工商登记的股权或是合伙企业财产份额。

3. “股权激励协议”还是“薪酬激励协议”的选择，也就是股权激励模式的选择，需要结合多种企业管理、长期发展规划包括上市方面的规划、激励效果、员工需求等多种法律之外的因素，这些也需要律师有所把握，才能为企业选择更合适的方案。

审查点 4：制度化的股权激励方案应经董事会审议、股东会全体股东一致审议通过

强调全体股东一致通过，是因为股权取得类激励涉及全体股东的权利让渡（即便被激励对象付出了对价，这种对价也是显著低于激励股权的价值的），并可涵盖股权转让的其他股东的同意与优先权程序。

审查点 5：公司制度化的薪酬激励措施一般会同时制定配套制度

1. 配套制度指具体的薪酬激励办法，实务中可能叫作“激励办法、奖励制度”等，作为薪酬激励协议附件。

2. 薪酬激励协议中宜约定基本的、重要的条款，并约定具体细则以附件薪酬激励办法为准。细节问题放到薪酬激励办法中；如果有可能发生调整的权利，则要么合同中不进行约定，要么在合同中明确说明调整的办法。

3. 一般来说，合同中有必要对薪酬激励办法的解释、修正、补充事宜作出说明。说明内容：各方同意，公司董事会有权对薪酬激励办法进行适当解释、修正、补充；该解释、修正或补充经公司公布后即对公司及激励对象生效，无须另外签订协议。

审查点 6：标的条款：给什么、给多少

1. 用人单位与员工只要约定清楚奖金的计算、发放方法，都是有效的。

2. 奖金的计算，可以利润为基数，也可以收入为基数，可以全公司的利润 / 收入为基数，也可以部门 / 项目的利润 / 收入为基数。

在表述方式上，一般的做法是：说明计算公式，再对公式中所用到每一项数值进行准确定义，例如净利润、销售额等。

审查点 7：授予条件条款：什么条件给

通常将公司业绩和个人业绩设置为考核指标。达标才会授予激励，并根据考核结果计算可分配激励数额。

如有必要，可以借鉴股权激励协议的作法，采取类似期权的安排，根据员工的工作年限分批授予分红权。

审查点 8：调整安排条款：什么情况下调整、取消

一般是针对下列情形，约定薪酬激励的调整、失效：（1）激励对象违纪；（2）激励对象离职、调岗；（3）公司发生的较大变动。

审查点 9：对价条款

一般而言，薪酬激励协议不会要求激励对象支付对价。如果要求支付对价，类似于一种投资关系，也不违法。

成套文件：

（一）激励计划制定阶段

1. 股东会决议

2. 虚拟股权激励计划

（二）虚拟股权授予阶段

3. 虚拟股权激励协议

4. 激励对象声明

（三）解除阶段

5. 回购通知

法天使[1]：
【指定日期】使用文中条款。
【协议签订日】1.2 激励股权授予日为：本协议签订之日。
【乙方入职日】1.2 激励股权授予日为：乙方入职公司之日。

6. 退出股权激励声明

文本正文：

股权激励协议

甲方（公司）： ________________

统一社会信用代码：________________

乙方（激励对象）： ________________

身份证号码：________________

本协议各方经平等自愿协商，根据《中华人民共和国民法典》《中华人民共和国公司法》及相关法律法规，就甲方向乙方进行股权激励事宜，签订本协议以共同遵守。

第一部分 股权激励安排

1. 激励股权

1.1 甲方授予乙方激励股权股数：________________股（下称“乙方激励股权股份数”）。

1.2 激励股权授予日为：____年____月____日。[1]

1.3 激励股权性质

1.3.1 本协议约定的激励股权为虚拟股权性质，不能要求进行工商登记为股东。

1.3.2 乙方持有激励股权仅享有按本协议约定获得公司发放的分红的权利，无其他股东权利。

1.3.3 乙方不得处置持有的激励股权，包括但不限于不得将激励股权赠与、转让、分割、用于担保或偿还债务等。

2. 分红安排

2.1　乙方获得激励股权后，在本协议约定的激励期限、分红条件下，有权按如下方式取得分红：

（1）乙方应得分红 = 每股分红 × 乙方激励股权股份数。

（2）每股分红 = 公司利润 × 分红池比例 / 总激励股权股份数。

2.2　公司利润定义：公司年度内依据法律规定与会计规则核算出来的年度利润。[1]

2.3　分红池比例：是指公司利润用于分配给员工进行激励的比例；分红池比例按____%（百分之____）计算。

2.4　总激励股权股份数：是指公司拟用于员工股权激励的总股份数；公司定为____万股。[2]

2.5　非整年度的特殊处理

激励股权授予当年或者因股权激励终止导致当年度乙方享受激励股权分红的期限非整年度的，按如下方式处理：

（1）对于激励股权授予当年，乙方应得分红应按"上述方式计算的分红 /365 天 × 激励股权授予日至当年结束之日的总天数"折算；

（2）对于股权激励终止当年，乙方应得分红应按"上述方式计算的分红 /365 天 × 股权激励终止当年的首日至股权激励终止之日的总天数"折算。

本协议有特别约定的，按特别约定处理。

3. 激励股权的对价

甲方免费授予乙方本协议约定的激励股权，乙方无须向甲方支付激励股权对价（激励股权对价为 0）。[3]

4. 分红发放

4.1　发放时间：甲方应于每个年度结束后的3个月以内核算并支付上一年度的分红。

4.2　甲方应将乙方应得分红支付至乙方工资账户。[4]

法天使 [1]：
【会计核算利润】
使用文中条款。
【收入的一定比例作为利润】
【公司弥补亏损和提取公积金后所余税后利润】

法天使 [2]：
【固定总股份数】
使用文中条款。
【与注册资本金额挂钩】

法天使 [3]：
【乙方无须付款】
使用文中条款。
【乙方支付对价，从分红中扣款】
【乙方现金支付对价】

法天使 [4]：
【支付至乙方工资账户】
使用文中条款。
【乙方指定账号】

法天使 [1]：
【一定年限】
使用文中条款。
【在职期间均有效】

法天使 [2]：
【公司年度营业收入要求】
使用文中条款。
【公司年度净利润要求】

法天使 [3]：
【分红比例与考核结果挂钩】
使用文中条款。
【不合格不分红】

法天使 [4]：
【请假超过一定天数适当折算】
使用文中条款。
【请假超过一定天数不分红】

第二部分　激励期限与分红条件

5. 激励期限

5.1　激励期限为：____年；自激励股权授予日起算。

激励期限届满之日非当年度结束之日的，自动顺延至当年度结束之日止。[1]

5.2　激励期限内，乙方有权按本协议约定取得分红；激励期限届满后，激励股权自动丧失，乙方不能再取得激励股权相应分红。

6. 分红条件

6.1　只有当公司业绩、乙方绩效考核、出勤要求都符合本合同约定的条件时，乙方可以获得分红。

6.2　公司业绩要求为：公司年度营业收入较上一年增长____%（百分之____）以上。[2]

6.3　乙方绩效考核

6.3.1　若乙方年度绩效考核绩效考核结果达到优秀的，则乙方可获得乙方应得分红的100%（百分之一百）；

6.3.2　若乙方年度绩效考核绩效考核结果达到合格的，则乙方可获得乙方应得分红的80%（百分之八十）；

6.3.3　若乙方年度绩效考核绩效考核结果为不合格的，甲方有权不向乙方发放当年度分红。[3]

6.4　出勤要求

乙方当年度请假（包括事假、病假，不含工伤假）累计超过10个工作日的，甲方有权按“乙方当年度实际出勤天数 / 当年度全部工作天数”对乙方当年度分红进行折算发放。[4]

7. 激励股权终止（乙方过错终止）

7.1　激励期限内，乙方出现下列情形之一的，激励股权当即丧失，乙方不能再主张激励股权的分红权及相关权利，未发放的分红不再发放：

（1）乙方严重违反公司规章制度或劳动纪律的；

（2）乙方被追究刑事责任的；

（3）乙方的错误行为，致使公司利益受到重大损失的；

（4）乙方提出辞职或拒绝续签劳动合同的。

7.2 上述情形下，甲方应于情形发生之日起30日内向乙方退还激励股权对价；如激励股权对价为0，则甲方无须向乙方退还激励股权对价。

8. 激励股权终止（非乙方过错终止）

8.1 激励期限内，乙方出现下列情形之一时，甲方有权通知乙方终止激励股权；终止之后，乙方不能再主张激励股权的分红权：

8.1.1 非因乙方过错，双方劳动关系解除或终止的。

8.1.2 乙方丧失劳动能力、死亡或被宣告死亡的。

上述情形同时属于过错性退出的情形的，应按过错性退出处理。

8.2 上述情形下，甲方应向乙方返还激励股权对价及激励股权对价产生的利息。利息自支付激励股权对价之日起按年利率6%（百分之六）计算。

8.3 激励期限内，乙方岗位发生变化的，甲方有权与乙方协商变更本协议；如双方不能协商一致的，甲方有权按本条约定终止激励股权。

9. 合同解除与变更

9.1 甲方发生重大变更时，甲方有权调整或解除本协议。上述公司重大变更包括但不限于：

（1）甲方因融资、上市等需要搭建协议控制（VIE）结构；

（2）甲方股权结构需要进行重大调整；

（3）甲方需要变更公司组织形式。

9.2 上述情形下，甲方有权在“公司对所有激励对象一视同仁、如解除本协议需退还激励股权对价并支付一定利息”的前提下解除本协议或整体调整公司股权激励方案。

第三部分　税负的承担

10. 税负的承担

10.1　乙方因股权激励获得的收益，应按国家税收法律法规的规定缴纳个人所得税。

10.2　甲方有权根据国家税收法律法规的规定，代扣代缴乙方应缴纳的个人所得税。

第四部分　其 他 约 定

11. 非聘用协议

本协议不构成公司对乙方聘用期限和聘用关系的任何承诺，公司对乙方的聘用关系或劳动关系仍以双方签订的劳动合同或聘用类协议约定为准。

12. 陈述与保证

12.1　本协议各方于本协议签订日向其他方作出如下陈述与保证，该陈述与保证在合并后仍然持续有效。各方确认，各方系建立在对本条项下的陈述与保证充分信赖的基础上方达成本协议。

12.2　每一项陈述与保证应被视为单独陈述与保证（除非本协议另有明确的相反规定），而且前述每一项陈述与保证不应因参照或援引任何其他陈述与保证条款或本协议的任何其他条款而受到限制或制约。

12.3　如有与下列所作陈述与保证不符的情况，作出陈述与保证的一方已于本协议签订日前以书面形式向其他方披露。

12.4　各方承诺，如果其知悉在本协议签订后发生任何情形，使该方作出的任何陈述与保证在任何方面变为不真实、不准确或具误导性，将立即书面通知合同其余方。

12.5　协议各方通用陈述与保证

协议各方均承诺：

12.5.1　该方系合法设立且有效存续的实体（法人或非法人组织）或具有完全民

事行为能力的自然人。

12.5.2 除本协议另有约定外，该方拥有签订本协议和履行本协议全部义务所必需的所有合法权力、权利，已取得签订本协议和履行本协议全部义务所必需的所有内部和外部的批准、授权和许可。

12.5.3 该方提交的文件、资料等均是真实、准确、全面、完整和有效的，并无任何隐瞒、遗漏、虚假或误导之处。

12.5.4 该方签订本协议和履行本协议任何义务不会：

（1）违反该方的公司章程或任何组织性文件的规定；

（2）违反法律、法规或其他规范性文件；

（3）违反对该方有法律约束力的任何其他协议、合同、文件、该方对任何第三方作出的承诺或保证（无论是书面的或是口头的）、该方对任何第三方所负担的其他有法律约束力的义务。

12.6 关于股权激励的陈述与保证

12.6.1 甲方陈述与保证：

（1）甲方履行本协议不会违反自身与任何第三人签订的合同，不违反本协议作出的任何陈述与保证。

（2）甲方应本着诚实信用的原则核算分红数额。

12.6.2 乙方陈述与保证：

（1）乙方应当按公司所聘岗位的要求，勤勉尽责、恪守职业道德，为公司的发展作出应有贡献。

（2）乙方同意遵守相关法律、法规，以及与用人单位签订的劳动合同、用人单位的规章制度等。

（3）乙方的资金来源为自筹资金、合法合规。

13. 违约责任

任何一方违反本协议约定的，应承担协议中约定的违约责任。本协议中未约定的，应赔偿守约方全部损失。

14. 其他约定

14.1 不可抗力

14.1.1 不可抗力定义：指在本协议签署后发生的、本协议签署时不能预见的、其发生与后果是无法避免或克服的、妨碍任何一方全部或部分履约的所有事件。上述事件包括地震、台风、水灾、火灾、战争、国际或国内运输中断、流行病、罢工，以及根据中国法律或一般国际商业惯例认作不可抗力的其他事件。一方缺少资金非为不可抗力事件。

14.1.2 不可抗力的后果：

（1）如果发生不可抗力事件，影响一方履行其在本协议项下的义务，则在不可抗力造成的延误期内中止履行，而不视为违约。

（2）宣称发生不可抗力的一方应迅速书面通知其他各方，并在其后的十五（15）日内提供证明不可抗力发生及其持续时间的足够证据。

（3）如果发生不可抗力事件，各方应立即互相协商，以找到公平的解决办法，并且应尽一切合理努力将不可抗力的影响减少到最低限度。

（4）金钱债务的迟延责任不得因不可抗力而免除。

（5）迟延履行期间发生的不可抗力不具有免责效力。

14.2 合同解释

14.2.1 本协议的不同条款和分条款的标题与编号，仅供查阅方便之用，不构成本协议的一部分，不作为解释本协议任何条款或权利义务的依据。

14.2.2 本协议中，“以上”“以下”“以内”包含本数，“超过”“不满”“以外”不包含本数，某期日的“前/以前”“后/以后”或类似表述包含该期日当日。

14.2.3 本协议中对金额或数量使用大小写时，如大小写不一致，应以大写为准。

14.2.4 如果本协议正文和附件的意思发生冲突，则应按正文或附件中以何者为准的明确约定处理。

如无明确约定，则各方应尽力将整个合同（包括正文与附件）作为一个整体来阅读理解，最为明确具体的实现合同目的的条款应优先考虑。

15. 合同联系方式

15.1　为更好地履行本协议，双方提供如下联系方式：

（1）甲方联系方式

联系人：________________

地址：________________

手机：________________

（2）乙方联系方式

联系人：________________

地址：________________

手机：________________

15.2　通过电子邮箱及其他电子方式送达时，发出之日即视为有效送达。

15.3　通过快递等方式送达时，对方签收之日或发出后第三日视为有效送达（以两者较早一个日期为准）；对方拒收或退回的，视为签收。

15.4　上述联系方式同时作为有效司法送达地址。

15.5　一方变更联系方式，应以书面形式通知对方；否则，该联系方式仍视为有效，由未通知方承担由此而引起的相关责任。

15.6　本联系方式条款为独立条款，不受合同整体或其他条款的效力影响，始终有效。

16. 法律适用

本协议的制定、解释及其在执行过程中出现的或与本协议有关的纠纷之解决，受中华人民共和国（港澳台地区除外）现行有效的法律约束。

17. 争议解决

因本协议引起或有关的任何争议，由合同各方协商解决，也可由有关部门调解。协商或调解不成的，应向公司住所地有管辖权的人民法院起诉。

18. 附则

18.1　本合同一式二份，合同各方各执一份。各份合同文本具有同等法律效力。

18.2　本合同未尽事宜，双方应另行协商并签订补充协议。

18.3　本合同经各方签名或盖章后生效。

签订时间：　　　　年　　　　月　　　　日

甲方（盖章）：

法定代表人或授权代表：

乙方（签名）：

05
CHAPTER

第五章

知识产权

著作权许可合同 | 18508

适用场景：

本合同为一般通用著作权许可合同，甲方（许可方）许可乙方（被许可方）使用作品著作权，乙方向支付甲方许可费用。本合同为一般通用著作权许可合同框架，具体场景的著作权许可优先使用其他对应的许可类合同。

重要审查点：

【重要等级：**高**】

审查点 1：注意知识产权许可类型的规范表述及其含义

1. 著作权许可类型：

（1）既可表述为专有使用权、非专有使用权，也可表述为独占许可、排他许可、普通许可。如表述为“专有使用权”但又允许著作权人自行使用的，必须特别说明，否则专有使用权会被视为独占许可。

（2）应使用“分许可”或“再许可”的概念说明被许可人是否具有许可他人再使用的权利。

2. 专利权、商标权许可类型：

（1）均统一表述为独占许可、排他许可、普通许可。

（2）应使用“分许可”或“再许可”的概念说明被许可人是否具有许可他人再使用的权利。

3. 不建议使用“独家许可”“一般许可”等含义不清可能引发歧义的表述。

4. 从合同起草审查的角度，不仅要在许可类型条款中使用规范的表述，同时还应在定义条款或许可类型条款中明确许可类型的具体含义，以免争议：

（1）独占许可：许可方许可被许可方在合同约定的期限、地区、技术领域内使用该知识产权，被许可方以外的任何单位或个人都不得使用。

（2）排他许可：许可方许可被许可方在合同约定的期限、地区、技术领域内使用该知识产权的同时，许可方保留使用的权利，但不得再许可被许可方以外的任何单位或个人使用。

（3）普通许可：许可方许可被许可方在合同约定的期限、地区、技术领域内使用该知识产权的同时，许可方保留使用的权利，并可以继续许可被许可方以外的任何单位或个人使用。

审查点2：辨析使用著作权许可合同与著作权转让合同

著作权的许可和转让的界限不如实物资产的租赁和买卖界限那样清晰。应根据实际需求选择转让或许可的交易模式：

1. 如果当事人意图产生以下效果，应建议使用著作权转让合同：

（1）著作权人将自己享有的作品或者软件的著作财产权转让给他人；

（2）想要在著作权保护期内永久转让著作权；

（3）著作权人想要获取比较高的费用、收益；

（4）当事人想要对著作权享有处分权，后续既可以自行使用，也可以转让或许可他人使用，不再受任何限制。

2. 如果当事人意图产生以下效果，应建议使用著作权许可合同：

（1）作为许可人的著作权人授权被许可人使用其享有的作品或者软件的著作财产权，应使用著作权许可合同；

（2）当事人仅需要一定期间使用著作权；

（3）当事人想要花费较低的代价使用著作权；

（4）当事人没有将所获得的著作权进行转许可、分许可或者转让的需求。

3. 如果当事人想要在一定期限内无限制地使用著作权，应建议采用有期限的著作权独占许可合同，而不应约定“甲方将10年的著作权转让给乙方”。

4. 应提示被许可使用人考虑诉权主体，并选择合适的许可使用方式：

（1）独占使用权人可以依法享有诉权；

（2）排他使用权人在著作权人不起诉的情况下可以自己的名义起诉；

（3）非专有使用权人（普通许可使用权人）是否享有诉权应按照合同约定。

审查点3：共有著作权处理要点

1. 共有著作权的转让、出质、专有许可，应当与全部著作权人共同签署。

2 由合作作者共同享有的著作权，任何一方不得阻止他方行使除转让、许可他人专有使用、出质以外的其他权利，但是所得收益应当合理分配给所有合作作者。

3. 合作作品可以分割使用的，作者对各自创作的部分可以单独享有著作权，但行使著作权时不得侵犯合作作品整体的著作权。

4. 对于非专有许可，可以与其中某一个著作权人签署合同；但通常也会适当征询其他共有人意见。

【重要等级：**中**】

审查点 4：转让或许可著作权，应审查是否存在在先许可

1. 审查方式：

（1）通过中国版权保护中心查询是否存在在先许可的备案。

（2）要求转让方 / 许可方在合同中真实、全面地披露在先许可的情况。

2. 如果存在在先许可，可采取以下措施：

（1）将转让人与在先被许可人解除在先权利许可作为签订转让合同的先决条件，或作为履行转让合同后续义务的先决条件。如果在先权利许可无法解除，可以停止交易或解除合同。

（2）约定转让不影响在先许可，此时转让人应当明确声明已有的在先许可情况，说明在先许可的被许可方、许可范围、期限等。受让人可与转让人协商降低转让费用，或约定许可使用费等收益自受让人受让著作权之日归属于受让人等；同时还应约定相关通知义务。

3. 如果不存在在先许可，则应采取以下措施：

（1）要求转让人承诺声明拟转让的著作权不存在在先许可；

（2）匹配违约责任，包括解除合同、违约金、其他在先许可的收益应归受让人所有等。

审查点 5：作品改编条款

1. 建议著作权人对改编范围、改动尺度加以适当限制，同时保留适当的监督确认权利。

2. 建议被许可人考虑对著作权人的监督确认权设限，如最终决定权的归属（一般归被许可人）、许可人监督确认的范围及标准等。

审查点 6：维权主体条款

应明确约定被许可人能否以自己的名义对第三人的侵权行为提起诉讼，需注意：

（1）许可人未将著作权转让或者许可他人，不得仅授权他人起诉；

（2）许可人已将著作权转让或者许可他人，对于转让或者许可之前发生的侵权行为，可约定受让人或者被许可使用人有权单独起诉；

（3）被许可人要求保护的权利仅限于许可使用合同中被许可人所享有权利的范围；

（4）专有使用权人有权追究行为人的侵权责任，其中，独占性专有使用权人依法享有诉权，排他性专有使用权人在著作权人不起诉的情况下可以自己的名义起诉；

（5）经著作权人的明确授权后，非专有使用权人才享有诉权。

相关文本：

▲ 5761 音乐著作权许可使用合同

▲ 16845IP 形象作品著作权许可使用合同

▲ 18280 影视作品信息网络传播权许可合同

文本正文：

著作权许可合同

甲方（许可方）： ______________

统一社会信用代码：______________

乙方（被许可方）： ______________

统一社会信用代码：______________

本合同各方经平等自愿协商，根据《中华人民共和国民法典》及相关法律法规，就著作权许可事宜，签订本合同以共同遵守。

1. 作品信息

1.1　本合同约定进行著作权许可的作品基本信息如下：

作品名称：________________

作品类型：________________

发表情况：________________

作品内容概要：________________

著作权登记号：________________

作者：________（艺名：________）[1]

以下简称“作品”。

1.2　关联版本

本合同约定的“作品”不包含其他版本。[2]

1.3　权利链声明

甲方承诺甲方作品为原创作品，不涉及其他原始作品权利，乙方有权根据本合同约定取得及行使甲方作品的相关权利而无须其他原始作品权利人同意。[3]

1.4　许可方地位声明

甲方系该作品作者，享有该作品全部著作权权利。[4]

1.5　在先许可

甲方承诺：不存在与本合同的签订与履行相冲突的在先许可及转让。[5]

1.6　不侵权承诺

甲方承诺作品不存在抄袭、剽窃他人作品或侵犯任何其他第三人知识产权、智力成果及合法权益的情形。

1.7　甲方确认上述信息属实，确认具备进行本合同约定的著作权许可的全部权利。

2. 许可权利

2.1　甲方确认，将本合同约定作品的全部著作权（法律规定不允许许可的人身权利除外）许可给乙方，包括但不限于复制权、发行权、信息网络传播权等所有著作权权利以及取得相关收益的权利。[6]

以下将上述权利称为“许可权利”。

法天使[1]：
【一般通用】
使用文中条款。
【适用于文字作品】
【适用于美术作品】
【适用于视频作品】
【适用于摄影作品】

法天使[2]：
【不含其他版本】
【包含升级版本】
【不含关联作品】

法天使[3]：
【原创作品，无其他原始作品权利人】
【已取得其他原始作品权利人同意】
【声明存在原始作品权利人需要另外许可】

法天使[4]：
【甲方系作者】
【作品系甲方职务作品】
【甲方是著作权受让方】
【甲方是著作权受让方，列明原权利人】
【甲方是著作权被许可方，列明原权利人】

法天使[5]：
【甲方承诺无影响本合同履行的在先许可】
【甲方及作者、原权利人承诺无在先许可】
【披露在先许可，由甲方继续收取许可费用】
【披露在先许可，由乙方继续收取许可费用】

法天使[6]：
【全部著作权许可】
【部分著作权许可】

法天使 [1]：
【中国大陆（不含港澳台）】
【中国（含港澳台）】

法天使 [2]：
【确定起止时间】
【自合同生效之日起若干年】
【本合同生效后至著作权保护期届满之日止】

法天使 [3]：
【独占许可】
【排他许可】
【普通许可】
【一定期限内独占许可】

法天使 [4]：
【无权转许可】
【有权转许可】

法天使 [5]：
【固定许可费用（一次性支付）】
【固定许可费用（分期支付）】
【基础费用 + 提成费用】
【有保底的提成费用】

2.2 许可地域：中国大陆（不含港澳台）。

乙方不得在许可地域以外行使许可权利。[1]

2.3 许可期限：自 年 月 日起（含当日）至 年 月 日（含当日）止。[2]

2.4 许可方式：独占许可。

即在合同约定的许可地域、许可期限（下称“许可范围”）内，甲方许可乙方使用许可权利，乙方对该许可权利享有排他的独占权。在许可范围内，甲方不得将该许可权利给任何第三方行使，且甲方自己也不得行使。

许可权利以外的其他权利不受本条约定限制。[3]

2.5 转许可：未经甲方书面同意，乙方无权将许可权利转许可第三方。[4]

2.6 除本合同明确约定许可乙方行使的权利以外，乙方不得自行行使作品的其他权利。

3. 许可费用与付款方式 [5]

3.1 许可费用总额为人民币（大写） 元（￥ 元）。

3.2 付款方式：乙方应于本合同签订之日起 5 个工作日内一次性支付至甲方指定账户。

3.3 甲方指定收款账号：

户名：________________

账号：________________

开户行：________________

甲方从未授权任何员工、第三方收款；付款方未向指定账号付款导致损失的，甲方不承担任何责任。

3.4 发票

甲方应向乙方提供正规足额增值税专用发票。发票信息要求如下：

名称：________________

纳税人识别号：________________

地址、电话：________________

开户行及账号：________________

4. 物料交付与相关安排

4.1　许可期限开始前，甲方应将乙方行使许可权利所需的作品及相关材料交付给乙方。

4.2　如因甲方未提供物料导致乙方无法正常行使许可权利，则许可期限应相应顺延。[1]

4.3　著作权许可备案

本合同约定的著作权许可无须办理备案手续。

4.4　维权的权利

乙方依据本合同享有的权利被第三方侵权时，乙方有权以自己的名义直接向侵权方主张权利和索赔，支出的全部成本均由乙方自行负担，通过调解或者和解或者诉讼所取得的赔偿均由乙方享有。[2]

5. 陈述与保证

5.1　本合同各方于本合同签订日向其他方作出如下陈述与保证；各方确认，各方系在下列陈述与保证的基础上方达成本合同。

5.1.1　该方系合法设立且有效存续的实体（法人或非法人组织）或具有完全民事行为能力的自然人。

5.1.2　除本合同另有约定外，该方拥有签订和履行本合同全部义务所必需的所有合法权利以及所有内部和外部的批准、授权和许可，包括但不限于法律及公司章程规定的股东会、董事会批准。

5.1.3　该方提交的文件、资料等均是真实、准确、全面、完整和有效的，并无任何隐瞒、遗漏、虚假或误导之处。

5.1.4　该方签订本合同和履行本合同任何义务不会：

（1）违反该方的公司章程或任何组织性文件的规定；

（2）违反法律、法规或其他规范性文件；

（3）违反对该方有法律约束力的任何其他合同、合同、文件、该方对任何第三方作出的承诺或保证（无论是书面的或是口头的）、该方对任何第三方所负担的其

法天使 [1]：
【交付相关资料】
【提供作品电子版】
【对交付物料有特别要求】

法天使 [2]：
【乙方有权维权并取得赔偿，适用于独占许可】
【乙方有权维权，赔偿按比例分配】
【乙方经甲方同意后才能维权，赔偿分配另行约定】

他有法律约束力的义务。

5.2　甲方承诺：

5.2.1　具备签订和履行本合同的能力与资质。

5.3　乙方承诺：

5.3.1　具备签订和履行本合同的能力与资质。

5.4　各方承诺，如果其知悉在本合同签订后发生任何情形，使任何陈述与保证在任何方面变为不真实、不准确或具误导性，将立即书面通知对方。

6. 保密

6.1　合同各方保证对在讨论、签订、履行本合同过程中所获悉的属于其他方的且无法自公开渠道的文件及资料（包括但不限于商业秘密、公司计划、运营活动、财务信息、技术信息、经营信息及其他商业秘密）予以保密。未经该资料和文件的原提供方同意，其他方不得向任何第三方泄露该商业秘密的全部或部分内容。

上述保密义务，在本合同终止或解除之后仍需履行。

6.2　本合同关于对保密信息的保护不适用于以下情形：

（1）保密信息在披露给接收方之前，已经公开或能从公开领域获得。

（2）在本合同约定的保密义务未被违反的前提下，保密信息已经公开或能从公开领域获得。

（3）接收方应法院或其他法律、行政管理部门要求披露保密信息（通过询问、要求资料或文件、传唤、民事或刑事调查或其他程序）。当出现此种情况时，接收方应及时通知提供方并作出必要说明，同时给予提供方合理的机会对披露内容和范围进行审阅，并允许提供方就该程序提出异议或寻求必要的救济。

（4）由于法定不可抗力因素，导致不能履行或不能完全履行本合同确定的保密义务时，甲乙双方相互不承担违约责任；在不可抗力影响消除后的合理时间内，一方或双方应当继续履行本协议。在上述情况发生时，接收方应在合理时间内向提供方发出通知，同时应当提供有效证据予以说明。

7. 违约责任

7.1　乙方逾期付款的，每逾期一天，应按逾期金额的5‱（万分之五）向甲方支付违约金，同时仍应履行付款义务。

逾期超过 15 日的，甲方有权解除本合同。

7.2　乙方超出本合同约定行使许可权利的，或者本合同解除后仍继续行使许可权利的，应向甲方支付违约金人民币（大写）　　元（￥　　元）；多次超范围行使许可权利的，乙方应多次支付违约金。同时，乙方所取得的全部收益应归甲方所有。

乙方超出本合同约定范围行使许可权利，经甲方要求后 15 日内仍未改正或再次发生类似情形的，甲方有权解除本合同。

7.3　乙方瞒报许可费用的，应按照瞒报许可费用金额的 5 倍向甲方支付违约金，同时应补足支付少支付的许可费用。

7.4　因乙方原因解除本合同或乙方违约解除本合同的，甲方有权不退还已经支付的许可费用，并要求乙方按未履行部分对应许可费用（如为提成方式则为合理预估的费用）的　　% 支付违约金。

7.5　因甲方作品权利存在瑕疵或者甲方处分权利存在瑕疵，导致乙方无法正常行使许可权利的，乙方有权解除本合同，并要求甲方赔偿因第三方索赔导致乙方支出的诉讼仲裁成本、向第三方支付的赔偿等全部损失。

7.6　因甲方原因解除本合同或甲方违约解除本合同的，乙方有权要求甲方退还已经支付的许可费用，并要求甲方按许可费用的　　% 支付违约金。

7.7　任何一方有其他违反本合同情形的，应赔偿守约方全部损失，该损失包括但不限于对守约方所造成的直接损失、可得利益损失、守约方支付给第三方的赔偿费用 / 违约金 / 罚款、调查取证费用 / 公证费、诉讼费用、律师费用以及因此而支付的其他合理费用。

8. 其他约定

8.1　不可抗力

8.1.1　不可抗力定义：指在本合同签署后发生的、本合同签署时不能预见的、其发生与后果是无法避免或克服的、妨碍任何一方全部或部分履约的所有事件。上述事件包括地震、台风、水灾、火灾、战争、国际或国内运输中断、流行病、罢工，以及根据中国法律或一般国际商业惯例认作不可抗力的其他事件。一方缺少资金非为不可抗力事件。

8.1.2　不可抗力的后果：

（1）如果发生不可抗力事件，影响一方履行其在本合同项下的义务，则在不可抗力造成的延误期内中止履行，而不视为违约。

（2）宣称发生不可抗力的一方应迅速书面通知其他各方，并在其后的十五（15）日内提供证明不可抗力发生及其持续时间的足够证据。

（3）如果发生不可抗力事件，各方应立即互相协商，以找到公平的解决办法，并且应尽一切合理努力将不可抗力的影响减少到最低限度。

（4）金钱债务的迟延责任不得因不可抗力而免除。

（5）迟延履行期间发生的不可抗力不具有免责效力。

8.2　合同解释

8.2.1　本合同的不同条款和分条款的标题与编号，仅供查阅方便之用，不构成本合同的一部分，不作为解释本合同任何条款或权利义务的依据。

8.2.2　本合同中，“以上”“以下”“以内”包含本数，“超过”“不满”“以外”不包含本数，某期日的“前 / 以前”“后 / 以后”或类似表述包含该期日当日。

8.2.3　本合同中对金额或数量使用大小写时，如大小写不一致，应以大写为准。

8.2.4　如果本合同正文和附件的意思发生冲突，则应按正文或附件中以何者为准的明确约定处理。

如无明确约定，则各方应尽力将整个合同（包括正文与附件）作为一个整体来阅读理解，最为明确具体地实现合同目的的条款应优先考虑。

8.3　确认签约能力

双方确认具备签订及履行本合同的能力与相应资质，并已经获得各自章程规定的授权及利害关系人的同意以签署本合同；在本合同上签字或盖章的各方代表已经获得相应的授权。

8.4　按时履行重要

除非另有明确规定，就本合同项下各方的每一项义务而言，按时履行均十分重要。

9. 合同联系方式

法天使[1]：【其他条款可参见附录】

9.1 为更好地履行本合同，双方提供如下联系方式：

（1）甲方联系方式

联系人：________________

地址：________________

手机：________________

微信：________________

电子邮箱：________________

（2）乙方联系方式

联系人：________________

地址：________________

手机：________________

微信：________________

电子邮箱：________________

9.2 通过电子邮箱及其他电子方式送达时，发出之日即视为有效送达。

9.3 通过快递等方式送达时，对方签收之日或发出后第三日视为有效送达（以两者较早一个日期为准）；对方拒收或退回的，视为签收。

9.4 上述联系方式同时作为有效司法送达地址。

9.5 一方变更联系方式，应以书面形式通知对方；否则，该联系方式仍视为有效，由未通知方承担由此而引起的相关责任。

9.6 本联系方式条款为独立条款，不受合同整体或其他条款的效力影响，始终有效。

10. 争议解决

因本合同以及本合同项下订单/附件/补充协议等（如有）引起或有关的任何争议，由合同各方协商解决，也可由有关部门调解。协商或调解不成的，应向本合同签订地（　　　省　　　市　　　区）有管辖权的人民法院起诉。[1]

11. 附则

11.1　本合同一式二份，合同各方各执一份。各份合同文本具有同等法律效力。

11.2　本合同未尽事宜，双方应另行协商并签订补充协议。

11.3　本合同包含如下附件：请填充。

上述附件是本合同的一部分，具有与本合同同等的法律效力。

11.4　本合同经各方签名或盖章后生效。

签订时间：　　　　年　　　　月　　　　日

重要提示：合同各方已经认真阅读合同，完全理解、明白和同意所有合同内容，包括但不限于减轻 / 免除 / 限制对方责任的条款、己方违约责任条款。签署方在此声明和承诺，签署行为本身即意味着签署方无条件确认同意前述声明，不持任何异议。

甲方（盖章）：

法定代表人或授权代表：

乙方（盖章）：

法定代表人或授权代表：

委托创作服务合同 | 18897

适用场景：

本合同为一般通用委托创作服务合同，甲方（委托方）委托乙方（创作方、个人或单位）创作作品，乙方交付电子文档，甲方向乙方支付服务费用，附作品著作权归属声明。当其他相关服务类合同可能涉及著作权时，应注意进行合同类型选择。

重要审查点：

【重要等级：**高**】

审查点 1：明确委托创作人具体信息

所委托的具体创作人员，直接影响作品质量，因此，建议合同中明确约定具体创作人员的姓名等信息，并要求未经委托人同意，不得更换具体创作人员。

审查点 2：明确创作阶段安排及验收标准

委托创作合同的关键之一，是如何保证服务质量（作品质量）、时间进度（创作进度）。建议应对作品创作进度分阶段安排，明确交付期限，确定各阶段的验收流程及验收标准，以避免逾期交付或对交付质量产生争议进而引起纠纷。

审查点 3：关于合作创作

只有双方共同享有著作权的才属于合作创作，如果并不打算双方共同享有著作权，则不应该名为“合作创作”。共同享有著作权并不是一个很好的安排，会给日后著作权的开发利用带来麻烦。如果能协商一致，“我方享有著作权、对方有权取得一定比例的收益”这种安排更好。

审查点 4：著作权归属应明确约定

在委托创作过程中会形成具有一定知识产权的作品，如录音、录像、文章、图片等，均应该明确的约定著作权归属。否则，依据《著作权法》第 19 条，著作权属于受托人。

【重要等级：**中**】

审查点 5：关于费用支付

应当明确委托创作的报酬如何支付，明确一次性结清还是按阶段支付，如分阶段支付的，应明确支付先决条件以及支付期限安排。

审查点 6：违约条款

根据具体合作形式，违约情形一般至少应有委托方逾期付款、受托创作方逾期交付以及作品质量不合格、侵犯第三方权益等，应根据不同的违约情形，明确相应的违约责任及赔偿方式。

相关文本：

▲ 18220 音乐作品委托创作合同委托作词作曲编曲录音服务合同

法天使[1]：
请根据实际情况填空或修改。

▲ 17470 美术作品委托创作合同

▲ 19063 委托创作服务合同（交付工艺品美术作品等）

文本正文：

委托创作服务合同

甲方（委托方）： ______________

统一社会信用代码：______________

乙方（创作方）： ______________

统一社会信用代码 / 身份证号码：______________

1. 服务项目

1.1 乙方接受甲方委托，根据甲方要求完成作品创作服务并向甲方提交工作成果。

1.2 作品基本要求

（1）作品名称：______________

（2）作品类型：______________

（3）作品主题：______________

（4）工作成果格式：______________

（5）其他要求：______________[1]

2. 服务费用

2.1 服务费用（合同价款）

2.1.1 本次服务费用总价（合同总价款）为：人民币（大写）　　元（¥　　元）。

2.1.2 本次服务费用明细：

阶段	该阶段主要服务内容	该阶段服务费用（元）	说明
概念阶段			
初稿阶段			
正式稿阶段			
实施配合阶段			
合计			

2.1.3 服务过程中，如发生下列情形，则乙方有权要求协商增加费用：

（1）如果甲方对已经确认过的服务成果重新提出修改，或者修改意见已经超出原需求，则构成新的服务需求，乙方有权要求协商增加费用。

（2）非因乙方原因，导致服务延期或推迟超过6个月以上时，乙方有权要求协商增加费用。

2.2 付款方式

甲方应于每个阶段验收后3个工作日内支付该阶段费用；乙方收到费用后进入下一阶段工作。

本合同签订后5个工作日内，甲方应先支付________阶段费用￥______元。[1]

2.3 乙方指定收款账号：

户名：________________

账号：________________

开户行：________________

乙方未授权任何员工、第三方收款；付款方未向指定账号付款导致损失的，乙方不承担任何责任。

法天使[1]：
【每个阶段验收后支付】
使用文中条款。
【每个阶段开始前支付】
2.2 甲方应于每个阶段开始前支付该阶段费用；乙方收到费用后开始该阶段工作。
本合同签订后5个工作日内，甲方应先支付_____阶段费用××元。
【两笔支付】
2.2 首笔款：【￥_____元，于___年___月___日前支付】；
尾款：乙方提交的最终工作成果经甲方验收通过后的5个工作日内，甲方付清全部合同价款。

2.4　税负与发票

就甲方支付的费用 / 款项：

2.4.1　如乙方为单位，则乙方应向甲方提供正规足额增值税专用发票。发票信息要求如下：

名称：________________

纳税人识别号：________________

地址、电话：________________

开户行及账号：________________

2.4.2　如乙方为个人，则甲方有权依法代扣代缴个人所得税。

2.5　差旅费用与其他费用

乙方提供本次服务中涉及的全部物料、人工、差旅、通讯、文印等成本，由乙方自行承担；但是在双方约定的服务范围内的现场服务之外，乙方根据甲方需求派人到甲方现场提供沟通、咨询等服务所产生的差旅费用由甲方报销或承担。该差旅费用按一般商务出差标准报销。[1]

3. 服务要求

3.1　乙方应在本合同生效后 3 个工作日内向甲方提交项目工作计划。项目工作计划应说明各阶段工作内容、阶段工作成果、期限，包括：

第一阶段：________________

第二阶段：________________

第三阶段：________________

该工作计划经与甲方沟通确认后，作为本合同附件；乙方应按确认后的工作计划执行。[2]

3.2　甲方有权对乙方的工作成果提出修改意见，以使乙方的项目工作成果更符合甲方需求。但如构成重大修改，应按照本合同约定由双方协商增加费用。

3.3　甲方有权对乙方的工作成果提出修改意见，乙方应按甲方的修改意见进行修改。

3.4　甲方收到乙方工作成果后的审核周期为______个工作日；双方另有约定的除

法天使 [1]：

【超出范围的现场服务费用由甲方承担】

使用文中条款。

【无其他费用（乙方承担其他任何费用）】

2.5　差旅费用与其他费用

本合同约定的服务费用已经包含乙方提供服务所需的全部物料、人工、差旅、通讯、文印等成本；除本合同明确约定的以外，甲方无须再向乙方支付其他任何价款、费用或报销。

法天使 [2]：

【以后续工作计划为准】

使用文中条款。

【简要流程】

3.1　双方同意按下列流程开展本次服务：

本合同签订后 10 个工作日内乙方应向甲方提交工作成果初稿。

甲方应于收到工作成果初稿后 3 个工作日内向乙方回复修改意见或表示通过。

乙方应于收到甲方修改意见后 5 个工作日内提交工作成果修订稿。

外。如甲方不能在约定的审核周期内向乙方回复确认意见或修改意见，则视为甲方审核延误，乙方后续工作依甲方延迟的时间做相应顺延。[1]

3.5　甲方应根据乙方需求出具项目负责人签字的确认单，以对乙方工作成果进行确认和验收。

3.6　不得转包

乙方指定由姓名：________________（艺名：________；资质：________）本人完成本合同约定的创作工作，除非创作性的辅助工作可委托他人协助以外，不得转交第三方完成。[2]

4. 委托方配合

4.1　资料素材配合

4.1.1　本合同签订后的3个工作日内，乙方向甲方说明需要甲方提供的资料素材，甲方应在收到清单后3个工作日内向乙方提供（包括说明无法提供的资料素材）。

4.1.2　甲方应保证所提供的资料素材不存在权利瑕疵，乙方使用、利用甲方提供的资料素材所导致的任何权利争议、后果应由甲方自行承担。因此导致乙方的损失，甲方应负责赔偿。

4.2　如甲方未能及时提供资料素材配合或其他配合对乙方提供服务产生影响，则乙方有权将提供服务（包括提交工作成果）的期限相应顺延。

5. 合同联系方式

5.1　甲方项目联系人

5.1.1　甲方确认如下项目联系信息：

联系人：________________

地址：________________

手机：________________

微信：________________

电子邮箱：________________

5.1.2　甲方确认，甲方项目联系人的权限仅限于下列：

5.1.2.1　代表甲方提交、接受项目有关资料、文档、工作成果。

法天使[1]：

【乙方相应顺延工作】

使用文中条款。

【视为甲方确认】

3.4　甲方收到乙方工作成果后的审稿周期为 × 个工作日；双方另有约定的除外。如甲方不能在约定的审核周期内向乙方回复确认意见或修改意见，则视为甲方确认通过。乙方可进行后续阶段工作。

法天使[2]：

【不得转包，指定人员亲自完成（乙方为单位时）】

使用文中条款。

【不得转包，乙方个人亲自完成（乙方为个人时）】

3.6　不得转包

乙方必须自己亲自完成本合同约定的创作工作，除非创作性的辅助工作可委托他人协助以外，不得转交第三方完成。

5.1.2.2　代表甲方对服务提出意见。

5.1.2.3　代表甲方验收乙方提供的工作成果与服务。

5.2　乙方项目联系人

5.2.1　乙方确认如下项目联系信息：

联系人：________________

地址：________________

手机：________________

微信：________________

电子邮箱：________________

5.2.2　乙方确认，乙方项目联系人的权限仅限于下列：

5.2.2.1　代表乙方提交、接受项目有关资料、文档、工作成果。

5.2.2.2　代表乙方对服务进行沟通、提出意见。

5.3　除非双方另有约定，合同双方可通过指定电子邮箱提供资料、文档、工作成果电子版。

5.4　双方确认上述联系方式同时作为有效司法送达地址。

6. 知识产权

6.1　甲方提交给乙方使用的素材与资料，其知识产权仍归甲方所有。除为本合同目的而使用之外，乙方不得复制、使用及提供给第三方。

6.2　乙方向甲方提交的工作成果的全部知识产权均归甲方所有；甲方有权自行决定发表、修改、使用等，相关收益归甲方所有。[1]

6.3　乙方（乙方指定人员创作时，即为该指定人员）享有工作成果（即作品）的署名权，甲方应依法为作者进行署名，具体署名形式由甲方决定。

6.4　乙方承诺：乙方提交的工作成果（包括但不限于工作成果所使用的素材）不得侵犯任何第三人的知识产权及合法权益，乙方保证甲方有权根据本合同约定使用乙方提交的工作成果。如因此导致第三方向甲方主张权利的，乙方应承担全部责任，并赔偿甲方全部损失，包括但不限于向第三方支付的赔偿、诉讼成本等。

但是，因甲方提供的素材与资料导致的侵权，乙方不承担责任。

法天使[1]：

【归甲方所有】使用文中条款。

【归乙方所有】6.2　乙方向甲方提交的工作成果的知识产权归乙方所有，但甲方有权在本合同约定的使用范围内免费使用。

【双方共有】6.2　乙方向甲方提交的工作成果的知识产权归双方共有，双方均有权自行使用该作品并取得收益。除本合同约定的费用以外，甲乙任何一方使用该工作成果无须向对方再支付费用。

7. 保密

7.1　乙方保证对在讨论、签订、履行本合同过程中所获悉的属于甲方及甲方关联方的且无法自公开渠道的文件及资料（包括但不限于商业秘密、公司计划、运营活动、财务信息、技术信息、经营信息及其他商业秘密）予以保密。未经甲方同意，乙方不得超出本合同约定的目的和范围使用该商业秘密，不得向任何第三方泄露该商业秘密的全部或部分内容。

上述保密义务，在本合同终止或解除之后仍需履行。

7.2　本合同关于对保密信息的保护不适用于以下情形：

（1）保密信息在披露给接收方之前，已经公开或能从公开领域获得。

（2）在本合同约定的保密义务未被违反的前提下，保密信息已经公开或能从公开领域获得。

（3）接收方应法院或其他法律、行政管理部门要求披露保密信息（通过询问、要求资料或文件、传唤、民事或刑事调查或其他程序）。当出现此种情况时，接收方应及时通知提供方并作出必要说明，同时给予提供方合理的机会对披露内容和范围进行审阅，并允许提供方就该程序提出异议或寻求必要的救济。

（4）由于法定不可抗力因素，导致不能履行或不能完全履行本合同确定的保密义务时，甲乙双方相互不承担违约责任；在不可抗力影响消除后的合理时间内，一方或双方应当继续履行本协议。在上述情况发生时，接收方应在合理时间内向提供方发出通知，同时应当提供有效证据予以说明。

7.3　出于推广之目的，乙方有权以适当方式对本合同约定的项目进行适当宣传，但宣传文案应事先经甲方同意方可发布。

8. 违约责任

8.1　乙方逾期提交工作成果的，每逾期一日，应按合同价款的1%（百分之一）向甲方支付违约金。甲方有权从应付费用中抵扣。

乙方逾期提交工作成果超过 15 日的，甲方有权解除本合同，并要求乙方承担违约责任。

8.2　甲方逾期付款的，每逾期一日，应按逾期金额的5‱（万分之五）向乙方支付违约金。

甲方逾期付款超过 15 日的，乙方有权解除本合同，并要求甲方承担违约责任。

8.3　下列情形下，甲方有权要求乙方退回甲方已经支付的全部费用，并要求乙方按照合同价款的 20%（百分之二十）向甲方支付违约金：

（1）因乙方原因导致本合同解除的；

（2）乙方违约将工作转包或分包给第三方的；

（3）因乙方原因导致乙方提交的工作成果侵犯第三方权益，甲方无法正常使用的。

8.4　因甲方原因导致本合同解除的，乙方有权要求甲方支付乙方已经履行部分的服务费用，并要求甲方按照未履行部分对应合同价款的 20%（百分之二十）向乙方支付违约金。

8.5　任何一方有其他违约情形的，应赔偿守约方全部损失。[1]

法天使[1]：
【详细违约责任】
使用文中条款。
【简单违约责任】
8. 违约责任
8.1　甲方逾期付款的，每逾期一日，应按逾期金额的 5‰（万分之五）向乙方支付违约金。
8.2　因乙方原因，导致乙方提交的工作成果侵犯第三方权益的，除本合同约定的违约责任以外，乙方还应赔偿甲方因此支出的全部损失，包括但不限于对第三方作出的赔偿、罚款、诉讼仲裁支出、律师费支出等。
8.3　任何一方违反本合同其他约定的，应赔偿对方全部损失。

9. 其他约定

9.1　部分无效处理

如任何法院或有权机关认为本合同的任何部分无效、不合法或不可执行，则该部分不应被认为构成本合同的一部分，但不应影响本合同其余部分的合法有效性及可执行性。

9.2　独立关系

本合同各方均为独立法人（或独立主体）。本协议的签订在甲方和乙方之间并不产生任何雇用、代理、合伙关系，双方对外不产生连带、补充或类似责任。

乙方及乙方服务人员在服务过程中如出现人身、财产损害或造成第三方损害，应由乙方自行承担责任。

10. 反商业贿赂

双方均不得向对方或对方经办人、工作人员或其他相关人员索要、收受、提供、给予合同约定外的任何利益，包括但不限于明扣、暗扣、现金、购物卡、实物、有价证券、旅游或其他非物质性利益等，否则构成重大违约。如该等利益属于行业惯例或通常做法，则须在本合同中明示，否则亦为重大违约。

11. 争议解决

因本合同引起的或与本合同有关的任何争议，由合同各方协商解决，也可由有关部门调解。协商或调解不成的，应向甲方所在地有管辖权的人民法院起诉。[1]

法天使 [1]：【其他条款可参见附录】

12. 附则

12.1　本合同一式二份，合同各方各执一份。各份合同文本具有同等法律效力。

12.2　本合同未尽事宜，双方应另行协商并签订补充协议。

12.3　本合同包含如下附件：委托创作方案确认书。

上述附件是本合同的一部分，具有与本合同同等的法律效力。

12.4　本合同经各方签名或盖章后生效。

签订时间：　　　　年　　　　月　　　　日

甲方（盖章）：

法定代表人或授权代表：

乙方（盖章）：

法定代表人或授权代表：

附件：委托创作方案确认书

项目名称：请填充

一、服务内容

（1）________________

（2）________________

二、工作成果要求

（1）________________

（2）________________

三、服务人员安排

（1）________________

（2）________________

四、服务期限要求

（1）________________

（2）________________

五、其他需求

（1）________________

（2）________________

双方同意按上述方案提供创作服务。

时间：　　　　年　　　　月　　　　日

甲方（委托方）确认：

乙方（创作方）确认：

附件：作品著作权归属声明

声明人：________________　　　　**笔名：**________________

身份证号码：________________

声明人（本人）郑重声明如下：

1. 本人受________（统一社会信用代码：________________）（以下简称“公司”）指派为________（统一社会信用代码：________________）（下称“委托方”）委托创作作品或参与创作作品（作品名称：________________；形式：________________；主题：____________；以下简称“作品”）（作品名称变化不影响本声明效力）。

2. 除该作品的署名权以外，该作品全部知识产权（包括著作权权利）自始且永久归委托方享有，本人承诺日后不会以任何理由和方式，向委托方提出任何权利主张或费用支付主张。

3. 本人同意公司代表本人与委托方签订的协议，并同意履行协议中与本人有关的内容。

特此声明。

时间：　　　　年　　　　月　　　　日

声明人（签名并捺手印）：
联系方式：

软件委托开发合同 | 17923

适用场景：

本合同适用于大型软件定制开发，甲方（委托方）委托乙方（开发方）开发特定软件，并支付相应费用，约定较为详细，如仅为小型软件开发，可在此基础上删减选用。

重要审查点：

【重要等级：**高**】

审查点 1：软件著作权归属条款

1. 应明确约定委托开发的软件的著作权归委托人所有。注意当没有约定或约定不明时，软件著作权将归受托方所有。

2. 如果是基于受托方的自有软件，适当定制组件的开发模式，则合同中应明确哪些部分的知识产权仍归受托方所有，只是许可委托人使用（许可期限、许可范围等）。

审查点 2：开发风险负担条款

1. 软件委托开发合同开发失败的风险一般由受托方承担。

2. 建议在合同中明确当出现软件开发失败或不能达到合同约定的验收标准的情况时，委托人无须支付费用。

3. 如果是开发难度很大、很可能无法实现的软件开发，则双方可以约定共担风险（即开发失败时，委托方仍需支付部分费用）。

审查点 3：关于软件交付条款

1. 明确应交付的软件及资料范围：计算机程序包括源代码、目标程序、可执行程序，在文档方面，包括技术文档、用户指南、操作手册、安装指南和测试报告等。

2. 明确交付渠道和形式：可以指定交付邮箱，以电子邮件形式交付。

3. 明确所交付软件的质量要求：在功能和规格方面，应当符合《软件开发项目确认书》的约定标准，并应当符合国家有关软件产品方面的规定和软件标准规范；不得包含任何可以自动终止或妨碍系统运作的软件。

4. 明确交付的期限及违约责任：应当设置相应的限期改正条款和违约责任条款，对交付行为予以规制。

审查点 4：应当明确开发需求

1. 建议应该对软件的主要功能、性能指标、使用场景、使用主体、阶段安排等详细列举，明确到《软件开发项目确认书》中。

2. 应约定未达到开发要求时，委托人有权解除合同并向受托人主张违约责任。

审查点 5：功能变更条款

软件减少功能一般不会增加工作量及工程风险，增加新功能必然会增加工作量及工程风险，而修改功能有很大不确定性。因此，应当对功能变更所涉及的变更流程、变更费用、变更评估等问题进行约定。

【重要等级：**中**】

审查点 6：建议配套保密协议

考虑采用保密协议形式，或直接由受托方参与项目人员签署保密承诺函。

审查点 7：注意配套服务是否有约定

应明确配套服务的内容：主要是根据委托人的需求，在软件验收合格后，由开发人提供技术指导、技术培训、软件维护等服务，相当于产品的售后服务。

审查点 8：后续改进的权属和使用

委托方在获得软件之后，如果想对该软件进行改进开发，但不想委托原受托方改进开发，或是可以由委托方自己进行改进开发的，为避免产生纠纷，建议企业尽量在合同中约定好后续改进的权属和使用。

相关文本：

▲ 18068 软件维护服务合同

▲ 18573 软件许可使用合同

文本正文：

软件委托开发合同

甲方（委托方）： ________________

统一社会信用代码：________________

乙方（开发方）： ________________

统一社会信用代码：________________

本合同各方经平等自愿协商，根据《中华人民共和国民法典》及相关法律法规，就甲方委托乙方开发软件事宜，签订本合同以共同遵守。

第一部分 项目与开发费用

1. 定义

除本合同另有约定外，下列词语在本合同中具有如下含义：

1.1 开发软件：乙方为履行本合同所开发和提供的软件。

1.2 里程碑：乙方在开发过程中阶段性完成的，并具有相对独立性的部分软件或模块。

1.3 背景知识产权：一方在合同生效前就已经存在的或者在独立于本项目之外获得的知识产权。

1.4 前景知识产权：本合同履行过程因开发软件所产生的知识产权。

1.5 上线：在甲方指定的系统中正式运行开发软件。

1.6 商业利用：对开发软件的商业利用。包括但不限于复制、发行、出租、通

法天使[1]：
【确定总价款】使用文中条款。
【暂定总价款】

法天使[2]：
【每个阶段验收后支付】
【每个阶段开始前支付】
【两笔支付】

过信息网络传播等行为，以及许可或授权他人进行上述行为。

1.7　甲方产品：指由甲方自行或委托第三方为甲方设计、开发和制造的包含开发软件或者与开发软件一同使用的产品。

2. 项目信息

2.1　项目基本信息

项目名称：________________

主要功能：________________

使用场景：________________

使用主体：________________

开发期限：6个月。

2.2　本项目具体开发需求与规格、开发进度详见附件《软件开发项目确认书》。

3. 开发费用

3.1　开发费用（合同价款）

3.1.1　本次开发费用总价（合同总价款）为：人民币（大写）　　元（￥　　元）。

3.1.2　本合同约定价格为含税价，增值税率为　　%（百分之　　）。[1]

3.2　费用调整

开发过程中因需求变更导致费用调整的，由双方签署需求变更单；根据双方确认的变更单相应增减费用。

如无特别约定，减少的费用应在确认后最近一次付款时相应扣减；增加的费用应在该项需求完工后5个工作日内支付。

3.3　付款方式

本合同签订后5个工作日内，甲方应先支付首笔费用￥　　元。

甲方应于每个阶段验收后5个工作日内支付该阶段费用（具体见附件说明）；乙方收到费用后进入下一阶段工作。[2]

3.4　乙方指定收款账号：

户名：________________

账号：________________

开户行：________________

乙方未授权任何员工、第三方收款；付款方未向指定账号付款导致损失的，乙方不承担任何责任。

3.5　发票

乙方应向甲方提供正规足额增值税专用发票。发票信息如下：

名称：________________

纳税人识别号：________________

地址、电话：________________

开户行及账号：________________

第二部分　开发安排

4. 开发需求

4.1　需求分析

4.1.1　甲方应在本合同生效之日起 5 个工作日内向乙方提交有关需求说明、资料和信息。甲方可以就开发软件所涉及的功能、目标、需求构成及相关技术问题向乙方咨询或征求意见，乙方应当及时予以解释和答复。

4.1.2　乙方获取上述需求信息和资料后，应在 5 个工作日内完成需求分析书并提交给甲方。

4.1.3　甲方收到需求分析书后反馈意见，乙方根据甲方意见在 2 个工作日内修改。

4.2　开发需求确认

4.2.1　甲乙双方确认需求分析书后，乙方应当在 5 个工作日内向甲方提供《软件开发项目确认书》，包括：

（1）需求说明：说明主要需求与开发内容。

（2）开发费用明细：列明各项开发费用和总费用。

（3）详细开发说明书：说明各项开发的具体内容与要求。

4.2.2　甲方应在收到《软件开发项目确认书》后5个工作日内审核；如甲方提出异议，乙方应当根据甲方意见在2个工作日内修改。

4.2.3　《软件开发项目确认书》经双方一致确认后，应由双方签署，作为本合同的附件，与本合同具有同等效力。

4.2.4　《软件开发项目确认书》经双方确认签署后，乙方进入正式开发。

4.3　未能达成一致的处理

如因双方无法就费用、开发需求、进度等达成一致，无法签署《软件开发项目确认书》，则任何一方均有权解除本合同。此种情况下，甲方应向乙方支付需求分析阶段费用￥______元；乙方多收取的款项应予退还。除此之外，双方互不承担其他责任。

5. 项目变更

5.1　合同各方有权在履行本合同的过程中合理地提出变更、扩展、替换或修改本项目的某些部分的请求，包括增加或减少开发软件的相应功能、变更交付或安装的时间与地点等。

5.2　任一方提出项目变更请求时，应将具体变更内容以书面形式提交给对方。其中：

（1）甲方提出项目变更请求时，乙方应在5个工作日内作出该变更的评估报告并提交给甲方。

（2）乙方提出项目变更请求时，应同时提交该变更的评估报告。

前述评估报告内容应包括该变更对合同价格、项目交付日期、开发软件的系统性能、项目技术参数的影响以及对其他合同条款的影响等。

5.3　甲方应于收到评估报告之日起5个工作日内书面回复是否接受项目变更。其中：

（1）如双方均同意项目变更，应另行签署补充协议。

（2）如任一方不同意项目变更，则双方仍应按未变更之前的合同约定履行。

5.4　自一方收到项目变更请求之日，暂停计算开发期限；待双方达成一致意见后继续开始计算开发期限或按照双方新的约定处理。

5.5　如甲方提出项目变更导致开发费用下降的，按如下处理：

除按调整后的开发费用结算之外，甲方应另外向乙方补贴下降数额的____%。

变更后总开发费用不得低于原总开发费用的____%；低于该标准的，乙方有权要求重新协商费用，协商不一致的，乙方有权解除本合同。

此种情形下导致解除合同时，已经完成的部分，应结算支付开发费用；未完成的部分，应按乙方实际完成的工作量支付开发费用。

6. 乙方报告义务

6.1　乙方应于每月 25 日向甲方提供项目阶段书面报告。

前述书面报告应包含项目进度或里程碑计划执行情况、已完成的软件开发项目、有无遇到的困难和障碍、本项目的预期效果、人员配置情况、有无项目变更及变更情况或其他与本项目有关的甲方应该知道或甲方要求知道的情况。

6.2　如本项目需进行项目变更，乙方应当自发现该情形之日起 5 个工作日内书面告知甲方。

6.3　乙方应当在 2 个工作日内回复甲方提出的与本项目相关的询问。

7. 不得转包

7.1　乙方必须自行完全本合同约定的服务，不得将全部或部分工作交由第三方完成。[1]

8. 交付

8.1　乙方应当按照《软件开发项目确认书》完成里程碑和开发软件交付。

8.2　乙方应当按照本合同及附件的约定向甲方交付下列内容：

8.2.1　计算机程序。包括源代码、目标程序、可执行程序。

8.2.2　文档。包括技术文档、用户指南、操作手册、安装指南和测试报告等。

前述源代码必须可为熟练的程序员理解和使用，可打印以及被机器阅读或具备其他合理而必要的形式，包括对开发软件的评估、测试或其他技术文件。

8.3　乙方所提交的里程碑和开发软件应符合如下要求：

（1）符合国家有关软件产品方面的规定和软件标准规范；

（2）不得包含任何可以自动终止或妨碍系统运作的软件。

法天使[1]：
【不得转包】
使用文中条款。
【辅助工作可以转包】
7.1　乙方必须自行完成本合同约定的主要工作，除部分辅助型工作以外，不得转交第三方完成。
【特定工作转包】
7.1　乙方仅能将下列工作交由第三方，除此之外必须自行完成：
________（请自行明确）。
7.2　乙方仍应就上述第三方完成的工作对甲方承担责任。

9. 验收

9.1 验收分为上线验收、试运行和终验三个阶段，甲方应按如下约定安排验收：

9.1.1 于乙方交付后5个工作日内进行上线验收。

9.1.2 上线验收后3个月为试运行期间。

9.1.3 于试运行结束后10个工作日内进行最终验收。

具体测试和验收标准详见附件《软件开发项目确认书》。如双方在开发过程中调整开发内容的，应以双方另行签订的书面文件为准。

9.2 验收合格的，甲方应当出具相应阶段的验收合格文件；验收不合格的，双方应共同调查原因，并按如下约定处理：

9.2.1 如因乙方原因导致验收不合格的，乙方应同时承担下列责任：

（1）在5个工作日内消除造成验收不合格的原因，并承担由此引发的一切费用；

（2）给甲方造成损失的，应当赔偿甲方的损失。

9.2.2 如因甲方原因导致验收不合格的，甲方应在5个工作日内消除该原因。

其中甲方原因包括但不限于下列情形：

（1）硬件及其环境出现的故障未得到甲方及时排除；

（2）甲方提供的说明、信息和资料本身存在错误。

9.3 甲方应在不合格原因消除后3个工作日内再次进行验收，时间与周期与前一次验收相同。如连续两次因乙方原因导致验收不合格的，视为乙方违约。

9.4 自乙方交付全部开发软件之日起至验收完成之日，乙方修改各类错误总耗时超过15个工作日的，每超过1个工作日的，应向甲方支付人民币（大写）______元（¥______元）违约金。

9.5 甲方未在约定期限内进行验收亦未提出书面异议的，视为验收合格。

10. 配套技术服务

10.1 技术指导。本项目最终验收后6个月内，乙方应根据甲方的请求，指派技术人员向甲方提供技术培训，以传授开发软件的操作或使用方法。

乙方人员提供技术指导而产生的差旅费用由甲方负责。

10.2　技术培训

本项目终验后 6 个月内，乙方应根据甲方的请求，对甲方相关人员进行培训，培训目标是受训者能够独立、熟练地完成开发软件操作。

培训要求：________________

培训地点：甲方所在地。

培训次数：不少于 3 次，每次不少于 3 小时。

乙方人员提供技术培训而产生的差旅费用由甲方负责。

10.3　开发软件维护

10.3.1　维护期限。本项目最终验收之日起 1 年内，乙方为甲方提供开发软件维护与支持服务。

上述技术服务费用已经包含在开发费用中，乙方无权另行主张。

10.3.2　乙方提供技术支持服务的对象为甲方人员，不包括使用甲方产品的最终用户。

第三部分　知识产权与保密

11. 知识产权

11.1　第三方软件许可

开发软件中涉及第三方软件许可的，乙方应向甲方披露，甲方应自行获得第三方的许可并承担费用，按照约定方式使用；乙方承诺开发软件中不包含未披露的、需经第三方许可的内容。

11.2　乙方自有软件许可

涉及乙方自有软件许可的，乙方应向甲方披露，双方按约定处理；乙方承诺开发软件中不包含未披露的、需另外经乙方许可的内容。

11.3　不侵权

11.3.1　乙方保证开发软件不侵犯任何第三方的著作权、商标权、专利权、商业秘密等，也不违反乙方（包括乙方开发人员）与任何第三方的保密义务或有关知识产权约定。

法天使[1]：
【前景知识产权归甲方所有】
【前景知识产权归乙方所有+甲方有权使用】

11.3.2 若开发软件侵犯第三方知识产权的，由此造成的一切经济和法律责任由乙方承担，并且乙方应当选择下列措施之一进行补救：

（1）取得第三方的许可。

（2）修改或更换开发软件使其不侵权。

11.4 背景知识产权

11.4.1 甲方向乙方提供任何文件、信息和数据（包括但不限于开发需求与规格）不构成向乙方转让任何甲方背景知识产权或许可乙方以商业利用为目的使用任何甲方背景知识产权。

11.4.2 乙方提交的开发成果如涉及乙方的背景知识产权，为确保甲方有权商业利用开发成果，乙方应就所涉背景知识产权给予甲方非排他的、不可转让的、永久的、不可撤销的、世界范围内的、免费的、拥有分许可权的许可，但所述许可仅限于甲方商业利用开发成果所必须。双方另有约定除外。

11.5 前景知识产权

11.5.1 乙方履行本合同所取得的前景知识产权，包括但不限于著作权、技术秘密、技术信息等，归甲方所有，乙方不得以自己或第三方名义提出权利申请、注册或备案等。

11.5.2 未经甲方书面同意，乙方（包括乙方开发人员）不得对开发软件进行商业利用，也不得将开发软件以任何方式复制发行、传播、许可、转让、出租或交换给任何第三方。[1]

12. 保密

12.1 合同各方保证对在讨论、签订、履行本合同过程中所获悉的属于其他方的且无法自公开渠道的文件及资料（包括但不限于商业秘密、公司计划、运营活动、财务信息、技术信息、经营信息及其他商业秘密）予以保密。未经该资料和文件的原提供方同意，其他方不得向任何第三方泄露该商业秘密的全部或部分内容。

上述保密义务，在本合同终止或解除之后仍需履行。

12.2 本合同关于对保密信息的保护不适用于以下情形：

（1）保密信息在披露给接收方之前，已经公开或能从公开领域获得。

（2）在本合同约定的保密义务未被违反的前提下，保密信息已经公开或能从公开领域获得。

（3）接收方应法院或其他法律、行政管理部门要求披露保密信息（通过询问、要求资料或文件、传唤、民事或刑事调查或其他程序）。当出现此种情况时，接收方应及时通知提供方并作出必要说明，同时给予提供方合理的机会对披露内容和范围进行审阅，并允许提供方就该程序提出异议或寻求必要的救济。

（4）由于法定不可抗力因素，导致不能履行或不能完全履行本合同确定的保密义务时，甲乙双方相互不承担违约责任；在不可抗力影响消除后的合理时间内，一方或双方应当继续履行本协议。在上述情况发生时，接收方应在合理时间内向提供方发出通知，同时应当提供有效证据予以说明。

第四部分　其 他 约 定

13. 陈述与保证

13.1　本合同各方均向其他方承诺：

13.1.1　除本合同明确约定的以外，该方拥有签订和履行本合同全部义务所必需的所有合法权利以及所有内部和外部的批准、授权和许可，包括但不限于法律及公司章程规定的股东会、董事会批准。

13.1.2　该方提交的文件、资料等均是真实、全面和有效的。

13.2　甲方承诺：

13.2.1　具备签订和履行本合同的权利和资质。

13.2.2　不得利用乙方开发软件从事违法用途。

13.2.3　甲方所提交的文件、资料等均不侵犯任何第三方的合法权益。

13.3　乙方承诺：

13.3.1　具备签订和履行本合同的权利和资质。

13.3.2　乙方授予甲方权利没有受到任何第三方的约束或限制，也没有承担任何约束或限制性义务。

14. 违约责任

14.1　甲方逾期付款的，每逾期一天，应按逾期金额的5‰（万分之五）向乙方支付违约金，同时仍应履行付款义务。

逾期超过 15 日的，乙方有权解除本合同。

14.2　乙方逾期交付的，每逾期一天，应按开发费用的 1%（百分之一）向甲方支付违约金，同时仍应履行开发义务。

逾期超过 40 日的，甲方有权解除本合同。

14.3　甲方有下列情形之一的，乙方有权解除本合同：

（1）逾期支付开发费用超过 15 日的；

（2）甲方违约，经乙方通知后 15 日内仍不改正的；

（3）甲方有其他违约行为，依照法定或约定乙方有权解除的。

14.4　因甲方违约导致乙方解除本合同的，甲方应同时承担如下责任：

（1）乙方已经完成的工作量，无论甲方是否验收，甲方均应结算开发费用；

（2）向乙方支付剩余合同总价款的 20%（百分之二十）作为违约金；

（3）本合同约定的其他违约责任。

14.5　乙方有下列情形之一的，甲方有权解除本合同：

（1）逾期交付超过 40 日的；

（2）乙方违约，经甲方通知后 15 日内仍不改正的；

（3）连续两次因乙方原因导致验收不合格的；

（4）乙方有其他违约行为，依照法定或约定甲方有权解除的。

14.6　因乙方原因导致甲方解除合同的，乙方应同时承担下列责任：

（1）退还甲方支付的开发费用。

但是，乙方已经完成部分开发并验收合格，且该部分功能对甲方具有独立价值的，该部分开发费用应正常结算；否则不予结算费用。

（2）向甲方支付合同总价款的 20%（百分之二十）作为违约金。

（3）本合同约定的其他违约责任。

14.7　任何一方有其他违反本合同情形的，应赔偿守约方全部损失，该损失包括但不限于对守约方所造成的直接损失、可得利益损失、守约方支付给第三方的赔偿费用/违约金/罚款、调查取证费用/公证费、诉讼费用、律师费用以及因此而支付的其他合理费用。

15. 合同联系方式

15.1　甲方项目联系人

15.1.1　甲方确认如下项目联系信息：

联系人：________________

地址：________________

手机：________________

微信：________________

电子邮箱：________________

15.1.2　甲方确认，甲方项目联系人的权限仅限于下列：

15.1.2.1　代表甲方提交、接受项目有关资料、文档、工作成果。

15.1.2.2　代表甲方对服务提出意见。

15.1.2.3　代表甲方验收乙方提供的工作成果与服务。

15.2　乙方项目联系人

15.2.1　乙方确认如下项目联系信息：

联系人：________________

地址：________________

手机：________________

微信：________________

电子邮箱：________________

15.2.2　乙方确认，乙方项目联系人的权限仅限于下列：

15.2.2.1　代表乙方提交、接受项目有关资料、文档、工作成果。

15.2.2.2　代表乙方对服务进行沟通、提出意见。

15.3　除非双方另有约定，合同双方可通过指定电子邮箱提供资料、文档、工作成果电子版。

15.4　双方确认上述联系方式同时作为有效司法送达地址。

16. 其他约定

16.1　不可抗力

16.1.1　不可抗力定义：指在本合同签署后发生的、本合同签署时不能预见的、其发生与后果是无法避免或克服的、妨碍任何一方全部或部分履约的所有事件。上述事件包括地震、台风、水灾、火灾、战争、国际或国内运输中断、流行病、罢工，以及根据中国法律或一般国际商业惯例认作不可抗力的其他事件。一方缺少资金非为不可抗力事件。

16.1.2　不可抗力的后果：

（1）如果发生不可抗力事件，影响一方履行其在本合同项下的义务，则在不可抗力造成的延误期内中止履行，而不视为违约。

（2）宣称发生不可抗力的一方应迅速书面通知其他各方，并在其后的十五（15）日内提供证明不可抗力发生及其持续时间的足够证据。

（3）如果发生不可抗力事件，各方应立即互相协商，以找到公平的解决办法，并且应尽一切合理努力将不可抗力的影响减少到最低限度。

（4）金钱债务的迟延责任不得因不可抗力而免除。

（5）迟延履行期间发生的不可抗力不具有免责效力。

16.2　合同解释

16.2.1　本合同的不同条款和分条款的标题与编号，仅供查阅方便之用，不构成本合同的一部分，不作为解释本合同任何条款或权利义务的依据。

16.2.2　本合同中，“以上”“以下”“以内”包含本数，“超过”“不满”“以外”不包含本数，某期日的“前/以前”“后/以后”或类似表述包含该期日当日。

16.2.3　本合同中对金额或数量使用大小写时，如大小写不一致，应以大写为准。

16.2.4　如果本合同正文和附件的意思发生冲突，则应按正文或附件中以何者为准的明确约定处理。

如无明确约定，则各方应尽力将整个合同（包括正文与附件）作为一个整体来阅读理解，最为明确具体地实现合同目的的条款应优先考虑。

法天使[1]：【其他条款可参见附录】

16.3　部分无效处理

如任何法院或有权机关认为本合同的任何部分无效、不合法或不可执行，则该部分不应被认为构成本合同的一部分，但不应影响本合同其余部分的合法有效性及可执行性。

16.4　按时履行重要

除非另有明确规定，就本合同项下各方的每一项义务而言，按时履行均十分重要。

16.5　不得转让义务

除本协议另有约定，未经另一方事先书面同意，任何一方不应转让本合同项下的全部或部分义务。

16.6　反商业贿赂

双方均不得向对方或对方经办人、工作人员或其他相关人员索要、收受、提供、给予合同约定外的任何利益，包括但不限于明扣、暗扣、现金、购物卡、实物、有价证券、旅游或其他非物质性利益等，否则构成重大违约。如该等利益属于行业惯例或通常做法，则须在本合同中明示，否则亦为重大违约。

17. 争议解决

因本合同以及本合同项下订单/附件/补充协议等（如有）引起或有关的任何争议，由合同各方协商解决，也可由有关部门调解。协商或调解不成的，应按下列第（______）种方式解决：

（1）提交____________仲裁委员会进行仲裁。仲裁裁决是终局的，对各方均有约束力；

（2）向________所在地有管辖权的人民法院起诉。[1]

18. 附则

18.1　本合同一式二份，合同各方各执一份。各份合同文本具有同等法律效力。

18.2　本合同未尽事宜，双方应另行协商并签订补充协议。

18.3　本合同包含如下附件：软件开发项目确认书。

上述附件是本合同的一部分，具有与本合同同等的法律效力。

18.4　本合同经各方签名或盖章后生效。

签订时间：　　　　　年　　　　月　　　　日

甲方（盖章）：
法定代表人或授权代表：
乙方（盖章）：
法定代表人或授权代表：

附件：软件开发项目确认书

委托方：________________
开发方：________________
项目名称：________________

1. 开发软件基本信息

1.1　开发需求与规格

1.2　验收和交验标准

2. 待运行系统信息

2.1　软件说明

2.1.1　操作系统说明

2.1.2　数据库、应用服务器说明

2.1.3　第三方组件说明

2.2　硬件说明

3. 里程碑工程进度

里程碑阶段名称	内容	开始时间	完成时间	交付清单	检测标准	备注

时间：　　　　年　　　　月　　　　日

委托方（签名或盖章）：
开发方（盖名或盖章）：

软件许可使用合同 I 18573

适用场景：

本合同适用软件的许可及安装使用，乙方（许可方）许可甲方（被许可方）安装、使用软件，乙方配套提供安装、维护支持，甲方支付许可费用。

不适用：SaaS 软件服务、软件分发许可。

重要审查点：

【重要等级：**高**】

审查点 1：注意许可软件信息

主要包括许可期限、许可软件版本、许可形式、许可费用及支付方式。其中，对于软件许可形式，大多数都是普通许可，软件许可方可以将目标软件许可给多个市场主体。

审查点 2：注意软件服务内容

主要包括提供并安装、部署软件、软件维护、软件培训、故障响应、软件升级与优化等内容，以减少对软件使用过程中产生的售后服务问题产生的争议，明确责任承担。

审查点 3：明确具体的违约责任

主要包括逾期交付违约责任、逾期付款违约责任、未按照约定提供技术服务违约责任、违反知识产权及保密责任的违约责任。

【重要等级：**中**】

审查点 4：注意知识产权不侵权条款

1. 需保证授权软件为正版、具有原创或完整知识产权。最好直接从原权利人处获取授权，如不是从原权利人处直接获取授权，请注意审查销售方是否具有权限对外销售、审核其代理权。

2. 合同中应由授权方作出不侵犯第三方权益的相关声明。

审查点 5：注意保密条款

1. 在双方合同签订及履行过程中，可能会接触对方的保密信息，在授权合同中增加保密条款，能够降低泄密风险、保障企业自身权益。

2. 保密条款中应明确约定保密期限和违反保密义务的违约责任。

审查点 6：注意网络、数据、个人信息等符合法律规定

乙方应当根据软件涉及的服务内容，保证其提供的软件产品的安全性和可信性，符合《数据安全法》《网络安全法》《个人信息保护法》及相关法律法规的要求。

【重要等级：**低**】

审查点 7：核实软件许可方有权进行授权或代理

可查询或要求许可方出具相关证明，如软件著作权登记证书。如果许可人并非著作权权利人而是被许可人，可以查询专有许可合同的登记，或直接取得著作权权利人的确认，以确保许可人为软件著作权权利人或有权进行授权。

相关文本：

▲ 18068 软件维护服务合同

▲ 16285 软件维护协议

文本正文：

软件许可合同

甲方（被许可方）： ________________

统一社会信用代码：________________

乙方（许可方）： ________________

统一社会信用代码：________________

本合同各方经平等自愿协商，根据《中华人民共和国民法典》及相关法律法规，就乙方许可甲方使用软件事宜，签订本合同以共同遵守。

1. 许可软件

1.1　乙方许可甲方使用如下软件：

软件名称：________________

本次许可版本：________________

许可安装数量：________________

安装方式：________________

主要功能：________________

以下简称“软件”。

1.2　本合同约定的软件许可仅指本合同明确约定的特定数量的、以特定安装方式安装供甲方使用；如需超出约定进行安装、复制和使用，需经乙方同意由双方另行签订合同。

1.3　本合同约定的软件许可为不可转让的、无权分许可的普通许可。

2. 许可期限

2.1　许可期限：12 个月，自乙方交付软件之日起算。

许可期限届满或提前终止后，甲方不得继续使用该软件。[1]

2.2　许可期限内，甲方有权解除合同，但应提前 30 日书面通知乙方。

2.2.1　甲方根据前述约定解除合同 10 个工作日内，乙方应在扣除应收费用之后

法天使[1]：
【约定期限】
使用文中条款。
【到期后仍可使用，但乙方不再维护软件】
2.1　许可期限：12 个月，自乙方交付软件之日起算。
许可期限到期后，甲方仍可继续使用该软件；但乙方不再为该软件提供维护、更新、优化服务，亦不再保证该软件能正常使用。如仍需乙方提供维护服务，应由双方另行签订合同。

退还甲方多交的许可费用。除此之外，双方互不承担其他责任。

2.2.2 应收费用计算方式：

应收费用 = 解除前许可费用 + 额外补偿；

解除前许可费用 = 许可费用 / 许可期限（天数）× 实际履行天数；

额外补偿：按解除前许可费用的____% 计算。[1]

3. 许可费用

3.1 许可费用按“许可费用 + 维护费用”计算支付。

3.1.1 许可费用

3.1.1.1 费用标准：人民币（大写）____元（¥____元）。

3.1.1.2 付款方式：本合同签订后 5 个工作日内支付。

3.1.2 维护费用

费用标准：许可期限开始后的第 1 个年度内不收取维护费用；自第 2 个年度起，每年收取 ¥____元。

付款方式：应付款年度开始前，甲方应支付下一付款年度的维护费用。[2]

3.2 发票

乙方应向甲方提供正规足额增值税专用发票。发票信息如下：

名称：________________

纳税人识别号：________________

地址、电话：________________

开户行及账号：________________

货物或应税劳务名称：________________

增值税率：________________

3.3 乙方指定收款账号：

户名：________________

账号：________________

开户行：________________

乙方未授权任何员工、第三方收款；付款方未向指定账号付款导致损失的，乙方

法天使[1]：
【甲方有权提前解除，约定退费方式】
【试用期内可解除 + 试用期后不能解除】
【甲方有权提前解除，许可费用相应折算】

法天使[2]：
【许可费用 + 维护费用】
【固定许可费用】
【基础费用 + 年度费用】

不承担任何责任。

3.4　除本合同明确约定的以外，甲方无须再向乙方支付其他任何服务费用、价款、费用或报销。

4. 安装与交付

4.1　甲方安装环境要求

4.1.1　甲方应配合提供如下安装环境：

硬件要求：________________

操作系统要求：________________

其他要求：________________

4.1.2　除非双方另有约定；上述安装环境所需的设备、软件（乙方软件除外）、服务器空间等成本、费用由甲方自行承担。

4.1.3　因甲方无法配合提供安装环境导致本合同签订后 3 个月内仍无法完成安装的，乙方有权解除本合同且不承担任何责任。

4.2　乙方安装

4.2.1　安装期限：10 个工作日；自本合同签订且甲方安装环境符合要求，乙方可进行安装之日起算。

4.2.2　乙方应在上述期限内完成软件安装。

4.2.3　乙方应在安装期限内向甲方交付如下资料：

（1）用户手册；

（2）专属于甲方的用户密钥。

4.2.4　下列条件均满足时，视为乙方完成安装，亦即软件交付之日：

4.2.4.1　软件安装并调试好，使之达到约定的功能与状态。

4.2.4.2　将相关软件功能开通，交付约定资料，使甲方能够使用该软件功能。

4.3　培训支持

4.3.1　乙方应安排专业人员向甲方提供软件使用的技术培训。

培训要求：________________

培训地点：甲方所在地。

法天使[1]：
【见附件订单】使用文中条款。
【另有专门的软件维护服务协议】
5.1　维护服务内容
见双方另外签署的《软件维护服务协议》约定。

法天使[2]：
【许可期限内维护服务免费】使用文中条款。
【特定期限内维护服务免费（超出需另行付费）】
5.3　维护费用
费用标准：许可期限开始后的第1个年度内不收取维护费用；自第2个年度起，每年收取￥____元。
付款方式：应付款年度开始前，甲方应支付下一付款年度的维护费用。
【另有专门的软件维护服务协议】
5.3　维护费用
见双方另外签署的《软件维护服务协议》约定。

培训时间：根据软件安装、开通使用的进度确定。

培训次数：不少于3次，每次不少于3小时。

培训费用：________________

4.3.2　乙方人员提供技术培训而产生的差旅费用由乙方自行负责。

5. 乙方维护服务

5.1　维护服务内容

许可期限内，乙方应按附件《软件维护服务协议》约定，向甲方提供维护与支持服务。[1]

5.2　升级与优化

服务期限内，如乙方对本合同约定软件进行任何修正、优化或升级的，则乙方应向甲方提供最新版本。

5.3　维护费用

许可期限内，除本合同明确约定的费用以外，无须另外支付维护服务费用；许可期限届满后的维护服务由双方另行签署协议约定。[2]

6. 软件使用要求

6.1　本合同所约定软件的知识产权均为乙方（或原权利人）所有；乙方向甲方提供任何文件、信息和数据均不构成向甲方转让任何乙方知识产权。

6.2　未经乙方事先书面同意，甲方不得采取下列行动，否则视为甲方违约：

（1）以任何形式将服务项目转让、许可、出售、出租给任何第三方；

（2）对服务项目进行修改、翻译、反向工程、反编译、反汇编或制作基于服务项目的派生作品；

（3）规避服务项目中嵌入的任何用户限制或其他时长、使用或功能限制；

（4）去除服务项目中包含的任何专属权通知、标识或标注；

（5）对构成服务项目任何组成部分的内容进行加框或映射；

（6）为制作竞争服务项目，或仿制服务项目的任何创意、特征、功能或图像的目的访问服务。

6.3　甲方使用软件时通过互联网确认、同意的文件，如用户协议、隐私政策等文件作为本协议的一部分，双方均应遵守。

6.4　甲方应妥善保管账号、密码。如因账号、密码泄露导致第三方不当使用的，乙方不承担责任。

7. 责任限制

7.1　直接责任限制

7.1.1　乙方在本合同项下向甲方所承担的责任仅限于直接的、客观可衡量的损失，不对任何间接的、预测性的、结果性的、偶然的以及特殊的损害负责，包括但不仅限于未能使用、业务中断导致的损失以及利润损失等，不论甲方是否事先已经被告知有此类损害发生的可能性。

7.1.2　如甲方使用乙方服务或软件造成直接或间接损害时，乙方承担的责任最多不超过许可费用的 3 倍；甲方对此表示认可。

7.2　除外情形

乙方因下列情形下产生的违约及赔偿责任不在前述责任限制之内：

（1）违反本合同保密条款项下义务的责任；

（2）因知识产权侵权而产生的责任；

（3）乙方故意或严重疏忽导致的责任。

8. 不侵权承诺

8.1　乙方承诺许可软件不侵犯第三方知识产权及其他合法权益。否则应由乙方负责与第三方交涉并承担由此引起的一切法律上和经济上的责任。

9. 宣传推广

9.1　各方有权在对外宣传、推介活动中客观披露双方基于本合同所建立的合作关系，并在合理范围内使用相对方的企业名称及标识信息。

10. 甲方其他权利义务

10.1　甲方应积极配合乙方完成软件的安装，如有必要，应及时提供甲方信息，包括但不限于甲方 LOGO、邮箱等。

10.2　甲方应采取必要手段保护其数据安全。如因非乙方原因造成的损失，甲方应自行承担。

11. 保密

11.1　合同各方保证对在讨论、签订、履行本合同过程中所获悉的属于其他方的且无法自公开渠道的文件及资料（包括但不限于商业秘密、公司计划、运营活动、财务信息、技术信息、经营信息及其他商业秘密）予以保密。未经该资料和文件的原提供方同意，其他方不得向任何第三方泄露该商业秘密的全部或部分内容。

上述保密义务，在本合同终止或解除之后仍需履行。

11.2　本合同关于对保密信息的保护不适用于以下情形：

（1）保密信息在披露给接收方之前，已经公开或能从公开领域获得。

（2）在本合同约定的保密义务未被违反的前提下，保密信息已经公开或能从公开领域获得。

（3）接收方应法院或其他法律、行政管理部门要求披露保密信息（通过询问、要求资料或文件、传唤、民事或刑事调查或其他程序）。当出现此种情况时，接收方应及时通知提供方并作出必要说明，同时给予提供方合理的机会对披露内容和范围进行审阅，并允许提供方就该程序提出异议或寻求必要的救济。

（4）由于法定不可抗力因素，导致不能履行或不能完全履行本合同确定的保密义务时，甲乙双方相互不承担违约责任；在不可抗力影响消除后的合理时间内，一方或双方应当继续履行本协议。在上述情况发生时，接收方应在合理时间内向提供方发出通知，同时应当提供有效证据予以说明。

12. 陈述与保证

12.1　本合同各方于本合同签订日向其他方作出如下陈述与保证；各方确认，各方系在下列陈述与保证的基础上方达成本合同。

12.1.1　该方系合法设立且有效存续的实体（法人或非法人组织）或具有完全民事行为能力的自然人。

12.1.2　除本合同另有约定外，该方拥有签订和履行本合同全部义务所必需的所有合法权利以及所有内部和外部的批准、授权和许可，包括但不限于法律及公司章程规定的股东会、董事会批准。

12.1.3　该方提交的文件、资料等均是真实、准确、全面、完整和有效的，并无任何隐瞒、遗漏、虚假或误导之处。

12.1.4　该方签订本合同和履行本合同任何义务不会：

（1）违反该方的公司章程或任何组织性文件的规定；

（2）违反法律、法规或其他规范性文件；

（3）违反对该方有法律约束力的任何其他合同、合同、文件、该方对任何第三方作出的承诺或保证（无论是书面的或是口头的），该方对任何第三方所负担的其他有法律约束力的义务。

12.2　甲方承诺：

12.2.1　具备签订和履行本合同的能力与资质。

12.3　乙方承诺：

12.3.1　具备签订和履行本合同的能力与资质。

12.3.2　服务项目符合国家关于隐私权保护和数据安全的相关法律法规，包括但不限于下列法律法规：

（1）《中华人民共和国个人信息保护法》；

（2）《中华人民共和国数据安全法》；

（3）《规范互联网信息服务市场秩序若干规定》。

12.4　各方承诺，如果其知悉在本合同签订后发生任何情形，使任何陈述与保证在任何方面变为不真实、不准确或具误导性，将立即书面通知对方。

13. 违约责任

13.1　乙方不能及时提供本合同所约定的服务内容，导致甲方无法正常使用许可软件的，应采取相应延长使用期限等方式对甲方予以赔偿。

如因上述原因导致甲方不能正常使用超过 15 日的，甲方有权解除本合同，并要求乙方退还相应许可费用。

13.2　甲方逾期付款的，每逾期一日，应按逾期金额的5‱（万分之五）向乙方支付违约金。

甲方逾期付款超过 15 日的，乙方有权解除本合同，并要求甲方承担违约责任。

13.3　任何一方有其他违反本合同情形的，应赔偿守约方全部损失。

14. 其他约定

14.1　不可抗力

14.1.1　不可抗力定义：指在本合同签署后发生的、本合同签署时不能预见的、其发生与后果是无法避免或克服的、妨碍任何一方全部或部分履约的所有事件。上述事件包括地震、台风、水灾、火灾、战争、国际或国内运输中断、流行病、罢工，以及根据中国法律或一般国际商业惯例认作不可抗力的其他事件。一方缺少资金非为不可抗力事件。

14.1.2　不可抗力的后果：

（1）如果发生不可抗力事件，影响一方履行其在本合同项下的义务，则在不可抗力造成的延误期内中止履行，而不视为违约。

（2）宣称发生不可抗力的一方应迅速书面通知其他各方，并在其后的十五（15）日内提供证明不可抗力发生及其持续时间的足够证据。

（3）如果发生不可抗力事件，各方应立即互相协商，以找到公平的解决办法，并且应尽一切合理努力将不可抗力的影响减少到最低限度。

（4）金钱债务的迟延责任不得因不可抗力而免除。

（5）迟延履行期间发生的不可抗力不具有免责效力。

14.2　不放弃权利

除非另有约定，任何一方未能行使或迟延行使其在本合同项下的任何权利，不得被视为其放弃行使该等权利，且任何权利的任何单独或部分行使亦不得妨碍该等权利的进一步行使或其他任何权利的行使。一方在任何时候放弃追究其他各方违反本合同任何条款或规定的违约行为，不得被视为该方放弃追究其他各方今后的违约行为，且不得被视为该方放弃其在该等规定项下的权利或其在本合同项下的其他任何权利。

14.3　确认签约能力

双方确认具备签订及履行本合同的能力与相应资质，并已经获得各自章程规定的授权及利害关系人的同意以签署本合同；在本合同上签字或盖章的各方代表已经获得相应的授权。

法天使[1]:
【其他条款可参见附录】

15. 合同联系方式

15.1　为更好地履行本合同，双方提供如下联系方式：

（1）甲方联系方式

联系人：________________

地址：________________

手机：________________

微信：________________

电子邮箱：________________

（2）乙方联系方式

联系人：________________

地址：________________

手机：________________

微信：________________

电子邮箱：________________

15.2　通过电子邮箱及其他电子方式送达时，发出之日即视为有效送达。

15.3　通过快递等方式送达时，对方签收之日或发出后第三日视为有效送达（以两者较早一个日期为准）；对方拒收或退回的，视为签收。

15.4　上述联系方式同时作为有效司法送达地址。

15.5　一方变更联系方式，应以书面形式通知对方；否则，该联系方式仍视为有效，由未通知方承担由此而引起的相关责任。

15.6　本联系方式条款为独立条款，不受合同整体或其他条款的效力影响，始终有效。

16. 争议解决

因本合同以及本合同项下订单/附件/补充协议等（如有）引起或有关的任何争议，由合同各方协商解决，也可由有关部门调解。协商或调解不成的，应向本合同签订地（　　　省　　　市　　　区）有管辖权的人民法院起诉。[1]

17. 附则

17.1　本合同一式二份，合同各方各执一份。各份合同文本具有同等法律效力。

17.2　本合同未尽事宜，双方应另行协商并签订补充协议。

17.3　本合同包含如下附件：软件服务维护协议。

上述附件是本合同的一部分，具有与本合同同等的法律效力。

17.4　本合同经各方签名或盖章后生效。

签订时间：　　　　年　　　　月　　　　日

甲方（盖章）：

法定代表人或授权代表：

乙方（盖章）：

法定代表人或授权代表：

软件维护服务合同 | 18068

适用场景：

因技术服务合同种类繁多、特定性强，一般需结合具体的技术服务内容要求拟定条款内容。虽不同技术服务合同的条款具有差异性，但该类合同的主体框架结构具有共性，本书特以软件维护技术服务合同为例示范，以供读者参考使用。

本合同适用于软件维护技术服务，由乙方（服务方）为甲方（委托方）提供软件（含网站及其他软件、软硬件一体）维护服务，甲方向乙方支付服务费用。

后附《服务方案确认书》；双方可通过不同的附件内容匹配不同的软件维护服务，以适用于不同的业务需求。

重要审查点：

【重要等级：**高**】

审查点 1：明确技术标准及要求

技术服务的成果应当符合法律规定、符合行业规范，并能满足委托方需求，委托技术服务的目的才能顺利实现。建议应当对技术服务所涉相关法律法规、行业规范及技术要求等进行明确。涉及需要对工作进程把控的内容，应当尽可能详尽地制订工作计划、明确工作的阶段、期限起止日期、各阶段交付的成果以及成果质量标准。

审查点 2：明确验收标准及方式

除了对技术要求、技术标准、工作计划予以细化，委托方还应当在技术服务类合同中注意将每个工作成果对应的验收标准及程序予以明确。一般包括工作成果形式、工作成果提交方式、验收标准、验收程序、验收不合格的处理措施及程序等。

审查点 3：服务费用及支付方式

建议应当核对相关费用支付的方式及时间、金额等是否符合双方的商谈内容。此外，由于技术性服务可能涉及不能确定的人工成本等，因此建议将费用结构进行明确。如作为委托方，建议根据服务内容的特性，约定分期或在分阶段验收成果后付款，以有效把控风险。

审查点 4：审查双方权利义务

根据《民法典》的相关规定，委托人应当按照约定提供工作条件，完成配合事项。受托人应当按照约定完成服务项目，解决技术问题，保证工作质量，并传授解决技术问题的知识。因此，在合同的权利义务中，应重点审核甲方配合义务、甲方支付义务，以及乙方服务内容，如涉及需要乙方具有特定项目资质或团队人员指定、技术人员要求、技术标准保证等，亦应在合同中予以明确约定。

审查点 5：知识产权、新技术成果归属及保密义务

合同履行过程中，受托人在依据合同约定完成技术服务的同时，可能会基于委托人提供的技术资料、工作条件进行新的研究开发或者对原有的技术方案进行改进，委托人也可能在受托人交付工作成果的基础上进行后续的开发优化，由此形成的新技术成果应当明确约定权利归属。同时，服务过程中服务方可能会接触到委托方的

一些资料、信息，或双方都会接触到彼此的重要资料、信息，因此需要重视对各方保密义务的约定。

【重要等级：**中**】

审查点 6：技术服务合同的主要结构框架

我们建议技术服务合同的主要结构应当包括如下部分：

（1）合同主体；（2）服务项目；（3）服务期限；（4）服务价款及付款方式；（5）服务标准及要求；（6）双方权利义务；（7）知识产权及保密；（8）违约责任；（9）不可抗力；（10）通知与送达；（11）争议解决；（12）附则。

读者可在该框架下，结合具体的技术服务项目，补充各部分的条款。

审查点 7：注意违约责任约定

和其他合同的违约责任设置一样，技术服务类合同的违约责任应当与工作计划、工作成果及权利义务一一结合。

【重要等级：**低**】

审查点 8：合同主体及资质的确认

作为委托方，若所委托的技术服务需要特别的资质或技术标准能力，则应当对服务方的主体资格及资质进行审查，以免发生因其不具备资质导致无法实现委托方需求的情况。

相关文本：

▲ 17433 直播技术服务合同

▲ 16936 技术托管协议

▲ 19804 监测技术服务合同

文本正文：

软件维护服务合同

甲方（委托方）： ________________

统一社会信用代码：________________

乙方（服务方）： ________________

统一社会信用代码：________________

本合同各方经平等自愿协商，根据《中华人民共和国民法典》及相关法律法规，就甲方委托乙方提供软件维护服务事宜，签订本合同以共同遵守。

1. 服务项目

1.1　甲方委托乙方为甲方提供软件维护服务。

1.2　软件维护服务内容见附件《服务方案确认书》。除另有约定外，本合同中“服务项目”均指该维护服务。

2. 服务期限

2.1　服务期限：自　　年　　月　　日起（含当日）至　　年　　月　　日（含当日）止。

2.2　服务期限届满后，如双方事实上仍在提供与接受服务的，视为本合同顺延为不定期合同；双方另有约定的除外。

2.3　任何一方不得无故提前解除合同；双方另有约定或法律另有规定的除外。[1]

3. 服务费用与付款方式

3.1　服务费用标准：

第 1 年服务费用标准：人民币（大写）　　元（￥　　元）。

第 2 年服务费用标准：人民币（大写）　　元（￥　　元）。

第 3 年服务费用标准：人民币（大写）　　元（￥　　元）。[2]

3.2　付款方式：

首笔款____元，应于本合同签订后 5 个工作日内支付，对应____年____月____日

法天使 [1]：
【不得提前解除】
使用文中条款。
【甲方有权提前解除】
2.3　服务期限内，甲方有权提前 60 日通知乙方解除本合同；除正常结算解除前的费用以外，甲方不承担其他违约责任。
【双方均有权提前解除】
2.3　服务期限内，双方均有权提前 30 日通知乙方解除本合同；除正常结算解除前的费用以外，互相不承担其他违约责任。

法天使 [2]：
【3 年分别约定服务费用】
使用文中条款。
【首年服务费用 + 按年递增】
3.1　服务费用标准
第 1 年服务费用标准：人民币（____大写）元（￥____元）。
以后每年在之前一年的基础上增加____%（百分之____）。

至____年____月____日期间服务费用；

之后应按季度支付，应于每个服务季度开始前提前至少 10 日支付下个服务季度的服务费用。

3.3　乙方指定收款账号：

户名：________________

账号：________________

开户行：________________

乙方未授权任何员工、第三方收款；付款方未向指定账号付款导致损失的，乙方不承担任何责任。

3.4　发票

乙方应向甲方提供正规足额增值税专用发票。发票信息如下：

名称：________________

纳税人识别号：________________

地址、电话：________________

开户行及账号：________________

3.5　差旅费用与其他费用

乙方提供服务中涉及的人工成本、差旅、文印、通信等成本支出，除本合同明确说明或甲方明确同意报销的以外，均由乙方自行承担。

3.6　除非双方另有明确说明，甲方软件及系统运行所需的硬件、服务器、云服务空间、域名等费用由甲方自行承担。

3.7　本合同解除或终止时如仍有未结费用的，双方应在合同解除或终止后 10 个工作日内结算支付。

4. 服务要求

4.1　服务人员要求

4.1.1　乙方应配备具有专业能力的服务人员。

4.1.2　甲方有权要求乙方更换服务人员，但不能超过 2 人次。

4.1.3　服务过程中，乙方有权更换相同级别人员，但不能影响服务质量，且整个服务过程中，更换人次不能超过 2 人次。

4.2　转委托要求

未经甲方同意，乙方不得将服务的全部或部分转由第三人承担。[1]

4.3　其他要求：

4.3.1　乙方应按照附件《服务方案确认书》约定的相应时间提供服务。

4.3.2　乙方服务应尽量满足项目目的。

4.3.3　为满足本项目目的，甲方在履行过程中提出的要求且乙方能够达到的，乙方应予执行。

4.3.4　除双方约定的以外，乙方的服务同时应满足法律法规要求，满足行业操作规范，达到该领域专业企业的水准。

4.3.5　双方约定或乙方承诺的其他要求。

5. 委托方配合

5.1　如需乙方提供现场支持服务的，甲方应当尽合理努力为乙方提供办公场所、网络等便利条件。

5.2　如需甲方提供资料、内容的，甲方应自行保证该类资料、内容不侵害第三方合法权益，符合法律法规要求；乙方不对甲方提供的资料、内容承担责任。

6. 关于各方关系的特别声明

6.1　各方确认：

6.1.1　甲乙双方不建立劳务派遣关系或类似关系，乙方应向其员工承担用人单位的全部责任。

6.1.2　甲方不对乙方员工承担任何用人单位或劳务派遣用工单位的责任。

6.1.3　无论因任何原因导致甲方向乙方员工或雇员承担任何责任的，甲方有权向乙方追偿。

6.2　乙方应与其员工签署劳动合同，依法缴纳社会保险，对员工承担用人单位的全部法定责任。

6.3　甲乙双方不构成代理关系，乙方不得以甲方名义对外签署或发布任何文件、制度等。

法天使[1]：
【不得转委托】使用文中条款。
【辅助工作可以转包】
4.2　转委托要求
乙方必须自行完成本合同约定的主要工作，除部分辅助型工作以外，不得转交第三方完成。乙方应就第三方提供的服务向甲方承担责任。

7. 知识产权

7.1　甲方知识产权

本合同履行过程中，甲方向乙方及乙方人员提供的信息、材料、技术等知识产权仍归甲方所有；本合同的签订与履行不代表甲方对乙方的知识产权转让和许可，乙方仅可出于为甲方提供服务之目的而使用。

7.2　乙方知识产权

因提供服务的需要，乙方提供给甲方任何材料的知识产权仍归乙方所有，甲方仅在接受服务的范围内有权使用；双方如另有约定的，以另外约定为准。

8. 违约责任

8.1　甲方逾期付款的，每逾期一天，应按逾期金额的5‱（万分之五）向乙方支付违约金，同时仍应履行付款义务。

逾期超过 15 日的，乙方有权解除本合同。

8.2　乙方未按照本合同及附件约定提供服务的，甲方有权要求乙方改正。

如乙方在 15 日内仍未改正，甲方有权解除本合同。

8.3　任何一方违约导致合同提前解除或者任何一方违约提前解除本合同的，应按未履行部分的合同价款的 20%（百分之二十）向对方支付违约金，同时应正常结算合同解除之前发生的服务费用；依据本合同约定或法律规定提前解除合同的除外。

8.4　任何一方有其他违反本合同情形的，应赔偿守约方全部损失，该损失包括但不限于对守约方所造成的直接损失、可得利益损失、守约方支付给第三方的赔偿费用 / 违约金 / 罚款、调查取证费用 / 公证费、诉讼费用、律师费用以及因此而支付的其他合理费用。

9. 保密

9.1　乙方因履行本合同或在本合同期间知悉的或收到的甲方的商务、财务、技术、产品的信息、用户资料或其他标明保密的文件或信息（以下简称“保密信息”）予以保密，未经甲方事先书面同意，不得向本合同以外的任何第三方披露。

9.2　本合同解除或终止后，乙方仍需遵守本条约定的保密义务。

10. 其他约定

10.1　不可抗力

10.1.1　不可抗力定义：指在本合同签署后发生的、本合同签署时不能预见的、其发生与后果是无法避免或克服的、妨碍任何一方全部或部分履约的所有事件。上述事件包括地震、台风、水灾、火灾、战争、国际或国内运输中断、流行病、罢工，以及根据中国法律或一般国际商业惯例认作不可抗力的其他事件。一方缺少资金非为不可抗力事件。

10.1.2　不可抗力的后果：

（1）如果发生不可抗力事件，影响一方履行其在本合同项下的义务，则在不可抗力造成的延误期内中止履行，而不视为违约。

（2）宣称发生不可抗力的一方应迅速书面通知其他各方，并在其后的十五（15）日内提供证明不可抗力发生及其持续时间的足够证据。

（3）如果发生不可抗力事件，各方应立即互相协商，以找到公平的解决办法，并且应尽一切合理努力将不可抗力的影响减少到最低限度。

（4）金钱债务的迟延责任不得因不可抗力而免除。

（5）迟延履行期间发生的不可抗力不具有免责效力。

10.2　部分无效处理

如任何法院或有权机关认为本合同的任何部分无效、不合法或不可执行，则该部分不应被认为构成本合同的一部分，但不应影响本合同其余部分的合法有效性及可执行性。

10.3　确认签约能力

双方确认具备签订及履行本合同的能力与相应资质，并已经获得各自章程规定的授权及利害关系人的同意以签署本合同；在本合同上签字或盖章的各方代表已经获得相应的授权。

10.4　按时履行重要

除非另有明确规定，就本合同项下各方的每一项义务而言，按时履行均十分重要。

10.5　不得转让义务

除本协议另有约定，未经另一方事先书面同意，任何一方不应转让本合同项下的全部或部分义务。

法天使[1]：【其他条款可参见附录】

11. 反商业贿赂

11.1　双方均不得向对方或对方经办人、工作人员或其他相关人员索要、收受、提供、给予合同约定外的任何利益，包括但不限于明扣、暗扣、现金、购物卡、实物、有价证券、旅游或其他非物质性利益等，否则构成重大违约。如该等利益属于行业惯例或通常做法，则须在本合同中明示，否则亦为重大违约。

12. 合同联系方式

12.1　双方确定了各自项目负责人及联系方式如下：

12.1.1　甲方

甲方项目负责人：甲方负责人姓名

地址：________________

手机：________________

微信：________________

电子邮箱：________________

12.1.2　乙方

乙方项目负责人：乙方负责人姓名

地址：________________

手机：________________

微信：________________

电子邮箱：________________

12.2　如无特殊要求，双方应以电子邮件方式提交资料、工作成果、发送相关通知。

12.3　上述联系方式同时作为有效司法送达地址。

12.4　一方变更联系方式，应以书面形式通知对方；否则，该联系方式仍视为有效，由未通知方承担由此而引起的相关责任。

13. 争议解决

因本合同引起的或与本合同有关的任何争议，由合同各方协商解决，也可由有关部门调解。协商或调解不成的，应向本合同签订地（　　　省　　　市　　　区）有管辖权的人民法院起诉。[1]

14. 附则

14.1　本合同一式二份，合同各方各执一份。各份合同文本具有同等法律效力。

14.2　本合同包含如下附件：《服务方案确认书》。

上述附件是本合同的一部分，具有与本合同同等的法律效力。

14.3　本合同经各方签名或盖章后生效。

法天使[1]：
需要根据具体需要的服务，书面明确服务内容、服务方式、技术标准及要求等具体详细要求。

签署时间：　　　　年　　　　月　　　　日

甲方（盖章）：

法定代表人或授权代表：

乙方（盖章）：

法定代表人或授权代表：

附件：服务方案确认书[1]

一、维护软件范围

委托方软件是指：

软件名称：________________

包括：该软件的网页端、App 端及其他端口。

二、维护服务内容

1. 一般服务：

（1）因软件出现故障导致的死机、数据错误修复。

（2）因运行环境导致的系统显示错误、数据错误、运行效率降低问题修复。

（3）就委托方提出的技术问题进行解答和技术指导。

（4）对出现故障的软件进行优化、换代。

2. 现场服务：服务方还应每月到委托方现场进行一次现场例行检查，并向委托方提交现场检查报告。

三、服务方式及响应时间

问题级别	级别说明	支持方式及响应时间
一级严重程度：临界业务影响	客户不能使用软件，或不能合理地继续使用软件进行工作	电 话：24×7×365 立即启动 远程：立即启动 现场服务：2 小时
二级严重程度：重大业务影响	软件问题导致软件的重要特性不能正常工作，没有可接受的替代解决方案。虽然软件的其他方面没有受到影响，但是报告的问题已经对客户的生产或运营能力或服务水平造成了显著的负面影响	电话：24×7（非法定节假日） 远程：1 小时内启动 现场服务：4 小时
三级严重程度：对业务有一定影响	问题导致软件的重要特性不可用的，但可使用替代方案解决，或软件的非必要特性不可用，但没有替代解决方案。无论软件使用情况如何，此类对客户的影响是，软件操作功能或实施能力的较低程度的降低	电话：24×5（非法定节假日） 远程：2 小时内启动 现场服务：6 小时
四级严重程度：最小业务影响	客户提交请求，要求了解软件信息，要求对文档内容进行解释澄清等，对软件运行和使用没有影响。客户对软件使用仍在继续，对软件的功能实现没有负面影响	电话：24×5（非法定节假日） 远程：4 小时内启动

四、特别说明

1. 委托方自行开发、新增或修改的功能，不在维护服务范围之内。双方另有约定的除外。

2. 软件运行所需的硬件、服务器、云服务空间、域名等费用由委托方自行承担。

五、附则

双方同意按本服务方案提供服务。

时间：　　　　年　　　月　　　日

委托方确认：
服务方确认：

商标使用许可合同 | 1367

适用场景：

本合同为一般商标许可合同，适用于注册商标的许可使用。甲方（许可方）将注册商标许可给乙方（被许可方）使用，乙方支付许可费用。

重要审查点：

【重要等级：**高**】

审查点 1：注意商标许可类型

1. 商标权许可类型：

（1）均统一表述为独占许可、排他许可、普通许可。

（2）另外再使用“分许可”或“再许可”的概念说明被许可人是否具有再许可的权利。

2. 不建议使用“独家许可”“一般许可”等含义不清的表述。

3. 注意不同许可类型下，被许可人的诉权不同：

（1）独占使用许可合同的被许可人可以独立提起诉讼；

（2）排他使用许可合同可以选择与商标注册人共同起诉，也可以在商标注册人不起诉时，自行起诉；

（3）普通使用许可合同被许可人经明确授权才能提起诉讼。

审查点 2：应核实许可人是否具有处分商标使用权的权利

1. 如果许可人是商标注册人，通过《商标注册证》和商标局网站查询是否属实。

2. 如果许可人不是商标注册人，应查看相应授权材料，包括许可人与商标注册人签订的合同是否备案以及该合同中是否有转许可的约定等。

3. 部分共有人有权以普通许可的方式许可他人使用商标，如果以独占许可、排他许可方式使用，则属于无权处分。

4. 如商标已经质押，应经质权人同意才能转让或许可他人使用。因此，商标存在质押时，处理措施包括：

（1）暂停转让，待出质人与质权人协商一致，或解除质押之后再许可。

（2）双方仍签订许可合同，同时将质权人的同意作为后续履行的先决条件。

（3）双方与质权人共同签订合同，就注册商标许可事宜及质权的处理问题达成一致解决方案。例如，将许可费用支付给质权人用于清偿债务。

审查点 3：注意拟使用商标是否存在在先许可

如果之前存在独占或排他许可，无论是否已备案，再进行许可会导致较严重争议。许可人与被许可人应权衡利弊，最好能与在先被许可人达成一致。

审查点 4：注意拟使用注册商标是否有处于撤销申请、无效宣告的风险

商标处于撤销申请、无效宣告时，许可人会面临无法实现合同目的的风险。

【重要等级：**中**】

审查点 5：商标被许可方违约责任条款

1. 建议约定被许可方逾期付款的违约责任。

2. 建议约定被许可方超范围使用商标的违约责任，可采取“固定违约金＋按使用数量计算违约金”的组合，并约定以较高者为准。

审查点 6：如为特许经营模式，建议配套使用“特许经营合同＋商标许可合同”

应注意特许经营合同与商标许可合同内容的衔接，例如应约定特许经营合同解除终止时，相应的商标许可合同亦一并解除终止。

审查点 7：商标许可期限

1. 合同签署日临近商标有效期届满，建议约定由许可人申请续展后再就许可合同进行备案。如双方期望许可期限超过商标有效期，可签署补充协议或约定优先续

约权。

2. 双方可对许可合同到期后商品的处理或销售作出约定。

【重要等级：低】

审查点 8：商标许可地域条款

许可地域范围不能超过其注册的国家或地区，否则不仅不能获得当地法律的保护，还有可能侵犯其他方的权利，承担侵权责任。

审查点 9：商标许可费用条款

许可使用费条款一般分为固定费用模式和浮动费用模式。

（1）固定费用模式即一次性付款或分期付款。

（2）浮动费用模式是指以与生产销售相关的比例作为许可费用的计算依据，如一定期限内的销售额或使用商标的数量。这种模式比较复杂，需要约定被许可人定期报告义务等。

相关文本：

▲ 17684 一般通用特许经营合同

▲ 17106 商标授权书

文本正文：

商标使用许可合同

甲方（许可方）： ________________

统一社会信用代码：________________

乙方（被许可方）： ________________

统一社会信用代码：________________

本合同各方经平等自愿协商，根据《中华人民共和国民法典》《中华人民共和国

法天使[1]：
【普通许可】
【排他许可】
【独占许可】
【特定产品范围内的独占许可】

法天使[2]：
【固定期限】
【固定期限＋自动顺延】

商标法》及相关法律法规，就甲方许可乙方使用注册商标事宜签订本合同以共同遵守。

1. 拟许可商标信息

商标名称：________________

商标注册号：________________

商品或服务国际分类：________________

商标注册国家或地区：中国（港澳台地区除外）。

商标核准注册日：____年____月____日

专用权期限：____年____月____日至____年____月____日

注册商标图样：（详见附件）

除另有说明外，本合同中的“商标”或“本商标”均指上述拟许可商标。

2. 许可权利范围

2.1 许可类型：乙方有权按照普通许可使用的方式使用本商标，甲方根据本合同约定的期间、地域和方式，将该商标许可乙方使用，甲方有权自行使用也有权另行许可其他方使用该商标。[1]

2.2 许可期限：自 年 月 日起（含当日）至 年 月 日（含当日）止。许可期限届满前 30 日内，由双方协商是否续签本合同。

在本合同期满后，甲方许可第三方使用的，应在与第三方正式签订合同的 15 日前，将与第三方的合作条件书面告知乙方，乙方在同等条件下享有优先续约权。[2]

2.3 许可地域：乙方有权在本商标注册国家或地区内使用本商标。

2.4 许可使用商品或服务范围：与本商标核定使用商品/服务项目相同。

除另有说明外，本合同中的“合同产品”均指上述许可使用商品或服务范围内的商品或服务。

2.5 许可使用方式。乙方有权以下列方式使用本商标：

（1）用于合同产品的包装或者容器之上。

（2）用于合同产品的交易文书之上。

（3）用于合同产品的广告宣传、展览以及其他商业活动中。

2.6 转许可：未经甲方同意，乙方无权许可任何第三方使用本商标或通过其他任何形式扩大本商标的使用范围，本合同另有约定的除外。[1]

2.7　被许可方的特别约定：本合同中的乙方，仅指乙方自身（包含乙方分支机构），不含乙方任何关联企业（包括但不限于乙方子公司）。[2]

2.8　生产制造合同产品的特别约定：乙方有权通过 OEM、ODM 等方式委托第三方生产制造合同产品，但应严格遵守本合同约定的合同产品要求。如乙方通过上述方式生产制造的合同产品不符合要求，视为乙方违约。[3]

2.9　商号使用的特别约定：未经甲方同意，乙方不得将本商标作为公司名称中的商号登记注册使用。

3. 许可费用

3.1　许可费用：

许可费用为每年人民币（大写）＿＿元（￥＿＿元）。不满一年的，按日折算。

3.2　付款方式：

首年许可费用：＿＿元，对应＿＿年＿＿月＿＿日至＿＿年＿＿月＿＿日期间许可费用，乙方应于本合同签订之日起 7 日内支付。

第二年度许可费用：乙方应于＿＿年＿＿月＿＿日前支付＿＿年度许可费用＿＿元。

第三年度许可费用：乙方应于＿＿年＿＿月＿＿日前支付＿＿年度许可费用＿＿元。

之后以此类推。[4]

3.3　本合同解除或终止时，双方应在解除或终止之日起 5 个工作日内结算支付许可费用；本合同另有约定的除外。

3.4　甲方指定收款账号：

户名：＿＿＿＿＿＿

账号：＿＿＿＿＿＿

开户行：＿＿＿＿＿＿

甲方未授权任何员工、第三方收款；付款方未向指定账号付款导致损失的，甲方不承担任何责任。

法天使[1]：
【乙方无权转许可】
【乙方有权转许可】

法天使[2]：
【乙方不包括乙方关联企业】
【乙方包括乙方关联企业】

法天使[3]：
【乙方有权委托第三方生产合同产品】
【乙方无权委托第三方生产合同产品】

法天使[4]：
【年度许可费用】
【许可费用 = 固定许可单价 × 销售数量】
【许可费用 = 销售收入 × 固定比例】

3.5 发票

甲方应向乙方提供正规足额增值税专用发票。发票信息要求如下：

公司名称：________________

纳税人识别号：________________

地址、电话：________________

开户行及账号：________________

4. 交付

4.1 交付内容。甲方应将下列资料或物品交付给乙方：

（1）加盖甲方公章的《商标注册证书》复印件。

（2）加盖甲方公章的《商标授权书》。

（3）生产、制造本商标标识所需数据、模具、模型、样品等。

4.2 交付时间。本合同签订之日起 3 日内。

4.3 交付方式。纸质版资料或物品邮寄至乙方指定地址；电子版资料发送至乙方指定的电子邮箱。

5. 维持商标有效性义务

5.1 在许可期限内，甲方应维持本商标的有效性，包括但不限于：

（1）及时办理商标续展手续。

（2）针对任何第三方否定本商标有效性的主张进行答辩或说明。

5.2 因维持本商标有效性所支出的一切费用均由甲方自行承担。

6. 合同备案

6.1 本合同签订之日起 7 日内，由乙方向商标局办理本合同备案手续，甲方应当配合提供合同备案所需资料。

6.2 因合同备案所产生的费用由乙方承担。

7. 商标使用及保护

7.1 甲方授权乙方在许可期间内自行制作本商标；同时甲方有权监督乙方制作的商标质量。如乙方制作商标不符合甲方要求的，应在接到甲方或其授权代表的通知后 3 日内采取补救措施。

7.2　因乙方使用本商标产生的商誉，均以甲方为唯一受益人，无论是本合同及本合同项下许可期间内还是终止后，乙方不得对许可商标或此类商誉主张任何权利。乙方不得采取任何可能对与许可商标或甲方有关的商誉造成损害的行为。

7.3　乙方应遵守甲方现时有效的商标管理制度和要求，正确使用甲方商标并维护甲方商标的良好声誉，不得改变甲方商标的文字、图形或者其组合。

8. 合同产品要求

8.1　乙方生产或销售的合同产品应当满足甲方的统一标准，详见附件《合同产品及标准》。

8.2　乙方在使用本商标之前，应当向甲方提供合同产品的样品以及其他使用本商标的资料，由甲方进行审查。甲方应在收到上述样品及资料之日起30日内进行审查，并以书面形式通知乙方审查结果。审查结果合格的，乙方即可开展相关生产经营活动；审查结果不合格的，乙方应当按照《合同样品及标准》的要求进行补正。

甲方逾期未答复的，视为审查结果合格。

8.3　在提前合理时间通知乙方的前提下，甲方有权派员或通过其代表到乙方生产或销售合同产品的场所，检查乙方的合同产品以及使用本商标的行为是否符合本合同约定。如不符合本合同约定，则乙方应在接到甲方或其授权代表的通知后3日内采取补救措施。

8.4　甲方对乙方合同产品的监督并不减轻或免除乙方在本合同项下以及对任何第三人就合同产品应承担的义务和责任。

8.5　乙方应在合同产品上标明乙方企业名称和产地；并按甲方要求，在合同产品的任何材料上，包含甲方要求的所有权利标志和通告。

9. 存货处理

9.1　乙方存货处理

9.1.1　乙方应当于许可期限届满或收到合同解除 / 终止通知之日起5日内，向甲方提交存货信息。

9.1.2　乙方应在合理期间内对存货进行处理和销售，但不得进行新的生产和使用。

乙方合理期间为合同解除 / 终止之日起 3 个月内。

9.1.3　甲方有权实地核查乙方存货情况是否准确，如实际存货信息与存货信息不符或乙方拒绝核查的，均视为该方违约使用本商标。[1]

10. 控制权变更

10.1　在许可期限内，如第三方获得对乙方的控制权，甲方有权选择解除本合同。乙方应在上述控制权变更的三十（30）日内通知甲方。

10.2　甲方因控制权变更行使解除权的，除按本合同约定正常结算许可费用以外，不承担其他违约责任。

11. 侵权

11.1　乙方发现任何对本商标的侵权或越权使用行为，应立即通知甲方；甲方将承担费用并负责就此类侵权或越权使用行为采取任何行动。乙方应根据甲方的要求，提供合理协助。除非得到甲方的事先书面授权，乙方不得就上述行为单独采取任何行动，包括但不限于起诉或与侵权方达成任何和解。

11.2　如有任何以本商标侵犯第三方任何权利为由，针对乙方启动的任何索赔、调查、处罚或其他此类行动，乙方应当立即书面通知甲方，由甲方负责承担费用进行抗辩或和解。乙方应按照甲方要求及时提供合理和必要的协助，包括但可能不限于，提供必要的信息和出具必要的授权文件。未经甲方事先书面同意，乙方不得自行与第三方就此类索赔或诉讼达成任何让步或和解。

11.3　如本商标侵犯第三方合法权益的，乙方有权要求甲方承担由此而产生的全部或部分损失，但赔偿金额累计不超过甲方根据本合同已经收取的许可费用，且该行政决定或司法裁判作出之前不溯及本合同的效力及执行。

11.4　甲方将有权完全根据其自己的判断决定：

（1）为乙方获得继续使用许可商标的权利；

（2）替换或修改被声称侵权的商标，使其不侵权。

乙方应根据甲方的指示，立即停止对被指控侵犯第三方权利的许可商标的使用。

11.5　甲方承担责任的豁免情形：

法天使 [1]：【乙方存货处理】使用文中条款。【甲方存货，仅适用于独占许可】9.1　甲方存货处理
1. 甲方应当于本合同签订时，向乙方提交《存货信息报告》。
2. 甲方应在合理期间内对存货进行处理和销售，但不得进行新的生产和使用。甲方合理期间为自合同签订之日起 3 个月内。
3. 乙方有权实地核查甲方存货情况是否准确，如实际存货信息与《存货信息报告》不符或一方拒绝核查的，均视为甲方违约使用本商标。
【甲方有权要求收购】
9.1　甲方有权要求按照乙方对外最低销售价格购买全部存货，双方应就此另外签订《货物买卖合同》约定价款与支付事宜；如甲方向乙方发出购买全部存货的要求，则乙方不得再以其他方式对存货进行处理。

11.5.1　在甲方通知乙方停止使用可能存在隐患的商标后，乙方继续使用的；

11.5.2　乙方将本商标与其他商标或标识结合使用，如果不结合使用则不会引起侵权索赔的；

11.5.3　未经甲方书面同意，乙方修改或变更本商标导致侵权索赔的；

11.5.4　乙方在授权区域外使用许可商标的。

12. 陈述与保证

12.1　本合同各方均向其他方保证：

12.1.1　除本合同明确约定的以外，该方拥有签订和履行本合同全部义务所必需的所有合法权利以及所有内部和外部的批准、授权和许可，包括但不限于法律及公司章程规定的股东会、董事会批准。

12.1.2　该方提交的文件、资料等均是真实、全面和有效的。

12.2　甲方保证：

12.2.1　甲方是本商标的合法权利人，有权按本合同约定许可乙方使用。

12.2.2　本商标上不存在任何与乙方就本合同享有权利相冲突的第三方权利，包括但不限于与本合同冲突的在先许可、商标专用权质权等。

12.3　乙方保证：

12.3.1　未经甲方书面同意，因许可行为而授予乙方的权利，乙方不进行转让、质押。

12.3.2　未经甲方书面同意，不将与本合同商标相同或近似的商标，以自己的名义提出商标注册申请。

13. 合同解除与终止

13.1　本合同在下列情形下终止：

13.1.1　许可期限届满。

13.1.2　双方协商一致解除本合同。

13.1.3　一方依据法律规定或双方约定行使解除权解除本合同。

13.2　本合同终止后，乙方应当立即停止使用本商标、停止生产或销售合同产品，并按本合同约定处理存货。

13.3　本合同终止后，除另有约定外，就合同终止前已发生的许可费用仍应按约定结算支付。

14. 违约责任

14.1　乙方逾期支付许可费用的，每逾期一天，应按逾期金额的5‱（万分之五）向甲方支付违约金，同时仍应履行付款义务。

逾期超过 15 日的，甲方有权解除本合同。

14.2　乙方超出本合同约定范围使用本商标的，应参照本合同约定的许可费用标准的 3 倍向甲方支付违约金。

14.3　乙方瞒报许可费用

如本合同约定根据使用量、销售量等计算许可费用，则：

14.3.1　乙方瞒报许可费用的，除应补足差额外，还应按照瞒报部分的 5 倍向甲方支付违约金。

14.3.2　有下列情形之一的，均视为乙方瞒报：

（1）乙方提供的结算材料不真实；

（2）乙方拒绝按照约定向甲方提供收入核算相关材料的。

14.4　因甲方或商标权人的原因导致乙方不能正常使用本商标的，乙方有权要求退还已经缴纳的不能正常使用期间的商标许可费用，并要求解除本合同。

14.5　甲方有下列情形之一的，乙方有权解除本合同：

（1）因甲方或商标权人的原因，导致乙方不能正常使用本商标的；

（2）甲方有其他违约行为，依照法定或约定乙方有权解除的。

14.6　因甲方原因导致乙方解除本合同，甲方应同时承担如下责任：

（1）乙方已经支付的未履行期间的许可费用，甲方应相应退还。

（2）应向乙方支付违约金。违约金按本合同约定的许可费用的 20% 计算。

（3）本合同约定的其他违约责任。

14.7　乙方有下列情形之一的，甲方有权解除本合同：

（1）乙方超出本合同约定的范围使用本商标，经甲方通知后仍不改正或再次发生的；

（2）乙方不遵守甲方的合同产品标准，粗制滥造，以次充好，对甲方商誉造成严重损害的；

（3）乙方违约，经甲方通知后 15 日内仍未改正的；

（4）乙方有其他违约行为，依照法定或约定甲方有权解除的。

14.8　因乙方原因导致甲方解除本合同，乙方应同时承担如下责任：

（1）乙方已经支付的许可费用，甲方无须退还；乙方未结算支付的许可费用，仍需要结算支付。

（2）应向甲方支付违约金。违约金按本合同约定的许可费用的 20% 计算。

（3）本合同约定的其他违约责任。

14.9　任何一方违反本合同约定的，除承担本合同约定的其他责任以外，还应赔偿给守约方造成的损失，该损失包括但不限于对守约方所造成的直接损失、可得利益损失、守约方支付给第三方的赔偿费用 / 违约金 / 罚款、调查取证费用 / 公证费、诉讼费用、律师费用以及因此而支付的其他合理费用。

15. 保密

15.1　合同各方保证对在讨论、签订、履行本合同过程中所获悉的属于其他方的且无法自公开渠道的文件及资料（包括但不限于商业秘密、公司计划、运营活动、财务信息、技术信息、经营信息及其他商业秘密）予以保密。未经该资料和文件的原提供方同意，其他方不得向任何第三方泄露该商业秘密的全部或部分内容。

上述保密义务，在本合同终止或解除之后仍需履行。

15.2　本合同关于对保密信息的保护不适用于以下情形：

（1）保密信息在披露给接收方之前，已经公开或能从公开领域获得。

（2）在本合同约定的保密义务未被违反的前提下，保密信息已经公开或能从公开领域获得。

（3）接收方应法院或其他法律、行政管理部门要求披露保密信息（通过询问、要求资料或文件、传唤、民事或刑事调查或其他程序）。当出现此种情况时，接收方应及时通知提供方并作出必要说明，同时给予提供方合理的机会对披露内容和范围进行审阅，并允许提供方就该程序提出异议或寻求必要的救济。

（4）由于法定不可抗力因素，导致不能履行或不能完全履行本合同确定的保密义务时，甲乙双方相互不承担违约责任；在不可抗力影响消除后的合理时间内，一方或双方应当继续履行本协议。在上述情况发生时，接收方应在合理时间内向提供方发出通知，同时应当提供有效证据予以说明。

16. 其他约定

16.1　不可抗力

16.1.1　不可抗力定义：指在本合同签署后发生的、本合同签署时不能预见的、其发生与后果是无法避免或克服的、妨碍任何一方全部或部分履约的所有事件。上述事件包括地震、台风、水灾、火灾、战争、国际或国内运输中断、流行病、罢工，以及根据中国法律或一般国际商业惯例认作不可抗力的其他事件。一方缺少资金非为不可抗力事件。

16.1.2　不可抗力的后果：

（1）如果发生不可抗力事件，影响一方履行其在本合同项下的义务，则在不可抗力造成的延误期内中止履行，而不视为违约。

（2）宣称发生不可抗力的一方应迅速书面通知其他各方，并在其后的十五（15）日内提供证明不可抗力发生及其持续时间的足够证据。

（3）如果发生不可抗力事件，各方应立即互相协商，以找到公平的解决办法，并且应尽一切合理努力将不可抗力的影响减少到最低限度。

（4）金钱债务的迟延责任不得因不可抗力而免除。

（5）迟延履行期间发生的不可抗力不具有免责效力。

16.2　部分无效处理

如任何法院或有权机关认为本合同的任何部分无效、不合法或不可执行，则该部分不应被认为构成本合同的一部分，但不应影响本合同其余部分的合法有效性及可执行性。

16.3　不放弃权利

除非另有约定，任何一方未能行使或迟延行使其在本合同项下的任何权利，不得被视为其放弃行使该等权利，且任何权利的任何单独或部分行使亦不得妨碍该等权利的进一步行使或其他任何权利的行使。一方在任何时候放弃追究其他各方违反本合同任何条款或规定的违约行为，不得被视为该方放弃追究其他各方今后的违约行为，且不得被视为该方放弃其在该等规定项下的权利或其在本合同项下的其他任何权利。

16.4　合同解释

16.4.1　本合同的不同条款和分条款的标题与编号，仅供查阅方便之用，不构成本合同的一部分，不作为解释本合同任何条款或权利义务的依据。

16.4.2　本合同中，“以上”“以下”“以内”包含本数，“超过”“不满”“以外”不包含本数，某期日的“前/以前”“后/以后”或类似表述包含该期日当日。

16.4.3　本合同中对金额或数量使用大小写时，如大小写不一致，应以大写为准。

16.4.4　如果本合同正文和附件的意思发生冲突，则应按正文或附件中以何者为准的明确约定处理。

如无明确约定，则各方应尽力将整个合同（包括正文与附件）作为一个整体来阅读理解，最为明确具体地实现合同目的的条款应优先考虑。

17. 合同联系方式

17.1.1　为更好地履行本合同，双方提供如下联系方式：

（1）甲方联系方式

地址：________________

联系人：________________

手机：________________

微信：________________

电子邮件：________________

（2）乙方联系方式

地址：________________

联系人：________________

手机：________________

微信：________________

电子邮件：________________

法天使[1]：
【其他条款可参见附录】

法天使[2]：
【仲裁法院选择】
18. 争议解决
18.1　本合同的签订、解释及与本合同有关的纠纷解决，均受中华人民共和国（港澳台地区除外）现行有效的法律约束。
18.2　因本合同引起的或与本合同有关的任何争议，由合同各方协商解决，也可由有关部门调解。协商或调解不成的，应按下列第（　）种方式解决：
（1）提交仲裁委员会进行仲裁。仲裁裁决是终局的，对各方均有约束力；
（2）向所在地有管辖权的人民法院起诉。

17.2　通过电子邮箱及其他电子方式送达时，发出之日即视为有效送达。

17.3　通过快递等方式送达时，对方签收之日或发出后第三日视为有效送达（以两者较早一个日期为准）；对方拒收或退回的，视为签收。

17.4　上述联系方式同时作为有效司法送达地址。

17.5　一方变更联系方式，应以书面形式通知对方；否则，该联系方式仍视为有效，由未通知方承担由此而引起的相关责任。

17.6　本联系方式条款为独立条款，不受合同整体或其他条款的效力影响，始终有效。

18. 争议解决

因本合同引起的或与本合同有关的任何争议，由合同各方协商解决，也可由有关部门调解。协商或调解不成的，应向本合同签订地（　　　省　　　市　　　区）有管辖权的人民法院起诉。[1][2]

19. 附则

19.1　本合同一式二份，合同各方各执一份。各份合同文本具有同等法律效力。

19.2　本合同未尽事宜，双方应另行协商并签订补充协议。

19.3　本合同包含如下附件：《拟许可注册商标信息》《被许可人存货信息报告》《合同产品及标准》《商标授权书》《注册商标图样》。

上述附件是本合同的一部分，具有与本合同同等的法律效力。

19.4　本合同经各方签名或盖章后生效。

签订时间：　　　年　　　月　　　日

甲方（盖章）：

法定代表人或授权代表：

乙方（盖章）：

法定代表人或授权代表：

附件：拟许可注册商标信息

序号	商标图像	国家 / 地区	取得方式	注册号	国际类别	有效期

时间：　　　　　年　　　　月　　　　日

甲方（签名或盖章）：
乙方（盖名或盖章）：

附件：被许可人存货信息报告

序号	商品名称	使用商标	数量	最低销售价格

乙方确认上述存货信息属实。

时间：　　　　　年　　月　　日

甲方（签名或盖章）：
乙方（签名或盖章）：

附件：合同产品及标准

序号	商品 / 服务名称	使用商标	质量标准

时间：　　　　年　　　　月　　　　日

甲方（签名或盖章）：

乙方（签名或盖章）：

附件：商标授权书（略）

附件：注册商标图样（略）

商标转让合同 | 17568

适用场景：

本合同为一般商标转让合同，甲方（转让方）向乙方（受让方）转让注册商标，乙方支付转让价款。

重要审查点：

【重要等级：**高**】

审查点 1：核实转让方是否为注册商标权利人以及注册商标的基本情况

1. 在商标局官方网站进行查询。

2. 如为共有商标，签署转让合同的主体应包括全体共有人或取得其他共有人授权。

3. 应查询拟受让商标图文与商标局网站上披露的转让方的注册商标图文是否一致。

审查点 2：查询拟转让商标是否处于撤销申请、无效宣告等不稳定状态

1. 如存在被撤销 / 无效宣告等不稳定状态，建议受让方考虑取消交易或暂停交易，待不稳定状态消除后再行签约。

2. 如受让方仍决定签订合同，应考虑：

（1）约定转让人有义务维持商标稳定。

（2）将不稳定状态的消除作为受让人支付转让费用的先决条件；或约定如商标被宣告无效或被撤销，受让人有权解除合同并要求退还转让费用，转让人不承担赔偿责任。

（3）提示受让人在商标不稳定期间使用拟转让商标会存在风险。

审查点 3：查询是否存在前一轮商标转让或质押

1. 如存在前一轮转让，应核实是否已核准公告，即商标专用权是否已转移至本轮的转让人。

2. 如商标专用权尚未转移至本轮的转让人，但仍需签订合同，应考虑：

（1）在合同中明示前一轮转让状态，并约定前一轮转让不能被核准公告时的转让人的违约责任。

（2）约定受让方在合同签订后至本轮转让完成之前，使用拟转让商标不侵犯任何第三方的权利；如因侵犯第三方权利而造成的全部损失，应由转让方独立承担，包括但不限于受让方为争议解决付出的律师费、差旅费等全部合理费用。

3. 如商标被质押，建议当事人暂停转让，待出质人与质权人协商一致，或解除质押之后再转让。如双方仍决定就被质押商标签订转让合同，应考虑：

（1）将质权人的同意作为后续履行的先决条件。

（2）双方与质权人共同签订合同，就注册商标转让事宜及质权的处理问题达成一致解决方案。

审查点 4：对商标转让方的违约责任条款

应当就转让方继续使用拟转让商标、拟转让商标权利瑕疵、商标转让核准手续未办理等约定违约责任。

【重要等级：**中**】

审查点 5：查询是否存在近似商标

1. 商标注册人在同一商品注册的近似商标或在类似商品注册相同或近似的商标，应一并转让，否则，则会被商标局通知限期改正，如限期未改正则会被驳回转让申请。

2. 受让方在签订转让合同前，应查询转让方名下的所有商标，如发现近似商标，应列入合同中要求一并转让。

3. 转让方不同意一并转让的，受让方可在合同中约定当出现“要求限期改正、一并转让”的情形时，转让方应无条件配合且不得另外要求费用。

审查点 6：注意合同签订日是否临近商标专用权期限

1. 如商标专用权期限即将届满，则应对商标的续展义务作出约定，如续展时间、费用等。

2. 最好将商标续展义务约定为双方向商标局提交转让申请时转让人的前置义务。

【重要等级：**低**】

审查点 7：受让集体商标、证明商标的，应符合法律规定的资格要求

受让集体商标、证明商标的，应当具备《集体商标、证明商标注册和管理办法》规定的主体资格。

审查点 8：建议商标受让人分期支付商标转让费

1. 商标转让费用最好分期支付；可以将合同签订日和商标转让核准公告作为支付节点。

2. 建议将相对重要的义务的履行完毕作为转让费用支付的先决条件。

文本正文：

注册商标转让合同

甲方（转让方）： ________________

统一社会信用代码：________________

乙方（受让方）： ________________

统一社会信用代码：________________

本合同各方经平等自愿协商，根据《中华人民共和国民法典》《中华人民共和国商标法》及相关法律法规，就甲方向乙方转让注册商标事宜，签订本合同以共同遵守。

1. 拟转让商标信息

甲方拟向乙方转让下列注册商标：

商标名称：________________

商标注册号：________________

商品注册使用的地域范围：中国（港澳台地区除外）

核定使用商品 / 服务项目：________________

注册日期：________________

有效期至：________________

法天使[1]：
【甲方同意一并转让相同或近似商标】
使用文中条款。
【双方另行协商是否一并转让相同或近似商标】
3.3 如商标局依据《商标法》第42条第2款要求相同或近似商标一并转让的，则双方应协商处理。不能协商一致的，任何一方均有权解除本合同。此时甲方应退回已收取的全部费用，乙方应立即停止使用本商标，双方互不承担其他责任。

注册商标图样：见附件。

除另有说明外，本合同中的“商标”或“本商标”均指上述拟转让商标。

2. 转让价款及付款方式

2.1 转让价款

商标转让价款为人民币（大写）＿＿＿元（￥＿＿＿元）。

2.2 付款方式

首笔款：￥＿＿＿元，于＿＿＿年＿＿＿月＿＿＿日前支付；

尾款：应于商标局的转让公告日起5个工作日内付清剩余全部转让价款。

2.3 甲方指定收款账号：

户名：＿＿＿＿＿＿＿＿

账号：＿＿＿＿＿＿＿＿

开户行：＿＿＿＿＿＿＿＿

甲方未授权任何员工、第三方收款；乙方未向指定账号付款导致损失的，甲方不承担任何责任。

2.4 发票

甲方应向乙方提供正规足额增值税专用发票。发票信息要求如下：

公司名称：＿＿＿＿＿＿＿＿

纳税人识别号：＿＿＿＿＿＿＿＿

地址、电话：＿＿＿＿＿＿＿＿

开户行及账号：＿＿＿＿＿＿＿＿

3. 商标转让手续办理

3.1 商标转让手续由乙方负责办理（可委托第三方代办），应在本合同签订之日起15日内向商标局递交全部材料，甲方应当配合提供相关资料。

3.2 办理商标转让手续所需一切费用由乙方承担。

3.3 甲方保证未在同一种商品上注册与本商标近似的商标或类似商品上注册与本商标相同或近似的商标。如商标局依据《商标法》第42条第2款要求相同或近似商标一并转让的，甲方应无条件配合转让相同或近似商标，乙方无须另外支付价款。[1]

3.4　如非双方原因导致商标转让申请未核准的，双方均有权解除本合同。合同解除后，甲方应退还已收取的全部转让价款，乙方应立即停止使用本商标，双方互不承担其他责任。本合同另有约定的特殊情形，以另外的约定为准。

4. 公告日前的许可使用

4.1　自本合同签订之日起至商标局对商标转让进行核准公告之日（下称公告日）之前，甲方许可乙方使用本商标，许可方式如下：

许可类型：独占许可。

许可费用：本合同约定的转让价款中已经包含该费用，乙方无须再支付许可费用。

许可地域：本商标注册国家或地区范围内。

诉权：乙方拥有独立且完整的诉权，就维权行动所实际取得的赔偿归乙方所有。

5. 在先许可披露

5.1　截至本合同签订之日，甲方未许可任何第三方使用本商标；如果曾经许可任何第三方使用本商标，则该许可已经解除或终止。[1]

5.2　双方同意：在本合同生效之日起，由乙方收取在先许可的许可费用及相关收益；甲方应履行通知被许可方的义务及相关配合义务。[2]

6. 存货处理

6.1　甲方确认：附件《存货信息报告》中所列为甲方尚未销售和正在加工的商品（下称存货）。

6.2　甲方有权在本合同签订之日起 3 个月内对存货进行处理和销售，但不得再进行新的生产和使用。[3]

6.3　乙方有权实地核查存货情况是否准确；如发现实际存货与双方确认的存货信息不符，或甲方拒绝乙方核查，则视为甲方违约使用本商标。

6.4　除本合同另有明确约定的以外，自本合同签订之日起，甲方不得再生产使用本商标的货物，不得再以其他方式使用本商标。

7. 过渡期

7.1　本合同签订之日起至公告日，甲方应维持本商标的有效性，包括但不限于：

7.1.1　公告日前，如商标专用权期限不足一年的，甲方应及时向商标局办理续展

法天使[1]：
【不存在在先许可】
【存在在先许可】

法天使[2]：
【甲方不解除在先许可合同】
【甲方应先解除在先许可，否则视为违约，请甲方判断是否可行】

法天使[3]：
【甲方自行处理全部存货】
【乙方收购全部存货】

手续。

7.1.2 公告日前，如发生商标无效、撤销的争议（包括商标局作出或第三方请求宣告无效、撤销），甲方应及时进行答辩或说明。

7.2 因维持本商标有效性所支出的一切费用均由甲方承担。

8. 商标被撤销、被宣告无效的处理

8.1 本合同签订后，如因本次商标转让之前的原因导致本商标被撤销、被宣告无效的，乙方有权解除本合同并要求甲方退还全部转让价款，由此导致乙方承担的商标侵权等责任乙方有权向甲方追偿。

9. 陈述与保证

9.1 本合同各方均向其他方承诺：

9.1.1 除本合同明确约定的以外，该方拥有签订和履行本合同全部义务所必需的所有合法权利以及所有内部和外部的批准、授权和许可，包括但不限于法律及公司章程规定的股东会、董事会批准。

9.1.2 该方提交的文件、资料等均是真实、全面和有效的。

9.2 甲方承诺：

9.2.1 具备拟转让商标的完整权利，有权处分、转让商标。

9.2.2 本合同签订日之前，甲方未向任何第三方转让、质押本商标的任何权利。

9.2.3 本合同签订日之后，甲方不再自行使用、许可他人使用、质押或向第三方转让本商标的任何权利；本合同另有明确约定的除外。

9.3 乙方承诺：

9.3.1 乙方具有商标受让资格。

10. 违约责任

10.1 因甲方原因导致未能及时向商标局递交全部商标转让手续材料的，每逾期1日，按商标转让价款的1%（百分之一）向乙方支付违约金。

逾期15日的，乙方有权解除合同，要求甲方退回商标转让价款，并要求甲方支付本合同约定转让价款的20%作为违约金。

10.2 乙方逾期支付商标转让价款的，每逾期1日，应按逾期金额的5‰（万分

之五）向乙方支付违约金，同时仍应履行付款义务。

逾期超过 15 日的，甲方有权解除本合同，并要求乙方承担以下违约责任：

10.2.1 解除合同之日起，乙方不再享有本商标的任何权利。

10.2.2 如本商标转让手续已经办理完毕，乙方应在本合同解除之日起 5 个工作日内向商标局提交商标转让申请，将本商标重新转让至甲方名下，因此发生的一切费用由乙方承担。

10.2.3 乙方应向甲方支付转让价款的 20% 作为违约金，甲方有权在乙方已支付价款中扣除；已支付价款不足以抵偿违约金的，乙方应足额支付。

10.3 本合同生效后，甲方违约使用、许可他人使用或以其他方式处分本商标任何权利的，乙方有权同时主张下列权利：

10.3.1 要求甲方立即停止使用，并向乙方支付转让价款的 20% 作为违约金。

10.3.2 甲方自行使用、许可他人使用或以其他方式处分本商标所取得的全部收益归乙方所有。

10.3.3 给乙方造成损失的，甲方还应赔偿乙方的全部损失，该损失包括但不限于对乙方所造成的直接损失、可得利益损失、乙方支付给第三方的赔偿费用 / 违约金 / 罚款、调查取证费用 / 公证费、诉讼费用、律师费用以及因此而支付的其他合理费用。

10.4 因本商标权利瑕疵导致乙方不能正常使用或处分本商标的，乙方有权要求解除本合同，要求甲方退还全部转让价款，并支付转让价款的 20% 作为违约金。

11. 保密

11.1 合同各方保证对在讨论、签订、履行本合同过程中所获悉的属于其他方的且无法自公开渠道的文件及资料（包括但不限于商业秘密、公司计划、运营活动、财务信息、技术信息、经营信息及其他商业秘密）予以保密。未经该资料和文件的原提供方同意，其他方不得向任何第三方泄露该商业秘密的全部或部分内容。

上述保密义务，在本合同终止或解除之后仍需履行。

11.2 本合同关于对保密信息的保护不适用于以下情形：

（1）保密信息在披露给接收方之前，已经公开或能从公开领域获得。

（2）在本合同约定的保密义务未被违反的前提下，保密信息已经公开或能从公开领域获得。

（3）接收方应法院或其他法律、行政管理部门要求披露保密信息（通过询问、要求资料或文件、传唤、民事或刑事调查或其他程序）。当出现此种情况时，接收方应及时通知提供方并作出必要说明，同时给予提供方合理的机会对披露内容和范围进行审阅，并允许提供方就该程序提出异议或寻求必要的救济。

（4）由于法定不可抗力因素，导致不能履行或不能完全履行本合同确定的保密义务时，甲乙双方相互不承担违约责任；在不可抗力影响消除后的合理时间内，一方或双方应当继续履行本协议。在上述情况发生时，接收方应在合理时间内向提供方发出通知，同时应当提供有效证据予以说明。

12. 其他约定

12.1　不可抗力

12.1.1　不可抗力定义：指在本合同签署后发生的、本合同签署时不能预见的、其发生与后果是无法避免或克服的、妨碍任何一方全部或部分履约的所有事件。上述事件包括地震、台风、水灾、火灾、战争、国际或国内运输中断、流行病、罢工，以及根据中国法律或一般国际商业惯例认作不可抗力的其他事件。一方缺少资金非为不可抗力事件。

12.1.2　不可抗力的后果：

（1）如果发生不可抗力事件，影响一方履行其在本合同项下的义务，则在不可抗力造成的延误期内中止履行，而不视为违约。

（2）宣称发生不可抗力的一方应迅速书面通知其他各方，并在其后的十五（15）日内提供证明不可抗力发生及其持续时间的足够证据。

（3）如果发生不可抗力事件，各方应立即互相协商，以找到公平的解决办法，并且应尽一切合理努力将不可抗力的影响减少到最低限度。

（4）金钱债务的迟延责任不得因不可抗力而免除。

（5）迟延履行期间发生的不可抗力不具有免责效力。

12.2 部分无效处理

如任何法院或有权机关认为本合同的任何部分无效、不合法或不可执行，则该部分不应被认为构成本合同的一部分，但不应影响本合同其余部分的合法有效性及可执行性。

12.3 不放弃权利

除非另有约定，任何一方未能行使或迟延行使其在本合同项下的任何权利，不得被视为其放弃行使该等权利，且任何权利的任何单独或部分行使亦不得妨碍该等权利的进一步行使或其他任何权利的行使。一方在任何时候放弃追究其他各方违反本合同任何条款或规定的违约行为，不得被视为该方放弃追究其他各方今后的违约行为，且不得被视为该方放弃其在该等规定项下的权利或其在本合同项下的其他任何权利。

12.4 按时履行重要

除非另有明确规定，就本合同项下各方的每一项义务而言，按时履行均十分重要。

13. 合同联系方式

13.1 为更好地履行本合同，双方提供如下联系方式：

（1）甲方联系方式

地址：________________

联系人：________________

手机：________________

微信：________________

电子邮件：________________

（2）乙方联系方式

地址：________________

联系人：________________

手机：________________

微信：________________

电子邮件：________________

法天使[1]：
【其他条款可参见附录】

法天使[2]：
【仲裁法院选择】
14. 争议解决
14.1 本合同的签订、解释及与本合同有关的纠纷解决，均受中华人民共和国（港澳台地区除外）现行有效的法律约束。
14.2 因本合同引起的或与本合同有关的任何争议，由合同各方协商解决，也可由有关部门调解。协商或调解不成的，应按下列第（　）种方式解决：
（1）提交仲裁委员会进行仲裁。仲裁裁决是终局的，对各方均有约束力；
（2）向所在地有管辖权的人民法院起诉。

13.2 通过电子邮箱及其他电子方式送达时，发出之日即视为有效送达。

13.3 通过快递等方式送达时，对方签收之日或发出后第三日视为有效送达（以两者较早一个日期为准）；对方拒收或退回的，视为签收。

13.4 上述联系方式同时作为有效司法送达地址。

13.5 一方变更联系方式，应以书面形式通知对方；否则，该联系方式仍视为有效，由未通知方承担由此而引起的相关责任。

13.6 本联系方式条款为独立条款，不受合同整体或其他条款的效力影响，始终有效。

14. 争议解决

因本合同引起的或与本合同有关的任何争议，由合同各方协商解决，也可由有关部门调解。协商或调解不成的，应向本合同签订地（　　　省　　　市　　　区）有管辖权的人民法院起诉。[1][2]

15. 附则

15.1 本合同一式二份，合同各方各执一份。各份合同文本具有同等法律效力。

15.2 本合同未尽事宜，双方应另行协商并签订补充协议。

15.3 本合同包含如下附件：《商标图样》《拟转让注册商标信息》《注册商标在先许可信息》《存货信息报告》。

上述附件是本合同的一部分，具有与本合同同等的法律效力。

15.4 本合同经各方签名或盖章后生效。

签署时间：　　　年　　　月　　　日

甲方（盖章）：

法定代表人或授权代表：

乙方（盖章）：

法定代表人或授权代表：

附件：商标图样（略）

附件：拟转让注册商标信息

序号	商标图像	国家 / 地区	取得方式	注册号	国际类别	有效期

时间：　　　　　年　　　　　月　　　　　日

甲方（签名或盖章）：
乙方（盖名或盖章）：

附件：注册商标在先许可信息

序号	商标图像	商标注册号	被许可人	许可期限	许可方式	许可地域	许可费用

时间：　　　　年　　　　月　　　　日

甲方（签名或盖章）：
乙方（盖名或盖章）：

附件：存货信息报告

序号	商品名称	使用商标	数量	最低销售价格

时间：　　　　年　　　　月　　　　日

甲方（签名或盖章）：
乙方（盖名或盖章）：

专利实施许可合同 | 1386

适用场景：

本合同为适用甲方（许可方）将专利技术（或专利申请权）许可给乙方（被许可方）实施，并提供技术资料与服务，乙方支付许可费用。

重要审查点：

【重要等级：**高**】

审查点 1：注意专利许可类型的表述

1. 专利权许可类型。

（1）均统一表述为独占许可、排他许可、普通许可。

（2）另外再使用“分许可”或“再许可”的概念说明被许可人是否具有再许可的权利。

2. 不建议使用“独家许可”“一般许可”等含义不清的表述。

审查点 2：应核实许可人是否具有处分专利使用权的权利

1. 应对专利权进行尽职调查，确保专利权没有瑕疵，查证许可方是否为专利权人。

主要包括：（1）专利权主体。（2）专利权本身的法律状态。是否处于无效宣告程序、行政诉讼程序中，是否存在专利权属纠纷或仲裁。（3）专利权在先使用情况。包括是否存在在先许可、是否存在质押。（4）专利权保护期限。

2. 如专利权人为两人以上，须共同签署许可合同。

审查点 3：避免在技术合同中出现妨碍技术进步的条款

1. 下列改进技术成果的归属条款，涉及垄断 / 阻碍技术进步，可能无效。

（1）约定一方将其自行改进的技术无偿提供给对方。

（2）约定一方非互惠性地转让给对方。

（3）约定一方无偿独占或者一方无偿共享。

2. 限制当事人一方从其他来源获得与技术提供方类似技术或者与其竞争的技术，可能无效。

3. 阻碍当事人一方根据市场需求，按照合理方式充分实施合同标的技术，包括明显不合理地限制技术接受方实施合同标的技术生产产品或者提供服务的数量、品种、价格、销售渠道和出口市场，涉及垄断 / 阻碍技术进步，可能无效。

4. 要求技术接受方接受并非实施技术必不可少的附带条件，包括购买非必需的技术、原材料、产品、设备、服务以及接收非必需的人员等，涉及垄断 / 阻碍技术进步，可能无效。

5. 不合理地限制技术接受方购买原材料、零部件、产品或者设备等的渠道或者来源，可能无效。

6. 禁止技术接受方对合同标的技术知识产权的有效性提出异议或者对提出异议附加条件（不质疑条款），可能无效。

审查点 4：建议约定改进技术成果的归属

1. 建议当事人按照互利的原则，在技术许可合同中约定实施专利、使用技术秘密后续改进的技术成果的分享办法。没有约定或者约定不明确，依照《民法典》第 510 条的规定仍不能确定的，一方后续改进的技术成果，其他各方无权分享。

2. 如果不符合互利原则，前述各项约定有可能因被认定为“非法垄断技术、妨碍技术进步”而无效。

审查点 5：确认专利许可的内容

主要包含双方应确定许可的产品品项、许可地域、许可期限、许可费用等。

审查点 6：明确许可权能条款

1. 发明专利权和实用新型专利权的权能包括：制造权、使用权、许诺销售权、销售权、进口权。

2. 外观设计专利权的权能包括制造权、许诺销售权、销售权、进口权。

3. 以上权能之间不是完全独立的，在许可合同中，除列明权能以外，建议说明用途和场景。

【重要等级：**中**】

审查点 7：定义条款

对合同主要术语的具体含义进行清楚界定，以避免合同双方当事人在签订及后续履行合同的过程中出现理解上的分歧。一般而言，建议对以下条款进行定义：（1）许可产品；（2）许可专利；（3）关联公司；（4）技术资料；（5）保密信息；（6）技术资料。

审查点 8：明确被许可人范围

1. 需考虑被许可人是关联企业的情形，一般可以“关联企业定义 + 被许可范围包括关联企业”两个条款来使得关联企业纳入被许可范围。

2. 专利许可人应审查这家关联企业的定义（如果关联企业也被授予许可），对关联企业进行明确限制，或者仅允许被许可人实施该专利。

审查点 9：分许可条款

从许可方角度，通常会约定未经许可，不得分许可或直接约定被许可人不享有分许可的权利。但如果允许被许可人享有分许可权利，应明确约定：

（1）被许可人能够行使分许可权的具体范围。

（2）许可人是否有权分享以及如何分享被许可人的许可收益。

（3）许可人与被许可人的许可合同终止、解除或者到期后，分许可合同的效力应该如何认定。

【重要等级：**低**】

审查点 10：建议进行专利许可合同的备案登记

根据《专利法》《专利实施许可合同备案办法》的相关规定，专利实施许可合同登记并非是合同生效的要件，但是合同备案登记具有对抗第三人的效力，建议约定双方需要对许可合同进行备案登记。

审查点 11：建议配套签署保密协议并将具体的专利信息、技术信息、技术参数等列为合同附件

专利许可谈判中往往涉及保密义务，因此可根据需要配套签署保密协议。并最好将具体的专利信息、技术信息、技术参数等列为合同附件书面明确。

文本正文：

专利实施许可合同

甲方（许可方）： ____________________

统一社会信用代码：____________________

乙方（被许可方）： ____________________

统一社会信用代码：____________________

依据《中华人民共和国民法典》《中华人民共和国专利法》及相关法律法规，就甲方许可乙方实施专利事宜，双方经平等协商，签订本合同以共同遵守。

1. 定义

除本合同另有约定外，下列词语在本合同中具有以下含义：

1.1 专利：甲方许可乙方实施的、已经取得中国专利局授权的一项或多项专利（下称本专利）。

1.2 合同技术：专利以及实施专利所必需的技术、体系、方法和工艺。

1.3 技术资料：包括基础资料和配套技术资料，如专利申请文件以及与实施专利有关的各种图纸、文字、表格、音像材料等技术文件材料。

1.4 许可产品：乙方实施本专利所取得的产品。

1.5 技术服务：甲方向乙方传授合同技术所提供的必要培训与指导等服务。

1.6 合同终止日：无论因何种原因，合同解除或终止之日。如一方依法或依约定单方解除本合同的，解除通知到达对方之日或通知上注明的解除之日（以两者较晚者为准）为合同终止日。

2. 拟许可专利信息

专利类型：发明

名称：________________

发明人 / 设计人：________________

专利号：________________

专利权人：________________

授权公告日：________________

专利权期限至：________________

专利年费已缴至：________（每年____月____日前缴纳）

除另有说明外，本合同中的“专利”或“本专利”均指上述拟许可专利。

3. 许可权利

3.1 许可产品：详见附件《许可产品清单》。

除上述许可产品外，乙方如需利用专利生产其他产品，需要获得甲方事先同意，双方另行协商签订合同。

3.2 许可类型：独占许可。

即甲方根据本合同约定的期间、地域和方式，将本专利许可乙方使用，甲方不得自行使用也不得另行许可其他方使用本专利。[1]

3.3　许可期限：自　　年　　月　　日起（含当日）至　　年　　月　　日（含当日）止。

许可期限届满前 30 日内，由双方协商是否续签本合同。[2]

在本合同期满后，甲方许可第三方使用的，应在与第三方正式签订合同的 15 日前，将与第三方的合作条件书面告知乙方，乙方在同等条件下享有优先续约权。

3.4　许可地域：中国（香港、澳门和台湾地区除外）。

3.5　许可权能。

甲方授予乙方下列权利：

3.5.1　制造权。即制造许可产品的权利。

3.5.2　使用权。即使用许可产品的权利。

如为方法专利，即为使用本专利生产许可产品的权利。

3.5.3　销售权、许诺销售权。即销售或许诺销售许可产品的权利。

3.5.4　进口权。即进口许可产品的权利。

3.5.5　特别约定。乙方应自行实施本专利，不得委托任何第三方代为生产许可产品。[3]

3.6　分许可：未经甲方同意，乙方无权许可任何第三方使用本专利或通过其他任何形式扩大本专利的使用范围，但本合同另有约定的除外。[4]

3.7　被许可方的特别约定：本合同中的乙方，仅指乙方自身（包含乙方分支机构），不含乙方任何关联企业（包括但不限于乙方子公司）。[5]

4. 许可费用

4.1　许可费用。双方同意许可费用由“入门费用＋提成费用”构成，具体数额与付款方式如下：

4.1.1　入门费用为人民币（大写）　　元（￥　　元），于本合同签订后 5 个工作日内支付。

4.1.2　双方同意按照“固定许可单价方式”计算提成费用，计算公式如下：

法天使 [1]：
【许可类型：独占许可】
【许可类型：排他许可】
【许可类型：普通许可】

法天使 [2]：
【固定期限】
【固定期限＋自动顺延】

法天使 [3]：
【乙方不得委托第三方代生产】
【乙方有权委托第三方代生产】

法天使 [4]：
【乙方无权分许可】
【乙方有权分许可】

法天使 [5]：
【乙方不包括乙方关联企业】
【乙方包括乙方关联企业】

法天使[1]：
【入门费用＋提成费用（固定许可单价提成）】
【入门费用＋提成费用（按销售收入提成）】
【固定许可单价＋保底方式】

提成费用＝固定许可单价 × 使用数量。

其中：

（1）固定许可单价：人民币（大写）　　元（￥　　元）。

（2）使用数量是指：

以____的数量为准；按每一件计数；多件包装按多件计算。

4.1.2.1　付款方式

4.1.2.2　结算周期：每6个月为一个结算周期。

4.1.2.3　结算流程：乙方应当在每一结算周期后3个工作日内将许可费用结算文件发送给甲方确认；乙方应在收到甲方书面确认文件后3个工作日内支付。

4.1.2.4　乙方应当提供真实有效的数据或财务信息等资料，并加盖公章。甲方如有疑问，有权要求乙方提供经审计的数据资料或财务信息。[1]

4.2　本合同解除或终止时，双方应在合同终止日起5个工作日内结算支付许可费用；本合同另有约定的除外。

4.3　甲方指定收款账号：

户名：________________

账号：________________

开户行：________________

甲方未授权任何员工、第三方收款；付款方未向指定账号付款导致损失的，甲方不承担任何责任。

4.4　发票

甲方应向乙方提供正规足额增值税专用发票。发票信息要求如下：

名称：________________

纳税人识别号：________________

地址、电话：________________

开户行及账号：________________

货物或应税劳务名称：________________

增值税率：________________

5. 技术资料及技术服务

5.1 基础资料

本合同签订后3个工作日内，甲方应将下列材料交给乙方：

（1）甲方就本专利向专利局提交的申请文件，包括请求书、权利要求书、说明书及其摘要、说明书附图（如有）、外观设计的图片以及简要说明（如有）、著录事项变更申报书、意见陈述书（如有）等（与原件核对一致的复印件）。

（2）专利局就本专利出具的专利证书（与原件核对一致的复印件）。

（3）甲方与第三方签订的专利实施许可合同及其附件（如有）的复印件并由甲方签名或盖章确认属实。

5.2 配套技术资料

5.2.1 配套技术资料是指乙方实施本专利所必须的技术文档，包括：

（1）实施本专利所必需的工艺流程文件。

（2）实施本专利所涉及的技术秘密。

（3）制造许可产品所必须的设备清单（或直接提供设备）。

5.2.2 甲方应在本合同签订后7个工作日内，将技术资料交给乙方。

5.2.3 配套技术资料的交付方式：在甲方所在地当面交付。

5.2.3.1 乙方应在收到配套技术资料后5个工作日内进行核对与检查。

5.2.3.2 配套技术资料不符合约定的，乙方应及时书面通知甲方，甲方应在3个工作日内予以补充或更换。

5.2.3.3 配套技术资料符合约定的，乙方应出具确认书。自甲方交付配套技术资料之日起2周内，乙方未出具确认书且未提出书面异议的，视为配套技术资料符合约定。

5.3 配套技术服务

5.3.1 技术指导

本合同签订后3个月内，甲方应向乙方提供本专利实施的必要技术指导，使乙方人员能够将本专利运用于实际生产。

甲方人员提供技术指导而产生的差旅费用由乙方负责。

法天使[1]：
【试制产品达到甲方标准】
【试制产品达到特定标准】
【试制产品达到特定数量】

法天使[2]：
【甲乙双方验收】
【乙方委托第三方验收】

5.3.2 技术培训

本合同签订后3个月内，甲方应安排掌握本专利技术的专业人员向乙方人员进行培训。

培训要求：________________________。

培训地点：乙方所在地。

培训次数：不少于3次，每次不少于3小时。

甲方人员提供技术培训而产生的差旅费用由乙方负责。

5.4 甲方保证所提供技术资料、技术服务不侵犯第三方知识产权，乙方有权使用。但是甲方已经事先披露某类技术需得到第三方许可并经乙方确认的除外。

6. 维持专利有效性义务

6.1 在许可期限内，甲方应维持本专利的有效性，包括但不限于：

（1）及时缴纳专利年费；

（2）对专利复审委员会作出的无效宣告进行答复，必要时应提起诉讼；

（3）本合同约定的其他义务。

7. 合同备案

7.1 自本合同生效之日起3个工作日内，由乙方（可委托代理机构）向专利局办理合同备案，另一方应当配合提供备案所需资料。

7.2 因合同备案所产生的费用由负责办理备案一方承担。

8. 验收

8.1 乙方于本合同生效之日起1个月内试制许可产品。如乙方试制许可产品达到甲方所提供的各项技术性能及质量指标，即可启动验收程序。[1]

8.2 验收程序由乙方组织进行，甲方应当参与验收。[2]

8.3 验收标准参见甲方提供的附件《技术性能及质量指标》。

8.4 验收合格后，双方应签署验收合格报告。如验收不合格，双方应派代表成立调查小组调查原因，并按照如下约定处理：

8.4.1 如因甲方原因导致验收不合格的，甲方应提出措施解决问题。如第二次验收仍因甲方原因导致不合格的，视为甲方没有能力解决该问题，乙方有权解除合同。

此种情形下，甲方应退还乙方支付的全部许可费用，并向乙方支付违约金人民币（大写） 元（￥ 元），但不再承担其他责任。

8.4.2 如因乙方原因导致验收不合格的，甲方应协助乙方，提出补救方案；如第二次验收仍因乙方原因导致不合格的，视为乙方无力实施合同技术，甲方有权解除合同。

此种情形下，乙方应向甲方支付违约金人民币（大写） 元（￥ 元），但不再承担其他责任；甲方应退还乙方支付的全部许可费用。

9. 后续技术成果的归属与分享

9.1 许可期限内，甲乙双方均有权对本专利进行后续改进，由此产生的具有实质性或创造性技术进步特征的新的技术成果（下称后续技术成果）及其权利，归改进方所有；如后续技术成果由双方合作开发的，则由甲乙双方共有。[1]

9.2 就双方合作开发的后续技术成果，任一方（对外许可方）均有权自行实施或以普通许可的方式许可第三方实施，但该方应将许可信息以书面形式通知相对方。前述对外许可方所取得的收益，按照甲方 %（百分之 ）、乙方 %（百分之 ）的比例分配，具体结算方式如下：

（1）收益：对外许可方自行实施或许可他人实施后续技术成果所得收入；该收入系指未扣除任何成本和费用的毛收入。

（2）结算周期：每 6 个月为一个结算周期。

（3）结算流程：对外许可方应当在每一结算周期后 3 个工作日内将结算文件发送给相对方确认；对外许可方应在收到相对方书面确认文件后 3 个工作日内支付。

（4）对外许可方应当提供真实有效的数据或财务信息等资料，并加盖公章。相对方如有疑问，有权要求对外许可方提供经审计的数据资料或财务信息。

9.3 就合作开发的后续技术成果申请专利、转让、独占或排他许可事宜，由双方另行签订书面合同。[2]

10. 在先许可披露

10.1 截至本合同签订之日，甲方许可第三方使用本专利的情况详见附件《专利

法天使[1]：
【归改进方所有】
【由双方另行协商】

法天使[2]：
【合作开发的技术成果归双方共有＋收益分配】
【改进方许可相对方使用】

法天使[1]：
【存在在先许可】
【不存在在先许可】

法天使[2]：
【乙方存货处理】
【甲方存货处理，仅适用于独占许可】
【甲方有权收购乙方存货】

法天使[3]：
【乙方无权对第三方侵权行为采取行动】
【乙方有权对第三方侵权行为采取行动】

在先许可信息》。[1]

10.2　甲方承诺上述信息属实。

11. 存货处理

11.1　乙方存货处理

11.1.1　乙方应当于合同终止日起5个工作日内，向甲方提交《存货信息报告》。

11.1.2　乙方应在合理期间内对存货进行处理和销售，但不得进行新的生产和使用。乙方合理期间为合同终止日起3个月内。

11.1.3　甲方有权实地核查乙方存货情况是否准确，如实际存货信息与《存货信息报告》不符或乙方拒绝核查的，均视为该方违约使用本专利。[2]

12. 侵权

12.1　乙方发现任何对本专利的侵权或越权使用行为，应立即通知甲方；甲方将承担费用并负责就此类侵权或越权使用行为采取任何行动。乙方应根据甲方的要求，提供合理协助。除非得到甲方的事先书面授权，乙方不得就上述行为单独采取任何行动，包括但不限于起诉或与侵权方达成任何和解。[3]

12.2　如有任何以本专利侵犯第三方任何权利为由，针对乙方启动的任何索赔、调查、处罚或其他此类行动，乙方应当立即书面通知甲方，由甲方负责承担费用进行抗辩或和解。乙方应按照甲方要求及时提供合理和必要的协助，包括但可能不限于，提供必要的信息和出具必要的授权文件。未经甲方事先书面同意，乙方不得自行与第三方就此类索赔或诉讼达成任何让步或和解。

12.3　如本专利侵犯第三方合法权益的，乙方有权要求甲方承担由此而产生的全部或部分损失，但赔偿金额累计不超过甲方根据本合同已经收取的许可费用，且该行政决定或司法裁判作出之前不溯及本合同的效力及执行。

12.4　对因下列原因引起的第三方索赔，甲方在任何时候都不承担责任：

（1）非因使用合同技术引起的争议；

（2）乙方对合同技术修改后再使用引起的争议；

（3）因乙方合同产品制造过程引起的争议；

（4）乙方超越许可范围或者不当使用合同技术侵害他人合法权益引起的争议。

13. 陈述与保证

13.1　本合同各方均向其他方保证：

13.1.1　除本合同明确约定的以外，该方拥有签订和履行本合同全部义务所必需的所有合法权利以及所有内部和外部的批准、授权和许可，包括但不限于法律及公司章程规定的股东会、董事会批准。

13.1.2　该方提交的文件、资料等均是真实、全面和有效的。

13.2　甲方保证：

13.2.1　甲方是本专利的合法权利人，有权许可乙方使用本专利。

13.2.2　本专利上不存在任何与乙方就本合同享有权利相冲突的第三方权利，包括但不限于与本合同相冲突的在先许可、专利权质权等。

14. 合同解除与终止

14.1　本合同在下列情形下终止：

（1）许可期限届满。

（2）双方协商一致解除本合同。

（3）一方依据法律规定或双方约定解除本合同。

14.2　除另有约定外，乙方应当自本合同终止日起停止实施本专利，并按本合同约定处理存货。

14.3　自合同终止日起6个月内，如需为许可产品提供维修等售后服务的，乙方有权实施合同技术。自合同终止日起6个月后，乙方无权再实施合同技术。

15. 违约责任

15.1　甲方逾期交付技术资料或逾期提供技术服务导致乙方无法实施专利的，每逾期1日应向乙方支付违约金￥______元。

逾期超过15日的，乙方有权解除本合同。[1]

15.2　乙方逾期支付许可费用的，每逾期1日，应按逾期金额的5‰（万分之五）向甲方支付违约金。

逾期超过30日的，甲方有权解除本合同。

法天使[1]：
【逾期提供技术资料或技术服务的违约责任】使用文中条款。
【违约实施专利行为（独占或排他许可情形下应选择该条款）】甲方违反本合同约定自行实施或许可第三方实施本专利的，乙方有权要求甲方将违约实施本专利所得全部收益支付给乙方，并按本合同约定承担违约责任。

15.3　乙方瞒报许可费用

如本合同约定根据使用量、销售量等计算许可费用，则：

15.3.1　乙方瞒报许可费用的，除应补足差额外，还应按照瞒报部分的 5 倍向甲方支付违约金；

15.3.2　有下列情形之一的，均视为乙方瞒报发行收入：

（1）乙方提供的结算材料不真实；

（2）乙方拒绝按照约定向甲方提供收入核算相关材料的。

15.4　甲方有下列情形之一的，乙方有权解除本合同：

（1）因甲方或专利权人的原因，导致乙方不能正常实施本专利的；

（2）许可期限内，因甲方原因导致本专利被宣告无效的；

（3）甲方违约，经乙方通知后 15 日内仍未改正的；

（4）甲方有其他违约行为，依照法定或约定乙方有权解除的。

15.5　因甲方原因导致乙方解除本合同，甲方应同时承担以下责任：

（1）退还乙方已经支付的未履行期间的许可费用；

（2）向乙方支付违约金，违约金按照本合同约定的许可费用的 20% 计算；

（3）本合同约定的其他违约责任。

15.6　乙方有下列情形之一的，甲方有权解除本合同：

（1）未经甲方书面同意扩大本专利实施范围，经甲方通知后仍不改正或再次发生的；

（2）乙方违约，经甲方通知后 15 日内仍未改正的；

（3）乙方有其他违约行为，依照法定或约定甲方有权解除的。

15.7　因乙方原因导致甲方解除本合同，乙方应同时承担以下责任：

（1）乙方已支付的许可费用，甲方无须退还；乙方未结算支付的许可费用，仍需结算支付。

（2）应向甲方支付违约金，违约金按照本合同约定的许可费用的 20% 计算。

（3）本合同约定的其他违约责任。

15.8　任何一方违反本合同约定的，除承担本合同约定的其他责任以外，还应赔偿给守约方造成的损失，该损失包括但不限于对守约方所造成的直接损失、可得利益损失、守约方支付给第三方的赔偿费用 / 违约金 / 罚款、调查取证费用 / 公证费、诉讼费用、律师费用以及因此而支付的其他合理费用。

16. 保密

16.1　合同各方保证对在讨论、签订、履行本合同过程中所获悉的属于其他方的且无法自公开渠道的文件及资料（包括但不限于商业秘密、公司计划、运营活动、财务信息、技术信息、经营信息及其他商业秘密）予以保密。未经该资料和文件的原提供方同意，其他方不得向任何第三方泄露该商业秘密的全部或部分内容。

上述保密义务，在本合同终止或解除之后仍需履行。

16.2　乙方保证：

（1）对合同技术及技术资料采取一切必要保密措施，包括但不限于对技术资料（含复制件）采取隔离保密管理、借阅登记管理等措施。

（2）除为履行职务而必须知悉合同技术的乙方雇员，不向任何其他人披露。

（3）与乙方雇员签订保密义务不低于本合同的书面保密协议。

（4）无论本合同因任何原因终止履行，乙方均应返还全部技术资料（含复制件），不得自行销毁。

16.3　本合同关于对保密信息的保护不适用于以下情形：

（1）保密信息在披露给接收方之前，已经公开或能从公开领域获得。

（2）在本合同约定的保密义务未被违反的前提下，保密信息已经公开或能从公开领域获得。

（3）接收方应法院或其他法律、行政管理部门要求披露保密信息（通过询问、要求资料或文件、传唤、民事或刑事调查或其他程序）。当出现此种情况时，接收方应及时通知提供方并作出必要说明，同时给予提供方合理的机会对披露内容和范围进行审阅，并允许提供方就该程序提出异议或寻求必要的救济。

（4）由于法定不可抗力因素，导致不能履行或不能完全履行本合同确定的保密义务时，甲乙双方相互不承担违约责任；在不可抗力影响消除后的合理时间内，一方或双方应当继续履行本协议。在上述情况发生时，接收方应在合理时间内向提供方发出通知，同时应当提供有效证据予以说明。

17. 其他约定

17.1　不可抗力

17.1.1　不可抗力定义：指在本合同签署后发生的、本合同签署时不能预见的、其发生与后果是无法避免或克服的、妨碍任何一方全部或部分履约的所有事件。上述事件包括地震、台风、水灾、火灾、战争、国际或国内运输中断、流行病、罢工，以及根据中国法律或一般国际商业惯例认作不可抗力的其他事件。一方缺少资金非为不可抗力事件。

17.1.2　不可抗力的后果：

（1）如果发生不可抗力事件，影响一方履行其在本合同项下的义务，则在不可抗力造成的延误期内中止履行，而不视为违约。

（2）宣称发生不可抗力的一方应迅速书面通知其他各方，并在其后的十五（15）日内提供证明不可抗力发生及其持续时间的足够证据。

（3）如果发生不可抗力事件，各方应立即互相协商，以找到公平的解决办法，并且应尽一切合理努力将不可抗力的影响减少到最低限度。

（4）金钱债务的迟延责任不得因不可抗力而免除。

（5）迟延履行期间发生的不可抗力不具有免责效力。

17.2　部分无效处理

如任何法院或有权机关认为本合同的任何部分无效、不合法或不可执行，则该部分不应被认为构成本合同的一部分，但不应影响本合同其余部分的合法有效性及可执行性。

17.3　不放弃权利

除非另有约定，任何一方未能行使或迟延行使其在本合同项下的任何权利，不得被视为其放弃行使该等权利，且任何权利的任何单独或部分行使亦不得妨碍该等权利的进一步行使或其他任何权利的行使。一方在任何时候放弃追究其他各方违反本合同任何条款或规定的违约行为，不得被视为该方放弃追究其他各方今后的违约行为，且不得被视为该方放弃其在该等规定项下的权利或其在本合同项下的其他任何权利。

17.4　确认签约能力

双方确认具备签订及履行本合同的能力与相应资质，并已经获得各自章程规定的授权及利害关系人的同意以签署本合同；在本合同上签字或盖章的各方代表已经获得相应的授权。

17.5　按时履行重要

除非另有明确规定，就本合同项下各方的每一项义务而言，按时履行均十分重要。

18. 合同联系方式

18.1　为更好地履行本合同，双方提供如下联系方式：

（1）甲方联系方式

联系人：________________

地址：________________

手机：________________

微信：________________

电子邮箱：________________

（2）乙方联系方式

联系人：________________

地址：________________

手机：________________

微信：________________

电子邮箱：________________

18.2　通过电子邮箱及其他电子方式送达时，发出之日即视为有效送达。

18.3　通过快递等方式送达时，对方签收之日或发出后第三日视为有效送达（以两者较早一个日期为准）；对方拒收或退回的，视为签收。

18.4　上述联系方式同时作为有效司法送达地址。

18.5　一方变更联系方式，应以书面形式通知对方；否则，该联系方式仍视为有效，由未通知方承担由此而引起的相关责任。

18.6　本联系方式条款为独立条款，不受合同整体或其他条款的效力影响，始终有效。

19. 争议解决

因本合同引起的或与本合同有关的任何争议，由合同各方协商解决，也可由有关部门调解。协商或调解不成的，应向本合同签订地（　　　省　　　市　　　区）有管辖权的人民法院起诉。[1][2]

20. 附则

20.1　本合同一式三份，合同各方各执一份，另一份用于办理备案。各份合同文本具有同等法律效力。

20.2　本合同包含以下附件：《拟许可专利信息》《许可产品清单》《存货信息报告》《专利在先许可信息》《技术性能及质量指标》。

上述附件是本合同的一部分，具有与本合同同等的法律效力。

20.3　本合同经各方签名或盖章后生效。

签订时间：　　　年　　　月　　　日

甲方（盖章）：

法定代表人或授权代表：

乙方（盖章）：

法定代表人或授权代表：

法天使[1]：
【其他条款可参见附录】

法天使[2]：
【仲裁法院选择】
19. 争议解决
19.1　本合同的签订、解释及与本合同有关的纠纷解决，均受中华人民共和国（除港澳台地区除外）现行有效的法律约束。
19.2　因本合同引起的或与本合同有关的任何争议，由合同各方协商解决，也可由有关部门调解。协商或调解不成的，应按下列第（　）种方式解决：
（1）提交仲裁委员会进行仲裁。仲裁裁决是终局的，对各方均有约束力；
（2）向所在地有管辖权的人民法院起诉。

附件：拟许可专利信息

序号	专利类型	名称	发明人/设计人	专利号	专利权人	授权公告日	专利权期限至	专利年费已缴至

时间：　　　年　　　月　　　日

许可方（签名或盖章）：
被许可方（盖名或盖章）：

附件：许可产品清单

序号	专利名称	许可产品名称	许可产品型号

说明：可根据实际情况增删表格内容。

时间：　　　　年　　　　月　　　　日

许可方（签名或盖章）：
被许可方（盖名或盖章）：

附件：存货信息报告

序号	产品名称	使用专利	数量	最低销售价格

截至本日，本单位（本人）确认全部存货信息如上。

时间：　　　　年　　　　月　　　　日

本单位（本人）确认：

附件：专利在先许可信息

序号	专利名称	被许可人	许可类别	许可期限	许可权能	许可地域

许可方承诺：

1. 截至签署日，除上述在先许可以外，不存在对其他第三方的在先许可或类似授权。

2. 许可方已向被许可方提供上述许可合同及相关许可资料，承诺合同及资料属实。

时间：　　　　年　　　　月　　　　日

许可方确认：
被许可方确认：

附件：技术性能及质量指标

1. 技术性能
2. 质量指标

时间：　　　　年　　　　月　　　　日

许可方（签名或盖章）：
被许可方（盖名或盖章）：

专利权转让合同 I 1388

适用场景：

本合同为专利技术转让合同，甲方（专利权人、转让方）将专利权转让乙方（受让方），乙方支付转让价款。

重要审查点：

【重要等级：**高**】

审查点 1：核实转让方是否为专利权利人、转让权利是否存在权属争议

1. 应对专利权进行尽职调查，确保专利权没有瑕疵，查证转让方是否为专利权利人。主要包括：（1）专利权主体。（2）专利权本身的法律状态。是否处于无效宣告程序、行政诉讼程序中，是否存在专利权属纠纷或仲裁。（3）专利权在先使用情况。包括是否存在在先许可、是否存在质押。（4）专利权保护期限。（5）专利权的稳定性。如果是实用新型专利及外观设计专利，可以要求提供专利权评价报告，从而考察专利权的稳定性状态，降低专利被无效的风险。

2. 如专利权人为两人以上，须共同签署转让合同。

3. 查证渠道：（1）对专利权、专利申请权、有登记的计算机软件著作权、集成电路布图设计专有权、植物新品种权，可以向相关部门、网站查询权利人。

（2）对不存在登记公示的技术秘密，只能通过适当调研手段来保证转让方确实掌握该项技术，并且在合同中约定保证受让方能利用该技术实现预期目标。

4. 即使转让方确实是官方登记的权利人，也可以适当检索，看是否存在隐含的权利争议，例如职务技术成果被登记在个人名下。如有必要，可由相关主体表示同意。

审查点 2：避免在技术合同中出现妨碍技术进步的条款

1. 下列改进技术成果的归属条款，涉及垄断 / 阻碍技术进步，可能无效。

（1）约定一方将其自行改进的技术无偿提供给对方。

（2）约定一方非互惠性地转让给对方。

（3）约定一方无偿独占或者一方无偿共享。

2. 限制当事人一方从其他来源获得与技术提供方类似技术或者与其竞争的技术，可能无效。

3. 阻碍当事人一方根据市场需求，按照合理方式充分实施合同标的技术，包括明显不合理地限制技术接受方实施合同标的技术生产产品或者提供服务的数量、品种、价格、销售渠道和出口市场，涉及垄断 / 阻碍技术进步，可能无效。

4. 要求技术接受方接受并非实施技术必不可少的附带条件，包括购买非必需的技术、原材料、产品、设备、服务以及接收非必需的人员等，涉及垄断 / 阻碍技术进步，可能无效。

5. 不合理地限制技术接受方购买原材料、零部件、产品或者设备等的渠道或者来源，可能无效。

6. 禁止技术接受方对合同标的技术知识产权的有效性提出异议或者对提出异议附加条件（不质疑条款），可能无效。

审查点 3：建议约定改进技术成果的归属

1. 建议当事人按照互利的原则，在技术转让合同中约定实施专利、使用技术秘密后续改进的技术成果的分享办法。没有约定或者约定不明确，依照《民法典》第 510 条的规定仍不能确定的，一方后续改进的技术成果，其他各方无权分享。

2. 如果不符合互利原则，前述各项约定有可能因被认定为“非法垄断技术、妨碍技术进步”而无效。

审查点 4：确认专利转让的内容

主要包含：（1）双方应确定拟转让专利相关信息。（2）转让价款及付款方式。（3）配套资料及相应技术服务等。

【重要等级：**中**】

审查点 5：专利权无效处理

根据《专利法》相关规定，专利权无效时，专利权转让合同并非无效或可解除，双方应对此问题进行适当处理：

1. 如果在合同签订前，专利权已经存在相关争议或诉讼，应暂停交易或在合同中约定以专利权获得维持为先决条件。

2. 合同中可以对专利权无效进行适当约定，包括：

（1）专利权转让登记前：一般可约定，登记前被宣告无效的，受让方有权解除合同，要求退还全部费用。

（2）专利转让登记后：可以对转让费用退还作出约定，退还费用的比例可以与专利权被宣告无效的时间。时间越早，退还费用越高。

（3）转让人恶意的界定：可以考虑将转让方未披露已知的可能影响专利权效力的纠纷、权利冲突作为转让人恶意的表现。

审查点 6：应向专利行政部门办理登记

专利权转让的登记程序对于受让人很重要，合同中应该对转让方办理或配合办理相关程序作出明确要求，一般建议将登记程序作为付款（或部分付款）的先决条件。

【重要等级：**低**】

审查点 7：建议将转让登记文件作为合同附件一并签署

建议受让方考虑在签署专利转让合同时将涉及专利转让登记的相关文件作为合同附件一并准备或签署。

审查点 8：如为复杂技术转让，可考虑采取“主交易合同 + 配套合同 + 附件”的形式

因为技术转让时常常需要转让方向受让方供应设备、原材料，提供后续技术服务等，因此配套合同可能包括承揽定作合同、原材料采购合同、技术服务合同。

审查点 9：考虑采用“用于登记的简单合同 + 详细的技术转让合同”的形式

1. 用于登记的简单合同中约定专利权转让的关键条款，双方另外签署一份更加详细的技术转让合同。

2. 注意两份合同关键条款应保持一致，建议在详细版的技术转让合同中明确约定“双方签订的用于登记的专利权转让合同与本合同不一致的，以本合同为准”。

相关文本：

▲ 6365 技术秘密转让合同

▲ 15851 技术转让合同

▲ 2745 专利申请权转让合同

文本正文：

专利权转让合同

甲方（让与方）： ______________

统一社会信用代码：______________

乙方（受让方）： ______________

统一社会信用代码：______________

依据《中华人民共和国民法典》《中华人民共和国专利法》及相关法律法规，就甲方向乙方转让专利权事宜，双方经平等协商，签订本合同以共同遵守。

1. 拟转让专利信息

专利类型：__________发明 / 实用新型 / 外观专利

名称：______________

发明人 / 设计人：______________

专利号：______________

专利权人：______________

授权公告日：______________

专利权期限至：______________

专利年费已缴至：_______（每年____月____日前缴纳）

除另有说明外，本合同中的“专利”或“本专利”均指上述拟转让专利。

2. 转让价款及付款方式

2.1　转让价款

本专利转让价款共计：人民币（大写）　　元（¥　　元）。[1]

2.2　付款方式

首笔款：¥＿＿元，应于向专利局递交专利权转让登记材料前支付；

尾款：应于专利转让经专利局登记并公告之日起 5 个工作日内付清剩余转让价款。

2.3　甲方指定收款账号：

户名：＿＿＿＿＿＿＿＿

账号：＿＿＿＿＿＿＿＿

开户行：＿＿＿＿＿＿＿＿

甲方未授权任何员工、第三方收款；付款方未向指定账号付款导致损失的，甲方不承担任何责任。

2.4　发票

甲方应向乙方提供正规足额增值税专用发票。发票信息要求如下：

公司名称：＿＿＿＿＿＿＿＿

纳税人识别号：＿＿＿＿＿＿＿＿

地址、电话：＿＿＿＿＿＿＿＿

开户行及账号：＿＿＿＿＿＿＿＿

3. 专利权转让登记

3.1　本专利的转让登记应由乙方（自行或委托代理机构）负责办理，另一方应配合提供相关材料。

专利转让登记手续的费用应由负责办理一方承担。

3.2　负责办理一方应于本合同签订之日起5个工作日内向专利局递交相应材料，另一方应配合提供材料。

如甲方负责办理，则应在收到专利局批准转让的手续合格通知书之日起 3 日内将该通知书交付给乙方。

3.3　转让登记公告前，甲方应负责维护专利的有效性；转让登记公告后，乙方

法天使 [1]：
【固定费用】
使用文中条款。
【基础费用＋提成费用】
2.1　转让价款
1. 本专利转让价款由“基础费用＋提成费用”两部分构成。
2. 基础费用为：人民币（＿＿大写）元（¥＿＿元）。
提成费用标准：
3. 本合同成立后 5 年内，按乙方使用本专利生产产品销售额的＿＿%计算；每＿＿年＿＿月＿＿日前结算支付上年度提成费用。

负责维护专利的有效性。

“负责维护专利的有效性”包括缴纳专利年费、应对专利权无效的答辩及诉讼事宜等。

4. 登记前的许可使用

4.1　自本合同签订之日起至专利局就转让事项登记公告之前，甲方许可乙方使用本专利，许可方式如下：

许可类型：独占许可，即甲方不得自行使用亦不得许可第三方使用本专利。

许可费用：本合同约定的转让价款中已经包含该费用，乙方无须再支付许可费用。

许可地域：本专利授权国家或地区范围内。

诉权：乙方拥有独立且完整的诉权，就维权行动所实际取得的赔偿全部归乙方所有。

5. 过渡期

5.1　自本合同生效之日起至专利权转让登记日，甲方应当维持本专利的有效性，包括但不限于：

5.1.1　如距离缴纳专利年费最后期限不足30日的，甲方应及时缴纳年费。

5.1.2　如发生专利无效的争议，甲方应及时进行答辩或说明，必要时应向人民法院提起诉讼。

5.2　如发生第三方侵犯本专利的情形，由乙方向人民法院提起诉讼，甲方应当积极配合。

5.3　本合同生效后至专利权转让登记之前，如第三人请求并经专利复审委员会宣告专利权无效的，乙方有权解除合同，并要求甲方支付转让价款的20%（百分之二十）作为违约金。

6. 配套资料、技术服务

6.1　基础资料

本合同签订后3个工作日内，甲方应将下列材料（除非特别说明，均指原件）交给乙方：

（1）向中国专利局递交的全部专利申请文件，包括请求书、权利要求书、说明书及其摘要、说明书附图（如有）、外观设计的图片以及简要说明（如有）、著录事项变更申报书、意见陈述书（如有）、代理委托书等（如甲方提交了PCT国际申请，还应交付PCT申请文件）。

（2）中国专利局发给甲方的所有文件，包括受理通知书，中间文件，授予专利权决定书，专利证书及副本、恢复权利请求审批通知书（如有）等。

（3）甲方与第三方签订的专利实施许可合同及其附件（如有）的复印件并由甲方签名或盖章确认属实。

（4）中国专利局出具的专利权有效的证明文件。包括但不限于最近一次专利年费缴费凭证、专利登记簿副本；在专利权撤销或无效请求中，专利局或人民法院作出的维持专利权有效的决定或文书等。

6.2　配套技术资料

6.2.1　甲方应在收到乙方支付的首笔转让价款后的3个工作日内，将配套技术资料交给乙方。

6.2.2　配套技术资料是指乙方实施该专利所必需的技术文档。详见附件“技术资料清单”。

6.2.3　乙方无须就技术资料的移交另外向甲方支付费用。

6.3　配套技术服务

6.3.1　技术指导

本合同签订后6个月内，甲方应向乙方提供本专利实施的必要技术指导，使乙方人员能够将该专利运用于实际生产。

甲方人员提供技术指导而产生的差旅费用由乙方负责。

6.3.2　技术培训

本合同签订后6个月内，甲方应安排掌握该专利技术的专业人员向乙方人员进行培训。

培训要求：________________

培训地点：乙方所在地。

培训次数：不少于3次，每次不少于3小时。

法天使 [1]：
【存在在先许可＋乙方收取许可费用】
【不存在在先许可】
【甲方解除在先许可合同】

法天使 [2]：
【签订合同时提交存货报告＋甲方有权处理存货】
【签订合同后提交存货报告】
【乙方收购全部存货】

甲方人员提供技术培训而产生的差旅费用由乙方负责。

7. 在先许可披露

7.1 截至本合同签订之日，甲方许可第三方使用本专利的情况详见附件《专利在先许可信息》。

7.2 双方同意：自本合同签订之日起，由乙方收取本专利在先许可的许可费用及相关收益；甲方应履行通知被许可方的义务及相关配合义务。[1]

7.3 本合同签订后，甲方不得再向任何第三方许可或转让本专利，亦不得扩充在先被许可方的权利。

8. 存货处理

8.1 甲方确认：附件《存货信息报告》中所列为甲方实施本专利正在生产的和尚未销售的产品（下称存货）。

8.2 甲方有权在本合同签订之日起 3 个月内对存货进行处理和销售，但不得再进行新的生产和使用。[2]

8.3 乙方有权实地核查存货情况是否准确；如发现实际存货与双方确认的存货信息不符，或甲方拒绝乙方核查，则视为甲方违约实施本专利。

8.4 除本合同另有明确约定外，自本合同签订之日起，甲方不得再自行实施或许可他人实施本专利。

9. 后续技术成果归属与分享

9.1 本合同生效后，甲乙双方均有权对本专利涉及的技术进行后续改进，由此产生的具有实质性或创造性技术进步特征的新的技术成果（下称后续技术成果）及其权利，归改进方所有。

9.2 甲方同意以普通 / 排他许可的方式许可乙方使用甲方开发的后续技术成果，乙方实施该后续技术成果所得收益按照甲方____%（百分之____）、乙方____%（百分之____）比例分配，具体结算方式如下：

9.2.1 收益：乙方实施后续技术成果所得收入；该收入系指未扣除任何成本和费用的毛收入。

9.2.2 结算周期：每 6 个月为一个结算周期。

9.2.3　结算流程：乙方应当在每一结算周期后 3 个工作日内将结算文件发送给甲方确认；乙方应在收到甲方书面确认文件后 3 个工作日内支付。

9.3　乙方应当提供真实有效的数据或财务信息等资料，并加盖公章。甲方如有疑问，有权要求乙方提供经审计的数据资料或财务信息。[1]

法天使 [1]：
【归改进方所有 + 乙方有权实施】
【归改进方所有 + 双方另行协商使用事宜】
【归乙方所有】

10. 陈述与保证

10.1　本合同各方均向其他方保证：

10.1.1　除本合同明确约定的以外，该方拥有签订和履行本合同全部义务所必需的所有合法权利以及所有内部和外部的批准、授权和许可，包括但不限于法律及公司章程规定的股东会、董事会批准。

10.1.2　该方提交的文件、资料等均是真实、全面和有效的。

10.2　甲方保证：

10.2.1　甲方是本专利的合法权利人，有权将本专利转让给乙方。

10.2.2　本专利上不存在任何与乙方就本合同享有权利相冲突的第三方权利，包括但不限于与本合同相冲突的在先许可、专利权质权等。

11. 合同的解除

11.1　经双方协商一致，有权解除本合同。

11.2　本合同签订后，本专利被宣告无效的，乙方有权解除本合同，并要求甲方退还乙方已经支付的全部转让价款。除此之外，双方互不承担其他责任。[2]

法天使 [2]：
【专利无效可解除退费】
【一定期限内专利无效可解除退费】

12. 违约责任

12.1　乙方逾期支付转让价款的，每逾期 1 日，应按照未支付转让价款的 5‱（万分之五）向甲方支付违约金；逾期超过 30 日的，甲方有权解除本合同，并要求乙方支付转让价款的 20%（百分之二十）作为违约金。

12.2　因甲方原因导致未能按本合同约定办理专利权转让登记的，或者甲方逾期提供约定的资料、技术服务导致乙方无法正常实施专利的，每逾期 1 日，按转让价款的 5‰（千分之五）向乙方支付违约金；逾期超过 30 日的，乙方有权解除本合同。

12.3　除本合同另有约定外，因甲方原因导致乙方解除本合同的，甲方应同时承担下列责任：

（1）退还乙方已支付的转让价款；

（2）向乙方支付转让价款的20%（百分之二十）作为违约金。

12.4　本合同生效后，甲方违约使用、许可他人使用或以其他方式处分本专利任何权利的，乙方有权同时主张下列权利：

（1）要求甲方立即停止使用，并向乙方支付全部转让价款的20%（百分之二十）作为违约金。

（2）甲方违约自行使用、许可他人使用或以其他方式处分本专利所取得的全部收益归乙方所有。

12.5　根据法律规定或按照本合同约定解除本合同后，乙方应向甲方返还已交付的技术资料，并立即停止实施本专利。如乙方有存货的，应参照本合同相关约定处理。

12.6　任何一方有其他违反本合同情形的，应赔偿守约方全部损失，该损失包括但不限于对守约方所造成的直接损失、可得利益损失、守约方支付给第三方的赔偿费用/违约金/罚款、调查取证费用/公证费、诉讼费用、律师费用以及因此而支付的其他合理费用。

13. 保密

13.1　合同各方保证对在讨论、签订、履行本合同过程中所获悉的属于其他方的且无法自公开渠道的文件及资料（包括但不限于商业秘密、公司计划、运营活动、财务信息、技术信息、经营信息及其他商业秘密）予以保密。未经该资料和文件的原提供方同意，其他方不得向任何第三方泄露该商业秘密的全部或部分内容。

上述保密义务，在本合同终止或解除之后仍需履行。

13.2　本合同关于对保密信息的保护不适用于以下情形：

（1）保密信息在披露给接收方之前，已经公开或能从公开领域获得。

（2）在本合同约定的保密义务未被违反的前提下，保密信息已经公开或能从公开领域获得。

（3）接收方应法院或其他法律、行政管理部门要求披露保密信息（通过询问、要求资料或文件、传唤、民事或刑事调查或其他程序）。当出现此种情况时，接收方应及时通知提供方并作出必要说明，同时给予提供方合理的机会对披露内容和范围进行审阅，并允许提供方就该程序提出异议或寻求必要的救济。

（4）由于法定不可抗力因素，导致不能履行或不能完全履行本合同确定的保密义务时，甲乙双方相互不承担违约责任；在不可抗力影响消除后的合理时间内，一方或双方应当继续履行本协议。在上述情况发生时，接收方应在合理时间内向提供方发出通知，同时应当提供有效证据予以说明。

14. 其他约定

14.1　不可抗力

14.1.1　不可抗力定义：指在本合同签署后发生的、本合同签署时不能预见的、其发生与后果是无法避免或克服的、妨碍任何一方全部或部分履约的所有事件。上述事件包括地震、台风、水灾、火灾、战争、国际或国内运输中断、流行病、罢工，以及根据中国法律或一般国际商业惯例认作不可抗力的其他事件。一方缺少资金非为不可抗力事件。

14.1.2　不可抗力的后果：

（1）如果发生不可抗力事件，影响一方履行其在本合同项下的义务，则在不可抗力造成的延误期内中止履行，而不视为违约。

（2）宣称发生不可抗力的一方应迅速书面通知其他各方，并在其后的十五（15）日内提供证明不可抗力发生及其持续时间的足够证据。

（3）如果发生不可抗力事件，各方应立即互相协商，以找到公平的解决办法，并且应尽一切合理努力将不可抗力的影响减少到最低限度。

（4）金钱债务的迟延责任不得因不可抗力而免除。

（5）迟延履行期间发生的不可抗力不具有免责效力。

14.2　部分无效处理

如任何法院或有权机关认为本合同的任何部分无效、不合法或不可执行，则该部分不应被认为构成本合同的一部分，但不应影响本合同其余部分的合法有效性及可执行性。

14.3　不放弃权利

除非另有约定，任何一方未能行使或迟延行使其在本合同项下的任何权利，不得被视为其放弃行使该等权利，且任何权利的任何单独或部分行使亦不得妨碍该等权利的进一步行使或其他任何权利的行使。一方在任何时候放弃追究其他各方违反本合同任何条款或规定的违约行为，不得被视为该方放弃追究其他各方今后的违约行为，且不得被视为该方放弃其在该等规定项下的权利或其在本合同项下的其他任何权利。

14.4　确认签约能力

双方确认具备签订及履行本合同的能力与相应资质，并已经获得各自章程规定的授权及利害关系人的同意以签署本合同；在本合同上签字或盖章的各方代表已经获得相应的授权。

14.5　按时履行重要

除非另有明确规定，就本合同项下各方的每一项义务而言，按时履行均十分重要。

15. 合同联系方式

15.1　为更好地履行本合同，双方提供如下联系方式：

（1）甲方联系方式

地址：________________

联系人：________________

手机：________________

微信：________________

电子邮件：________________

（2）乙方联系方式

地址：________________

联系人：________________

手机：________________

微信：________________

电子邮件：________________

15.2　通过电子邮箱及其他电子方式送达时，发出之日即视为有效送达。

15.3　通过快递等方式送达时，对方签收之日或发出后第三日视为有效送达（以两者较早一个日期为准）；对方拒收或退回的，视为签收。

15.4　上述联系方式同时作为有效司法送达地址。

15.5　一方变更联系方式，应以书面形式通知对方；否则，该联系方式仍视为有效，由未通知方承担由此而引起的相关责任。

15.6　本联系方式条款为独立条款，不受合同整体或其他条款的效力影响，始终有效。

16. 争议解决

因本合同引起的或与本合同有关的任何争议，由合同各方协商解决，也可由有关部门调解。协商或调解不成的，应向本合同签订地（　　　　省　　　　市　　　　区）有管辖权的人民法院起诉。[1][2]

17. 附则

17.1　本合同一式二份，合同各方各执一份。各份合同文本具有同等法律效力。

17.2　本合同未尽事宜，双方应另行协商并签订补充协议。

17.3　本合同包含如下附件：《拟转让专利信息》《专利在先许可信息》《存货信息报告》《技术资料清单》。

上述附件是本合同的一部分，具有与本合同同等的法律效力。

17.4　本合同经各方签名或盖章后生效。

签订时间：　　　　年　　　　月　　　　日

甲方（盖章）：

法定代表人或授权代表：

乙方（盖章）：

法定代表人或授权代表：

法天使[1]：
【其他条款可参见附录】

法天使[2]：
【仲裁法院选择】
16. 争议解决
16.1　本合同的签订、解释及与本合同有关的纠纷解决，均受中华人民共和国（港澳台地区除外）现行有效的法律约束。
16.2　因本合同引起的或与本合同有关的任何争议，由合同各方协商解决，也可由有关部门调解。协商或调解不成的，应按下列第（　）种方式解决：
（1）提交仲裁委员会进行仲裁。仲裁裁决是终局的，对各方均有约束力；
（2）向所在地有管辖权的人民法院起诉。

附件：拟转让专利信息

序号	专利类型	名称	发明人 / 设计人	专利号	专利权人	授权公告日	专利权期限至	专利年费已缴至

时间：　　　年　　　月　　　日

甲方（转让方）确认：
乙方（受让方）确认：

附件：专利在先许可信息

序号	被许可人	许可类别	许可期限	许可权能	许可地域	许可费用

转让方承诺：

1. 截至签署日，除上述在先许可以外，不存在对其他第三方的在先许可或类似授权。
2. 转让方已向受让方提供上述许可合同及相关许可资料，承诺合同及资料属实。

时间：　　　年　　　月　　　日

甲方（转让方）确认：
乙方（受让方）确认：

附件：存货信息报告

序号	产品名称	使用专利	数量	最低销售价格

截至本日，本单位（本人）确认全部存货信息如上。

时间：　　　　年　　　　月　　　　日

本单位（本人）确认：

附件：技术资料清单

（根据具体情况自行添加）

时间：　　　　年　　　　月　　　　日

甲方（转让方）确认：

乙方（受让方）确认：

委托技术开发合同丨6932

适用场景：

本合同适用甲方（委托方）委托乙方（开发方）进行一般技术开发，向乙方支付费用，不适用软件开发。附技术开发项目确认书，还可根据需要，配套签署保密协议及参与人员保密承诺书。

重要审查点：

【重要等级：**高**】

审查点 1：明确技术标准及开发要求

技术开发能否达到需要的技术标准或实现技术目的，是委托技术开发合同的重要审查点。因此，委托方应当书面明确开发所需达到的技术标准或技术要实现的目的。

由于技术功能的要求多为抽象的概念，而开发成果则是具有实际功能的具体技术。为了确保合同目的能够实现，交易双方应当书面上对于技术目的进行全面确认。针对技术特征较为丰富、独特，功能实现较为烦琐的开发要求，应对细节进行详细约定并以附件形式予以明确。

审查点 2：明确验收标准及方式

为保证技术开发目的的实现以及对工作成果的确认，应当注意明确约定相关验收条款，一般需包含：（1）基于开发要求设定的验收标准；（2）验收方法（选择单方验收、双方组织验收小组进行验收、委托第三方鉴定评估机构进行验收，或者多种验收方式相结合，双方各自进行验收确认若产生争议再提交第三方进行鉴定等）；（3）验收未通过的违约责任。

审查点 3：对于技术风险的约定

技术开发合同开发失败的风险较大。根据《民法典》858 条的规定，如果受托人因为无法克服的技术困难，无法按合同约定提供符合要求的技术成果，委托人仍然要支付一定费用补偿，除非双方另有约定。

审查点 4：知识产权归属约定

1. 可依据本次技术开发是否由委托方主导、委托方是否已支付了足够费用等因素，确定技术成果是否归属于委托方。

2. 后续改进技术成果的权利归属和使用的法律默认规则：哪一方作出的后续改进成果归哪一方所有。

3. 对受托方原有技术或第三方技术运用的约定。

（1）关于受托方原有技术，可以直接在合同中约定授权委托方使用的方式、费用等；

（2）关于受托方第三方的技术则应约定由委托方另外取得第三方的授权。

【重要等级：**中**】

审查点5：付款与研发阶段、验收相匹配

技术开发合同往往投入多、规模大、周期长，因此建议应分步骤、分阶段实施，加强各个中间环节的监督与检查，做好阶段性成果的确认验收工作。建议在合同中明确约定受托方在各阶段须完成的研发任务、交付的成果、交付截止日期和相应的验收标准等内容，并约定在完成相应阶段的研发任务并通过委托方验收后，才可支付相应阶段的合同款项。

审查点6：指定关键技术人员及转委托

如果委托方是基于受托方特定技术团队或技术人员而委托，或者该特定技术团队或技术人员对于待研发技术至关重要，则应当在合同中明确约定，指定该特定技术团队或者技术人员提供技术开发服务。一般而言，委托方是基于受托方的研发能力而委托，如果受托方再次分包或外协，可能导致委托方无法进行有效的过程监督，且有陷入三角纠纷的风险。因此，建议在合同中明确约定受托方应当独立完成委托研发内容，未经委托方书面许可，不得将委托内容全部或部分委托给第三方完成。对于不同项目或阶段要求，也可约定主要工作不可转委托，辅助工作可以由委托方认可的第三方完成。

审查点7：明确保密责任

委托技术开发的过程可能涉及商业秘密、保密信息，因此应当高度重视保密工作。应当在合同中明确约定受托方的保密内容、保密时间、保密范围以及保密责任，保密内容较多的，建议另行签署保密协议。

【重要等级：**低**】

审查点8：核实受托人的技术开发能力与履约能力

法律对技术开发合同并无主体限制，自然人、法人均可以作为主体。当事人主要

考虑受托人的技术开发能力，即履约能力。

如受托人是无民事主体资格的高校院系、研究室、课题组、工作室、创作室等，应将签约主体调整为所属的法人单位；或由法人单位事前授权、事后追认等（合同主体仍是法人单位）。

相关文本：

▲ 19858 保密协议

▲ 6932-4 项目参与人员保密承诺书

文本正文：

委托技术开发合同

甲方（委托方）： ________________

统一社会信用代码：________________

乙方（开发方）： ________________

统一社会信用代码：________________

本合同各方经平等自愿协商，根据《中华人民共和国民法典》及相关法律法规，就甲方委托乙方进行技术开发事项，签订本合同以共同遵守。

1. 定义与解释

1.1　除本合同另有约定外，下列词语在本合同中具有以下含义：

1.1.1　项目：甲方委托乙方的研究开发任务。

1.1.2　开发成果：乙方在本项目研究开发中取得的技术成果及所有相关开发文档（包括项目开发各阶段完成的技术成果及相关开发文档），包括因此取得的专利权、著作权等知识产权，以及上述技术成果的中间成果、过程材料。其表现形式不限于技术资料、设计图纸、工艺方法、材料配方、计算机程序、技术信息及其组合、样品、样机、新产品、新材料以及新生产线等。

1.1.3　背景知识产权：指一方在合同生效前就已经存在的或者在独立于本项目之外获得的知识产权。

1.1.4　前景知识产权：指本项目中产生的知识产权。

1.1.5　商业利用：是指对开发成果（包括专利权、技术秘密及其他知识产权）的商业利用。就专利权而言，是指专利法规定的实施行为，包括但不限于制造、使用、销售、许诺销售、进口专利产品或使用专利方法以及使用、许诺销售、销售、进口依照该专利方法直接获得的产品的行为；就有关技术秘密的权利而言，是指在不违反双方保密约定的情况下，制造、使用、销售含有该技术秘密的产品或使用该技术秘密方法以及其他法律允许的行为；就其他知识产权而言，是指相关法律法规规定利用其他知识产权的行为。本合同所称商业利用包括许可或授权他人进行上述行为。

1.1.6　学术发表：出于学术研究目的，在期刊、报纸、书籍或电子图书馆上公开发表，或在课堂、讲座或研讨会等公开场合发表。

1.2　本合同的条款标题，仅供查阅方便之用，不构成本合同的一部分，不作为解释本合同任何条款或权利义务的依据。

1.3　本合同中，“以上”“以下”“以内”包含本数，“超过”“不满”“以外”不包含本数，某期日的“前 / 以前”“后 / 以后”或类似表述包含该期日当日。

1.4　本合同中对金额或数量使用大小写时，如大小写不一致，应以大写为准。

1.5　如果本合同正文和附件的意思发生冲突，各方应首先尽力将整个合同作为一个整体来阅读理解，对合同目的最为明确的条款应优先考虑。

如果各方本着诚实信用的原则努力按照前句约定解决冲突，但冲突依然存在，则本合同正文条款应优先适用。

2. 开发项目

2.1　开发项目名称：________技术开发项目。

2.2　开发要求：具体见附件《技术开发项目确认书》及本合同其他约定。

2.3　开发成果要求：乙方应提交的开发成果见附件《技术开发项目确认书》。

3. 开发费用、报酬及付款方式

3.1　甲方应按约定向乙方支付开发费用与报酬。

法天使[1]：
【按照实际支出计算开发费用】
【按照包干价格计算开发费用】
【甲乙双方按比例承担开发费用】

法天使[2]：
【先付一笔+按进度付款】
【分笔付款（含质保金）】
【两笔付款（首笔作为定金）】

3.2　开发费用

3.2.1　本项目开发费用标准：

（1）按照实际支出金额结算，暂计为人民币（大写）　　元（¥　　元）。

（2）开发费用结算说明：

下列支出项目计入开发费用：

乙方购买必要的研究设备的费用、购买技术相关资料的费用、调研费用、购买必要的试制材料的费用、能源费、安装和调试费、文件编制费，以及进行开发工作所需的其他费用。

下列支出项目不计入开发费用，如有发生由乙方自行承担：

乙方人员人工成本、乙方拥有的背景知识产权的许可或使用费用。

（3）本项目开发过程中，甲方支付的开发费用不足的，甲方应当在收到乙方要求补充开发费用的书面通知后的5个工作日内补充支付。[1]

3.2.2　开发费用付款方式

本合同签订后5个工作日内甲方向乙方支付开发费用的　　%即¥　　元，其余款项按附件约定的进度支付。[2]

3.3　报酬

3.3.1　报酬标准：按开发费用的　　%计算。

3.3.2　付款方式：与开发费用一并支付；开发费用按进度或分笔支付的，报酬相应按进度或分笔支付。

3.4　乙方指定收款账号：

户名：________________

账号：________________

开户行：________________

乙方未授权任何员工、第三方收款；付款方未向指定账号付款导致损失的，乙方不承担任何责任。

3.5　发票

3.5.1　本合同中约定的价款或交易金额为含税金额，乙方应向甲方提供正规足额增值税专用发票。发票信息要求如下：

名称：________________

纳税人识别号：________________

地址、电话：________________

开户行及账号：________________

货物或应税劳务名称：________________

增值税率：________________

3.5.2 乙方应在甲方付款前开具发票，否则甲方有权相应延后付款。

4. 委托方配合

4.1 甲方应在本合同签订后3个工作日内向乙方提供本项目研发所必需的技术资料，具体见附件约定。

4.2 甲方保证提供的技术资料是清晰、完整、有效的。如甲方提供技术资料不符合前述约定的，应在接到乙方通知后3日内补交。

4.3 甲方未按照约定提供技术资料、协助事项或者所提供的技术资料、协助事项有重大缺陷，导致研究开发工作停滞、延迟、失败的，乙方不承担任何责任。但如乙方发现前述重大缺陷而未通知甲方更正的，应承担违约责任。

5. 转委托

乙方必须自行完成本合同约定的主要工作，除部分辅助型工作以外，不得转交第三方完成。[1]

6. 开发失败风险承担

6.1 因出现无法克服的技术困难导致开发失败的，任何一方均有权提前解除本合同，并要求按下列约定分担损失与善后：

甲方仍需按本合同约定支付已经发生的开发费用，但无须再向乙方支付报酬；甲方多支付的开发费用和报酬乙方应予退还。[2]

6.2 开发部分失败的，双方应参照上述约定处理失败部分的开发费用和报酬；双方另有约定的除外。

6.3 上述“无法克服的技术困难”应当从以下三个方面进行综合考量：

法天使[1]：
【辅助工作可以转包】
【不得转包】
【特定工作转包】

法天使[2]：
【甲方承担费用，无须支付报酬】
【按比例分担费用】

（1）乙方已经尽到足够的主观努力，进行了现有条件下力所能及的工作，并已取得实质性进展；

（2）本项目在现有技术条件下具有足够的难度；

（3）从事本项目研究领域的专家认为研究开发失败属于合理的失败。

6.4　一方发现因作为开发标的的技术已经由他人公开（包括以专利权方式公开）的，适用上述约定。

6.5　一方发现存在有可能致使研究开发失败或部分失败的风险时，应当在 7 日内通知另一方并采取适当措施减少损失。逾期未通知并未采取适当措施而致使损失扩大的，应当就扩大的损失承担赔偿责任。

7. 开发成果交付

7.1　交付内容。本项目开发完成后，乙方应向甲方交付开发成果以及全部技术资料。

7.2　交付形式

7.2.1　乙方交付的开发成果及相关技术资料形式应该包括：

见附件约定。

7.2.2　开发成果涉及计算机软件的，乙方应当向甲方提供源代码以及描述软件流程、算法、设计思想的软件设计文档。

8. 验收

8.1　验收标准。开发成果的验收标准详见附件《技术开发项目确认书》。

如双方在开发过程中调整开发要求的，验收标准应以双方另行签订的书面文件为准。

8.2　验收方式。由甲方的技术及业务人员组成的验收小组进行测试，乙方应当予以配合。

8.3　收程序：初验

8.3.1　乙方按本合同约定向甲方交付开发成果之日起 2 周内，由甲方组织并完成初验程序。初验合格的，由甲方出具初验验收合格文件。

8.3.2　初验不合格的，乙方应当在 1 个月内消除不合格情形。甲方再次验收时间与周期同前一次验收时间与周期安排。

8.3.3　乙方提交的开发成果经再次验收仍不合格的，视为乙方未能依约完成本项目的技术开发。

8.4　验收程序：终验

8.4.1　初验合格后，甲方应在1周内将开发成果投入试运行，试运行1个月内，组织并完成终验程序。终验合格的，甲方出具终验验收文件。

8.4.2　终验不合格的，乙方应当在1个月内消除不合格情形。再次验收时间与周期同前一次验收时间与周期安排。

8.4.3　乙方提交的开发成果经再次验收仍不合格的，视为乙方未能依约完成本项目的技术开发。

8.5　乙方按本项目需要或者甲方要求提交的中间成果需要验收的，该验收适用上述约定。

9. 配套技术服务与技术培训

9.1　技术指导

本项目验收后6个月内，乙方应根据甲方的请求，应当指派技术人员向甲方提供技术培训，以传授开发成果的操作或使用方法。

乙方人员提供技术指导而产生的差旅费用由甲方负责。

9.2　技术培训

本项目验收后6个月内，乙方应根据甲方的请求，安排掌握该专利技术的专业人员向甲方人员进行培训。

培训要求：________________

培训地点：甲方所在地。

培训次数：不少于3次，每次不少于3小时。

乙方人员提供技术培训而产生的差旅费用由甲方负责。

10. 质保期

10.1　开发成果的质保期为1年，自验收合格之日起计算。

10.2　在保证期内，除因甲方使用、保管不当外，如开发成果出现问题导致甲方无法正常使用的，乙方应承担下列责任：

10.2.1 在甲方指定的合理期间内自负费用返工或采取补救措施。

10.2.2 如乙方在合理期间内未解决前述问题的，应当按照每天人民币（大写　　）元（￥　　元）的标准支付违约金。

10.2.3 如乙方逾期15日后仍无法解决该问题，则视为开发失败，甲方有权解除本合同。

11. 知识产权

11.1 背景知识产权

11.1.1 甲方向乙方提供任何文件、信息和数据（包括但不限于技术规范和测试规范）不构成向乙方转让任何甲方背景知识产权或许可乙方以商业利用为目的使用任何甲方背景知识产权。

11.1.2 乙方提交的开发成果如涉及乙方的背景知识产权，为确保甲方有权商业利用开发成果，乙方应就所涉背景知识产权给予甲方非排他的、不可转让的、永久的、不可撤销的、世界范围内的、免费的、拥有分许可权的许可，但所述许可仅限于甲方商业利用开发成果所必须。

11.2 不侵权

11.2.1 乙方保证开发成果不侵犯任何第三方的著作权、商标权、专利权、商业秘密等；也不违反乙方（包括乙方开发人员）与第三方的保密义务或有关知识产权约定。

11.2.2 若开发成果侵犯第三方知识产权的，由此造成的一切经济和法律责任由乙方承担，并且乙方应当选择下列措施之一进行补救：

（1）取得第三方的许可。

（2）修改或更换开发成果使开发成果不侵权。

11.3 开发成果的归属和使用

11.3.1 本合同所产生的前景知识产权，包括但不限于著作权、专利权、专利申请权、技术秘密，归甲方所有，乙方不得私自以自己或第三方名义提出权利申请、注册或备案等。

11.3.2　如甲方决定将本合同的研究开发成果申请专利、著作权登记的或依据法定程序取得其他权利的，乙方应给予必要的配合，包括但不限于参加甲方组织的关于开发成果的讨论会、审核专利申请文件等。

11.3.3　乙方承诺：

11.3.3.1　未经甲方书面同意，乙方（包括乙方开发人员）不得商业利用开发成果，也不得将该开发成果前景知识产权以任何方式许可、转让或交换给任何第三方。[1]

11.4　后续技术成果的归属与分享

11.4.1　本合同生效后，甲乙双方均有权对开发成果进行后续改进，由此产生的具有实质性或创造性技术进步特征的新的技术成果（下称后续技术成果）及其权利，归改进方所有。就该后续技术成果的使用事宜，由双方另行签订书面合同。[2]

11.5　学术发表

未经甲方书面同意，乙方（包括但不限于员工、开发人员及学生、非开发人员及学生）不得使用技术成果进行学术发表。[3]

11.6　署名、荣誉证书以及奖励

乙方及乙方开发人员享有在开发成果文件上写明开发成果完成者的权利和取得有关荣誉证书、奖励的权利。

12. 独家开发

本合同履行期间及本合同项目开发完成后3年内，未经甲方书面同意，乙方不得为任何第三方提供与本项目相同或者类似之技术开发、研究服务。

13. 研究设备、器材、资料归属

13.1　乙方利用开发费用所购置与开发工作有关的设备、器材、资料等财产，归甲方所有。[4]

14. 合同变更与解除

14.1　在本项目开发过程中，如一方以书面形式对开发需求与进度提出合理变更请求，另一方应当在收到通知后5个工作日内予以答复；逾期未答复的，视为同意变更。

14.2　除另有说明外，本合同及附件的变更必须由双方协商一致，并另行签署书面补充协议。

法天使[1]：
【开发成果归甲方所有，且乙方无权使用】
【开发成果归乙方所有，且甲方有权使用】
【开发成果归双方共有】

法天使[2]：
【归改进所有+双方另行协商】
【归改进方所有+甲方有权实施】
【归甲方所有+利益分配】

法天使[3]：
【未经甲方同意不得发表】
【甲方审核+乙方有权发表】

法天使[4]：
【归甲方所有】
【归乙方所有】
【甲乙方按份共有】

14.3　除本合同另有约定外，各方无正当理由均不得解除本合同，包括不得依据法律规定的任意解除权解除本合同，否则应向对方承担违约责任。如因技术困难导致的开发失败，按开发失败的专门约定处理。

15. 合同联系方式

15.1　甲方项目联系人

15.1.1　甲方确认以下项目联系信息：

项目联系人姓名：甲方联系人姓名

地址：________________

手机：________________

微信：________________

电子邮箱：________________

15.1.2　甲方确认，甲方项目联系人的权限仅限于下列：

（1）代表甲方提交、接受项目有关资料、文档、工作成果。

（2）代表甲方对项目提出意见。

15.2　乙方项目联系人

15.2.1　甲方确认以下项目联系信息：

乙方项目联系人：乙方联系人姓名

地址：________________

手机：________________

微信：________________

电子邮箱：________________

15.2.2　乙方确认，乙方项目联系人的权限仅限于下列：

（1）代表乙方提交、接受项目有关资料、文档、工作成果。

（2）代表甲方对项目提出意见。

15.3　双方确认上述联系方式同时作为有效司法送达地址。

16. 其他权利义务

16.1　甲方有权检查乙方开发费用使用情况，但不得妨碍乙方的正常工作。

16.2　乙方应本着以最低耗能获取最大经济效益原则，严格按约定合理使用开发费用。

17. 陈述与保证

17.1　本合同各方均向其他方保证：

17.1.1　除本合同明确约定的以外，该方拥有签订和履行本合同全部义务所必需的所有合法权利以及所有内部和外部的批准、授权和许可，包括但不限于法律及公司章程规定的股东会、董事会批准。

17.1.2　该方提交的文件、资料等均是真实、全面和有效的。

17.2　甲方承诺：

17.2.1　具备履行本合同的相关资质。

17.2.2　不得利用乙方开发成果从事违法行为。

17.3　乙方承诺：

17.3.1　具备履行本合同的相关资质。

18. 违约责任

18.1　甲方逾期付款的，每逾期 1 日，应按逾期金额的5‱（万分之五）向乙方支付违约金，同时仍应履行付款义务。

逾期超过 15 日的，乙方有权解除本合同。

18.2　乙方逾期履行合同的，每逾期 1 日，应按合同价款的 1%（百分之一）向甲方支付违约金，甲方有权从应付款项中扣除。

逾期超过 30 日的，甲方有权解除本合同。

18.3　乙方违约处分开发成果的，所得收益应全部归甲方所有，并按本合同约定的开发费用和报酬的 20% 支付违约金，同时还应赔偿甲方全部损失。

乙方违约处分开发成果的行为包括但不限于：违约许可、转让开发成果；违约自行申请专利或相关权利；违约自行对开发成果进行商业利用。

18.4　甲方有下列情形之一的，乙方有权解除本合同：

（1）甲方违约致使乙方无法正常开展开发工作，经乙方通知后 15 日内仍不改正的；

（2）甲方有其他违约行为，依照法定或约定乙方有权解除的。

18.5　因甲方原因导致乙方解除本合同或甲方违约解除本合同的，甲方应同时承担如下责任：

（1）甲方已经支付的开发费用、报酬等，乙方无须退还；甲方未结算支付的开发费用、报酬，仍需结算支付；

（2）应向乙方支付违约金，违约金按本合同约定的开发费用和报酬的 20% 计算。

18.6　乙方有下列情形之一的，甲方有权解除本合同：

（1）未经甲方书面同意，将本项目的部分或全部工作转委托给第三方；

（2）乙方违约，经甲方通知后 15 日内仍未改正的；

（3）因乙方原因导致未能交付开发成果或开发失败的；

（4）乙方有其他违约行为，依照法定或约定甲方有权解除的。

18.7　因乙方原因导致甲方解除本合同或乙方违约解除本合同的，乙方应同时承担如下责任：

（1）甲方已经支付的未使用的开发费用，乙方应予以返还；

（2）应向甲方支付违约金，违约金按本合同约定的开发费用和报酬的 20% 计算；

18.8　任何一方违反本合同约定的，除承担本合同约定的其他责任以外，还应赔偿给守约方造成的损失，该损失包括但不限于对守约方所造成的直接损失、可得利益损失、守约方支付给第三方的赔偿费用 / 违约金 / 罚款、调查取证费用 / 公证费、诉讼费用、律师费用以及因此而支付的其他合理费用。

18.9　本合同因无论何种原因终止履行后，任一方均应返还对方交付的全部技术资料，不得自行销毁。

19. 保密

19.1　合同各方保证对在讨论、签订、履行本合同过程中所获悉的属于其他方的且无法自公开渠道的文件及资料（包括但不限于商业秘密、公司计划、运营活动、财务信息、技术信息、经营信息及其他商业秘密）予以保密。未经该资料和文件的原提供方同意，其他方不得向任何第三方泄露该商业秘密的全部或部分内容。

上述保密义务，在本合同终止或解除之后仍需履行。

19.2　本合同关于对保密信息的保护不适用于以下情形：

（1）保密信息在披露给接收方之前，已经公开或能从公开领域获得。

（2）在本合同约定的保密义务未被违反的前提下，保密信息已经公开或能从公开领域获得。

（3）接收方应法院或其他法律、行政管理部门要求披露保密信息（通过询问、要求资料或文件、传唤、民事或刑事调查或其他程序）。当出现此种情况时，接收方应及时通知提供方并作出必要说明，同时给予提供方合理的机会对披露内容和范围进行审阅，并允许提供方就该程序提出异议或寻求必要的救济。

（4）由于法定不可抗力因素，导致不能履行或不能完全履行本合同确定的保密义务时，甲乙双方相互不承担违约责任；在不可抗力影响消除后的合理时间内，一方或双方应当继续履行本协议。在上述情况发生时，接收方应在合理时间内向提供方发出通知，同时应当提供有效证据予以说明。

20. 其他约定

20.1　不可抗力

20.1.1　不可抗力定义：指在本合同签署后发生的、本合同签署时不能预见的、其发生与后果是无法避免或克服的、妨碍任何一方全部或部分履约的所有事件。上述事件包括地震、台风、水灾、火灾、战争、国际或国内运输中断、流行病、罢工，以及根据中国法律或一般国际商业惯例认作不可抗力的其他事件。一方缺少资金非为不可抗力事件。

20.1.2　不可抗力的后果：

（1）如果发生不可抗力事件，影响一方履行其在本合同项下的义务，则在不可抗力造成的延误期内中止履行，而不视为违约。

（2）宣称发生不可抗力的一方应迅速书面通知其他各方，并在其后的十五（15）日内提供证明不可抗力发生及其持续时间的足够证据。

（3）如果发生不可抗力事件，各方应立即互相协商，以找到公平的解决办法，并且应尽一切合理努力将不可抗力的影响减少到最低限度。

（4）金钱债务的迟延责任不得因不可抗力而免除。

（5）迟延履行期间发生的不可抗力不具有免责效力。

20.2　部分无效处理

如任何法院或有权机关认为本合同的任何部分无效、不合法或不可执行，则该部分不应被认为构成本合同的一部分，但不应影响本合同其余部分的合法有效性及可执行性。

20.3　不放弃权利

除非另有约定，任何一方未能行使或迟延行使其在本合同项下的任何权利，不得被视为其放弃行使该等权利，且任何权利的任何单独或部分行使亦不得妨碍该等权利的进一步行使或其他任何权利的行使。一方在任何时候放弃追究其他各方违反本合同任何条款或规定的违约行为，不得被视为该方放弃追究其他各方今后的违约行为，且不得被视为该方放弃其在该等规定项下的权利或其在本合同项下的其他任何权利。

20.4　确认签约能力

双方确认具备签订及履行本合同的能力与相应资质，并已经获得各自章程规定的授权及利害关系人的同意以签署本合同；在本合同上签字或盖章的各方代表已经获得相应的授权。

20.5　按时履行重要

除非另有明确规定，就本合同项下各方的每一项义务而言，按时履行均十分重要。

20.6　不得转让义务

除本协议另有约定，未经另一方事先书面同意，任何一方不应转让本合同项下的全部或部分义务。

20.7　反商业贿赂

双方均不得向对方或对方经办人、工作人员或其他相关人员索要、收受、提供、给予合同约定外的任何利益，包括但不限于明扣、暗扣、现金、购物卡、实物、有价证券、旅游或其他非物质性利益等，否则构成重大违约。如该等利益属于行业惯例或通常做法，则须在本合同中明示，否则亦为重大违约。

21. 争议解决

因本合同引起的或与本合同有关的任何争议，由合同各方协商解决，也可由有关部门调解。协商或调解不成的，应向本合同签订地（　　　省　　　市　　　区）

有管辖权的人民法院起诉。[1][2]

22. 附则

22.1　本合同一式二份，合同各方各执一份。各份合同文本具有同等法律效力。

22.2　本合同未尽事宜，双方应另行协商并签订补充协议。

22.3　本合同包含如下附件：技术开发项目确认书

上述附件是本合同的一部分，具有与本合同同等的法律效力。

技术开发项目确认书与本合同不一致的，以技术开发项目确认书为准。

22.4　本合同经各方签名或盖章后生效。

签订时间：　　　　年　　　　月　　　　日

甲方（盖章）：

法定代表人或授权代表：

乙方（盖章）：

法定代表人或授权代表：

附件：技术开发项目确认书

委托方：________________

开发方：________________

项目名称：________________

一、项目基本信息

项目名称	
现有技术基础和条件	
总体目标	
现状及存在的问题	
国内外研究情况	

法天使[1]：
【其他条款可参见附录】

法天使[2]：
【仲裁或法院择一】
21. 争议解决
因本合同以及本合同项下订单/附件/补充协议等（如有）引起或有关的任何争议，由合同各方协商解决，也可由有关部门调解。协商或调解不成的，应按下列第（　）种方式解决：
（1）提交仲裁委员会进行仲裁。仲裁裁决是终局的，对各方均有约束力；
（2）向所在地有管辖权的人民法院起诉。

续表

达到的技术水平，经济与社会效益以及推广应用	
研究、试验方法和技术进度	
攻关目标和具体内容	
主要仪器设备和材料	
主要技术专家和科研人员	
经费预算和经费总额	

说明：乙方可根据实际需求增加以上左侧表格内容，但不得自行删减。

二、开发内容

三、主要技术指标与参数

四、开发进度

五、开发费用支付

六、开发方开发人员安排

开发方参与开发人员安排如下：

姓名	职称 / 学历	本项目中职责	工作量（%）

七、委托方配合事项

1. 委托方应提供的背景资料；

2. 委托方人员配合；

3. 委托方物资配合；

4. 委托方其他配合。

双方同意按上述方案进行技术开发。

时间：　　　　年　　　月　　　日

委托方（签名或盖章）：
开发方（盖名或盖章）：

特许经营合同 | 17684

适用场景：

本合同适用商业特许经营，即甲方（特许方）授权乙方（被特许方）加入甲方特许经营体系，开设加盟店等。乙方向甲方支付特许权使用费、加盟费、保证金。不适用政府公用事业特许经营。建议根据自身特许经营模式、内容等，对合同条款自行增添或删减，以匹配所需合作要求。

重要审查点：

【重要等级：**高**】

审查点 1：应确保特许人为企业，具备特许经营条件

《商业特许经营管理条例》规定特许人应当是具有一定经营资源的企业，除企业以外的其他单位和个人不能作为特许人。该规定为效力性强制性规定，违反该规定可能会导致合同无效。特许人应当具备相应的特许经营条件，如“两店一年”的要求，特许人不符合该条件的，特许经营合同不一定无效，但被特许人可能以“违约、欺诈、违法”等为由解除合同，特许人可能面临行政处罚。

审查点 2：缔约前特许人的信息披露义务

特许人应当在订立特许经营合同之日前至少 30 日，以书面形式向被特许人披露如下信息，并提供特许经营合同文本：（1）特许人及特许经营活动的基本情况；（2）特许人拥有特许经营资源的基本情况；（3）特许经营费用的基本情况；（4）向被特许人提供产品、服务、设备的价格、条件的情况；（5）为被特许人提供服务的具体内容、提供方式和实施计划；（6）对被特许人的经营活动进行指导、监督的办法；（7）特许经营网点投资预算情况；（8）中国境内现有的被特许人有关情况；（9）最近2年经审计的特许人财务会计报告和审计报告摘要；（10）最近5年与特许经营相关的诉讼和仲裁情况；（11）特许人及法定代表人是否有重大违法经营记录的情况；（12）国务院商务主管部门规定的其他信息。

审查点3：应明确经营资源等的具体信息

1. 特许人拥有的经营资源是双方合作以及各自权利义务的基础，建议应当在合同内明确特许人拥有的经营资源，具体包括：

（1）知识产权：品牌、商标、专利、专有技术、标志、商号、企业标志及VI视觉系统、经营管理模式、方案等。

（2）经营技术资源：一般包含品牌字号、营运和促销方案、形象识别、企业标志、CIS系统、企业文化和荣誉、广告资源和广告效应、营运手册和教育培训资源、店堂装修、商品陈列方案等。

2. 调查、明确特许人经营资源的合法性。

（1）涉及的商标、专利等各项知识产权不存在权属争议。

（2）特许人权利来源系本身所有或者来自第三人授权，如系第三人授权，则应明确该授权第三人的基本信息，同时应当明确其授权有效范围，以及本次协议转授权是否得到原权利人的许可，以及在原授权中止或终止的情况下，如何处理本次特许授权。

（3）商标/专利申请注册的进展及权利证书号码，特许经营期限能够被包括在商标/专利有效期之内。

（4）运营管理、VI/CI/培训指导、装修装饰手册等经营手册的著作权明确归属编写方或其他著作权人，被特许人具有合法的使用权。

（5）对于涉及特定商标等的许可的，应约定将商标使用许可合同向商标局备案。

审查点4：应明确特许资源、特许性质、特许区域、特许期限等

特许经营权条款是核心交易条款，解决特许人向被特许人提供什么资源的问题，

应从“特许资源 + 特许性质 + 特许区域 + 特许期限”这几个方面进行明确。

1. 特许资源。特许资源可以分为“知识产权 + 物资供应 + 配套服务”。在主交易合同中可以只列举重点，并在配套合同中进行具体说明。

2. 特许性质。

（1）先明确是单店特许（指定地点开设一家加盟店）还是区域特许（特定区域开设规定数量加盟店）；如果是区域特许，应进一步明确是否授予二级特许（又称分特许）权利，即被特许人可以再许可他人。

（2）实务中的“代理特许”是一种特殊的中介合同，即特许人授权被特许人招募加盟者，特许人向被特许人支付佣金报酬。双方可以在特许经营合同之外另外签署“代理特许合同”。

3. 特许区域。

（1）单店特许，应当约定“商圈保护”。

（2）区域特许，应当明确区域和加盟店数量。

4. 特许期限。

《商业特许经营管理条例》规定特许期限通常不少于 3 年，双方续签或另有约定的除外。建议将特许期限设置为一个“自加盟店开业后起算”的期限，同时约定一个最晚的终止时间点，避免特许期限的不确定性。

审查点 5：明确期满等合同终止时，被特许人的清货约定

不约定明确的清货约定极易导致在现实中产生纠纷。可以约定由甲方以原售价回购，也可以约定由乙方对剩余货品自行清货。亦可以考虑约定合理的清货期，以对剩余货品等妥善处理，顺利终止。

【重要等级：**中**】

审查点 6：应明确特许经营中的各项费用

根据特许经营的项目等不同，被特许人须承担的费用也不尽相同。一般会涉及加盟费、特许经营权许可费用、保证金、系统使用费、指导费、设计费、货款等各类费用，应当对各项收费及收费标准、退费规则等予以明确约定，以免争议。

审查点7：明确产品侵权时赔偿责任的分配

产品经营过程中，可能会涉及产品质量问题乃至产品侵权问题。因此，应当明确产品侵权时的责任承担、分配。一般建议约定：

1. 由于被特许人经营不善等原因造成遭到消费者的投诉或媒体曝光或被行政机关查处等，应当自行承担责任。如因特许人提供产品、服务导致，由特许人承担责任。

2. 由于被特许人的行为或其他原因导致对第三人承担法律责任的，应当独立承担责任。

3. 如果最终发生应由特许人承担法律责任的情况或者造成特许人损失的情况，特许人与被特许人协商确定内部责任的归属及具体的赔偿责任。

审查点8：可以增加被特许人的商圈保护约定

可以增添商圈保护约定，即为了预防特许经营体系内部的冲突和保障被特许人的利益，以被特许人店铺为中心，一定半径/直径范围内为被特许人的商圈保护区域，特许人在该保护区域内不再授权第三方开设加盟店。

【重要等级：**低**】

审查点9：可以增加特许人的监督、考核条款

特许人为了保证被特许人能按照其操作流程、服务品质等规范经营，可以约定，在不影响店铺正常营业的前提下，有权对店铺的经营活动进行指导、检查、监督和考核，被特许人应当遵循建议和指导。

审查点10：可以配套使用“特许经营合同＋商标许可合同”

可以配套签署商标许可合同，明确授权使用的相关权利、范围，但应注意特许经营合同与商标许可合同内容的衔接。例如，应约定特许经营合同解除终止时，相应的商标许可合同亦一并解除终止。

相关文本：

▲ 1367 商标使用许可合同

▲ 18888 特许经营合同（零售店＋供货）

▲ 18889 特许经营区域开发许可合同

文本正文：

特许经营合同

甲方（特许方）： ________________

统一社会信用代码：________________

乙方（被特许方）： ________________

统一社会信用代码：________________

本合同各方经平等自愿协商，根据《中华人民共和国民法典》及相关法律法规，就特许经营事宜，签订本合同以共同遵守。

第一部分　定　　义

1. 定义

除本合同另有约定外，下列词语在本合同中具有如下含义：

1.1　本合同：本合同以及通过援引并入本合同的或构成本合同组成部分的所有附件。

1.2　特许经营有关定义

1.2.1　特许经营体系：是指特许方的特许经营体系，包括但不限于特许标识、专有技术、经营模式等经营资源。

1.2.2　特许标识：是指与特许经营体系相关的识别符号，包括但不限于注册商标、商号、招牌（店铺标志）、特有的外部与内部设计（装修、装饰、颜色配置、布局、家具等）、制服、广告等。

甲方的特许标识以________________某品牌（下称“特许品牌”）为核心，经营范围为（请填充）。

1.2.3　特许经营权：甲方授予乙方取得加入并取得特许经营体系支持（包括许可使用特许标识）以开展经营活动的权利，具体授权内容以本合同约定为准。

1.2.4　“两店一年”：是指特许方从事特许经营活动应当拥有至少 2 个直营店，并且经营时间超过 1 年。

1.2.5　特许经营体系规范：由特许方制订的《特许经营操作手册》、特许经营相关政策及不定时发出的通知要求等文件构成的规范体系，以促进特许经营体系的统一、高效、优质运行为目的。如特许方有更新、修订，应以更新、修订后的最新版本为准。

1.2.6　《特许经营操作手册》：是指由特许方制订的指导加盟店经营的各类书面操作资料的统称，包括《店务操作手册》《产品制作手册》《营业手册》《员工培训手册》等（请根据实际项目情况填写）。

1.2.7　特许产品：特许经营体系下加盟店对外经营、提供的商品及服务，不限于实物商品。

1.2.8　指定供应产品：是指甲方指定乙方必须从甲方或甲方指定供应商处采购的产品。这些产品对于保证特许产品质量和经营具有重要意义。特许产品可能同时是指定供应产品，具体以本合同约定为准。

1.2.9　特许区域：是指甲方授予乙方特许经营权的区域。

1.2.10　加盟店：根据本合同约定取得特许经营权进行经营的店铺。

1.2.11　营业地：是指乙方依照合同条款约定，获准开设加盟店的场所。

1.2.12　建筑物：是指营业地所在的建筑物。

第二部分　特许经营权

2. 特许产品

2.1　乙方取得特许经营权仅限于经营项目：

（1）________________

（2）________________

上述经营项目中向用户提供的商品、服务（不限于实物商品），即“特许产品”。

2.2　未经甲方允许，乙方不得变更经营范围，不得经营特许产品之外的产品和服务。

3. 特许经营权性质

3.1　特许经营权性质为：单店特许。即乙方仅能在本合同约定的加盟店（可能是一家或多家，以本合同约定的为准）行使特许经营权。

乙方如需在本合同约定的加盟店以外新开加盟店，则需经甲方同意，双方另行签订特许经营许可合同。

3.2　乙方取得特许经营权的加盟店为以下所列：

加盟店地址：________________，经营面积：________平方米。[1]

3.3　商圈保护

甲方为乙方提供商圈保护。商圈保护范围是以本合同约定的乙方加盟店为圆心的半径1千米的范围，即在该范围内甲方不得自行或许可第三方开设与特许经营范围相同或类似的店面。

4. 特许期限

4.1　特许期限为：________3年，自　　年　　月　　日起算（含当日）。

4.2　乙方要求对本合同续期的，应当至少在本合同期限届满前提前2个月向甲方书面提出。甲方同意的，与乙方签订续期合同。

5. 转许可

未经甲方书面同意，乙方无权将特许经营权转授权任何第三方。

6. 运营主体安排

6.1　乙方将在本合同生效后尽快设立运营主体。该运营主体应符合下列要求：

（以下仅为示例，具体以实际项目情况填写）

（1）应为有限责任公司。

（2）实缴注册资本不低于____万元。

（3）乙方作为运营主体股东，出资比例不低于____%。

（4）乙方担任运营主体的总经理。

法天使[1]：
【一个或多个加盟店】
使用文中条款。
【尚未选址的一个加盟店】
3.1　特许经营权性质为：特定区域开店特许。即乙方有权在特许区域内开设约定数量的加盟店。
3.2　特许区域如下：
（1）范围：中国____省____市____区东至____西至____南至____北至的区域。见附件《特许区域示意图》。
（2）开设加盟店数量：1家。
（3）加盟店要求：经营面积不小于____平方米，加盟店选址应取得甲方同意。

（5）符合本合同约定的其他条件，能够履行本合同约定的乙方的全部权利义务。

6.2 运营主体设立成功后 10 日内，甲方、乙方、运营主体应签署变更协议或重新签署合同，将本合同项下的被特许方变更为运营主体，由运营主体承担本合同项下的全部权利义务。各方均不得要求变更本合同项下的权利义务。如一方拒绝签署则为违约，且相对方有权直接向其余各方发出通知，通知到达其余各方之后即视为本合同已经按照本条约定变更。

6.3 变更之后，本合同首部所列的乙方作为运营主体的保证人，为运营主体履行特许经营合同承担连带责任保证。

第三部分 特许经营费用

7. 特许经营费用

7.1 乙方应向甲方支付的特许经营费用包括加盟费、特许经营权许可费用、保证金、其他费用。具体以合同约定为准。

7.2 加盟费

7.2.1 加盟费：人民币（大写）　　　元（￥　　　元）。

7.2.2 支付时间：本合同签订后 5 个工作日内，乙方应当向甲方一次性支付加盟费。

7.2.3 除因甲方违反本合同约定导致合同解除或双方另有约定外，乙方不得要求返还加盟费。

7.3 特许经营权许可费用

双方同意按照“基础费用 + 提成费用”的模式计算许可费用。

7.3.1 基础费用部分：

7.3.1.1 基础费用标准：每家加盟店每年人民币（大写）　　　元（￥　　　元）。

7.3.1.2 付款方式：

加盟店开业后 10 个工作日内支付首年许可费用；

之后应于每个许可年度开始前提前至少 30 日支付下一许可年度许可费用。

7.3.2　提成费用部分

7.3.2.1　计算公式：提成费用 = 乙方加盟店收入 × 提成比例。

7.3.2.2　提成比例：______%（百分之______）。

7.3.2.3　乙方加盟店收入

按结算周期内加盟店的实际收入金额计算，不扣除税费及其他成本。

7.3.2.4　结算周期：______个月。

7.3.2.5　结算支付方式：许可期限内，每个结算周期结束后 10 个工作日内结算支付。[1]

法天使[1]：
【基础费用 + 提成费用】
【有保底的提成费用模式】
【仅提成无保底模式】
【按年度许可费用计算支付】

7.4　许可费用结算时，乙方应向甲方提供计算明细。

7.5　甲方对许可费用计算有异议的，有权要求审计。如审计结果反映出乙方提供的许可费用计算有误，则审计费用应由乙方承担。

8. 保证金

8.1　保证金标准：人民币（大写）______元（¥______元）。

8.2　支付时间：乙方应在本合同签订后 5 个工作日内向甲方支付保证金。

8.3　如乙方拖欠甲方债务（包括但不限于特许经营权许可费用、货款、违约金、赔偿等），甲方有权以保证金抵扣。乙方在接到甲方抵扣通知后，应当在 3 个工作日内向甲方支付与抵扣金额相同的款项以补足保证金。

8.4　本合同解除或终止后，除扣除甲方有权抵扣的款项外，甲方应于 10 个工作日内向乙方返还剩余款项。

8.5　保证金不计利息。

9. 其他费用

9.1　本合同及双方另外签订合同中约定由乙方另外承担的费用，由乙方按约定向甲方支付或报销。

9.2　除非有书面明确约定，本合同中约定的特许经营权许可费用和加盟费，均不包含双方签订的其他合同中所约定的服务费用、货款等费用（如有）。

10. 甲方指定收款账号

户名：______________

法天使[1]：
【允许进行商号登记】
【不允许使用甲方品牌登记商号】

账号：________________

开户行：________________

甲方未授权任何员工、第三方收款；付款方未向指定账号付款导致损失的，甲方不承担任何责任。

11. 发票

本合同中约定的价款或交易金额为含税金额，甲方应向乙方提供正规足额增值税专用发票。发票信息要求如下：

名称：________________

纳税人识别号：________________

地址、电话：________________

开户行及账号：________________

货物或应税劳务名称：________________

增值税率：________________

第四部分　特许经营体系支持

12. 特许标识许可

12.1　注册商标使用许可

甲方许可乙方使用以下商标：

商标名称：________________

商标注册号：________________

商品或服务国际分类：________________

商标注册国家或地区：中国

12.2　商号使用

12.2.1　甲方允许乙方将甲方品牌名称“________________”作为乙方新设运营主体及乙方加盟店的商号进行工商登记使用；如有需要，甲方将配合出具许可证明。[1]

12.2.2　无论是否允许乙方作为商号使用，乙方及乙方加盟店不得使用__________

________公司分店、旗舰店或类似甲方分支机构的名义对外经营与宣传。

12.3 其他特许标识许可

甲方将依据约定和《特许经营操作手册》，向乙方提供加盟店经营中所需标识、设计等。

12.4 在本合同有效期内，甲方应当确保注册商标的有效性，并及时办理注册商标的续展手续。

12.5 特许标识使用规范

12.5.1 乙方应当按照《特许经营操作手册》的规定，规范使用注册商标或特许标识。

12.5.2 特许期限到期或者提前解除、终止时，所有特许标识使用许可亦相应到期，乙方不得再行使用。[1]

法天使[1]：
【未说明另外签订特许标识许可使用合同】
【另外签订特许标识许可使用合同】

13. 软件许可与技术服务支持

13.1 甲方授权乙方使用甲方的________系统（下称“甲方软件系统”）。

13.2 乙方知悉并同意接受甲方软件系统中的用户协议和服务条款。

13.3 加盟店正式开业前，甲方应向乙方提供甲方供货系统的专属账号与密码。乙方应及时修改密码并妥善保管密码。

13.4 乙方确认：乙方通过专属账号在甲方供货系统所进行的操作，均代表乙方意思表示。

14. 指定供应产品供应支持

14.1 指定供应产品清单双方另行签署《指定供应产品供应合同》。

14.2 为保证产品与服务质量，根据《指定供应产品供应合同》由甲方或甲方指定供应商供应的产品，乙方不得向其他供应商采购或自行制造产品。双方另有约定或甲方事先书面同意的除外。

14.3 对于指定供应产品以外的产品、货物，甲方可以规定其应当达到的质量标准，提出若干供应商供乙方选择，但甲方不得强行要求乙方接受其货物供应。

14.4 乙方向甲方或甲方指定供应商采购指定供应产品，应当先付清全款及运费。

14.5 《指定供应产品供应合同》与本合同约定不一致的，以专门约定为准。

15. 加盟店开业支持

15.1　加盟店经营资格

乙方应当保证加盟店符合法律、法规关于经营资格的强制性或禁止性要求，并具有经营特许经营体系项下经营活动的合法资格。

15.2　加盟店的开业指导

甲方应当对乙方目标市场的考察调研、加盟店的选址、营业地的装修布置、人员的聘用等加盟店筹备工作提供必要的协助和指导。

15.3　加盟店的开业培训

15.3.1　在加盟店开业前，甲方应当对乙方或其指定的加盟店工作人员进行培训，通过考核后上岗。

15.3.2　培训场地、设备及乙方参与培训人员的差旅、食宿等由乙方自行安排。

15.4　特许经营体系资料的提供

甲方应当在本合同签订且乙方按本合同约定缴纳加盟费及保证金后的 5 日内，向乙方提供下列资料，乙方应予书面签收：

（1）《特许经营操作手册》。

（2）________________系统账号、初始密码。

（3）其他甲方认为有必要提供的特许经营相关资料。

15.5　加盟店开业时间

乙方应当保证在本合同签订之日起 120 日内正常开业，经甲方书面同意延期的除外。

15.6　加盟店装修

15.6.1　甲方负责安排指定的装修设计公司提供加盟店装修设计方案，设计费用由甲方承担。

15.6.2　乙方应自行委托施工单位按甲方确认的装修设计方案进行装修，不得采取其他装修设计方案，以保证特许经营体系装修风格的一致性。

15.6.3　乙方应按下列费用标准向甲方支付装修指导费用：按加盟店套内面积计算，每平米____元。该费用自加盟店选址确定后、装修开始前支付。

15.6.4　乙方应自行负责承担加盟店装修费用成本。[1]

15.7　加盟店开业条件

加盟店开业应当符合以下条件：

（1）加盟店已取得正规营业执照及相关许可证照；

（2）加盟店装修经甲方验收合格；

（3）乙方已按本合同约定履行开业前的所有义务；

（4）加盟店符合《特许经营操作手册》规定的其他标准。

15.8　开业指导中的费用

开业指导中甲方人员的差旅、食宿等费用由甲方自行承担，但是如因乙方原因或乙方要求导致甲方人员提供指导、培训的人次超过《特许经营操作手册》约定的人次之后，甲方人员的差旅、食宿费用由乙方负责。

法天使[1]：
【甲方提供装修方案，收取装修指导费用】
使用文中条款。
【乙方自行装修，装修方案需经甲方确认】
1. 甲方对加盟店装修提供指导，装修方案必须经甲方确认后方可实施。
2. 乙方应自行负责承担加盟店装修费用成本。

第五部分　特许经营规范

16. 监督、培训与指导

16.1　为确保特许经营体系的统一性和产品、服务质量的一致性，甲方有权按照合同约定对加盟店的经营活动进行监督。

16.2　加盟店应当保持完整、准确的交易记录，在每月15日前向甲方递交上月的总营业收入的财务报表。

16.3　甲方应当在不影响加盟店正常营业的前提下，对加盟店的经营活动进行指导、检查、监督和考核，乙方应当遵循甲方在特许经营过程中的建议和指导。甲方可以委派督导员完成本条所述甲方工作。

16.4　甲方有权检查和审核加盟店的交易记录等文件。

16.5　在特许期限内，甲方每年应当对乙方的人员提供不少于＿＿次，每次为＿＿小时的统一培训。

培训地点由甲方安排，乙方人员参加培训的差旅、食宿由乙方自行承担。

16.6　在本合同有效期内，甲方应当持续地对加盟店提供开展特许经营所必需的营销、服务或技术上的指导，并向加盟店提供必要的协助。

17. 遵守特许经营体系规范的重要性

17.1　乙方认可并同意：

（1）遵守甲方特许经营体系规范是双方签订和履行本合同的基础与前提。

（2）乙方在加盟店的运营过程中严格遵守本合同约定和特许经营体系规范，未经甲方书面许可，不得作任何变更。

（3）乙方未遵守甲方特许经营体系规范的，甲方有权采取要求乙方支付违约金、通知限期改正直至解除本合同的措施。

17.2　甲方有权根据特许经营体系的优化、运营的需要，不定时的修改《特许经营操作手机》及相关特许经营体系政策。该类修订经通知乙方后，乙方即应按照修订后的《特许经营操作手册》及政策执行。

17.3　甲方有权要求乙方遵守特许经营体系设置的价格政策和促销方案，以使得特许经营体系可对外提供统一的、优质的产品和服务。

18. 加盟店经营责任

18.1　乙方及加盟店应自行保证其经营资质的有效性和合法经营。

18.2　乙方及加盟店应自行对顾客承担卖方及服务提供方的责任，自行解决与顾客间的纠纷，甲方与乙方顾客无直接法律关系。如系因甲方提供产品、服务所导致，乙方可依法向甲方追偿。

由于乙方的过错对顾客、第三方造成侵权或其他经济损失，则乙方应当自行承担赔偿责任。导致甲方对外偿付的，甲方可向乙方进行追偿。

18.3　乙方应当遵守甲方统一制定的服务和质量保证承诺，自觉维护消费者的合法权益，并在加盟店内设置监督电话。

18.4　乙方对消费者直接投诉加盟店的应当及时处理，对造成消费者权益损害的，应当及时采取补救措施。

18.5　消费者直接向甲方投诉乙方设立的加盟店的，对乙方服务确有瑕疵甲方已直接向消费者偿付的，甲方有权向乙方追偿。

19. 推广与宣传

19.1　甲方开展推广与宣传活动，应当严格遵守法律、法规的相关规定。

19.2　甲方在开展推广、宣传活动前，应当将有关活动信息或要求及时通知乙方。若活动相关费用须由乙方承担的，甲方应当在活动之日前至少 10 日以书面形式通知乙方。

19.3　乙方可自行策划并实施针对特许区域市场特点的推广、宣传活动，但须获得甲方事先书面同意，并在甲方指导下进行。

第六部分　特许经营信息披露

20. 信息披露

20.1　双方承诺严格按照《商业特许经营管理条例》《商业特许经营信息披露管理办法》的有关规定，在签订本合同前及特许经营过程中及时向对方披露有关特许经营的信息。

20.2　甲方向乙方提供的信息应当真实、准确、完整。甲方向乙方提供的信息发生重大变更的，应当及时通知乙方。

20.3　乙方确认：本合同签订的至少 30 日前，甲方已经向乙方书面、详细披露《商业特许经营条例》第 22 条规定的信息，并提供了特许经营合同文本供乙方查阅。

21. 商业秘密保护

21.1　在特许期限内以及解除或终止后任何时间，乙方未经甲方书面同意，不得披露、使用或允许他人使用其所掌握的甲方商业秘密。

21.2　乙方承诺采取必要的防范措施，保护甲方商业秘密。

21.3　甲方商业秘密包括但不限于：

（1）特许经营体系中不对外提供的各类资料、手册、文档、培训资料等；

（2）特许经营体系中的价格、成本、供应商、经销商等各类经营信息；

（3）甲方各类技术信息、经营信息；

（4）其他甲方说明应予保密的信息。

第七部分　配 套 约 定

22. 合同的变更与解除

22.1　乙方在本合同签订之日起 15 日内，可单方解除合同。甲方应当返还乙方已支付的特许经营费用。

22.2　在特许期限内，未经甲方同意，乙方不得将本合同项下的全部或部分权利及义务给第三方。

22.3　在特许期限内，甲方如因整体经营战略转变，需将特许经营体系转让给第三方的，有权将本合同项下的权利义务转让给第三方，该转让应提前至少 60 日通知乙方。甲方应保证受让方具备继续运营特许经营体系、履行本合同的能力。

22.4　有下列情形之一时，甲方有权解除本合同：

（1）乙方生产经营出现重大困难，或进入破产重整程序。

（2）乙方控制权出现变更，甲方认为可能与甲方特许经营体系发生利益冲突。

上述情形下，双方应正常结算解除前的特许权使用费和其他约定款项，但不承担其他违约责任。

23. 违约责任

23.1　甲方有下列情形之一的，乙方有权书面通知甲方单方解除合同，解除合同的通知在到达甲方时生效：

23.1.1　在本合同签订时不符合“两店一年”的法律规定的。

23.1.2　未按本合同约定在签订本合同前和特许经营过程中按法律、法规规定披露相关信息或故意披露虚假信息，致使合同目的无法实现的。

23.1.3　不具备或者许可期限内丧失作为特许经营体系中的主要知识产权权利，致使合同目的无法实现的。

23.1.4　甲方不履行或不完全履行本合同项下的义务,致使合同目的无法实现的。

23.1.5　甲方违反本合同约定，根据法律规定或双方约定乙方有权解除合同的。

23.2　甲方违约导致乙方解除合同或甲方违约解除合同的，甲方应同时向乙方承担如下责任：

（1）退还乙方支付的全部保证金。

（2）按实际期限结算特许权使用费，乙方多支付的应予退还。

（3）赔偿乙方遭受的全部损失。

23.3　乙方逾期付款的，每逾期 1 日，应按逾期金额的5‱（万分之五）向甲方支付违约金，同时仍应履行付款义务。

逾期超过 15 日的，甲方有权解除本合同。

23.4　乙方瞒报费用责任

23.4.1　乙方瞒报应向甲方支付的费用的，除应向甲方补足支付以外，还应按瞒报部分金额的 200%（百分之二百）向甲方支付违约金。

23.4.2　有下列情形之一的，均视为乙方瞒报费用：

（1）乙方提供的结算材料不真实，导致甲方应得收入减少；

（2）乙方实际取得收入未向甲方申报的；

（3）乙方拒绝配合审计或甲方的合理核算要求，包括以未保存资料、资料丢失等为由使得审计或甲方核算无法正常进行的。

23.5　乙方有下列情形之一的，甲方有权书面通知乙方解除本合同，解除合同的通知在到达乙方时生效：

（1）未经甲方事先书面同意擅自销售或提供非特许产品或服务的。

（2）未经甲方事先书面同意擅自变更或扩大注册商标或特许标识的使用范围，或擅自变更加盟店特有的外部与内部设计的。

（3）因乙方原因，加盟店超过原定开业时间仍不能开业达 90 日以上的。

（3）严重违反特许经营体系规范，损害特许经营体系商誉的。

（4）违反特许经营体系规范，经甲方通知后 15 日内仍未改正或再次发生同类情形的。

（5）乙方违反本合同约定，根据法律规定或双方约定甲方有权解除合同的。

23.6　乙方违约导致甲方解除合同或乙方违约解除合同的，乙方应同时向甲方承担如下责任：

（1）乙方缴纳的保证金不予退还。

法天使[1]：
【甲方以原售价回购】
使用文中条款。
【乙方自行处理】
24.6　本合同解除或终止之日存在的全部完好无损、尚在保质期内、可以再次使用或销售的剩余特许产品的处理方式为：乙方可自行处理，包括对外销售，但仅限于剩余特许产品。

（2）除正常结算解除前的特许权使用费及其他应付款项外，还应按相当于一年的特许使用费（但不少于　　万元）向甲方支付违约金。违约金不足以赔偿甲方损失的，乙方还应赔偿甲方全部损失。

23.7　任何一方有其他违反本合同情形的，应赔偿守约方全部损失，该损失包括但不限于对守约方所造成的直接损失、可得利益损失、守约方支付给第三方的赔偿费用 / 违约金 / 罚款、调查取证费用 / 公证费、诉讼费用、律师费用以及因此而支付的其他合理费用。

24. 合同解除或终止后双方的权利义务

24.1　无论因何种原因导致本合同提前解除、终止或本合同到期终止，双方均应按本条约定处理合同解除终止后的善后事宜。应承担违约责任的，应同时按照约定承担违约责任。

24.2　本合同解除或终止之日起，乙方应当立即停止使用甲方许可的注册商标、特许标识及其他与特许经营体系有关的任何标识。

24.3　乙方经甲方许可，使用甲方注册商标作为加盟店字号的，应当在本合同解除或终止之日起 30 日内向原登记主管部门申请名称变更或者注销登记。

24.4　乙方应当在本合同解除或终止之日起 10 日内返还甲方为履行本合同而提供的所有物品，包括但不限于《特许经营操作手册》中所列举的所有手册、可视光盘、教材等文件及其副本、复印件或复制品。

24.5　本合同解除或终止之日 30 日内，除甲方回购外，乙方应当按甲方要求撤换营业地所有特许经营体系特有的内外部设计、装修、装饰、颜色配置、布局、家具、设备，或清除注册商标、特许标识及其他与特许经营体系有关的任何标识。

24.6　本合同解除或终止之日存在的全部完好无损、尚在保质期内、可以再次使用或销售的剩余特许产品的处理方式为：甲方以原售价回购，乙方不得对外销售。[1]

24.7　乙方未履行或未完全履行合同终止后的义务的，甲方有权要求其履行义务，并有权要求其赔偿因此造成的损失。

25. 竞业限制的特别约定

乙方在特许期限内以及解除或终止后的 2 年内，除约定的加盟店外，不得自己经营或与他人合作经营与甲方特许经营体系所经营产品与服务相同或类似的业务。否则，甲方有权解除本合同并要求乙方承担违约责任。

26. 其他约定

26.1　不可抗力

26.1.1　不可抗力定义：指在本合同签署后发生的、本合同签署时不能预见的、其发生与后果是无法避免或克服的、妨碍任何一方全部或部分履约的所有事件。上述事件包括地震、台风、水灾、火灾、战争、国际或国内运输中断、流行病、罢工，以及根据中国法律或一般国际商业惯例认作不可抗力的其他事件。一方缺少资金非为不可抗力事件。

26.1.2　不可抗力的后果：

（1）如果发生不可抗力事件，影响一方履行其在本合同项下的义务，则在不可抗力造成的延误期内中止履行，而不视为违约。

（2）宣称发生不可抗力的一方应迅速书面通知其他各方，并在其后的十五（15）日内提供证明不可抗力发生及其持续时间的足够证据。

（3）如果发生不可抗力事件，各方应立即互相协商，以找到公平的解决办法，并且应尽一切合理努力将不可抗力的影响减少到最低限度。

（4）金钱债务的迟延责任不得因不可抗力而免除。

（5）迟延履行期间发生的不可抗力不具有免责效力。

26.2　部分无效处理

如任何法院或有权机关认为本合同的任何部分无效、不合法或不可执行，则该部分不应被认为构成本合同的一部分，但不应影响本合同其余部分的合法有效性及可执行性。

26.3　不得转让义务

除本合同另有约定，未经另一方事先书面同意，任何一方不应转让本合同项下的全部或部分义务。

27. 反商业贿赂

双方均不得向对方或对方经办人、工作人员或其他相关人员索要、收受、提供、给予合同约定外的任何利益，包括但不限于明扣、暗扣、现金、购物卡、实物、有价证券、旅游或其他非物质性利益等，否则构成重大违约。如该等利益属于行业惯例或通常做法，则须在本合同中明示，否则亦为重大违约。

28. 合同联系方式

28.1　为更好地履行本合同，双方提供如下联系方式：

（1）甲方联系方式

联系人：________________

地址：________________

手机：________________

微信：________________

电子邮箱：________________

（2）乙方联系方式

联系人：________________

地址：________________

手机：________________

微信：________________

电子邮箱：________________

28.2　通过电子邮箱及其他电子方式送达时，发出之日即视为有效送达。

28.3　通过快递等方式送达时，对方签收之日或发出后第三日视为有效送达（以两者较早一个日期为准）；对方拒收或退回的，视为签收。

28.4　上述联系方式同时作为有效司法送达地址。

28.5　一方变更联系方式，应以书面形式通知对方；否则，该联系方式仍视为有效，由未通知方承担由此而引起的相关责任。

28.6　本联系方式条款为独立条款，不受合同整体或其他条款的效力影响，始终有效。

29. 争议解决

因本合同以及与本合同配套签署的许可、服务、供货协议及相关订单 / 附件 / 补充协议(如有)等引起或有关的任何争议,由合同各方协商解决,也可由有关部门调解。协商或调解不成的，应向甲方所在地有管辖权的人民法院起诉。[1][2]

30. 附则

30.1　本合同附件

30.1.1　《特许经营操作手册》是本合同不可分割的组成部分，与本合同具有同等法律效力。

30.1.2　本合同同时包含如下附件：[3]

（1）特许区域示意图；

（2）特许标识许可合同；

（3）指定供应产品供应合同。

上述附件是本合同的一部分，具有与本合同同等的法律效力。

30.2　本合同一式三份，甲方持两份，乙方持一份。各份合同文本具有同等法律效力。

30.3　本合同经各方签名或盖章后生效。

乙方确认：已经详细阅读了本合同及附件的全部条款及内容，甲方已经就本合同全部内容向乙方进行详细解释说明，包括但不限于免除或限制甲方责任的条款、乙方违约责任条款。乙方完全了解且同意履行本合同全部内容，接受履行本合同所产生的全部收益及风险。

签订时间：　　　　年　　　　月　　　　日

甲方（签名或盖章）：

法定代表人或授权代表：

乙方（签名或盖章）：

法定代表人或授权代表：

法天使[1]：
【其他条款可参见附录】

法天使[2]：
【仲裁或法院择一】
29　争议解决
因本合同以及本合同项下订单/附件/补充协议等（如有）引起或有关的任何争议，由合同各方协商解决，也可由有关部门调解。协商或调解不成的，应按下列第（　）种方式解决：
（1）提交仲裁委员会进行仲裁。仲裁裁决是终局的，对各方均有约束力；
（2）向所在地有管辖权的人民法院起诉。

法天使[3]：
以下仅为示例，具体以实际项目情况填写。

06
CHAPTER

第六章

劳动用工

6.1　用工协议类

劳动合同（一般通用详细版本）| 284

适用场景：

甲方（用人单位）与乙方（劳动者）建立劳动关系，约定劳动期限、岗位、工资标准等。

适用：一般企业、一般岗位劳动用工。所附范本条款对用人单位较为有利。

不适用：非全日制用工、退休返聘、学生实习。

重要审查点：

【重要等级：**高**】

审查点 1：适当选择劳动合同期限

（1）固定期限劳动合同：有明确的起止日期，弹性较差。期限在 3 个月以上可约定试用期，连续签订两次后员工有权提出签订无固定期限劳动合同。

（2）以完成一定工作任务为期限的劳动合同：项目型、临时型的岗位，可建议选择以完成一定工作任务为期限的劳动合同（此时应说明工作任务）。

（3）无固定期限劳动合同：即使符合签订无固定期限劳动合同条件，签订固定期限劳动合同也不会导致赔偿责任，但该固定期限实际上并不一定能到期终止（符合签订无固定期限劳动合同条件时）。具体以所在地法院的裁判尺度为准。

对于项目型、临时型的岗位，可建议选择以完成一定工作任务为期限的劳动合同（此时应说明工作任务）。对于固定期限劳动合同，应明确起止日期，避免期限不明。如果约定不明，有可能被认定是无固定期限劳动合同。

审查点 2：审核修订试用期与录用条件条款

关于试用期应当多注意如下几点：

（1）试用期长短应合法；以完成一定任务为期限的劳动合同不能约定试用期。

（2）不能单独约定试用期。

（3）如有试用期，至少应有简单的录用条件条款，亦可增加专门的试用期录用条件条款。

（4）员工再次入职、调岗时不能再次约定试用期，如有应取消。

审查点 3：增加工作地点的灵活性

司法实务中，一般并不认可单位可以任意调整工作岗位、地点的约定。如果用人单位确实有可能在具体的地点、具体的分支机构间调整工作地点，则应该具体列明而不是仅宽泛地表示有权随时调整。以下供读者参考选用：

（1）一般行业：可约定到市一级。

（2）特殊行业：考虑到公司的实际经营情况，如果企业特点和岗位特点确有特殊性，可以约定为“全国”或“公司业务经营所在地”等更加宽泛的条款。

（3）可增加一段类似的弹性表述：“公司有权根据工作需要或者劳动者的能力等情况要求调整员工的工作地点或安排出差”，这样可以在一定程度上或合理范围内拓展用人单位工作地点调整的灵活性。

审查点 4：审核修订薪酬条款

薪酬条款一般建议：

（1）确定每月薪酬标准。

（2）对于不重要的部分薪酬项目（如伙食补贴等），可不在劳动合同中列明。

（3）浮动薪酬、奖金性质的工资项目，最好不在劳动合同中列明，或者仅在劳动合同中列明名称与标准，同时说明根据公司制度浮动发放。对于存在较大额的提成、奖金的，可建议以专门附件或专门条款，详细说明发放的条件、时间、标准、考核条件、适用时间段，以避免争议。

（4）未约定工资标准或约定“不低于最低工资标准”（等于未约定工资标准）并不可取，会以实际工资标准作为加班费基数及发放工资标准。

审查点 5：审核修订加班费计算基数条款

加班费的计算基数是否可以约定仍存在争议。一般来说，用人单位并不能随意在正常的工资标准之外另外约定一个加班费的计算基数标准。建议根据各地的具体法规政策进行确认，如有不符合当地法规政策的加班费基数条款，应予修订。如有加班费包干条款，应适当修订，确保发放的加班费不低于依法应该发放的加班费标准。

审查点 6：考虑结合自身情况对违纪行为进行列举

在劳动合同中列举严重违纪行为，对用人单位有一定好处，可避免无规章制度或规章制度未送达、不生效等风险。但严重违纪行为列举时，应与用人单位制定的规章制度的相应规定一致。

【重要等级：**中**】

审查点 7：特殊工作时间人员应有专门约定

（1）工作时间特殊（非周六日休息、每天非八小时工作制、上晚班、倒班）等，应在劳动合同或附件中列明。

（2）工作时间存在值班的，也应说明值班的情形。

（3）特殊工作时间如仍符合“每天不超过 8 小时，每周不超过 40 小时，每周至少全休一天”，则无须支付加班费。如果不符合，则必须依法计算加班费。

审查点 8：可考虑添加竞业限制条款

对于适用于管理层、技术人员的劳动合同，可以在劳动合同中加上简单但有效的竞业限制条款。竞业限制条款可根据需要选择“经用人单位通知即生效”或“经用人单位通知不履行后失效，否则应履行”。对于比较重要的确有必要进行竞业限制的人员，则建议直接另行签署竞业限制协议。

审查点 9：可增加劳动合同到期自动顺延条款

劳动合同到期未续签同样会导致双倍工资的赔偿责任。因此有必要在劳动合同中增加自动顺延条款，以规避到期未续签的风险。但应注意该条款为备用条款，实际操作时仍应尽量按正常程序续签。

法天使 [1]：
【固定期限】
【无固定期限】
【以完成一定工作任务为期限】

法天使 [2]：
【有试用期】
使用文中条款。
【无试用期】
1.3 本合同无试用期约定。

相关文本：

▲ 7805 试用期录用条件确认函

▲ 16409 试用期员工量化标准及考核表

▲ 10485 薪酬福利管理制度

劳动合同（一般通用详细版本）

甲方（用人单位）： ________________

统一社会信用代码：________________

住所：________________

联系方式：________________

乙方（劳动者）： ________________

身份证号码：________________

住所：________________

联系人：________________

联系方式：________________

本合同各方经平等自愿协商，根据《中华人民共和国民法典》《中华人民共和国劳动合同法》及相关法律法规，签订本合同以共同遵守。

1. 劳动合同期限

1.1 本合同为固定期限的劳动合同。

1.2 劳动合同期限：自 年 月 日起（含当日）至 年 月 日（含当日）止。[1]

1.3 试用期：____个月，自劳动合同期限起始日起算。[2]

甲方有权对乙方进行试用期考核；试用期考核未通过的，视为不符合录用条件。

2. 工作岗位和工作地点

2.1 乙方同意在请填充岗位（工种）工作，按时、按质、按量完成该岗位（工种）所承担的各项内容，同时应完成甲方或上级交代的其他任务。

乙方同意接受甲方按照制度进行绩效考核，认可考核结果将作为调整乙方岗位、薪酬及判定乙方是否胜任工作的依据。

2.2　甲乙双方确认工作地点为请填充。

甲方在上述工作地点的其他门店、分支机构有需要时，乙方同意服从甲方安排到其他门店或分支机构工作。

如甲方的经营机构搬迁，乙方同意相应变更工作地点。

乙方同意，根据岗位及甲方的经营需要接受到外地出差的安排。

2.3　乙方同意，有下列情况之一时，甲方可将乙方的工作岗位进行调整：

（1）连续两个月无法完成月任务业绩指标的；

（2）因甲方项目撤销或完成、机构调整、部门撤销、岗位合并、设备更新等发生变化，导致不能安排原岗位工作的；

（3）员工无论何种原因连续1个月以上未到岗上班，甲方已安排其他员工替换员工原岗位，员工重新到岗上班的；

（4）员工的父母、配偶、子女、兄弟姐妹在甲方工作，甲方认为不利于工作需要调岗的；

（5）订立劳动合同时所依据的法律、行政法规、行政规章发生变化，导致岗位必须进行调整的；

（6）根据乙方的工作表现、身体状况以及甲方生产经营的需要等情况，需要调岗的；

（7）绩效考核结果为不合格或不胜任工作的；

（8）单位规章制度所规定的应调整岗位的情况的。

乙方同意，薪酬标准参照调整后的岗位薪酬标准进行相应调整。

3. 劳动报酬

3.1　月工资标准：

基本工资：¥____元

岗位工资：¥____元

其他以单位规章制度规定为准。[1]

法天使[1]：
【月工资制】
使用文中条款。
【年薪制】
3.1　工资标准：采取年薪制。每月发放基本工资人民币（大写）__元（¥__元），其余根据双方的特别约定发放。
【月工资＋每月固定加班费】
——适合每月存在固定加班的情形
月工资标准：
3.1　基本工资：人民币（大写）__元（¥__元）。
固定加班费补助：人民币（大写）____元（¥____元），作为乙方加班费。

法天使[1]：
【正常月工资的80%】
使用文中条款。
【特别约定试用期工资标准】
3.2 试用期工资标准：按每月人民币（大写）____元（¥____元）计算，试用期内不享受转正后的其他津贴、奖金等。
【按正常月工资标准计算】
3.2 试用期工资标准：按正常工资标准计算，但不享受转正后的其他津贴、奖金等。
【前面按80%计算，之后按正常月工资标准计算】
3.2 试用期工资标准：前____个月按正常工资标准的80%计算，之后按正常工资标准计算。

3.2 试用期工资标准：按正常工资标准的 80% 计算，如低于本地最低工资标准，则按最低工资标准计算。[1]

3.3 甲方于每月 15 日前后发放上月工资。

乙方同意，如遇客观情况变化、生产经营困难等，甲方可告知乙方适当推迟工资发放时间，但延迟发放不得超过 1 个月。

3.4 乙方同意，甲方有权根据经营情况、甲方规章制度和乙方的工作内容、工作岗位、工作职务、工作地点、工作业绩、工作表现等因素，调整乙方的劳动报酬，但数额不得低于实际工作所在地的最低工资标准。

3.5 乙方同意计算加班工资的计算基数按本条第 1 款约定的月工资标准计算。甲方在该月工资标准之外另外发放的津贴、补贴、奖金等项目不计算在加班工资的计算基数之内。

3.6 乙方若对某月工资、奖金或福利待遇有异议，应在发放之日起 5 日内向甲方书面提出，逾期未提出的，视为对该月工资、奖金及福利待遇没有异议。

4. 工作时间、休息休假

4.1 乙方所在岗位执行标准工时制；如所在岗位有申报特殊工时制，则以申报的工时制度为准。

4.2 在甲方规定的工作时间之外，乙方因完成工作任务的需要，确需加班的，应当填写加班申请单，经主管领导批准后，方视为加班，享受加班待遇。加班时间以实际发生的时间为准。

5. 劳动保护和劳动条件

甲方为乙方提供符合国家规定的安全、卫生的工作环境和工作条件，为乙方配备必要的安全防护措施，发放必要的劳动保护用品，加强职业危害防护。

6. 劳动纪律

6.1 乙方应自觉遵守甲方依法制定的规章制度及劳动纪律。乙方违反劳动纪律，甲方可给予纪律处分，直至解除劳动合同；乙方同意甲方可对乙方履行制度的情况进行检查、督促、考核和奖惩。

6.2 乙方有以下情形之一时，属于严重违纪行为，甲方有权解除本合同，并不给予任何经济补偿：

（1）严重违反甲方规章制度，影响经营、工作秩序的，或给甲方造成经济损失5000元以上的；

（2）未经甲方同意在其他单位从事兼职工作；

（3）自营、从事经营或投资与甲方竞争企业、竞争性业务或与甲方相关联的业务的；

（4）与跟甲方有竞争关系或商业往来关系的个人或组织存在业务关联关系，有可能导致利益冲突的；

（5）挪用或侵占甲方财物，或私自接受客户、供应商及利害关系方任何好处及报酬的，无论何种金额及手段；

（6）工作中不服从管理，不按领导的正当指令行事的，经再次要求仍不服从的；

（7）不服从工作分配擅自离开岗位的；

（8）违反甲方的保密条款，泄露甲方商业秘密的；

（9）一年内累计旷工5日以上（含5日）或连续旷工3日（含3日）以上的，或1个月内累计迟到或早退5次以上的；

（10）在甲方内有任何暴力、胁迫、伤害、赌博或盗窃等不法行为及违反社会公德的行为的；

（11）乙方利用甲方客户、业务渠道，表达谋取私利的交易意向、发生谋取私利的交易行为或结果等；

（12）乙方行为给甲方信誉造成损害的，包括但不限于由于乙方行为被媒体所报道者；

（13）与客户发生肢体冲突或剧烈言辞冲突的，无论何种原因；

（14）提供虚假的票据进行报销，或报销用途与实际用途不相符合的，无论金额多少；

（15）违反法律法规导致被拘留以上处罚的；

（16）其他严重违反劳动纪律行为的。

7. 社会保险和福利待遇

7.1　甲方依法为乙方缴纳社会保险。

7.2　乙方应当于办理入职手续时提交参加社会保险所必需的真实、合法、完整的资料，如因乙方拒绝、延迟提交资料或提交资料不真实、不完整所导致的一切后果和责任（包括但不限于不能补缴社会保险及乙方无法享受社会保险利益等一切后果和／或责任、补缴费用和／或滞纳金等）应由乙方承担。

7.3　甲方为乙方提供的福利待遇按甲方规章制度执行。

8. 劳动合同的变更、解除、中止和终止

8.1　经甲乙双方协商一致，本合同可以解除。

8.2　乙方有下列情形之一的，甲方可以解除劳动合同：

（1）在试用期间被证明不符合录用条件的；

（2）严重违反用人单位的规章制度或劳动纪律的；

（3）严重失职，营私舞弊，给甲方或客户、合作伙伴造成经济损失 10000 元以上或严重损害甲方声誉的；

（4）乙方同时与其他用人单位建立劳动关系，对完成本单位的工作任务造成严重影响，或者经甲方提出，拒不改正的，或构成严重违纪的；

（5）乙方以欺诈、胁迫的手段或者乘人之危，使甲方在违背真实意思的情况下订立或者变更合同，致使本合同无效的；

如乙方被查实向甲方提供虚假的个人资料或隐瞒个人真实情况的，即视为乙方以欺诈的手段使甲方在违背真实意思的情况下订立本合同；

（6）甲方规章制度或国家法律法规政策规定的其他情形。

8.3　本合同到期后，如乙方继续在甲方工作而甲方无异议，则视为本劳动合同自动延期 1 年，并可多次自动延期。但甲方已向乙方发出终止（解除）劳动合同通知或终止（解除）劳动合同证明书，或者确已不再上班时除外。

8.4　双方符合依法续签无固定期限劳动合同的条件时，如乙方要求续签无固定期限劳动合同，则乙方应在原劳动合同到期前 1 个月内，书面向甲方提出申请。未书面提出申请的，视为乙方放弃续签劳动合同。

9. 特别约定

9.1　乙方应当保守甲方的商业秘密，包括甲方客户、交易对方及其他甲方对其负有保密义务的主体的商业秘密。

出于对商业秘密保护的需要，劳动合同终止前 3 个月内，甲方可以变更乙方的岗位。乙方提出解除劳动合同的，甲方可以在乙方提出后正式解除前变更乙方的岗位。

上述保密义务不仅应在乙方在职期间，而且在乙方离职（无论任何原因）后仍应履行。

9.2　乙方应当按照双方约定或甲方的相关规章制度，办理工作交接，包括但不限于乙方应依据甲方要求交接经办的业务工作、归还当时占有的甲方财物和文件资料、结清借款以及签署相关工作交接单等其他相关手续。双方同意在签署交接单后方视为办结工作交接。应当支付经济补偿的，甲方在工作交接办理完成时支付。

9.3　双方对竞业限制、培训服务期等有特别约定的，以特别约定为准。[1]

10. 声明与确认

10.1　双方确认，乙方在工作期间所产生的工作成果（包括但不限于技术资料，开发、总结的概念、创意、文件及所出版的书籍，工作日志、培训材料、操作手册、音像资料、直播演绎等），无论何种形态（文字、图画、音像等），其全部知识产权均归甲方享有。

该工作成果如使用了乙方姓名、肖像、形象、声音等人身权利的，视为乙方无偿、永久的许可甲方使用该权利。

10.2　乙方确认，甲方已如实告知乙方工作内容、工作条件、用人要求、工作地点、职业危害、安全生产状况、劳动报酬、社会保险等情况，并已将工作过程中可能产生的职业病危害及其后果、职业病防护措施和待遇以及乙方要求了解的其他情况告知乙方。

10.3　乙方确认，其向甲方提供或填写的入职登记表、履历上的信息完全真实有效。乙方与其他用人单位不存在劳动关系，亦不受其他用人单位竞业限制义务的限制。

10.4　甲方通过本协议中列明的乙方联系方式的任何一种（包括电子邮箱），就本合同之履行向乙方发送相关通知、发布规章制度与文件、布置工作等，均视为有效送达与告知乙方。

法天使[1]：
【以其他约定为准】
使用文中条款。
【竞业限制义务约定】
9.3　如经甲方在乙方离职时或提前通知，则乙方在双方关系解除或终止后（无论因何种原因）24 个月内应遵守竞业限制义务，而无需另外签订专门协议。
如经甲方通知乙方应遵守竞业限制义务，则竞业限制补偿金按乙方离职前 12 个月平均工资（不足 12 个月按实际月份月平均工资）的 30%（百分之三十）的标准按月向乙方支付。但甲方可以随时通知乙方终止竞业限制的履行，同时免除继续支付竞业限制补偿金的义务。
如乙方违反竞业限制义务，应退还甲方支付的全部竞业限制补偿金，并按乙方离职前一年的全部收入的 5 倍为标准向甲方支付违约金，同时仍应继续履行竞业限制义务。

乙方同时授权，在其处于联系障碍状态（包括但不限于乙方因病住院、丧失人身自由等情形）时，其“紧急联系人”作为乙方的受委托人，该受委托人享有代为进行和解、调解、代领、接受相关通知以及代为变更、解除、终止劳动关系的权利。

10.5　乙方确认已认真阅读、理解甲方制定的规章制度，并同意遵守执行。此处的规章制度包括《员工手册》等长期的综合的制度，也包括甲方依照法律程序订立且以书面或内部电子网络等方式向乙方公示的通知、须知、办法和细则等单项规章制度，其中包括但不限于《员工手册》、职位说明、各类行为准则等。

甲方规章制度将通过下述方式公示乙方：（1）书面传阅；（2）电子邮件送达；（3）甲方办公网络或甲方网页；（4）其他合理可行的方式发布给全体员工或符合该规章制度适用范围的相关员工，乙方确认将随时查收。

10.6　本合同生效前双方已订立的劳动合同自本合同生效之日起失效。

10.7　试用期

10.7.1　本合同约定之岗位或工种，乙方已知悉其录用条件，包括规章制度里规定的录用条件、岗位录用条件及下列录用条件：

（1）按甲方要求提交入职材料，包括办理社会保险的全部材料，同意将社会保险关系转入；

（2）工作能力、表现胜任甲方安排的工作和甲方规定的岗位职责；

（3）未患有精神病或按国家法律法规应禁止工作的传染病，且身体健康条件符合工作岗位要求；

（4）与原用人单位已依法解除或终止劳动关系；

（5）与原用人单位不存在竞业限制约定或不在限制范围之内；

（6）未通缉在案或者被取保候审、监视居住；

（7）按本合同约定时间到岗；

（8）入职后不得拒绝按甲方制定的劳动合同版本签订劳动合同，不得拒绝缴纳社会保险；

（9）不应隐瞒曾经受过法律处罚或者纪律处分的事实；

（10）试用期内请假不得超过 3 日，迟到不得超过 5 次，不得有旷工；

（11）具备本岗位所要求的各项技能的；

（12）试用期考核应合格；

（13）完成试用期内工作任务：掌握岗位工作技能，完成领导交代的任务。

10.7.2　乙方认可甲方有权对其进行试用期考核，考核可能有相当程度的主观因素。如有异议，仍以甲方的考核结论为准。

10.7.3　试用期内乙方病假时间累计超过 3 日时，甲方有权通知乙方相应顺延试用期。

11. 违反劳动合同的责任

11.1　乙方违反法律法规及本合同约定解除劳动合同，或者违反劳动纪律、规章制度的，或者违反本合同约定的其他义务的，乙方应当赔偿由此造成的全部损失，包括但不限于：

（1）甲方为其支付的培训和招收录用费用；

（2）对甲方生产经营工作造成的直接或间接、有形或无形的经济损失；

（3）诉讼费用、律师费用、调查费用、公证费用等；

（4）本合同约定或规章制度规定的其他赔偿费用。

11.2　按前述约定乙方需对甲方负赔偿责任的，甲方可在乙方工资或经济补偿金中扣除。工资、经济补偿尚不足以弥补损失的，乙方仍需赔偿损失。

12. 其他

12.1　合同未尽事宜，按照甲方依法制定的规章制度执行；如果甲方的规章制度未作规定，则按国家有关法律法规政策执行。

12.2　双方发生劳动争议的，由甲方所在地法院及劳动仲裁机构管辖。

12.3　本协议一式两份，甲乙双方各执一份，经双方签名或盖章后生效。

签订时间：　　　　　年　　　　月　　　　日

甲方（盖章）：

乙方（签名）：

劳动合同（简单版本）| 288

适用场景：

甲方（用人单位）与乙方（劳动者）建立劳动关系，约定劳动期限、岗位、工资标准等。

适用：一般企业、一般岗位劳动用工。本范本条款对用人单位较为有利。

不适用：非全日制用工、退休返聘、学生实习。

审查点同（一般通用详细版本）劳动合同，简化了条款约定，请结合自身需要参考选用。

重要审查点：

与劳动合同（一般通用详细版本）的审查点相同。

文本正文：

劳动合同（简单版本）

甲方（用人单位）： ________________

统一社会信用代码：________________

住所：________________

联系人：________________

联系方式：________________

乙方（劳动者）： ________________

身份证号码：________________

住所：________________

联系人：________________

联系方式：________________

本合同各方经平等自愿协商，签订本合同以共同遵守。

一、劳动合同期限

1. 本合同为固定期限的劳动合同。

2. 劳动合同期限：自　　年　　月　　日起（含当日）至　　年　　月　　日（含当日）止。[1]

3. 试用期：____个月，自劳动合同期限起始日起算。[2]

甲方有权对乙方进行试用期考核；试用期考核未通过的，视为不符合录用条件。

4. 本合同到期后，如乙方继续在甲方工作而甲方无异议，则视为本合同自动延期1年并可多次续延，但甲方已向乙方发出终止（解除）合同通知或终止（解除）合同证明书，或者乙方确已不再上班时除外。

二、工作岗位和工作地点

1. 工作岗位：请填充。具体工作内容以甲方要求为准。

2. 工作地点：请填充。

甲方在上述工作地点的其他门店、分支机构有需要时，乙方同意服从甲方安排到其他门店或分支机构工作。

3. 乙方同意，甲方可根据生产经营需要对乙方工作岗位、工作地点进行调整，并相应调整工资标准。

三、劳动报酬

1. 月工资标准：

基本工资：¥____元

岗位工资：¥____元

其他以单位规章制度规定为准。

2. 试用期工资标准：按正常工资标准的80%计算，如低于本地最低工资标准，则按最低工资标准计算。[3]

3. 甲方于每月15日前后发放上月工资。

4. 乙方同意计算加班工资的计算基数按本条第1款约定的月工资标准计算。甲方在该月工资标准之外另外发放的津贴、补贴、奖金等项目不计算在加班工资的计算

法天使[1]：
【固定期限】
使用文中条款。
【无固定期限】
1. 本合同为无固定期限的劳动合同。
2. 劳动合同期限：自____年____月____日起至法律规定的终止之日止。
【以完成一定工作任务为期限】
1. 本合同为以完成一定工作任务为期限的劳动合同。
2. 劳动合同期限：自____年____月____日起至工作任务完成为止。
3. 工作任务为：请填充。
4. 乙方同意：甲方有权根据工作任务完成及收尾工作的需要安排合同终止的具体时间。

法天使[2]：
【有试用期】
使用文中条款。
【无试用期】
2. 本合同无试用期约定。

法天使[3]：
【正常月工资的80%】
使用文中条款。
【特别约定试用期工资标准】
【按正常月工资标准计算】
【前面按80%计算，之后按正常月工资标准计算】

基数之内。

5. 乙方若对某月工资、奖金或福利待遇有异议，应在发放之日起 5 日内向甲方书面提出，逾期未提出的，视为对该月工资、奖金及福利待遇没有异议。

四、工作时间、休息休假

乙方所在岗位执行标准工时制；如所在岗位有申报特殊工时制，则以申报的工时制度为准。

五、劳动纪律

1. 乙方应自觉遵守甲方依法制定的规章制度及劳动纪律。

2. 乙方有以下情形之一时，属于严重违纪行为，甲方有权解除本合同，并不给予任何经济补偿：

（1）严重违反甲方规章制度，影响经营、工作秩序的，或给甲方造成经济损失 5000 元以上的；

（2）未经甲方同意在其他单位从事兼职工作；

（3）自营、从事经营或投资与甲方竞争企业、竞争性业务或与甲方相关联的业务的；

（4）与跟甲方有竞争关系或商业往来关系的个人或组织存在业务关联关系，有可能导致利益冲突的；

（5）挪用或侵占甲方财物，或私自接受客户、供应商及利害关系方任何好处及报酬的，无论何种金额及手段；

（6）工作中不服从管理，不按领导的正当指令行事的，经再次要求仍不服从的；

（7）不服从工作分配擅自离开岗位的；

（8）违反甲方的保密条款，泄露甲方商业秘密的；

（9）一年内累计旷工 5 日以上（含 5 日）或连续旷工 3 日（含 3 日）以上的，或 1 个月内累计迟到或早退五次以上的；

（10）在甲方内有任何暴力、胁迫、伤害、赌博或盗窃等不法行为及违反社会公德的行为的；

（11）乙方利用甲方客户、业务渠道，表达谋取私利的交易意向、发生谋取私利的交易行为或结果等；

（12）乙方行为给甲方信誉造成损害的，包括但不限于由于乙方行为被媒体所报道者；

（13）与客户发生肢体冲突或剧烈言辞冲突的，无论何种原因；

（14）提供虚假的票据进行报销，或报销用途与实际用途不相符合的，无论金额多少；

（15）违反法律法规导致被拘留以上处罚的；

（16）其他严重违反劳动纪律行为的。

六、社会保险和福利待遇

1. 甲方依法为乙方缴纳社会保险。

2. 乙方应当于办理入职手续时提交参加社会保险所必需的真实、合法、完整的资料，如因乙方拒绝、延迟提交资料或提交资料不真实、不完整所导致的一切后果和责任（包括但不限于不能补缴社会保险及乙方无法享受社会保险利益等一切后果和/或责任、补缴费用和/或滞纳金等）应由乙方承担。

3. 甲方为乙方提供的福利待遇按甲方规章制度执行。

七、其他约定

1. 双方确认，乙方在工作期间所产生的工作成果（包括但不限于技术资料，开发、总结的概念、创意、文件及所出版的书籍，工作日志、培训材料、操作手册、音像资料、直播演绎等），无论何种形态（文字、图画、音像等），其全部知识产权均属于甲方享有。

该工作成果如使用了乙方姓名、肖像、形象、声音等人身权利的，视为乙方无偿、永久的许可甲方使用该权利。

2. 乙方确认已认真阅读、理解甲方制定的规章制度，并同意遵守执行。此处的规章制度包括《员工手册》等长期的综合的制度，也包括甲方依照法律程序订立且以书面或内部电子网络等方式向乙方公示的通知、须知、办法和细则等单项规章制度，其中包括但不限于《员工手册》、职位说明、各类行为准则等。

八、附则

1. 合同未尽事宜，按照甲方依法制定的规章制度执行。

2. 本协议一式两份，甲乙双方各执一份，经双方签名或盖章后生效。

签订时间：　　　　年　　　月　　　日

甲方（盖章）：
乙方（签名）：

劳动合同续订或变更书 | 286

适用场景：

劳动合同续签或变更时，用人单位与员工可签署本协议，不需要将原来的劳动合同重新修改签一次。同时本协议尽量将续签或变更前存在的用工风险进行化解。本合同对单位比较有利。

重要审查点：

【重要等级：**高**】

审查点 1：续订或变更劳动合同应当遵循平等协商一致的原则

用人单位应向劳动者表达愿意续订或变更劳动合同的意向，并与劳动者协商一致，明确劳动合同续订或变更后的工作岗位、福利待遇、薪酬等约定。

审查点 2：续订条件不低于原条件

应表明劳动合同续订条件不低于原劳动合同的约定或之类的措辞。

审查点 3：及时发出续订劳动合同的通知

劳动合同期限届满前后，单位如果希望继续用工，应尽快向劳动者发出续订劳动合同的通知。

如果劳动者拒绝签订，应当固定好证据，防止在仲裁或诉讼中处于被动局面。可提前注明视为员工拒绝续订劳动合同的情形，如劳动者接到续订意向书后不表态、回避、拖延等。

相关文本：

▲ 7805 试用期录用条件确认函

▲ 16409 试用期员工量化标准及考核表

▲ 10485 薪酬福利管理制度

文本正文：

劳动合同续订或变更书

经甲乙双方平等自愿，协商一致，对原劳动合同作如下续订或变动：

一、双方最近已经签订的一份劳动合同期限为：自____年____月____日起至____年____月____日止。现经乙方提出，本次续订劳动合同期限为下列第____种（均自原劳动合同到期之日起）：

1. 无固定期限劳动合同；

2. 固定期限劳动合同，续订至____年____月____日终止；

3. 续订为以完成一定任务为期限的劳动合同。工作任务为________________。乙方同意，甲方有权根据工作任务完成及收尾工作的需要安排合同终止的具体时间。

上述期限到期后，如乙方继续在甲方工作而甲方无异议，则视为本劳动合同自动延期____年，并可多次自动延期。但甲方已向乙方发出终止（解除）劳动合同通知或终止（解除）劳动合同证明书，或者确已不再上班时除外。

二、本协议签署之日以前的劳动关系存续期间，甲方已按照劳动合同和国家法律法规规定履行自己的义务（包括但不限于劳动合同签订、社会保险、年休假、劳动报酬含加班工资等各方面），乙方对此予以确认。

三、双方同意对原劳动合同作如下变更：

1. 工作岗位、内容：________________

2. 薪酬：________________

3. 其他：________________

四、凡未作变更或其他特别说明的，依原劳动合同继续履行。

五、本协议一式两份，自双方签订之日起生效。

签订时间：　　　　年　　　　月　　　　日

甲方（盖章）：

乙方（签字）：

劳务合同（承揽合同）| 4605

适用场景：

仅适用于非劳动关系，乙方（个人）直接为甲方（公司）提供劳务（承揽）服务，“劳务、承揽、服务”实际上难以区分，因承揽关系对单位较有利，因此也可以承揽合同为名。

重要审查点：

【重要等级：**高**】

审查点 1：确认是个人劳务承揽关系或劳动关系

如果双方实质上是劳动合同关系，就算签署了劳务合同约定双方不是劳动关系，也是无效的。

如果双方关系明显具备下列特点，则认定属于劳动关系的可能性较高，不适合签署个人劳务合同：（1）个人需要固定时间的出勤或对出勤有要求（个人接受单位的管理、安排)。(2)从事的工作内容与公司主营业务密切相关。(3)单位为个人缴纳社会保险。(4)单位为个人每月固定发放一定报酬。

审查点 2：明确知识产权归属

对于提供知识产权成果的，应明确知识产权归属。

（1）从公司方利益出发，应约定全部知识产权归公司所有。

（2）如果允许劳务提供方自己使用劳务成果，则需要明确限制使用范围。

审查点 3：明确劳务内容、工作成果及验收标准、报酬

应当明确劳务工作具体内容、工作成果及验收标准、报酬等。

（1）报酬支付周期应明确无歧义。如果是计件方式，应尽量明确计件的标准。

（2）对于劳务成果是否合格，也应有判定标准，或约定由公司判定。对于未达到要求、未完成的劳务成果，明确计酬方式或不计酬。

审查点 4：对用工风险及雇主责任风险明确约定

个人提供服务需要考虑用工风险和雇主责任风险，建议在合同中专门约定此类情况发生后的责任承担。

【重要等级：**中**】

审查点 5：明确联系方式、身份证号

个人容易发生联系不上等情形，应在合同中明确联系方式，明确身份证号，确定主体。

审查点 6：标题尽可能界定为承揽类合同

由于实务中对劳务关系的认定、劳务关系与劳动关系的区别存在一定争议，从公司方的利益出发，为减轻责任，应尽量将双方关系界定为承揽关系。

文本正文：

劳务合同（承揽合同）

甲方（委托方）： ________________

统一社会信用代码：________________

住所：________________

联系人：________________

联系方式：________________

乙方（承揽方）： ________________

身份证号码：________________

住所：________________

联系人：________________

联系方式：________________

本合同各方经平等自愿协商，根据《中华人民共和国民法典》，就乙方提供承揽服务事宜，签订本合同以共同遵守。

1. 承揽服务事项

1.1 服务事项如下：

工作项目名称：________________

工作项目内容：________________

具体项目内容以甲方要求为准。

1.2 乙方应自主完成相关服务，不得转委托他人。

2. 服务期限

2.1 服务期限为：自　　年　　月　　日起（含当日）至　　年　　月　　日（含当日）止。

2.2 如在合同期限届满后，乙方仍为甲方提供本合同约定之服务，则视为本合同顺延为不定期合同。

2.3　甲乙双方任何一方提前15日通知对方，可解除本合同。除正常结算服务费用外，无须承担其他违约责任。

3. 服务费用

3.1　服务费用标准：每月人民币（大写）____元（¥____元）。[1]

3.2　甲方于每月15日前结算支付上月服务费用。

3.3　本条约定之费用已包括乙方提供服务的全部成本费用及报酬，除此之外，甲方无须再向乙方支付其他任何费用。

3.4　乙方指定收款账号：

户名：________________

账号：________________

开户行：________________

乙方未授权任何员工、第三方收款；付款方未向指定账号付款导致损失的，乙方不承担任何责任。

3.5　个人所得税

3.5.1　本合同约定的价款金额为税前金额。付款方有权依法代扣代缴个人所得税。[2]

4. 知识产权与保密

4.1　乙方履行本合同而产生的任何形态的作品（包括但不限于文字作品、图画作品、音像资料、课件等），其全部知识产权均归甲方所有，包括但不限于著作权、专利权、商标权及商业秘密方面的权利。

4.2　乙方承诺保守在履行本合同过程中得知的甲方商业秘密。

5. 确认与声明

5.1　甲方与乙方之间不建立劳动关系、雇佣关系、劳务派遣关系或类似关系，不对乙方进行管理，不对乙方承担劳动法上的义务，不适用《劳动法》《劳动合同法》等劳动法规。

如因服务需要乙方需配带甲方标志、办理员工卡或办理与甲方员工类似的手续，亦不代表双方建立劳动关系。

5.2　乙方应自行安排工作时间，无须到甲方处坐班，乙方自担风险，自负盈亏，

法天使[1]：
【月服务费用】
使用文中条款。
【月服务费用+提成】
3.1　服务费用标准：
基本服务费用：每月¥____元
按件提成计费：每件¥____元。
说明：以乙方实际完成并经甲方验收件数为准。

法天使[2]：
【付款方有权代缴个税】
使用文中条款。
【付款方另外承担个人所得税】
3.5.1　本合同约定的价款为收款方应得的净收入。收款方应承担的个人所得税，由付款方代为承担并支付。
【收款方自行申报个税，付款方不承担责任】
3.5.1　收款方应自行申报并缴纳个人所得税，付款方对此不承担责任。

法天使[1]：【其他条款可参见附录】

自行以符合安全规范和技术规范的方式履行合同。

5.3　乙方在提供承揽服务过程中受到人身损害或财产损失的，由乙方自行负责，甲方对此不承担任何责任。

5.4　乙方确认，如乙方有所在单位，则已经获得所在单位的许可签署与履行本合同。履行本合同的过程中，不得侵犯所在单位（如有）及任何第三方的商业秘密、知识产权及其他合法权利。

5.5　如甲方为乙方出资购买了保险（包括但不限于意外伤害保险、医疗保险等），则一旦发生应由甲方承担责任的事宜，保险赔付金额应计算在甲方的赔偿金额之中。

5.6　服务期限如出现乙方个人疾病、个人原因受伤等情形，甲方不承担责任。

6. 合同联系方式

双方同意以合同首部列明的联系方式（包括电子邮件）作为指定联系方式，同时作为有效司法送达地址。

7. 争议解决

因本合同以及本合同项下附件 / 补充协议等（如有）引起或有关的任何争议，均提请________________仲裁委员会按照其仲裁规则进行仲裁。仲裁裁决是终局的，对合同各方均有约束力。[1]

8. 附则

8.1　本合同一式两份，双方各执一份，具有同等法律效力。

8.2　本合同自双方签订之日起生效。

签订时间：　　　　年　　　　月　　　　日

甲方（盖章）：

法定代表人或授权代表：

乙方确认：已经详细阅读了本合同的全部条款及内容，对双方不构成劳动关系、自行承担责任等无异议，同意履行本合同。

乙方（签名）：

服务方特别声明

本人（姓名＿＿＿＿＿＿；身份证号：＿＿＿＿＿＿＿＿＿＿＿＿＿＿＿＿）确认：

1. 本人为＿＿＿＿＿＿（统一社会信用代码：＿＿＿＿＿＿＿＿＿＿＿＿＿＿＿＿）（下称“公司”）提供承揽服务，双方构成承揽合同关系，不构成劳动关系或雇佣关系、劳务关系，本人不得向公司主张劳动法上的任何权利、待遇、赔偿；

2. 公司无须为本人缴纳社会保险、公积金，本人不得向公司要求工伤等任何社会保险待遇；

3. 本人提供承揽服务期间如发生人身或财产损害，应由本人自行承担责任，公司不承担工伤、雇主责任或其他赔偿责任（公司过错造成的，公司另外承担侵权责任）。

时间：　　　　年　　　　月　　　　日

本人（签名）：

保密协议 | 301

适用场景：

甲方（用人单位）与乙方（员工）之间约定保密义务、保密范围及经济损失赔偿责任。

重要审查点：

【重要等级：**高**】

审查点 1：确认签订协议的主体

为保护自身商业秘密，用人单位应与接触、了解和掌握商业秘密的员工签订保密协议（而不是所有员工）。

企业要根据自身的性质和情况，分析确定企业中哪些人员应当签署保密协议。

审查点 2：明确保密范围

保密的内容应是企业的商业秘密，商业秘密的范围包括技术、经营、管理、企业特殊秘密等。

单位一方应明确应保密内容的具体范围和期限，以避免在是否属于商业秘密上产生分歧乃至引发纠纷。

不同企业以及同一企业的不同时期、企业内的不同人员的保密范围均有可能发生变化，若改变了保密范围和内容，应及时修改保密协议相关内容。

审查点 3：明确双方的权利和义务

保密协议应明确规定如何使用商业秘密、涉及商业秘密的工作成果的归属、保密文件的保存和销毁方式等。如有特殊条款，也应以列举的方式规定。

审查点 4：违约经济损失赔偿责任的约定

《劳动合同法》明确劳动者承担违约金的情形仅限于违反服务期和竞业限制约定两种情形，实务中对员工违反保密协议是否应承担违约金亦有争议。

但根据《劳动合同法》第 90 条的规定，劳动者违反本法规定解除劳动合同，或者违反劳动合同中约定的保密义务或者竞业限制，给用人单位造成损失的，应当承担赔偿责任。因此，从企业的角度，仍可以约定违约金，但该违约金约定可能无效，故应同时约定员工违反保密协议应承担经济损失赔偿责任，并将赔偿损失范围从宽列举。

审查点 5：可以考虑通过“商业秘密确认单”强化保密效果

用人单位可以考虑通过“商业秘密确认单”等进一步明确保密信息，确认员工已经掌握该保密信息。

审查点 6：明确违反保密义务构成严重违纪

保密协议中应明确员工违反保密义务时构成严重违纪，用人单位可以解除劳动合同且无须支付补偿。

审查点 7：重要岗位员工考虑直接签署《保密与竞业限制协议》

《保密与竞业限制协议》对用人单位的保护更加有利，对于员工的限制更严，如果员工掌握的商业秘密及岗位确实比较重要，可以考虑直接签署《保密与竞业限制协议》。

相关文本：

▲ 325 商业秘密确认单

▲ 4676 保密与竞业限制协议

保密协议

甲方（用人单位）： ________________

统一社会信用代码：________________

乙方（员工）： ________________

身份证号码：________________

本合同各方经平等自愿协商，根据《中华人民共和国民法典》《中华人民共和国劳动合同法》及相关法律法规，就乙方保密义务事宜，签订本合同以共同遵守。

1. 保密内容及范围

1.1　乙方同意对甲方或者虽属于甲方客户（含意向客户）等第三方但甲方负有保密义务的一切保密信息在保密期内予以严格保密。

1.2　本协议中的“保密信息”是指乙方在甲方工作期间接触到的甲方、甲方客户及甲方关联客户的任何形式的秘密信息，包括但不限于如下所列：

1.2.1　任何甲方、甲方客户及甲方关联客户不欲公开的观点、发现、发明、公式、程序、计划、图表、模型、参数、数据、标准、商业秘密、专有技术以及任何知识产权等；

1.2.2　甲方、甲方客户及甲方关联客户制作或拥有的任何形式的报告、访谈记录、数据、信件、电子邮件、报表、模型以及其他文件的原件或副件；

1.2.3　甲方、甲方客户及甲方关联客户的技术资料或秘密、经营情况、经营策略及经营信息、客户信息、客户经营状况等；

1.2.4　甲方内外部项目的项目建议书、项目计划、报价、合同、项目研究方法和工具、培训资料和工具以及项目成果等；

1.2.5　甲方内部不欲公开或未经公开的公司制度、文件、决议、消息和公司运营情况等；

1.2.6 任何甲方、甲方客户及甲方关联客户不欲公开的关于财务、成本、利润、市场、销售、合同、采购等渠道，客户、经销商信息等；

1.2.7 甲方的客户或潜在客户信息，包括但不限于其身份及其他相关信息、客户联系方式和客户销售策略等；

1.2.8 下列信息亦属于甲方的重要保密信息：请填充。

1.3 乙方承认，上述“保密信息”均为甲方的保密信息。本协议不仅适用于乙方在本协议签订之后接触的保密信息，也适用于乙方在本协议生效日期前接触的所有保密信息。

1.4 乙方确认，如果对是否属于保密信息存在争议或不太明确，则乙方应按保密信息进行处理，除非得到甲方或乙方上级的明确否认。

2. 乙方的保密义务

2.1 乙方同意为甲方公司利益尽最佳努力，在提供服务或双方合作期间不组织、参加或计划组织、参加任何竞争企业，或从事任何不正当使用甲方商业秘密的行为。

2.2 乙方在为甲方提供服务或双方合作期间，应严格遵守甲方规定的任何成文或不成文的保密规章、制度，履行与其服务内容相应的保密职责；若甲方的保密规章、制度没有规定或者规定不明确之处，乙方亦应本着谨慎、诚实的态度，采取任何必要、合理的措施，维护其于任职期间知悉或者持有的保密信息。

2.3 甲方或乙方上级在职权范围内就保密事宜对乙方提出的要求与指示，乙方应予执行，并作为本合同约定的保密义务的一部分。

2.4 乙方同意对保密信息予以严格保密，承担的保密义务包括但不限于：

2.4.1 乙方因某一项目而从甲方、甲方客户或甲方关联客户处获得的保密信息，乙方承诺只在进行该项目或与该项目紧密相关的项目研究时使用，绝不为与该项目无关的目的使用该保密信息；

2.4.2 乙方应对甲方、甲方客户或甲方关联客户交到自己手中的保密信息予以妥善保存，不得泄露或遗失，在未经甲方事先书面许可，不得私自保留或复制、记录；

2.4.3 非经甲方事先书面许可，乙方不得直接或间接地以任何方式或向任何第三方（任何第三方，包括除甲方该项目组人员以外的任何机构和人员）披露或透露保密信息；亦不得依据保密信息，就任何问题，向任何第三方作出任何建议；

2.4.4　当甲方、甲方客户或甲方关联客户要求乙方交回保密信息时（无论出于何种理由），乙方应立即将保密信息（及保密信息的载体、复制品等）完整交回；

2.4.5　根据甲方的要求，如实向甲方提供保密信息的使用记录；

2.4.6　乙方在离职时或任何时候甲方提出要求时，须将一切保密信息（及保密信息的载体、复制品等）在甲方要求的时间内交还甲方；

2.4.7　乙方在离职后，应严格遵守相关法律规定，以及以上各项保密义务，不得以任何方式利用、传播、披露所掌握或知悉的保密信息，不得利用所掌握或知悉的保密信息从事损害甲方利益或可能对甲方利益造成不利影响的活动，包括向乙方之后任职单位披露或使用保密信息，为乙方自营企业利益使用保密信息等；

2.4.8　无论在职期间或离职后，乙方均不得劝诱及参与招聘甲方其他员工到甲方的竞争单位工作。

2.5　在职期间，未经甲方同意，乙方不得与甲方客户有私下交易或金钱往来。

2.6　保密信息的保密期：是指乙方在职或离职后，甲方、甲方客户或甲方关联客户对外公布保密信息，或者保密信息为公众所知之前的任何时间。

2.7　特别是，下列任何一行为均属于违反保密义务之列：请填充

2.8　离职后，乙方不得（包括不得自行及不得通过乙方所在单位）与原甲方客户进行与甲方业务相同或类似的业务或交易；如原甲方客户联系乙方，则乙方应将该信息告知甲方或要求原甲方客户与甲方联系。否则亦属于违反保密义务。

3. 有关确认

3.1　就本协议的履行，甲方无须额外向乙方支付费用或报酬，除非双方另有约定。

3.2　乙方确认，已经知悉并理解甲方的下列制度，并同意遵守执行：

（1）《员工手册》；

（2）《保密制度》。

3.3　甲方有权不定期的修改、补充、发布有关保密的制度与做法，并通过电子邮件、公司网络平台等进行发布，乙方同意经常查收相关文件，并遵照执行。

4. 违约责任

4.1　乙方违反保密义务时，甲方有权同时要求乙方承担如下责任：

4.1.1　乙方在职期间有任何违反本协议的行为时，均被视为严重违反劳动纪律与甲方规章制度，甲方可解除劳动关系并不支付经济补偿金。

4.1.2　乙方违反保密义务如有任何收益，应归甲方所有。

4.1.3　乙方应向甲方支付违约金人民币（大写）______元（¥______元）。

4.1.4　乙方还应赔偿由此给甲方、甲方客户及甲方关联客户造成的一切损失，损失范围包括但不限于甲方的名誉损失、直接损失和可得利益的损失，以及调查费用、公证费用、诉讼费用、律师费用，向第三方支付的赔偿，为应对第三方的指控而支付的一切费用等。

上述赔偿可以从乙方的服务报酬或劳动报酬中扣除。

4.2　如果乙方侵犯甲方客户及甲方关联客户相关的保密信息或知识产权，甲方有权代表甲方客户及甲方关联客户追究乙方的法律责任。

5. 附则

5.1　甲乙双方建立的关系性质（劳动关系、劳务关系、劳务派遣关系、聘用关系等）以双方签署的其他合同为准，但无论何种关系性质，本合同一经签署，即发生法律效力。

5.2　本合同一式二份，甲、乙双方各执一份，具有同等法律效力。

5.3　本合同自双方签署后生效。

签署时间：　　　　年　　　　月　　　　日

甲方（签章）：

重要提示：本人已经详细阅读上述合同，特别是其中的保密义务、违约责任及违约金条款，并同意履行上述合同。

乙方（签名）：

竞业限制协议 | 290

适用场景：

适用用人单位与员工，甲方（用人单位）与乙方（员工）约定在职期间和离职后的竞业限制义务及违约责任，向乙方支付离职后的竞业限制补偿。

乙方（劳动者）承诺离职后不与甲方发生竞争，否则承担支付违约金等违约责任。

重要审查点：

【重要等级：**高**】

审查点 1：竞业限制义务主体审查

根据《劳动合同法》第 24 条的规定，竞业限制的人员限于用人单位的高级管理人员、高级技术人员和其他负有保密义务的人员。对于掌握客户信息的销售人员，也可以视为“负有保密义务的人员”列入竞业限制人员。对于一般岗位员工、不涉及技术秘密也不掌握客户信息或其他商业秘密的岗位人员则不适合竞业限制，实施竞业限制有成本，对普通、不掌握商业秘密的人员实施竞业限制也是没有必要的。

审查点 2：明确竞业限制范围

从用人单位的角度，竞业限制的范围越宽泛越好，但仍建议采取重点列举（列举竞争行业、产品、服务）加兜底约定的方式，重点竞争企业可以直接列举；此外还应注意，如果竞业限制的范围过宽，与用人单位的经营范围不一致，则不一定会受到保护（即员工从事与原单位实际上无竞争的业务不构成违约）。

审查点 3：竞业限制期限应明确且不超过 2 年

（1）法律规定竞业限制期限不得超过 2 年，超出部分无效。实务中约定竞业限制期限为 1 年也较为常见。

（2）从用人单位角度出发，应明确有权提前解除，并明确约定提前解除“无须支付额外竞业限制补偿”；否则如提前解除，根据相关司法解释，用人单位应额外支付 3 个月竞业限制补偿金。

审查点 4：违约金与违约责任设定应合理

（1）建议一般应同时设定返还竞业限制补偿、违约金、违约收益返还、合理费用（包括律师费用）赔偿四种违约责任为宜。

（2）应当注意，约定的违约金太高时不一定能得到司法机关支持，但考虑到违约金过高时，司法机关会适当降低而不是认定无效，因此约定较高违约金仍有一定适用价值。

审查点 5：考虑增加员工在职期间的竞业限制约定

如果是员工离职时签署的竞业限制协议，则可以不用考虑在职期间的竞业限制约定。如果是员工入职或劳动合同履行中签署的竞业限制协议，则需要考虑对在职期间的竞业限制也要作出约定。

在职期间的竞业限制要考虑如下方面：

（1）明确约定在职期间，员工不得违反竞业限制义务；

（2）明确在职竞业限制没有额外补偿；

（3）明确在职竞业限制员工违反在职竞业限制义务的违约责任。

一般是约定员工违反竞业限制义务的所得利益归公司所有，并约定违约金。由于在职竞业限制并无补偿，因此违约金也不能是与竞业补偿挂钩的方式。最后，建议还应明确在职期间违反竞业限制义务同时构成严重违纪，公司可予以解除劳动合同处理。

审查点 6：明确员工离职后的送达方式

建议明确员工的通知、送达方式，以避免联系不上，也有利于用人单位提前解除竞业限制时及时发送通知。此外，还可约定电子邮箱、微信等作为联系方式，这样更加便捷。

相关文本：

▲ 4592 离职时履行竞业限制义务通知

▲ 4304 取消（终止）竞业限制义务通知

文本正文：

竞业限制合同

甲方（用人单位）：________________

统一社会信用代码：________________

乙方（员工）：________________

身份证号码：________________

本合同各方经平等自愿协商，根据《中华人民共和国民法典》《中华人民共和国劳动合同法》及相关法律法规，就乙方竞业限制事宜，签订本合同以共同遵守。

1. 竞业行为定义

1.1　竞业限制或竞业禁止：指甲方要求乙方不能从事竞业行为，具体以本合同约定为准。

1.2　下列情形中的任何一种，均属于竞业行为：

1.2.1　乙方直接或间接经营竞争性业务。

1.2.2　乙方为经营竞争性业务的个人或组织提供服务或劳务，包括但不限于担任竞争性单位的合伙人、董事、监事、股东、管理人员或一般员工、代理人、顾问等。

特别是，下列单位属于经营竞争性业务的个人或组织：

（1）________________有限责任公司及其关联单位；

（2）________________有限责任公司及其关联单位。

1.2.3　在竞业限制期间内具有下列情形之一时，视为乙方从事竞业行为，除非乙方有相反证据：

1.2.3.1　乙方从经营竞争性业务的个人或组织处领取任何报酬（包括但不限于以薪酬、报酬、劳务费用、分红等任何名义），或获得旅游、实物、购物卡、消费卡、报销等好处；

1.2.3.2　乙方在经营竞争性业务的个人或组织处缴纳个人所得税，或社会保险，或住房公积金；

1.2.3.3 乙方关联人从经营竞争性业务的个人或组织处领取任何报酬（包括但不限于以薪酬、报酬、劳务费用、分红、报销、服务费用、购买等任何名义）或获得旅游、实物、购物卡、消费卡、报销等好处，而乙方不能提供合理说明的；

1.2.3.4 离职后乙方不能按约定向甲方说明当下工作情况或所说明情况与实际情况不符的。

1.3 竞争性业务是指下列业务中的任何一项业务：

（1）________________

（2）________________

1.4 相关定义

1.4.1 任职期间：是指乙方与甲方正式签订劳动合同或形成事实劳动合同关系之日开始到双方劳动关系结束（或消灭）为止的期间。如乙方到达退休年龄之后继续为甲方所聘用，则任职期间包括聘用期间，至聘用关系终止之日截止。

1.4.2 乙方关联人：包括但不限于：

（1）乙方近亲属，即配偶、父母、兄弟姐妹、年满 18 周岁的子女、配偶的父母、子女的配偶、配偶的兄弟姐妹、兄弟姐妹的配偶；

（2）乙方担任管理人员或合伙人或直接或间接拥有 10% 或以上权益的机构。

2. 在职期间的竞业限制

2.1 未经甲方事先书面许可，乙方在甲方任职期间，不得从事竞业行为。

2.2 除本合同中约定的竞业行为以外，在职期间的下列行为将视为乙方从事竞业行为：

乙方及乙方关联人从竞争性单位处直接或间接获得好处，包括但不限于财产性利益、旅游、消费、宴请，无正当理由的。

2.3 就在职期间的竞业限制义务的履行，甲方无须向乙方支付额外补偿。

3. 离职后的竞业限制

3.1 离职后的竞业限制期间内，乙方不得从事竞业行为。

无论乙方因何种原因从甲方离职，均不影响本合同约定的竞业限制义务的履行。

3.2 离职后竞业限制期间：自乙方离职之日起 24 个月。

3.2.1　该期间内，甲方有权随时通知乙方解除竞业限制约定；

3.2.2　此种情况下，除解除前的竞业限制补偿外，甲方应向乙方额外支付 3 个月的竞业限制补偿，但不再承担其他责任；

3.2.3　竞业限制约定解除后，甲方无须再继续支付竞业限制补偿。

3.3　竞业限制补偿：每月竞业限制补偿金标准为乙方离职前 12 个月内的月平均工资的 30%。

3.3.1　计算月平均工资时，以乙方实发工资收入为准。与股权激励相关的分红、期权、股权等不计算在内。

3.3.2　发放时间：按月发放，最晚不超过下月 20 日。例如，乙方于 2 月 5 日离职，则支付时间不晚于 3 月 20 日。

3.3.3　发放方式：甲方向乙方领取工资的银行卡（或双方书面确认的其他账户）内支付。如因任何原因（包括但不限于储蓄卡被注销、银行系统故障等原因）未支付成功，不视为逾期未支付，乙方不得以此为由主张不再履行竞业限制义务。此时乙方可以到甲方处现金领取竞业限制补偿金，或书面确认乙方名下的其他收款账户之后甲方再行发放。[1]

3.4　特别要求：

3.4.1　如甲方提出要求，则乙方应在 1 周内通过电子邮件或其他书面形式向甲方说明当下的工作单位与工作情况。

3.4.2　乙方如新入职、变化工作单位、自己创业等，应在 1 周内主动通过电子邮件或其他书面形式向甲方说明当下的工作单位与工作情况。

3.5　特别说明：有下列情形之一时，甲方可通知乙方暂停支付竞业限制补偿：

3.5.1　乙方从事竞业行为时；

3.5.2　乙方未按本合同要求说明当下工作情况时；

3.5.3　甲方有证据证明乙方有违反竞业限制义务的情形时；

此种情形下，乙方仍应履行竞业限制义务。在上述情形消失或乙方证明并未违反竞业限制义务后，甲方应在 1 个月内补发竞业限制补偿。

法天使 [1]：
【离职前工资的 30%，按月发放】
【约定每月标准，按月发放】
【专门约定金额与发放方式】

4. 违约责任

4.1 乙方在职期间，如有竞业行为，均视为严重违反规章制度与劳动纪律。甲方有权同时要求乙方承担下列责任：

4.1.1 解除劳动合同，且无须支付任何补偿；

4.1.2 乙方从事竞业行为所获利益应归甲方所有；

4.1.3 赔偿竞业行为给甲方造成的损失；

4.1.4 乙方应向甲方支付违约金，违约金标准为：乙方当时 12 个月内月平均工资的 20 倍。

4.2 乙方离职后，未履行双方约定的竞业限制义务的，甲方有权同时要求乙方承担下列责任：

4.2.1 返还甲方向乙方支付的全部竞业限制补偿金；

4.2.2 向甲方支付违约金。违约金的标准为：双方约定的竞业限制补偿金月标准 × 双方约定的离职后竞业限制期间的月份数 × 5 倍。

4.2.3 要求乙方继续履行竞业限制义务。如甲方要求乙方改正违反竞业限制的行为，而乙方收到甲方通知后在 1 个月内仍未改正的，继续从事竞业行为的，则甲方有权再次要求乙方按上款约定承担违约金。

4.3 乙方支付的违约金不足以赔偿甲方损失的，还应赔偿甲方损失。甲方损失包括但不限于甲方直接或间接的利润损失、商誉损失、业务机会损失及为制止违约行为所支付的合理费用（律师费、诉讼费、调查费用、公证费用等）。

4.4 本合同约定的违约责任是同时并列的，甲方可以要求乙方承担全部违约责任，同时，甲方向乙方主张其中的部分违约责任的，不视为甲方放弃追究其他违约责任的权利。

5. 通知

5.1 在职期间，就本合同相关事宜，甲方可通过劳动合同或其他文件中乙方提供的地址进行送达。

5.2 离职后，甲方可通过下列方式之一向乙方进行通知或送达：

联系人：________________

地址：________________

手机：________________

微信：________________

电子邮箱：________________

5.3　无论乙方是否实际查阅或拒收，甲方通过上述方式之一向乙方发出通知时，即视为乙方已经查阅。如乙方联系方式有变更，应立即书面告知甲方。

5.4　甲方的送达地址为甲方办公场所。

5.5　双方同意本合同中所确认联系地址与联系方式作为有效司法送达地址。

6. 争议解决

甲乙双方因劳动关系发生任何争议时，双方应首先协商解决，也可由有关部门调解。协商或调解不成的，应向甲方所在地劳动争议仲裁委员会申请仲裁以及向甲方住所地有管辖权的人民法院提起诉讼。

7. 附则

7.1　甲乙双方建立的关系性质（劳动关系、劳务关系、劳务派遣关系、聘用关系等）以双方签署的其他合同为准，但无论何种关系性质，本合同一经签署，即发生法律效力。

7.2　本合同一式二份，甲、乙双方各执一份，具有同等法律效力。

7.3　本合同自双方签署后生效。

签署时间：　　　　年　　　　月　　　　日

甲方（签章）：

重要提示：本人已经详细阅读上述合同，特别是其中的竞业限制义务、违约责任及违约金条款，并同意履行上述合同。

乙方（签名）：

培训服务期协议 | 276

适用场景：

甲方（用人单位）出资对乙方（员工）进行培训，且要求员工在本单位服务一定期间，如果提前离职需要支付违约金（返还一定的培训费用）。后附培训费用确认书。

重要审查点：

【重要等级：**高**】

审查点 1：用人单位提供的培训应为专业技术培训

根据《劳动合同法》第 22 条的规定，用人单位应提供专项培训费用，对劳动者进行专业技术培训的，才能约定服务期。所以一般的岗前培训、企业文化培训、针对所有员工进行的培训，不属于专业技术培训。于此，培训的主题、内容应与“专业技术培训”相符。如果是“岗前培训、企业文化培训、上岗培训、员工手册培训”之类培训主题，应作修改。应当注意的是，即使名称为专业培训，约定了服务期与违约金，但如果从合同、证据上能看出并非“专业技术培训”，则司法机关仍然不会支持违约金。

审查点 2：违约金金额应小于或等于单位支出的培训费用金额

根据《劳动合同法》第 22 条的规定，违约金应与培训费用挂钩，且不得超过服务期尚未履行部分所应分摊的培训费用，违约金的约定应符合该规定。

违约金与培训费用金额不一致，或计算方法不是按照服务期未履行部分折算的约定，均不符合法律规定，应予修改。

审查点 3：明确培训费用并由员工确认

1. 培训服务协议应重点明确下列几点，以作为违约金的计算依据：

（1）明确培训费用的负担；

（2）明确培训费用的范围；

（3）明确培训费用的具体金额。

2. 在协议后面专门由员工确认培训费用金额无异议。

3. 实际培训过程中，应尽量保留培训费用支出的相关凭证作为证据。如果约定的培训费用较高，但实际支出较少或缺少凭证，仍可能得不到司法机关支持或者会降低违约金额。

审查点 4：培训期间工资待遇如与正常工资不一致应明确

1. 培训期间工资待遇如果未明确约定，则应视为与正常上班期间的工资标准一致。

2. 双方可以协商对培训期间的工资待遇作出特别约定，但不应低于最低工资标准。如果培训期间，取消了类似绩效奖金等待遇，为避免争议，应该在协议中明确说明。

3. 对于培训后的工资标准，如有需要可以约定（如有提升），也可以不作约定（视为仍按原标准）。

审查点 5：服务期长短应适当

法律上未限制服务期的长短，也未要求服务期长短与培训费用挂钩。但在实务中，往往用人单位承担的培训费用越高，服务期越长。

审查点 6：培训相关资料应适当审核并注意保管

1. 尽量有正规培训发票，最好名目上能看出是培训相关支出，并妥善保存。

2. 最好能有一定培训记录，可由员工签字并由用人单位保存，能看出培训的时间、大致内容，并能看出属于专业技术培训。

3. 培训大纲、培训教材、培训考试总结等资料，也可以适当保留，作为实际培训的证据。

4. 培训资料中均应能体现属于专业技术培训。

相关文本：

▲ 20202 员工培训服务期框架合同（未来多次培训）

文本正文：

培训服务期合同

甲方（用人单位）： ________________

统一社会信用代码：________________

法天使 [1]：
【全部由甲方负担】
【甲方负担一定金额，其余培训费用由乙方自行承担】

法天使 [2]：
【工资待遇不变】
【按约定标准发放】
【只发放基本工资与岗位工资】

法天使 [3]：
【回原岗位工作】
【甲方将优先提供岗位、调薪】
【约定培训结束后岗位薪酬】

乙方（员工）：________________

身份证号码：________________

根据员工与企业共同生存、共同发展的理念，现就甲方对乙方进行培训的相关事宜，经协商一致，签订本合同以共同遵守。

1. 培训情况

1.1　培训性质为专业技术培训，乙方对此无异议。

1.2　培训安排如下：

培训主题：________________

培训期限：预计自____年____月____日起至____年____月____日止。以实际培训时间为准。

培训地点：________________

2. 培训费用

2.1　甲乙双方确认：培训费用包括但不限于培训费、材料费、课本费、食宿费、交通费、培训期间生活补助等项目，合计：人民币（大写）　　元（￥　　元）。

2.2　该培训费用均由甲方负担。[1]

3. 培训期间工资待遇

3.1　培训期间乙方原工资待遇不变。[2]

3.2　培训期间甲方向乙方额外支付的生活补助等计入本合同约定之培训费用中。

4. 培训要求

4.1　乙方保证在培训期间努力学习，取得优异成绩，保证拿到培训结业证书。

4.2　培训结业证书由甲方代乙方保管，在服务期届满后发放给乙方。

4.3　乙方承诺，在培训期间及培训均应遵守培训作息时间、培训要求、培训纪律，完成培训各项安排，以不亚于正常工作时的态度和纪律参加培训。如有违反，均视为违反甲方规章制度与劳动纪律。

4.4　培训结束后，乙方应立即回原岗位继续工作。

4.5　甲方将按甲方的岗位、薪酬调整制度，优先为乙方提供适当的工作岗位，乙方优先获得上调薪酬的机会。[3]

5. 服务期

5.1　服务期为：培训结束之日起3年。

5.2　当服务期的结束时间后于劳动合同期满时间时，甲方可以选择将劳动合同期限顺延至服务期满，也可以选择放弃服务期的权利，劳动合同按原期限终止。[1]

6. 违约责任

6.1　服务期届满前，无论何种原因乙方提前解除劳动合同时，应向甲方支付违约金。

6.2　服务期届满前，有下列情形之一，甲方提出与乙方解除劳动合同的，乙方仍应支付违约金：

6.2.1　乙方严重违反甲方的规章制度的；

6.2.2　乙方严重失职，营私舞弊，给甲方造成重大损害的；

6.2.3　乙方同时与其他用人单位建立劳动关系，对完成甲方的工作任务造成严重影响，或者经甲方提出，拒不改正的；

6.2.4　乙方以欺诈、胁迫的手段或者乘人之危，使甲方在违背真实意思的情况下订立或者变更劳动合同的；

6.2.5　乙方被依法追究刑事责任的。

6.3　违约金金额即为本合同约定的培训费用金额，并按《劳动合同法》的规定按未履行服务期与全部服务期的比例进行分摊。

6.4　如发生乙方违约事宜，在付清违约金后，甲方将相关培训证书返还于乙方，并办理其他离职手续。否则甲方将依照法律程序追究乙方责任，由此产生的一切后果由乙方负责。

6.5　由于乙方的过错，导致培训不能正常完成，无法实现培训目的的，甲方有权停止培训，并要求乙方支付甲方已经为乙方支付的全部培训费用。

7. 附则

7.1　培训开始前，甲方有权终止履行本合同，此时本合同不发生效力。

7.2　甲乙双方是否为劳动关系由双方另外签订的合同确定，不影响本合同效力（包括服务期、违约责任等条款继续有效）。

7.3　本合同一式两份，双方各执一份，具有同等法律效力。

法天使[1]：
【培训结束后一定年份】
使用文中条款。
【明确服务期截止日】
5.1　服务期为：培训结束至____年____月____日止。
5.2　当服务期的结束时间后于劳动合同期满时间时，甲方可以选择将劳动合同期限顺延至服务期满，也可以选择放弃服务期的权利，劳动合同按原期限终止。

7.4　本合同自双方签名或盖章后生效。

签署时间：　　　　年　　　月　　　日

甲方（盖章）：

重要提示：乙方已经认真阅读合同，完全理解、明白和同意履行所有合同内容，包括但不限于服务期与违约责任条款。

乙方（签名）：

附件：培训费用确认书

根据甲方（用人单位）已经向乙方（员工）详细说明甲方承担的培训费用的构成；鉴于部分费用不一定有正规票据，双方在此明确：

1. 甲方承担的培训费用见下表：

费用类别	金额（元）	备注
合计		

（上述金额均指分摊到乙方个人名下的金额）

2. 乙方对培训费用金额无异议，不再要求甲方出示票据。

3. 上述培训费用金额将作为计算违约金的基准。

签署时间：　　　　年　　　月　　　日

乙方（员工）确认签名：

非全日制用工合同 | 274

适用场景：

甲方（用人单位）与乙方（劳动者）建立非全日制用工关系（每天工作 4 小时左右，每周工作 24 小时左右），约定工作报酬、待遇。法律不要求非全日制用工一定要签署合同，但签署本合同可降低单位的风险。

重要审查点：

非全日制劳动合同一般比较简单，内容不多。一般需要注意以下几点：

审查点 1：工作时间

非全日制用工平均每天不能超过 4 小时，累计每周不能超过 24 小时。用人单位务必注意工作时间的掌控，并在合同中明确约定每天的上班时间，并注意不能超标，否则，可能会被认定为全日制用工。

审查点 2：试用期

根据《劳动合同法》第 70 条的规定，非全日制用工不能约定试用期。

审查点 3：报酬底线

《劳动合同法》第 72 条规定，非全日制用工小时计酬标准不得低于用人单位所在地人民政府规定的最低小时工资标准。

审查点 4：报酬结算周期

《劳动合同法》第 72 条第 2 款规定：非全日制用工劳动报酬结算周期最长不得超过 15 日。企业最好应按合同约定按时结算报酬。但在实务中，很多企业出于财务方便，对非全日制用工和其他员工一样按月发工资。虽然这样不完全合法，但风险不大，也不会仅仅因此否定非全日制用工关系。

审查点 5：社会保险

用人单位应当按照国家有关规定为建立劳动关系的非全日制劳动者缴纳工伤保险费，其他保险可由劳动者自己缴纳。但目前全国绝大多数地区不允许单独缴纳工伤保险。实务中，也有企业约定不缴纳保险，由劳动者自己缴纳。但对于不缴纳工伤保险的风险，企业应予以慎重考虑。

文本正文：

非全日制用工劳动合同

甲方（用人单位）

名称：________________

地址：________________

统一社会信用代码：________________

乙方（劳动者）

姓名：________________

身份证号码：______________________

地址：________________

手机：________________

微信：________________

电子邮箱：________________

甲乙双方经平等自愿协商，根据《中华人民共和国劳动合同法》订立本合同，供双方共同遵守。

一、合同期限

自　　年　　月　　日起（含当日）至　　年　　月　　日（含当日）止。

二、工作内容和工作地点

1. 乙方同意按甲方工作需要，在______岗位（工种）工作，按时、按质、按量完成该岗位（工种）所承担的各项内容。

2. 甲乙双方确认工作地点为______。

3. 乙方用工形式为非全日制劳动关系。具体工作时间为：

每周一至周六，每天工作时间 4 小时（上午____至____，下午____至____）。

三、劳动报酬与其他待遇

1. 乙方劳动报酬按以下标准：

每月____元。

2. 劳动报酬结算支付方式为：每 2 周结算支付一次。

3. 甲方仅承担缴纳工伤保险义务，不承担缴纳其他社会保险和住房公积金的义务，亦无须向乙方返还有关社会保险和公积金费用。

乙方可自行缴纳其他社会保险，费用由乙方自行承担。

四、劳动合同的变更、解除、中止和终止

1. 经甲乙双方协商一致，本合同可以解除。

2. 甲乙双方均可提前 7 日通知对方，解除本合同，无须向对方支付经济补偿。但合同解除前的劳动报酬应据实结算。

3. 乙方在本合同解除或终止后三日内，应当按照诚实信用原则办理工作交接手续，归还甲方所有财产。

五、声明与确认

1. 乙方确认，甲方已如实告知乙方工作内容、工作条件、工作地点、职业危害、安全生产状况、劳动报酬，以及乙方要求了解的其他情况。

2. 乙方确认，本合同之签订与履行不会损害任何第三方利益，已经得到乙方原受聘单位的同意。如由此导致纠纷，由乙方完全负责。

3. 甲方依法制定的规章制度（包括《员工手册》），乙方确认已充分阅读甲方规章制度并愿意遵照执行。

4. 乙方确认以合同首部或其他书面文件所提供的联系方式作为有效联系方式及司法送达地址。甲方通过上述联系方式之任何一种（包括电子邮箱），就本合同之履行、变更、终止向乙方发送相关通知等，均视为有效送达与告知乙方。上述电子邮箱发出的邮件，视为代表乙方之意思表示。

六、违反劳动合同的责任

1. 聘用期间乙方非因工作原因发生人身损害或疾病，乙方应自行负责，甲方依法不承担报销、赔偿或补偿责任。

2. 如甲方为乙方购买了保险（包括但不限于意外伤害保险、医疗保险等），则一旦发生应由甲方承担责任的事宜，保险赔付金额应计算在甲方的赔偿金额之中。

七、其他

1. 合同未尽事宜，按照甲方依法制定的规章制度执行；如果甲方的规章制度未作规定，则按国家有关法律法规政策执行。

2. 本合同一式二份，双方各执一份，具有同等法律效力。

3. 本合同自双方签署后生效。

签订时间：　　　　年　　　　月　　　　日

甲方（盖章）：

法定代表人或授权代表：

乙方（签名）：

实习合同 | 270

适用场景：

甲方（实习单位）接收乙方（全日制学校学生）实习（包括全日制的实习、长期或短期的实习）时，约定期限、报酬等。

重要审查点：

审查点 1：注意区分学生实习的类型

学生实习可分为勤工助学、职业学校学生实习、就业实习、职业实习四类。其中，勤工助学的实习、职业学校学生实习不以获取劳动报酬为目的，不属于劳动关系，属于劳务关系。对以就业为目的的就业实习，之前一般也认为不属于劳动关系，但《劳动法》和《劳动合同法》并没有明确地将学生排除在劳动关系之外。根据目前我国劳动关系的认定标准，他们完全符合我国《劳动法》规定的年龄条件，具有与用人单位建立劳动关系的可能性。实务中，存在企业与其签订实习合同，因其接受用人单位的管理，提供劳动，获取劳动报酬，与正常劳动关系人员无异，最终被司法机关认定为双方建立了劳动关系的案子。对于该种实习，也应当签订书面合同，明确界定双方关系。这样，即使被认定为是劳动关系，也能避免未签订书面劳动合同的双倍工资。

审查点 2：确认学生身份

可由学生提供学生证复印件作为附件，并由学生在复印件上签名确认。

审查点 3：确认关系定性

一般的学生实习，由于双方之间的关系定位为非劳动关系，因此双方之间的权利义务关系不受劳动法律调整，而是受普通的民事法律调整（被认定劳动关系的除外），地方有特殊规定除外。因此合同标题、合同内容中应回避劳动法律。例如，标题不应该叫作“劳动合同”应名为“实习合同 / 协议”，引言中应写“依据《中华人民共和国民法典》”。

审查点 4：薪酬、待遇方面

如果工作时间较长，可能构成标准劳动关系下的加班，为避免员工索赔加班费（即使不属于劳动关系，也不排除法院适当支持加班报酬），可以约定“约定的实习报酬标准中已经包括加班补偿”，或者在实习报酬标准中划出一部分“加班补偿”。同时应注意雇主责任风险的应对。

审查点 5：争议解决

由于双方之间是劳务关系，双方发生纠纷的，应按照劳务（雇佣）纠纷处理，按照普通民事案件直接向法院提起诉讼。合同中可以作出对单位有利的管辖约定，考虑约定商事仲裁。

文本正文:

学生实习合同

甲方（实习单位）： ________________

统一社会信用代码：________________

住所：________________

联系人：________________

联系方式：________________

乙方（实习学生）： ________________

身份证号码：________________

住所：________________

联系人：________________

联系方式：________________

本合同各方经平等自愿协商，根据《中华人民共和国民法典》，就乙方在甲方实习事宜，签订本合同以共同遵守。

一、实习内容

1. 实习岗位：请填充。

2. 具体工作内容以甲方要求为准。

二、实习期限

1. 实习期限为：自　　年　　月　　日起（含当日）至　　年　　月　　日（含当日）止。

2. 如在合同期限届满后，乙方仍为甲方提供本合同约定之服务，则视为本合同顺延为不定期合同。

3. 甲乙双方任何一方提前 15 日通知对方，可解除本合同。除正常结算报酬外，无须承担其他违约责任。

三、实习待遇

1. 实习报酬标准：每月人民币（大写）　　元（￥　　元）。

2. 甲方于每月 15 日前结算支付上月实习报酬。

3. 本条约定之费用已包括乙方实习的全部报酬，乙方不得要求其他报酬、加班费、待遇、报销等。[1]

4. 乙方指定收款账号：

户名：________________

账号：________________

开户行：________________

5. 个人所得税

本合同约定的价款金额为税前金额。付款方有权依法代扣代缴个人所得税。[2]

四、知识产权与保密

1. 乙方履行本合同而产生的任何形态的作品（包括但不限于文字作品、图画作品、音像资料、课件等），其全部知识产权均归甲方所有，包括但不限于著作权、专利权、商标权及商业秘密方面的权利。

2. 乙方承诺保守在履行本合同过程中得知的甲方商业秘密。

五、确认与声明

1. **甲方与乙方之间不建立劳动关系、雇佣关系、劳务派遣关系或类似关系，不对乙方进行管理，不对乙方承担劳动法上的义务，不适用《劳动法》《劳动合同法》等劳动法规。**

如因服务需要乙方需配戴甲方标志、办理员工卡或办理与甲方员工类似的手续，亦不代表双方建立劳动关系。

2. 乙方确认系全日制院校在校学生，并已征得所在院校及家长的同意来实习。

3. 如乙方毕业后仍继续在甲方工作且未签订劳动合同，则本合同自动转为劳动合同。劳动合同期限为 1 年，自乙方毕业之日起算。

4. 乙方在实习期间应遵守甲方依法制定的规章制度；严格遵守劳动安全卫生、生产工艺、操作规程和工作规范；爱护甲方的财产，遵守职业道德；积极参加甲方组

法天使 [1]：
【明确月工资标准】
【月工资 + 提成】
【无须支付报酬】

法天使 [2]：
【付款方有权代缴个税】
【付款方另外承担个人所得税】
【收款方自行申报个税，付款方不承担责任】

织的培训，提高思想觉悟和职业技能。

5. 如甲方为乙方出资购买了保险（包括但不限于意外伤害保险、医疗保险等），则一旦发生应由甲方承担责任的事宜，保险赔付金额应计算在甲方的赔偿金额之中。

6. 实习期间如出现乙方个人疾病、个人原因受伤等情形，甲方不承担责任。

六、合同联系方式

双方同意以合同首部列明的联系方式（包括电子邮件）作为指定联系方式，同时作为有效司法送达地址。

七、争议解决

因本合同以及本合同项下订单/附件/补充协议等（如有）引起或有关的任何争议，均提请_________仲裁委员会按照其仲裁规则进行仲裁。仲裁裁决是终局的，对合同各方均有约束力。

八、附则

1. 本合同一式两份，双方各执一份，具有同等法律效力。

2. 本合同自双方签署之日起生效。

签订时间：　　　　年　　　　月　　　　日

甲方（盖章）：

法定代表人或授权代表：

乙方确认：已经详细阅读了本合同的全部条款及内容，对双方不构成劳动关系、自行承担责任等无异议，同意履行本合同。

乙方（签名）：

退休返聘合同 | 268

适用场景：

甲方（用人单位）与乙方（已领取基本养老保险待遇的劳动者）建立聘用关系，约定聘用期限、工资报酬等。双方确认不建立劳动关系。后附亲属签署的承诺书。

重要审查点：

审查点 1：注意用人单位与其招用的退休返聘人员是否构成劳动关系

根据《劳动争议司法解释（一）》第 32 条的规定，用人单位与其招用的已经依法享受养老保险待遇或者领取退休金的人员发生用工争议而提起诉讼的，人民法院应当按劳务关系处理，因此雇佣领取基本养老保险待遇的人员不属于劳动关系。

但对于雇佣不能领取基本养老保险待遇的人员是否构成劳动关系存在争议，司法实践中有不同的做法：浙江、北京等地认为成立劳务关系；山东等地认为构成劳动关系；江苏等地认为是一种介于劳动关系与劳务关系之间的特殊情形。

因此，用人单位在招用此类群体时要注意当地的裁判口径，不能认为只要是“退休返聘”就一定是劳务关系，应结合地方规定妥善处理退休返聘合同的相关内容。

审查点 2：注意用人单位与其招用的退休返聘人员不建立劳动关系时的措辞

（1）建议合同明确约定：“双方确认不建立劳动关系，不得依据《中华人民共和国劳动法》《中华人民共和国劳动合同法》等向对方主张劳动关系下的任何权利义务。”

（2）建议合同标题命名为“退休返聘合同”，引言中应写“依据《中华人民共和国民法典》”。

审查点 3：薪酬、待遇方面

即使用人单位与其招用的退休返聘人员双方不属于劳动关系，也不排除法院适当支持超时劳动报酬。为避免员工索赔“加班费”，可以约定“双方约定的劳动报酬标准中已经包括超时劳动补偿”，或者在劳动报酬标准中划出一部分“超时劳动补偿”。

审查点 4：雇主责任风险应对

（1）一般来说，如果招用的退休返聘人员因执行工作任务受到伤害，应按照人身损害赔偿的规定处理。此外，虽然双方建立的是劳务关系而非劳动关系，用人单位无须承担工伤赔偿等劳动法律关系项下的责任和义务。但是，根据《最高人民法院关于审理人身损害赔偿案件适用法律若干问题的解释》及《关于执行〈工伤保险条例〉若干问题的意见（二）》（人社部发〔2016〕29号）相关规定，仍建议企业为返聘人员购买一份雇主责任的商业保险，用于提供劳务过程中发生意外伤害的补偿，更能够保障企业的权益。

（2）如果招用的退休返聘人员不能依法领取基本养老保险待遇，或者双方构成劳动关系、具有劳动关系特征的，仍有可能按照工伤标准执行。

审查点5：知识产权归属条款

如果员工的工作涉及知识产权，应明确规定除人身权以外的知识产权全部归单位一方所有。

审查点6：休息休假条款

可以约定返聘人员不享受带薪年休假、病假、婚假等有薪假期。

文本正文：

聘用合同

甲方（用人单位）： ________________

统一社会信用代码：________________

住所：________________

联系人：________________

联系方式：________________

乙方（退休人员）： ________________

身份证号码：________________

住所：________________

联系人：________________

联系方式：________________

本合同各方经平等自愿协商，根据《中华人民共和国民法典》，就甲方聘用乙方为甲方提供服务事宜，签订本合同以共同遵守。

一、聘用安排

1. 聘用岗位：请填充。

2. 工作地点：请填充。

3. 具体工作内容、工作地点以甲方要求为准，甲方有权适当调整。

二、聘用期限

1. 聘用期限为：自　　年　　月　　日起（含当日）至　　年　　月　　日（含当日）止。

2. 如在合同期限届满后，乙方仍为甲方提供本合同约定之服务，则视为本合同顺延为不定期合同。

3. 甲乙双方任何一方提前15日通知对方，可解除本合同。除正常结算服务费用外，无须承担其他违约责任。

三、服务费用

1. 服务费用标准：每月人民币（大写）　　元（¥　　元）。[1]

2. 甲方于每月15日前结算支付上月服务费用。

3. 甲方已经向乙方说明其工作时间，并已经告知其岗位可能有不定时的加班（以甲方通知为准）。本合同约定的劳动报酬中已经包含乙方超出一般工作时间（如每天超过8小时，每周超过40小时）的报酬，乙方不得再向甲方要求加班费或其他额外报酬。

4. 除本合同约定的之外，甲方无须再向乙方支付其他任何费用、报酬、报销。

5. 乙方指定收款账号：

户名：________________

账号：________________

开户行：________________

乙方未授权任何员工、第三方收款；付款方未向指定账号付款导致损失的，乙方不承担任何责任。

法天使[1]：
【明确月服务费用标准】
使用文中条款。
【月服务费用 + 提成】
1.服务费用标准
基本服务费用：
每月 ¥____元
按件提成计费：
每件 ¥____元。
说明：以乙方实际完成并经甲方验收件数为准。

法天使 [1]：
【付款方有权代缴个税】
使用文中条款。
【付款方另外承担个人所得税】
本合同约定的价款为收款方应得的净收入。收款方应承担的个人所得税，由付款方代为承担并支付。
【收款方自行申报个税，付款方不承担责任】
收款方应自行申报并缴纳个人所得税，付款方对此不承担责任。

6. 个人所得税

本合同约定的价款金额为税前金额。付款方有权依法代扣代缴个人所得税。[1]

四、知识产权与保密

1. 乙方履行本合同而产生的任何形态的作品（包括但不限于文字作品、图画作品、音像资料、课件等），其全部知识产权均归甲方所有，包括但不限于著作权、专利权、商标权及商业秘密方面的权利。

2. 乙方承诺保守在履行本合同过程中得知的甲方商业秘密。

五、确认与声明

1. 乙方确认已到退休年龄。

2. 双方同意双方关系按非劳动关系处理，双方互相不承担劳动法律规定的权利义务。

3. 甲方不承担有关缴纳社会保险的义务，也无须向乙方返还有关社会保险费用。

4. 乙方确认，甲方已如实告知乙方工作内容、工作条件、工作地点、职业危害、安全生产状况、劳动报酬，以及乙方要求了解的其他情况。

5. 乙方确认，本合同上填写的乙方信息，以及向甲方提供或填写的履历材料上的信息完全真实有效。

6. 甲方依法制定的规章制度（包括员工手册），乙方确认已充分阅读甲方规章制度并愿意遵照执行。

7. 如甲方为乙方出资购买了保险（包括但不限于意外伤害保险、医疗保险等），则一旦发生应由甲方承担责任的事宜，保险赔付金额应计算在甲方的赔偿金额之中。

8. 聘用期间如出现乙方个人疾病、个人原因受伤等情形，甲方不承担责任。

9. 乙方在本合同解除或终止后三日内，应当按照诚实信用原则办理工作交接手续，归还甲方所有财产。

六、合同联系方式

双方同意以合同首部列明的联系方式（包括电子邮件）作为指定联系方式，同时作为有效司法送达地址。

七、争议解决

因本合同以及本合同项下订单 / 附件 / 补充协议等（如有）引起或有关的任何争

议，均提请＿＿＿＿＿＿仲裁委员会按照其仲裁规则进行仲裁。仲裁裁决是终局的，对合同各方均有约束力。

八、附则

1. 本合同一式两份，双方各执一份，具有同等法律效力。

2. 本合同自双方签署之日起生效。

签订时间：　　年　　月　　日

甲方（盖章）：

法定代表人或授权代表：

乙方确认：已经详细阅读了本合同的全部条款及内容，对双方不构成劳动关系、自行承担责任等无异议，同意履行本合同。

乙方（签名）：

承　诺　书

本文件签署人员知悉＿＿＿＿＿＿＿＿（统一社会信用代码：＿＿＿＿＿＿＿＿）（下称用人单位）与（身份证号码：＿＿＿＿＿＿＿＿＿＿）（下称“退休人员”）签订的聘用合同内容，并承诺如下：

本人详细了解并同意聘用合同内容，如退休人员因身体疾病、年老、个人原因等导致疾病、人身伤害，本人不要求用人单位承担责任。

时间：　　　年　　　月　　　日

本人签名确认：

本人身份证号：

本人与退休人员关系：

6.2 管理工具类

员工登记表 | 40

适用场景：

员工入职或应聘本单位时，可要求其亲笔填写（或打印后签字）员工登记表。在收集员工信息的同时，可以起到下列作用：确定员工有效联系方式、判定是否存在欺诈等。

重要审查点：

注意仅收集员工姓名、身份、住址、教育工作经历等必要信息，同时要求员工对提交信息承诺真实性，否则视为严重违反《劳动合同法》的诚实信用原则与公司的规章制度，公司有权单方面解除劳动合同，不支付任何经济补偿和赔偿金。

文本正文：

员工登记表

姓名		性别		出生年月日		照片
身高		婚姻状况		民族		
政治面貌		手机				
身份证号						

续表

<table>
<tr><td>家庭住址</td><td colspan="6"></td></tr>
<tr><td>通信送达地址</td><td colspan="6"></td></tr>
<tr><td>邮编</td><td colspan="2"></td><td>E-mail</td><td colspan="3"></td></tr>
<tr><td>紧急联系人</td><td></td><td>与本人关系</td><td></td><td>电话</td><td colspan="2"></td></tr>
<tr><td>户口所在地</td><td colspan="6">省　　　　　　　市</td></tr>
<tr><td>档案所在地</td><td colspan="6"></td></tr>
<tr><td rowspan="7">教育培训简历</td><td colspan="2">起止时间</td><td colspan="2">学校或培训机构</td><td colspan="2">专业及所获证书</td></tr>
<tr><td colspan="2"></td><td colspan="2"></td><td colspan="2"></td></tr>
<tr><td colspan="2"></td><td colspan="2"></td><td colspan="2"></td></tr>
<tr><td colspan="2"></td><td colspan="2"></td><td colspan="2"></td></tr>
<tr><td colspan="2"></td><td colspan="2"></td><td colspan="2"></td></tr>
<tr><td colspan="2"></td><td colspan="2"></td><td colspan="2"></td></tr>
<tr><td colspan="2"></td><td colspan="2"></td><td colspan="2"></td></tr>
<tr><td rowspan="7">工作简历</td><td colspan="2">起止时间</td><td>工作单位</td><td>职务</td><td>主要工作</td><td>离职原因</td></tr>
<tr><td colspan="2"></td><td></td><td></td><td></td><td></td></tr>
<tr><td colspan="2"></td><td></td><td></td><td></td><td></td></tr>
<tr><td colspan="2"></td><td></td><td></td><td></td><td></td></tr>
<tr><td colspan="2"></td><td></td><td></td><td></td><td></td></tr>
<tr><td colspan="2"></td><td></td><td></td><td></td><td></td></tr>
<tr><td colspan="2"></td><td></td><td></td><td></td><td></td></tr>
</table>

续表

<table>
<tr><td rowspan="4">家庭情况</td><td>关系</td><td>姓名</td><td>工作单位
及职务</td><td>联系电话</td></tr>
<tr><td></td><td></td><td></td><td></td></tr>
<tr><td></td><td></td><td></td><td></td></tr>
<tr><td></td><td></td><td></td><td></td></tr>
<tr><td colspan="2">是否公司员工介绍</td><td></td><td>介绍人</td><td></td></tr>
<tr><td colspan="5">是否有亲属、同学或朋友在本公司任职？如有请如实说明该员工姓名、部门、职位以及与您的关系。
□有　　□无</td></tr>
<tr><td colspan="5">是否有亲属、同学或朋友在本公司的竞争对手或客户公司任职？如有请如实说明该员工姓名、部门、职位以及与您的关系。
□有　　□无</td></tr>
<tr><td>本人擅长
领域 /
特长 / 兴趣</td><td colspan="4"></td></tr>
<tr><td>最看重公
司那几项</td><td colspan="4">□工资待遇　□升职机会　□人际关系
□工作环境　□福利保险　□工作时间
□工作量大小　□主管领导水平</td></tr>
<tr><td>录取后个
人的志愿</td><td colspan="4"></td></tr>
</table>

续表

请综合评价自己	

★本人郑重声明：

1. 本人深知上述资料系公司录用我的依据，本人保证所提交的所有资料均真实可靠，否则即构成欺诈，公司可即时解除劳动关系并不支付任何补偿。

2. 本人所填写的联系方式包括电子邮箱真实有效并将及时查收，可作为接受有关通知、制度、工作要求的方式。一旦向上述联系方式之一发出通知，即被视为本人已经收到并阅读。

3. 公司人事管理制度、员工管理制度、公司薪酬管理制度本人已经收到且详细阅读，对上述规章制度均无异议且同意遵照执行。

注：请在每一页下方签名，表示确认。

签署时间：　　　　年　　　　月　　　　日

员工签名确认：

录用通知书 | 49

适用场景：

单位准备聘用某人员，向其发出录用通知，告知其报到的时间、材料、联系方式时，可使用本文件。

注意：如果单位发出本通知后，又无故拒绝对方入职，则会承担缔约过失责任，可能被要求作出一定赔偿，但不会被要求必须建立劳动关系。

重要审查点：

审查点 1：用人单位随意撤销录用通知书的，可能要承担缔约过失责任

录用通知书虽然是用人单位单方面向求职者签发的，但不代表企业可以单方面撤销。从法律上讲，录用通知书属于要约的范畴，用人单位随意撤销录用通知书，可能要承担缔约过失责任。

审查点 2：录用通知书不要将所有核心内容都表述的具体明确

从预防不确定性风险来说，考虑到企业可能会有变化，建议录用通知书不要把所有的核心内容都表述得明确、具体，否则一旦发生纠纷，回旋余地会大大减少。

审查点 3：可附加录用通知书失效条件

如：

1. 背景调查发现有问题的。
2. 入职体检不合格的。
3. 有其他不符合公司录用要求的情形。
4. 签订劳动合同后录用通知书不再发生法律效力。

审查点 4：录用通知书可考虑设计劳动者确认条款

录用通知书是要约，但如果用人单位在录用通知书上设计劳动者确认条款，劳动者的确认就是承诺，一旦劳动者承诺之后，双方的民事合同关系成立，劳动者再反悔的，要承担违约责任。

文本正文：

录用通知书

____________：

您好！

感谢您来到________________公司（以下简称公司）应聘，经过公司人力资源部和业务部门领导的认真考察、研究，决定录用您到公司工作。

1. 工作内容与用工形式说明

1.1　入职时间：____年____月____日____时____分

1.2　工作岗位：________________

1.3　用工形式：公司与您的首次合同期限为____年，其中根据公司规定，您的试用期将为____个月；在您试用期满并经考核合格后，您将成为公司的正式员工。

1.4　有关您的薪酬、福利以及工作条件等细节，将会在劳动合同中做详细规定，您可向人力资源部征询。

2. 报到所需材料

2.1　公司《录用通知书》（电子版或打印版）；

2.2　身份证原件；

2.3　学历、学位证书以及您曾获得的资格证书原件；

2.4　照片____寸____张；

2.5　您服务的上一家公司出具的离职证明（应届毕业生无须提供）；

2.6　其他通知您需要提交的材料。

请您务必携带上述材料按规定时间至公司报到并签订劳动合同。

3. 录用通知书的效力

公司将为您保留此工作岗位至____年____月____日，如您未在此之前报到入职，公司将视为您主动放弃本工作机会，本录用通知失效，由此给您个人造成的不便和损失我们将不予承担。

本通知如有其他未尽事宜，将在劳动合同中予以进一步说明；若本通知内容与您未来的劳动合同内容存在冲突，一律以劳动合同约定为准。

4. 违约金

如您签署本文件，则视为您接受公司录用且同意在指定日期报到入职。如您违约，则应向公司支付违约金。

违约金金额为人民币____元整。

如您有其他问题，请联系人力资源部。

人力资源部联系人：________

联系电话：____________

公司地址：________________

公交、驾车提示：________________

年　　　月　　　日

________________**公司**

签　收　栏

本人收到且同意履行上述录用通知书，并将按时报到入职。

签署时间：　　　　年　　　月　　　日

本人签署：

调岗调薪通知书 | 66

适用场景：

对员工的薪酬、岗位、工作内容等进行调整时，可使用本文件。员工签署本文件后，即视为劳动合同相应变更，可以不用另外签署劳动合同变更协议，也不用重新签订劳动合同（如有其他需要除外）。

重要审查点：

审查点：应将全部工作岗位、待遇等调整信息均书面明确

员工签署调岗调薪通知书后，视为对劳动合同的变更。

调岗调薪通知书应当对工作岗位、薪酬、福利待遇等调整信息进行书面明确，以免引发争议。如不涉及部门审批要求，可自行调整使用提供模板中的表格。

相关文本：

▲ 17560 员工薪资结构确认书

文本正文：

调岗调薪通知书

<table>
<tr><td>姓名</td><td></td><td>编号</td><td></td></tr>
<tr><td rowspan="4">原任</td><td>部门：</td><td rowspan="4">调任</td><td>部门：</td></tr>
<tr><td>职务：</td><td>职务：</td></tr>
<tr><td>工资：</td><td>工资：</td></tr>
<tr><td>工作时间：</td><td>工作时间：</td></tr>
<tr><td>相关说明</td><td colspan="3"></td></tr>
<tr><td colspan="4">到新岗位报到时间：________年________月________日
调整生效时间：________年________月________日</td></tr>
</table>

续表

批示	调出部门意见	调入部门意见	人力资源部意见	分管领导意见
本人意见	本人同意变更劳动合同，对工作内容、岗位和工资作上述变更，将按时赴新岗位工作，认真完成新工作岗位上的任务。 ________年________月________日 签名：			

如有工作地点的变动，可在此增加一行，或在“相关说明”中说明。

本人签字后调整生效，等于已经变更劳动合同，可不用另外签订书面协议或变更劳动合同。

商业秘密确认单 | 325

适用场景：

员工（或兼职的顾问、设计等人员）在职或离职时，可以配合保密协议、制度等，要求员工签署本文件，确认哪些属于公司的保密信息，哪些是属于公司的专有客户，起到加强保密效果的作用。

重要审查点：

商业秘密的范围包括技术、经营、管理、企业特殊秘密等。因此，约定保密内容时，需要明确要保密的对象、范围、内容和期限，以避免在是否属于商业秘密上产生分歧乃至引发纠纷。不同企业以及同一企业的不同时期、企业内不同人员的保密范围均有可能发生变化，若改变了保密范围和内容，应及时修改保密协议相关内容，并通过“商业秘密确认单”等进一步明确保密信息，确认员工已经掌握该保密信息。

相关文件：

▲301 保密协议

文本正文：

商业秘密确认单

（________）________号

<table>
<tr><td>确认人</td><td></td><td>所属部门</td><td></td></tr>
<tr><td>说明</td><td colspan="3">1. 基于履行职务的需要，确认人已经了解或收到本表中的相关信息。
2. 下列事项，均为公司商业秘密，确认人应按照公司规章制度及双方约定履行保密义务。本表所列之外，依据公司规章规章制度及双方约定属于商业秘密的，确认人亦应履行保密义务。
3. 本表中的客户为公司专有客户，有关材料中的知识产权均归公司所有。</td></tr>
<tr><td rowspan="7">客户信息</td><td colspan="3"></td></tr>
<tr><td colspan="3"></td></tr>
<tr><td colspan="3"></td></tr>
<tr><td colspan="3"></td></tr>
<tr><td colspan="3"></td></tr>
<tr><td colspan="3"></td></tr>
<tr><td colspan="3"></td></tr>
</table>

续表

其他秘密信息与材料	
备注	
确认	★上述信息本人已知悉，有关材料已收到，我将依据公司规章制度与双方约定履行保密义务。 ★我承诺不会私下与公司客户进行（直接或间接）与公司相竞争或利益冲突的业务，即使在我离职之后亦应继续履行。 签署时间：　　　　年　　　　月　　　　日 签名：

协商解除劳动关系协议书丨349

适用场景：

甲方（用人单位）与乙方（员工）协商解除劳动关系，约定解除时间、补偿金等事宜。

重要审查点：

【重要等级：**高**】

审查点 1：明确解除时间

协议应明确协商解除的具体时间。解除时间可以是在签订协议之前或之后，例如，在解除时间之前一个月即签署协商解除协议。但如果提前半年甚至更长时间签署协商解除协议存在争议。

如果工资计发时间、停止工作时间（或交接工作时间）、社会保险缴纳时间（全部或部分）与解除时间不一致，也应予明确。如果均一致或无特殊安排，可以不再明确工资计发时间、社会保险缴纳时间。

审查点 2：明确经济补偿金金额或计算方式

经济补偿金的具体数额由双方约定，可以低于、等于或高于《劳动合同法》第 47 条规定的经济补偿金标准。实务中进行协商解除时，最好提前算好经济补偿金，或者也可以考虑约定按《劳动合同法》第 47 条规定的标准计算。

在明确经济补偿金（是否支付或支付多少）的前提下，协议中可以不明确写出是哪一方提出解除劳动合同。如果协议已经明确是由劳动者一方提出解除，则根据法律规定无须支付经济补偿金，建议直接写明相关约定。

审查点 3：明确员工放弃其他索赔

协商解除协议中应尽量说明员工不得再向单位索赔其他经济补偿、赔偿、劳动报酬、费用等。也可以表述为“双方均不得向对方索赔……”，但这种表述的前提是单位一方确认没有要向员工方索赔的项目。如果仅仅表明“双方再无其他争议”或类似简单的表述，不一定起到“员工放弃其他索赔权利”的法律效力。

审查点 4：如有竞业限制需求应列明

竞业限制义务必须由双方书面约定。如果有意设定竞业限制义务，双方又无其他书面文件，则可以在离职协议中加上竞业限制义务约定，且竞业限制义务必须由用人单位支付竞业限制补偿。

为明确竞业限制方面的权利义务，用人单位最好与员工另外签订专门的竞业限制义务；协商解除协议中可简单提到：乙方离职后应遵守竞业限制义务，具体以双方签署的《竞业限制协议》为准。

审查点 5：如有特殊交接要求应列明

如果需要员工归还特定的物品或特定的、明确的工作交接任务，可以在协议中予以明确。如果没有特殊的要求，也可以只写明：乙方应按甲方要求完成工作交接，并可以约定在员工处理完工作交接之后向员工支付经济补偿金。

审查点 6：如有社会保险公积金补偿、较大报销、奖金、年休假、加班费等未尽事宜应明确

1. 如在职期间有社会保险、住房公积金未缴纳或未足额缴纳事宜，双方有可能协商予以现金补偿，同时不再补缴。这种约定不能对抗社会保险机构，社会保险机构仍可责令补缴，但此时用人单位可要求劳动者返还现金补偿。因此仍然可以起到一定的约束作用。

2. 如有较大金额的报销、特殊奖金、加班费等专门款项，可专门约定。同时确认不再有其他赔偿、费用、报酬等。

3. 如果用人单位已经对未休年假给予补偿，乙方放弃其他未休年假报酬，也可在协议中明确。

其他场景：

▲ 9101 解除劳动合同通知书（员工提前通知解除）
▲ 9103 解除劳动合同通知书（员工随时通知解除）
▲ 9104 解除劳动合同通知书（员工动议协商解除）
▲ 9105 解除劳动合同通知书（公司动议协商解除）
▲ 9106 解除劳动合同通知书（正式合同期间企业的单方解除）
▲ 8537 解除劳动合同通知书（试用期间企业的单方解除）

相关文本：

▲ 9100 离职申请单
▲ 9108 离职面谈记录表

▲ 9110 离职交接表

文本正文：

协商解除劳动关系协议书

甲方（用人单位）： ________________

统一社会信用代码：________________

乙方（员工）： ________________

身份证号码：________________

甲乙双方经平等自愿协商，就解除劳动合同事宜达成一致，并签订本协议。

一、解除日

双方同意于____年____月____日（解除日）解除劳动合同（劳动关系）。

二、相关安排

1. 乙方应根据甲方的要求办理工作交接手续。

2. 甲方应正常发放工资至解除日。

3. 社会保险、住房公积金应正常缴纳至解除日。

三、离职补偿

经济补偿金：甲方应于解除日后10个工作日内向乙方支付经济补偿金人民币（大写）____元（¥____元）。该补偿金已包括双方劳动关系解除相关的全部补偿、代通知金等项目。[1]

四、确认无其他争议

乙方确认：了解《劳动合同法》相关法律法规的规定。劳动关系存续期间，双方已依法签订了书面劳动合同，甲方依法履行了用人单位义务（包括但不限于社会保险、劳动保护、档案转移、年休假等各方面）。除本协议约定的以外，乙方不得再因为原劳动合同的履行和解除向甲方及其关联机构主张其他任何权利（包括但不限于报酬、费用、赔偿或补偿）。

法天使[1]：
【应支付补偿】
使用文中条款。
【无须支付补偿】
1. 经济补偿金：因系乙方提出，甲方无须支付经济补偿金或其他离职补偿。

五、保密义务

乙方承诺对甲方商业秘密承担保密义务。甲方商业秘密包括但不限于作品、技术及经营的相关信息。

该保密义务在解除日后仍继续有效。

六、工作交接

乙方应按甲方要求办理工作交接；如需支付经济补偿金，甲方有权在乙方办理工作交接手续之后支付。

七、其他

离职后，乙方不应从事有损甲方声誉的行为，不得直接或间接地劝诱、帮助他人劝诱甲方内部掌握商业秘密的员工离开甲方单位。

八、附则

1. 本协议一式两份，双方各执一份，具同等法律效力。
2. 本协议经双方签署后生效。

签署时间：　　　　年　　　　月　　　　日

甲方（签章）：
乙方（签名）：

终止 / 解除劳动合同证明书 | 316

适用场景：

即离职证明；员工离职时，双方可签署本文件。一联给员工，一联留单位。

作用：单位根据《劳动合同法》要求开具离职证明，用于化解潜在的劳动风险、告知有无竞业限制义务等。

重要审查点：

企业应当给离职员工开具离职证明，明确企业已履行了全部义务，并对负有竞业限制义务的人员进行书面告知。

文本正文：

终止（解除）劳动合同（或工作关系）证明书

（存根第________号）

________已于____年____月____日与本单位终止 / 解除劳动合同（或工作关系）。

特此确认：单位已经履行全部义务（包括社会保险、档案等），全部劳动报酬、经济补偿、赔偿等均已结清，再无争议，不再向单位要求其他任何费用、劳动报酬、补偿或赔偿。

离职人员签字确认：

签署时间：　　　　年　　　　月　　　　日

________________公司

终止（解除）劳动合同（或工作关系）证明书

（给员工本人）

________自____年____月____日与本单位订立了劳动合同（或工作关系），现已于____年____月____日与本单位终止（解除）劳动合同（或工作关系）。原任职务为：____________。

员工离职后应履行竞业限制义务，期限为离职后____个月，员工不应从事____________方面业务与工作。

特此证明。

签署时间：　　　年　　　月　　　日

________________公司

催告上班通知书 | 318

适用场景：

如果员工不出勤又不按规定请假时，可发出此通知。发出通知后如员工仍无反应，则单位可以选择：

1. 按自动离职处理（停工资、社会保险）；
2. 以员工违纪为由正式通知解除劳动关系。

上述两种作法实务中均可行，但后者更为规范。

重要审查点：

企业应当以书面形式告知，并保留好未出勤、未到岗的相关材料留证。

相关文本：

▲ 12084 单位通知员工待岗通知

文本正文：

催告上班通知书

被通知人：

您自____年____月____日以来，一直未来出勤上班，且未向单位履行任何请假手续。现单位通知您于____年____月____日之前来单位报到，并接受单位依据规章制度进行处理。

如有特殊情况，应提交书面签字材料予以说明并提供相应证据。短信、电话等形式单位将不予认可。

如不能按时报到，单位有权视为您自动离职。

单位指定接收书面材料地址：________________

收件人：________

电话：________________

特此通知。

签署时间：　　　　年　　　　月　　　　日

________________**公司**

签　收　栏

上述通知我已收取，内容已知悉。

签署时间：　　　　年　　　　月　　　　日

签收人：

离职声明 | 314

适用场景：

任何情形下的离职，都可以考虑由员工签署本文件（或有类似表述的其他文件），以此保证解除劳动关系的合法性，并化解潜在的用工风险。

重要审查点：

可结合离职流程，在员工完成工作交接及确认相关义务后，与终止 / 解除劳动合同证明书（离职证明）一同签署。

相关文本：

▲ 4639 员工离职审批表

▲ 3762 员工离职交接表

▲ 1448 离职员工保密承诺书

文本正文：

离职声明

声明人： ________________

身份证号码：________________

就声明人离职事宜，达成以下协议：

一、声明人确认于____年____月____日起与____________________（以下简称公司）解除劳动关系。

二、声明人确认在公司工作期间，双方已签订书面劳动合同，不存在工资及加班费的拖欠，公司已按照劳动合同和国家法律法规规定履行自己的义务（包括但不限于社会保险、劳动保护、档案转移等各方面），并已经合法解除劳动关系，双方不存在任何劳动争议。声明人不再因劳动关系的履行与解除（终止）向公司要求任何劳动报酬、赔偿或经济补偿金、费用、报销等。

时间：　　　　年　　　　月　　　　日

声明人签字：

工伤赔偿协议书 | 282

适用场景：

甲方（用人单位）与乙方（员工）就工伤问题作出一次性赔偿解决，同时解除劳动关系时，约定再无其他争议。无论有无工伤保险，均可适用；但在有工伤保险时，应同时向工伤保险申报相关报销与赔偿。

重要审查点：

用人单位与劳动者在解除或终止劳动合同协议中合并处理工伤保险待遇损害赔偿十分常见。特别是在用人单位未依法为劳动者缴纳工伤保险的情形下，多数用人单位积极寻求与劳动者协商解决工伤赔偿，多数劳动者亦不愿历经漫长的仲裁和诉讼程序，希望一次性尽快拿到补偿。但是不少劳动者签订赔偿协议后，往往又会以协议赔偿数额过低显失公平为由，请求认定协议无效或者予以撤销。

对工伤保险待遇赔偿“显失公平”的标准，实务中较多参照《最高人民法院关于适用〈中华人民共和国合同法〉若干问题的解释（二）》（已废止）第 19 条第 2 款的规定，以低于法定赔偿标准的 70% 作为认定解除或终止劳动合同工伤赔偿协议是否显失公平的标准。

因此，一方面用人单位需要考虑上述协议无效或撤销的风险，同时，建议在协议中对工伤赔偿的法定标准予以提示沟通，以表明当事人在对工伤赔偿的法定标准知情的情况下，仍然愿意签署协议，不存在显失公平的情形，以降低风险。

文本正文：

工伤赔偿协议书

甲方（单位）： ________________

统一社会信用代码：________________

乙方（个人）：________________

统一社会信用代码：________________

为了解决乙方工伤事宜，双方经自愿、平等协商一致，根据相关法律法规之规定，达成以下协议内容：

一、工伤经过

乙方于____年____月____日在为甲方工作过程中受伤。

主要伤情：________________

二、赔偿金额与支付

1. 双方确认，本协议签订之前，甲方已经向乙方支付或承担下列费用：医疗费等各项合计人民币（大写）____________（¥____元）。

2. 除已经支付的以外，甲方同意向乙方支付工伤补偿：人民币（大写）____________（¥____元）。

上述工伤补偿包括但不限于工伤所引起的医疗费、护理费、后续治疗费、伤残辅助器具费、伤残补助金、伤残津贴、就业补助金、医疗补助金、供养亲属抚养金、停工留薪期工资待遇等所有与工伤有关的赔偿、费用与待遇，以及劳动关系解除的经济补偿金等待遇。

3. 工伤补偿支付时间：____年____月____日前支付。

4. 工伤保险处理：各方同意按下列第____种方式处理：

（1）甲方配合办理乙方工伤保险及其他社会保险待遇申报。社会保险（含工伤保险）作出的赔偿包含在本协议约定的工伤补偿金额之中。如甲方已经向乙方足额支付了工伤补偿，则工伤保险基金与社会保险基金所支付的工伤待遇应归甲方所有（如已支付到乙方处，则乙方应向甲方相应返还）。

（2）甲方配合办理乙方工伤保险及其他社会保险待遇申报。工伤保险基金所作出的赔偿不包含在本协议约定的工伤补偿金额之中，甲方应在工伤保险基金赔付的金额之外，按照本合同约定另行支付工伤补偿。

5. 乙方指定收款账户

账号：________________

开户行：________________

户名：________________

三、劳动关系解除

1. 双方同意，双方劳动关系于____年____月____日（解除日）解除；劳动关系解除方面的补偿已经计算到本协议约定的工伤补偿中。

2. 甲方应正常支付工资至解除日，工资标准为：每月人民币____元。

四、特别声明

1. 本协议签订后，甲、乙双方关于工伤、劳动关系履行 / 解除的一切权利义务就此解决，工伤待遇中的所有项目（包括但不限于后续的医疗费用等）均已经包括在约定的工伤补偿中，乙方不得另行向甲方主张任何权利、劳动报酬、补偿金、赔偿金、费用报销，不得提起监察、劳动仲裁或诉讼。

2. 乙方确认了解自身伤情，也了解工伤赔偿的法定标准。如伤情发生任何变化，均不影响本协议的执行。

3. 如本协议签订前乙方未做劳动能力鉴定，则乙方同意放弃进行劳动能力鉴定，且不因日后劳动能力的鉴定结果影响本协议的生效与履行。

五、违约责任

因任何一方违约而导致仲裁、诉讼或申请强制执行的，应当向对方支付实现债权的费用，包括但不限于调查取证费、交通费、通行费、误工费、公证费、律师费，及其他经济损失。

六、其他

1. 本协议一式两份，甲、乙双方各持一份，具有同等法律效力。

2. 本协议自甲、乙双方签署之日起生效。

签署时间：　　　　年　　　　月　　　　日

甲方：

乙方：

乙方亲属签字：

见证人签字：

附件：工伤补偿计算表

项目	金额（元）	备注
医疗费		
后续医疗费		
伤残辅助器具费		
护理费		
交通食宿费		
伤残补助金		
就业补助金		
医疗补助金		
供养亲属抚养金		
停工留薪期工资待遇		
其他待遇		
合计：人民币（大写）________（￥____元）		

乙方签字确认：

6.3　规章制度类

中小企业员工手册 | 2651

适用场景：

用人单位（企业、公司、民办单位等）用于管理员工的制度汇编，并规定有关福利待遇、人事管理流程等相关内容。单位发布后，员工应当遵守。制度中有下画线的表述，说明应该根据当地法规适当调整（各地的薪酬、假期等待遇规定有所不同）。

重要审查点：

员工手册在劳动争议纠纷中起着举足轻重的作用，特别是公司以严重违纪解除劳动合同案件中，员工手册是企业方证据的重要组成部分。员工手册在制定的过程中，应当注意以下方面的合法合规。

1. 合法性。《员工手册》要包含工作时间、休假、劳动报酬、保险福利、劳动纪律、合同解除等重要内容，企业制定的规章制度内容上要合法合规，不得违反法律、行政法规的强制性规定。例如，入职 3 年内不得怀孕等条款，因违反法律的强制性规定而无效。

2. 合理性。《员工手册》条款的制订应当具备合理性。员工手册制订的规章制度，虽然没有违反法律法规规定，但若存在明显不合理、显失公平的内容，如旷工 1 日即可解除劳动合同等，则仍然不能作为管理、处罚员工的依据。

3. 程序性。员工手册及其他规章制度，需通过民主程序制定并已向劳动者公示或告知的，才可以作为法院审理劳动争议案件的依据，员工手册及其他规章制度向劳动者适用的前提即制订经过民主程序并且已向劳动者进行了公示或告知。

相关文本：

▲ 9940 公司管理制度汇编（员工手册）

文本正文：

员 工 手 册

前　　言

尊敬的各位员工：

您好！为健全管理制度和组织功能，规范员工行为，提升员工队伍整体素质，明确公司和员工双方的权利和义务，____________________公司（以下简称公司）特地制订本手册。

1. 本手册是公司对员工管理的基本准则，它介绍了公司的基本情况，解释了公司的规章制度以及其他相关规定，包括员工聘用与工作职责、工作时间与休假、考核与奖惩、薪资与福利、培训与发展、环境安全与卫生等信息，是与每一位员工在公司的工作、生活息息相关的综合性手册。

2. 本手册可以帮助您迅速适应工作环境，请您务必仔细阅读，经常重温本手册有助于您在公司充分发挥自己的才能并获得职业生涯的成功。本手册适用于公司全体员工，它不仅是一本指南或者参考，而且是公司全体员工必须严格遵守的行为规范。

3. 本手册由公司人力资源部编写，已经过协商程序，并经公司最高管理层批准并实施。本手册自实施之日起替代之前所有旧版本手册。

4. 本手册及相应的规章制度将根据公司的生产经营的情况进行不定期的修订或补充，员工应及时通过电子邮件、公司办公平台查阅了解公司颁布的最新制度，并按最新的制度执行。

5. 本手册内容如与国家或地方法律法规相违背，则以国家或地方法律、法规和规定为准。

6. 公司人力资源部保留本手册内容的最终解释权。

　　　　　　　　　　　　　　　　　　　　　　　　　＿＿＿＿＿＿＿＿公司

第一章　公司介绍

一、公司简介

（略）

二、公司使命

（略）

三、公司发展战略

（略）

四、公司文化

（略）

五、公司组织架构

（略）

第二章　劳动关系管理制度

第一条　适用范围

1. 本制度适用于公司所有部门（包括生产、销售、财务等各部分，以下简称各部门），适用于所有与公司建立全日制劳动关系的员工。

2. 公司的劳务派遣用工、退休返聘员工、实习学生、非全日制用工等，应参照适用规章制度中关于员工行为规范、劳动纪律、考勤等方面制度。

第二条　风险防范

1. 人力资源部是公司用工管理的负责部门。人力资源部门应提高风险防范意识，对公司所有部门的所有用工均按本制度进行有效管理，建立完善的职工档案，保留相关书面材料。各部门亦应加强用工规范化，配合人力资源部门进行劳动关系管理。

2. 公司任何部门有任何员工入职，无论是短期用工还是长期用工，无论是农村户口用工还是城镇户口用工，部门主管均应通知人力资源部门，并通过人力资源部门办理有关入职手续。

3. 公司任何部门的任何形式用工，在发生劳动合同到期、终止、辞职或辞退、员工私自离职等情形而导致终止用工时，部门主管均应与人力资源部门联系，并配合人力资源部门办理有关离职手续。

第三条　职工档案

1. 人力资源部门应建立每一位员工的档案，并妥善保管。档案中应存入下列材料：

（1）员工身份材料；

（2）员工入职时提交的学历、学位证书，入职登记表，履历，专业技能证书，离职证明等；

（3）劳动合同、保密协议、竞业限制协议等有关劳动关系协议；

（4）有关考核材料、职务变动材料、奖励或处罚材料；

（5）辞职报告、解除劳动合同通知书、离职交接单、离职审批单等有关离职手续。

2. 职工档案不同于职工人事档案，属公司所有，职工离职后亦由公司保存。人力资源部门应至少保存职工档案至员工离职后 2 年以上。

第四条　用人原则

公司在用人方面遵循下列原则：

1. 公开招聘、择优录用的原则。公司员工在被聘用及晋升方面享有均等的机会，不会因员工的民族、种族年龄、性别等状况以及宗教不同而给予不同的待遇。

2. “德才兼备”的招用原则。公司每一个工作岗位均应招聘具有良好道德素质和胜任该岗位的才能的员工。

3. 计划控制原则。各部门根据公司下发的各部门设置及人员编制，于每年年底协助人力资源部，制订下一年度本部门的人员配备需求增补计划上报总经理批准。经总经理批准后，作为该年度人员配备增补的依据。各部门因特殊情况需要超年度计划增加人员编制时，必须向人力资源部提交超计划增员申请报告，经总经理批准后方可实施。

第五条　不得聘用情形

有下列情形之一者，不得聘用为本公司员工：

1. 被剥夺政治权利者；
2. 通缉在案未撤销者；
3. 受管制、拘役、有期徒刑、无期徒刑等刑罚尚未期满者；
4. 曾经被本公司开除或未经核准而擅自离职者；
5. 曾因贪污、挪用公款或单位财物受刑罚者；
6. 经指定医院体检不合格者；
7. 患有精神病或传染病者；
8. 吸用毒品者；
9. 未满 16 周岁者；
10. 外国人、港澳台居居未办理在中国大陆用工手续者；
11. 法律法规规定的其他情形者。

第六条　招聘审批权限

1. 建议权：用人部门主管副总经理、人力资源部长、总经理。
2. 确定、否决权：总经理。

第七条　招聘流程

员工招聘流程如下：

1. 本公司各部门出现岗位空缺时，应由部门主管提出申请，经人力资源部核准，总经理批准后，由人力资源部办理聘用事宜；
2. 人力资源部根据领导招聘决策作出招聘计划和方案；
3. 人力资源部根据招聘计划和方案招募应聘者并进行初步筛选；
4. 根据岗位的具体信息和重要性确定考官；
5. 通过考试、面试等方式进行甄选；
6. 通过体检、背景调查等方式作出聘用决策；
7. 人力资源部通知员工入职并办理入职手续。

第八条　自主招聘

实行承包责任制的部门可自主招聘，但同样应严格按公司的招聘标准进行，并在确定录用后通知人力资源部门，按照本办法规定到人力资源部门办理报到和入职手续，签订有关协议。部门不得自行与拟招聘人员签订劳动合同或其他协议，也不得向拟招聘人员发出有签字或盖章的录用通知书等文件。

第九条　录用通知

经招聘程序决定录用之人员，由人力资源部负责通知其报到时间与地点。通知方式采取电话或电子邮件方式，不采取加盖公章的书面形式。

第十条　报到手续

1. 应聘人员，应当按照录用通知所确定的日期、时间、地点，亲自办理报到手续。

2. 员工在报到当天应缴验下列证件：

（1）学历、学位、职称、专业技能证件，身份证和户籍证明（正本核对后返还，复印件留存）；

（2）本人最近一寸免冠证件照片 4 张；

（3）原服务单位的离职证明（解除劳动关系证明和退工单）；

（4）已就业者须提交社会保险关系与住房公积金转移手续；

（5）应届毕业生需提供高校就业指导中心规定的有关证件材料；

（6）通知提交的其他材料及证明。

3. 应聘人员，未于通知时间、地点办理报到手续者，视为拒绝接受本公司聘用，该通知自动失效。

第十一条　入职登记

1. 被公司录用的员工在报到时必须亲自认真填写公司《入职登记表》，《入职登记表》包括以下资料：

（1）相对固定信息：员工的姓名、性别、出生日期、国籍、民族、籍贯、血型、身份证号码护照号码、入职本公司之前的工作经历和奖惩记录；

（2）相对可变信息：手机号码、电子邮箱、联系地址、邮政编码、联系电话、紧急联系人信息、教育背景、培训和进修记录、婚姻状况、家庭成员和主要社会关系及其相关信息；

（3）其他入职登记表上要求阐明的各类事宜。

2. 员工应确保所填写资料正确属实，并经员工本人签名确认，作为公司保存的员工个人聘用记录。员工所提交信息均作为公司聘用的依据，如果员工提供不正确的或虚假的信息并与公司建立了劳动关系，公司有权单方面决定解除与其签订的劳动合同。

3.《员工登记表》中所登记的信息如果有所变动，自变更发生之日起 30 日内员工有责任书面通知公司人力资源部，在未收到书面通知之前，公司仍将认定原信息真实有效，由此而产生的一切后果由员工本人承担。

第十二条　领用物品

入职员工应签收领取员工手册或公司规章制度，领用有关证件及工作用具，填写办公室用品配备明细表。如无特别说明，领用材料仍属公司所有，员工应妥善使用和保管，离职时应归还。

第十三条　入职手续

1. 人力资源部应在入职时办妥以下手续：

（1）审核新入职员工的各类证件的原件，并复印存档；人力资源部应经过审核后，应要求员工在复印件上加注“复印件与原件一致”并由员工本人签名。

（2）审阅入职员工与原单位的离职手续，并存档，必要时与员工原单位核实有关离职情况，确保不会招用未与原单位解除劳动关系的员工；必要时还应审查该员工是否与原单位存在竞业限制义务。

（3）协助员工填写有关入职登记表。

（4）协助员工签收并讲解公司规章制度，以及其他物品的签收手续。

（5）签订有关劳动关系书面协议。

2. 如员工报到材料不全，应督促员工事后补全材料。

3. 所有入职材料均应存入职工档案。

第十四条　合同签订

1. 人力资源部应督促所有员工均在入职时签订有关协议。

2. 通过劳务派遣到公司来工作的派遣员工无须签订劳动合同。全日制学校学生来公司实习应签订《实习合同》，已达退休年龄（男满 60 周岁，女满 50 周岁，女干部满 55 周岁）的聘用员工应签订《退休返聘协议》，非全日制用工应签订《非全日制用工合同》。

3. 其他所有员工在入职前或入职同时，即应与公司签订正式书面劳动合同。

第十五条　拒签处理

如果员工拒绝当场签订书面劳动合同，则应由人力资源部向其发出《催签劳动合同通知》，督促其在入职 1 个月内签订劳动合同。如该员工仍拒绝签订，则人力资源部应与其办理劳动关系终止手续，终止其用工。

第十六条　劳动合同期限

1. 劳动合同的期限有以下三种形式：有固定期限的劳动合同、无固定期限的劳动合同和以完成一定工作为期限的劳动合同。

2. 人力资源部应根据员工工作的实际情况，选择其中的一种形式与员工签订劳动合同，并在劳动合同中明确合同期限和相应的试用期。

第十七条　试用期

1. 新员工被录用后，一律实行试用期。试用期时间具体规定如下：劳动合同期限 3 个月以上不满 1 年的，试用期为 1 个月；劳动合同期限 1 年以上不满 3 年的，试用期为 2 个月；3 年以上固定期限和无固定期限的劳动合同，试用期为 6 个月。

2. 以完成一定工作任务为期限的劳动合同或者劳动合同期限不满 3 个月的，不应约定试用期。员工已过试用期后换岗或者续签劳动合同者，不应重新约定试用期。

3. 公司禁止使用单独的试用期合同。

4. 新员工试用期满 15 日前，人力资源部门应当询问有关部门，是否决定将其转正，如果准备不予转正，则人力资源部门应组织作出试用期考核，评定其是否符合录用条件，并交由总经理审定。评定不符合录用条件的，公司可解除劳动合同，并不予支付经济补偿金。

5. 试用期间内，因员工的原因请假超过 10 日的，试用期相应顺延不视为变更劳动合同。

第十八条　录用条件

1. 录用条件包括通用条件（适合公司招聘的所有员工）与专门条件（适合各个岗位的员工）。试用期内发现或发生下列情形之一者，视为不符合通用录用条件：

（1）用工就业手续不完备；

（2）员工未完成所担任岗位的指标或者任务，或者不胜任甲方安排的工作和甲方规定的岗位职责；

（3）试用期内请事假及病假超过3天，或迟到及早退超过4次，或有旷工现象的；

（4）员工所提供信息有弄虚作假或隐瞒的；

（5）有顶撞上司的行为；

（6）试用期内与其他员工发生激烈争吵或肢体冲突者；

（7）不能够提供办理录用、社会保险等所需要的证明材料的，或者不能按公司要求提供真实人事档案的；

（8）患精神病或按国家法律法规应禁止工作的传染病，或身体健康条件不符合工作岗位要求的；

（9）与原用人单位未依法解除、终止劳动关系的；

（10）与原用人单位存在竞业限制约定且在竞业限制范围之内的；

（11）试用期内被通缉或被取保候审、监视居住的；

（12）入职后不同意购买社会保险或者不按甲方制定的劳动合同版本签订劳动合同的；

（13）隐瞒曾经受过法律处罚或者纪律处分的事实的；

（14）未通过试用期内考试的；

（15）试用期考核得分不满60分或不合格者；

2. 公司将参考同事评价、上级评价、业绩表现、出勤状况等各方面因素对员工进行试用期考核，该考核可能有相当程度的主观因素，员工应予理解。如有争议，仍以公司的考核结论为准。

第十九条　新员工培训

试用人员应接受新员工培训。新员工培训由人力资源部与用人部门共同组织实施。

培训结束后，公司将组织考试。考试不合格者将被视为试用期内不符合录用条件，请员工慎重对待。

第二十条　工作内容

1. 员工的工作内容及要求以劳动合同和公司规章制度为准。

2. 公司要求员工在工作时全身心的投入工作中，员工应按公司的工作要求和考核目标，按时、按质、按量地完成其工作内容，并力争达到最佳工作表现。

3. 部门经理或者员工的直接上级有责任向员工解释其工作范围、责任及要求。员工有权向所属部门经理或者上级清楚地了解其工作范围、责任及要求。

第二十一条　调岗

1. 各部门主管应按其直接管辖人员的个性、知识、技能等因素，调配适当工作，以做到人职匹配、人尽其才、才尽其用。员工也可以根据公司人力资源部公布的空缺职位申请调动。

2. 公司将视员工在本岗位的工作年限及工作表现来决定是否同意员工的转岗申请。一般情况下，新员工在试用期内不得申请转岗。员工转岗必须报人力资源部，由人力资源部核准，公司最高管理层批准生效，并由人力资源部出具调岗通知书。

3. 员工接到调岗通知书后，管理人员应于 7 日内、一般员工应于 5 日内办妥移交手续，前往新岗位报到，具体报到时间以通知为准。调任员工在接任者到职前，其所任职务由原属主管指派适合人选暂行代理。

4. 当出现下列情况之一时，公司可调整员工岗位：

（1）连续 2 个月无法完成月任务业绩指标的；

（2）因公司项目撤销或完成、机构调整、部门撤销、岗位合并、设备更新等发生变化，导致不能安排原岗位工作的；

（3）员工不论何种原因连续一个月以上未到岗上班，公司已安排其他员工替换员工原岗位，员工重新到岗上班的；

（4）员工的父母、配偶、子女、兄弟姐妹在公司工作，公司认为不利于工作，需要调岗的；

（5）订立劳动合同时所依据的法律、行政法规、行政规章发生变化，导致岗位必须进行调整的；

（6）根据员工的工作表现、身体状况以及甲方生产经营的需要等情况，需要调岗的；

（7）绩效考核不合格的。

5. 调岗后，相应的薪资级别也将随岗位的变化而变化。

第二十二条　劳动合同的变更

1. 在薪资、岗位、工作地点等重要条款或条件发生时，人力资源部应负责与员工签订书面《劳动合同变更协议》。

2. 经公司审批与员工签字认可的调岗手续，等同于书面的《劳动合同变更协议》。

第二十三条　劳动合同的终止

出现下列情形之一的，劳动合同终止：

1. 劳动合同期满不再续签的；

2. 员工已达退休年龄或开始享受基本养老保险待遇的；

3. 员工死亡，或者被人民法院宣告死亡或者宣告失踪的；

4. 公司被依法宣告破产的；

5. 公司解散、被吊销营业执照或者责令关闭的。

第二十四条　劳动合同到期

1. 劳动合同到期 40 日前，人力资源部门应征询相关部门及公司领导意见，确定是否续签劳动合同，并在劳动合同到期____日前书面通知员工合同终止或续签。续签的，应于劳动合同终止前办妥有关续签劳动合同手续。

2. 禁止在劳动合同到期后不办理续签手续，继续用工。各部门应配合人力资源部门办理续签手续。

第二十五条　协商解除劳动合同

经公司和员工双方协商一致，可解除劳动合同。协商解除劳动合同的，人力资源部门应负责与员工签订《协商解除劳动关系协议》。

第二十六条　员工过错时解除

1. 员工出现下列情况之一的，公司可以即时解除劳动合同且无须给予员工任何经济补偿：

（1）在试用期间被证明不符合录用条件的；

（2）严重违反公司规章制度的；

（3）严重失职，营私舞弊，对公司利益造成5000元以上损失的；

（4）员工同时与其他用人单位建立劳动关系，对完成公司的工作造成严重影响，或者经公司提出，拒不改正的；

（5）以欺诈、胁迫的手段或者乘人之危，使公司在违背真实意思的情况下订立或者变更劳动合同的；

（6）被依法追究刑事责任的。

2. 员工未办理任何请假或离职手续不再上班者，以旷工处理，在构成严重违反公司规章制度的条件下，公司应以严重违反公司规章为由通知其解除劳动关系。

第二十七条　员工无过错时解除

员工有下列情况之一的，公司可以提前30日以书面形式通知员工本人或者额外再支付1个月工资后，解除劳动合同：

1. 员工患病或非因工负伤，医疗期满后不能从事原工作，也不能从事由公司另行安排的工作的；

2. 员工不胜任工作，经过培训或调整工作岗位，仍不能胜任工作的；

3. 劳动合同订立时所依据的客观情况发生重大变化（包括但不限于因公司项目撤销或完成、机构调整、部门撤销、岗位合并、设备更新导致人员编制与岗位调整），致使无法履行本合同，经双方协商不能就变更合同达成协议的。

第二十八条　经济性裁员

有下列情况之一的，公司需要裁减人员____人以上或者不裁减不足____人但占据公司职工总数____%以上的，公司提前____日向工会或者全体职工说明情况，听取工会或者职工的意见并向劳动保障行政部门报告后，可以裁减人员：

1. 依照用人单位破产法的规定进行重整的；

2. 生产经营发生严重困难的；

3. 用人单位转产、重大技术革新或者经营方式调整，经变更劳动合同后，仍然需裁减人员的；

4. 其他因劳动合同订立时的所依据的客观经济情况发生重大变化，致使劳动合同无法履行的。

第二十九条　员工辞职

员工提前____日以书面形式通知人力资源部门，可以解除劳动合同，但双方有服务期约定的除外。

第三十条　自动离职

员工未履行请假手续连续旷工超过 7 日以上，或经公司通知仍不来出勤的，视为员工自动离职。由此造成公司损失的，公司有权要求赔偿。

第三十一条　员工离职工作流程

1. 离职事由出现→人力资源部门与员工部门领导组织进行离职面谈→人力资源部门与员工就违约金、经济补偿金、工资结算、竞业限制等相关事宜与员工沟通并达成初步一致→员工填写人力资源部门制作《离职审批表》报公司领导批示→人力资源部门与员工签署有关文件→员工按《离职交接单》办理离职手续→人力资源部门出具《解除 / 终止劳动合同证明书》及声明并办理有关档案与社会保险转移手续。

2. 所有员工的离职均应经过总经理审阅。

第三十二条　离职面谈

1. 对离职员工，该部门领导及人力资源部应与离职员工进行谈话，谈话应包括下列内容：

（1）了解员工辞职缘由；

（2）回答员工可能有的问题；

（3）征求对公司的评价及建议。

2. 对离职谈话内容应做详细记录，经员工和谈话人共同签字，并存入员工档案。

3. 人力资源部应定期对员工离职原因进行统计分析，并撰写相关报告交公司最高管理层参考。

第三十三条　离职手续

1. 离职员工都应当按照《离职交接单》及其相关要求，认真进行工作移交，向相关部门归还属于公司的财物。

2. 相关部门（车间或班组）负责人，应当认真查验离职员工归还的财物或者相关资料。发现问题应当及时向离职员工指出，并认真做好记录；重大问题需及时报告公司领导。

3. 离职员工未按照规定进行工作移交和财物归还的，或者在移交或归还中发现给公司已造成损失的，公司可要求该员工进行合理的赔偿。相关金额由公司从该离职员工的结算工资中扣除；若无工资结算的，该员工应当以现金一次性赔偿给公司，公司应出具相关收据。员工拒不赔偿的，公司可通过法律途径追索。

4. 离职员工移交或者归还财物或者相关资料无误，相关部门（车间或班组）负责人应在《离职交接单》相关位置签名确认。

5. 办理员工辞职事宜以保密方式处理，并保持工作连贯、顺利进行。

第三十四条　移交物品

辞职员工应移交物品包括但不限于下列物品：

1. 公司的文件资料、电脑磁片；

2. 公司的项目资料、客户资料；

3. 公司价值在 30 元以上的办公用品；

4. 公司工作证、名片、识别证、钥匙；

5. 辞职员工负责的电脑设备、电话等；

6. 其他属于公司的财物。

第三十五条　款项结算

1. 办妥有关交接手续后，辞职员工可到公司财务结算下列款项：

（1）工资；

（2）应付未付的奖金、佣金；

（3）其他依法应向员工支付的款项。

2. 结算上述款项时须扣除以下项目：

（1）员工拖欠未付的公司借款、罚金；

（2）员工未依规定办理交接手续的赔偿金；

（3）员工因其他违反劳动合同约定或规章制度规定而应对公司承担的赔偿金；

（4）原承诺培训服务期未满的违约金。

第三十六条　离职文件

1. 在任何员工离职时，人力资源部门均应督促办理下列书面手续：

（1）员工自动辞职的，应有书面辞职信。

（2）双方协商解除的，应有书面解除劳动合同协议书。

（3）公司单方面解除的，应有员工签收《解除劳动合同通知书》的书面记录。如果员工私自离职或有其他下落不明的情况，应通过邮寄送达至员工认可的通信地址，且保留邮寄回执（回执上应写明送达文件为《解除劳动合同通知书》）存入员工档案。

（4）劳动合同到期终止的，人力资源部应提前 30 日书面通知员工，并保留员工签收通知的书面记录。

2. 员工辞职的，人力资源部门应督促其签署离职声明或离职协议。

3. 以上书面文件均应存入职工档案。

第三十七条　离职管理部门

1. 公司任何部门发生任何形式的用工终止事宜（包括员工私自离职或下落不明）时，均应由部门主管及时通知人力资源部，并配合人力资源部办妥有关离职手续。

2. 人力资源部应审查离职风险，确保有关手续完备。人力资源部应尽量使用员工主动离职以及协商一致离职的方法。

3. 全体公司员工均有义务配合人力资源部及相关部门办理有关离职手续。

第三十八条　离职表示有效性

员工离职时未完全按照规章制度的流程操作，但员工已经提出离职或者确认离职的，不影响员工离职表示的有效性。

第三章　员工行为规范

第三十九条　行为准则

员工在工作中应当遵守以下行为准则：

1. 严格遵守公司一切规章制度及工作守则；

2. 工作中尽忠职守，服从领导，团结同事，保守业务秘密；

3. 平时爱护公司财物，不浪费，公私分明；

4. 不做任何有损公司声誉的行为。

第四十条　行为细则

员工务必仔细阅读以下行为细则并严格遵守：

1. 员工应按规定时间上下班，不得无故迟到、早退；

2. 员工在工作时间内不得随意离开工作岗位，如需离开应向主管请示；

3. 员工在工作时间内，未经核准不可接见亲友或与来宾谈话，如确实因重要原因必须会客时，应经主管人员核准，在指定时间、指定地点进行；

4. 员工每天应注意保护自身和同事的安全与健康，维持作业、办公等区域的清洁和秩序；

5. 员工不得携带违禁品、危险品或者与工作无关的物品进入工作场所；

6. 员工不得私自携带公物离开公司，如因工作原因确须携带，须征得主管人员的同意；

7. 员工在工作时应尽忠职守，服从上级安排，听从上级的工作批示和指导；

8. 员工对工作的汇报应遵循逐级向上报告的原则，不宜越级呈报，但紧要或特殊情况不在此限；

9. 员工在工作时间应全神贯注，努力提高工作效率，严禁看与工作无关的书籍、报刊、杂志；

10. 员工在上班时间内禁止打电话聊天、上网聊天、玩游戏、看电影、听音乐、吃零食或做其他一切与工作无关的事情；

11. 员工不得在办公场所大声喧哗，打电话时声音应尽量不影响其他人工作；

12. 同事之间应通力合作，同舟共济，不得吵闹、斗殴，不得聊天闲谈甚至串岗聊天，搬弄是非，以维护正常的工作秩序；

13. 员工无论在上班时间或休息时间都应尊重其他同事，未经许可不得翻阅或挪用他人的物品和文件（特殊工作、紧急情况除外）；

14. 未经主管或部门负责人的允许，员工不得进入变电室、质量管理室、仓库及其他重地；

15. 员工不得经营与本公司类似及职务上有关联的业务，或兼任其他同业用人单位的职务；

16. 员工应严格遵守公司的制度规定、办事程序，绝不泄露公司的机密；

17. 员工不得借职务之便，贪污舞弊，接受招待，或以公司名义在外招摇撞骗；

18. 员工不得打听同事的考绩结果和薪酬收入；

19. 员工应爱惜并节约使用公司的一切财产物品。

第四十一条　着装

1. 有公司统一制服的，上班时间应着统一制服；无统一制服的，着装应相对正式，不得太花哨或太透太露。

2. 男士不得穿背心、无领衫、沙滩裤、凉鞋或拖鞋上班。女士不得穿背心、吊带装、无袖衫、超短裙、休闲短裤或拖鞋上班。

第四十二条　员工礼仪

1. 员工礼仪应符合通常公共场合之礼仪规范。

2. 员工接听外部电话时，应用普通话主动应答：“您好，某某公司……”

3. 员工在处理对外事务中，应用普通话，使用“您好、欢迎、请、谢谢、对不起、再见、请走好”等礼貌用语。

4. 对来访公司的任何客人，每个员工都有接待之职，都必须用主动热情的态度做好接待或解释工作，无论何种原因，都不得与外来客人大声争吵，影响工作秩序。遇到委屈之事，应采取暂时回避态度，并通过正常渠道向上反映。

第四十三条　防盗意识

员工下班时，必须关闭其所使用的电器和门窗，锁好抽屉，以防有关文件及其他物品遗失或被盗。公司不希望员工将贵重的私人物品、钱财带入公司，以免发生不必要的麻烦。

第四章　工作时间、考勤与休假

第四十四条　总则

为了规范公司考勤管理，严肃工作纪律，有效提升员工的敬业精神，并使员工的工资核算做到有法可依，结合我公司实际情况，特制定本规定。

第四十五条　适用范围

1. 本制度适用于本公司全体员工。

2. 在本公司工作的劳务派遣人员应遵守本制度。

3. 在本公司工作的退休返聘人员、实习人员在工作时间、请假流程方面应遵守本制度。

第四十六条　工作时间与打卡

1. 工作时间：周一至周五

（1）上午 9：00—12：00，下午 13：00—18：00。

（2）中间作为午餐、休息时间，不作为工作时间。

2. 因工作需要，公司可将正常工作日与公休日调换，员工应予服从。如果员工未履行请假手续而无故不上班的，作“旷工”处理。

3. 因工作需要，公司安排员工在休息日工作，公司可先行安排补休，员工应当服从公司的补休安排；如无法安排补休的，公司按 2 倍工资支付报酬。

4. 公司实行上、下班指纹录入打卡制度。全体员工都必须自觉遵守工作时间，实行不定时工作制的员工不必打卡。

5. 打卡次数：一日两次，即早上上班打卡一次，下午下班打卡一次。

（1）打卡时间：打卡时间为上班到岗时间和下班离岗时间；

（2）因公外出不能打卡：因公外出不能打卡应填写《外勤登记表》，注明外出日期、事由、外勤起止时间。因公外出需事先申请，如因特殊情况不能事先申请，应在事毕到岗当日完成申请、审批手续，否则按旷工处理。因停电、卡钟（工卡）故障未打卡的员工，上班前、下班后要及时到行政人事助理处填写《未打卡补签申请表》，由直接主管签字证明当日的出勤状况，月底由行政人事助理据此上报考勤。上述情况考勤由行政人事助理进行管理。

6. 行政人事助理负责检查、复核确认考勤记录的真实有效性并在每月 5 日前汇总交财务部。

7. 员工倒休需提前申请，并以不影响部门工作为前提下当月完成，跨月作废且以往年度的不再做继续累计。倒休需填写《倒休申请表》，由行政人事助理确认签字后，部门经理签批。

8. 员工不得自行倒休，未经批准自行倒休的按旷工处理。

第四十七条　加班管理

1. 对于因工作需要，部门负责人安排在日常工作时间以外加班的，应尽量安排员工按实际加班时间在当月补休。因工作原因不能当月安排补休的，经部门负责人同意可适当推迟。如确实不能安排补休的，公司根据有关规定支付员工加班工资。

2. 公司总部员工因工作需要加班，应通过 OA 流程进行审批，未经批准的，不视为加班；总部员工加班由部门负责人进行审批；分支机构员工需要加班的，由所在分支机构负责人审批。

3. 下列情形不视为加班：

（1）未按规定进行加班审批而自愿在正常工作时间之外工作的；

（2）出差时路途上花费的时间；

（3）非工作时间出差在外，但并未安排正常工作或未经加班审批的；

（4）公司或部门组织的旅游、娱乐、体育、聚餐及其他娱乐活动；

（5）公司在非工作时间组织的培训；

（6）在正常工作时间内因个人原因未完成本职工作而延长工作时间的；

（7）公司在非工作时间安排与本职工作不同的值班的。

第四十八条　各类假期规定

1. 病假

（1）员工休病假需提供一级以上医院或社区医疗服务机构（市医保定点）开具的病假条或诊断证明；连续休病假 3 天以上的，须提供个人医保定点或三级医院开具的病假条或诊断证明，否则按事假处理。

（2）员工休病假必须提前申请。如因情况紧急或突发而无法提前请假，应在休假当天上午 8：00 前通过电话向部门经理请假，并在上班后第一天完成请假审批手续，否则按旷工处理。

（3）连续请病假超过 5 天的，或者当月累计请病假超过 10 天的，公司有权要求员工到公司指定的三级甲等医院进行复查，并以该医院出具的假条作为请假依据。

（4）员工休病假期间的工资，按以下标准计发：

a. 当月病假累计 5 日内的，或年度病假在 20 天以内的，扣发日工资的 50%，但不低于最低工资标准的 80%；

b. 病假超过上述天数的，按最低工资标准的 80% 发放病假工资。

（5）下列情形按旷工处理：

a. 员工自称“病假”，但在事前或事后均不提交有效病假证明的，缺勤当日按旷工处理。

b. 员工制造虚假病假证明或者通过欺诈、威胁、利诱等不当手段骗取病假证明的，缺勤当日按旷工处理，同时应按公司奖惩办法处理。

c. 员工出现病假期间外出旅游或在外兼职等情形的，视为职工欺诈取得病假处理。

（6）根据法律规定：员工因患病或非因工负伤，需要停止工作医疗时，根据本人实际参加工作年限和在本单位工作年限，给予 3 个月到 24 个月的医疗期。医疗期满后，如职工仍继续请假或不能到公司报到的，将视为“在规定的医疗期满后不能从事原工作，也不能从事由用人单位另行安排的工作”，公司有权予以解除劳动合同处理，并依法支付经济补偿。

（7）病假与考核、奖金的关联：

a. 本月内病假超过 10 个工作日时，月度考核评为 c 或 c 以下；

b. 本年内病假超过 50 个工作日时，年度考核评为 c 或 c 以下；

c. 本月内病假超过 10 个工作日时，不予发放月度奖金；

d. 本年内病假超过 50 个工作日时，不予发放该年年度奖金。

2. 事假

（1）因私事而不能正常出勤的，须请事假，完成审批程序后方可休假。未办理请假手续擅自离开岗位或请假期满未来上班也未续假者，按旷工处理。

（2）休事假需按公司规定提前填写《请假申请单》，员工休事假 3 天以上的，需提前 3 天申请。

（3）员工请事假在 3 天以内的（含 3 天），由部门负责人审批。3 天以上的由部门负责人签字同意后报总经理批准。

（4）每次批准事假原则上不超过 3 天，全年累计原则上不超过 15 天。超过上述标准的，公司原则上不予批准。未达到上述标准，但无正当事由的，公司亦有权不予批准。

（5）员工请事假时，公司有权优先安排年休假。

（6）事假为无薪假期，每天扣除日工资的 100%。

3. 婚假

（1）符合法定结婚年龄的职工在本公司入职后结婚的，持有结婚证明，给予婚假 10 天。

（2）婚假应在办理结婚登记后的 6 个月休完，超期的单位不再批准。

（3）婚假需提前两周提出书面申请，出具结婚证，部门经理、总经理批准后交行政人事助理备案并一次性连续休完。

（4）本规定中的婚假天数不包括公休假和法定节假日在内。

（5）婚假应一次性休完。

（6）婚假为有薪假别，休假期间固定工资部分正常发放。但是，与实际上岗相关的津贴、交通补助、餐饮补助、绩效工资、提成工资、奖金等，休假期间不再享受。

4. 丧假

（1）凡与公司签订了正式合同的员工，其直系亲属（父母、配偶、子女、岳父母或公婆）去世的，可休丧假 3 天。

（2）员工请丧假要求提供相关证明，应在亲属去世一个月内使用，申请丧假最迟应于休假当天提出申请。

（3）丧假为有薪假别，休假期间固定工资正常发放。但是，与实际上岗相关的津贴、交通补助、餐饮补助、绩效工资、提成工资、奖金等，休假期间不再享受。

5. 产假及相关生育假期

（1）女职工产假为 128 天，其中产前可以休假 15 天。难产的，增加产假 15 天（需持有医院开具的证明）。多胞胎生育的，每多 1 个婴儿，增加产假 15 天。

（2）女职工怀孕未满 4 个月流产的，享受 15 天产假；怀孕满 4 个月流产的，享受 42 天产假。

（3）男职工配偶生育的，享受 15 天陪产假。

（4）女职工生育婴儿后至婴儿一周岁内为哺乳期，每天有两次哺乳时间，每次 30 分钟。多胞胎生育的，每多哺乳一个婴儿，每次哺乳时间增加 30 分钟。每天的两次哺乳时间也可以合并使用。女职工哺乳婴儿满一周岁后，一般不得延长哺乳期。

（5）产假天数包括其中的公休假和法定假日天数。

6. 孕检假

怀孕女职工，进行产前检查的，按公假计算。

7. 计划生育假

（1）女职工放置宫内节育器，凭医院证明休假算公假。

（2）已婚育龄男女职工，自愿做绝育手术的，凭医院证明其检查时间和休假算公假。

8. 产假期间工资、福利待遇

（1）符合领取生育津贴条件的女职工，生育津贴为女职工产假期间的工资，计入个人账户。产假期间停发各项工资补贴奖金，生育津贴低于本人正常工资标准的，差额部分由公司补足。

（2）不符合领取生育津贴条件的女职工，产假期间的工资待遇按下列情形处理：

a. 因女职工自身的原因（包括但不限于违反计划生育规定）不能领取生育津贴的，

公司不予发放产假期间工资或其他补偿。

b. 非因女职工自身的原因不能领取生育津贴的（如公司未缴纳生育保险），在国家规定的产假期间，公司按劳动合同约定的工资发放工资。

（3）其他未作说明的产假期间，享受正常工资。

（4）如公司正常给职工发放产假工资，之后又申领了生育津贴的，公司有权从生育津贴中扣除公司已经发放的工资。

9. 年休假

（1）年休假天数按以下标准计算：

a. 累计工作年限为 1 年以上，不满 10 年者，假期为 5 天。

b. 累计工作年限为 10 年以上，不满 20 年者，假期为 10 天。

c. 工作年限满 20 年者，假期为 15 天。

（2）职工有下列情形之一的，不享受当年的年休假：职工请事假累计 20 天以上且单位按照规定不扣工资的；累计工作满 1 年不满 10 年的职工，请病假累计 2 个月以上的；累计工作满 10 年不满 20 年的职工，请病假累计 3 个月以上的；累计工作满 20 年以上的职工，请病假累计 4 个月以上的。

职工在享受年休假后，出现上述情形的，则下年度不得休年休假。

（3）国家法定休假日、休息日不计入年休假的假期。

（4）员工入职本公司后连续工作满 1 年的，可开始享受年休假。

（5）公司有权根据经营情况，统筹安排年休假。公司安排职工休年休假，或发出休假通知，而职工自愿上班的，视为公司已经相应安排年休假。

（6）员工未申请当年年休假的，可于次年 6 月 30 日前申请休完。逾期仍未休完的，视为员工自动放弃该年休假。

（7）公司给员工的年休假超过法定标准的，超出部分作为福利年假。福利年假未休的，员工不得要求公司作出补偿。

（8）员工所休年假，首先应视为法定年假。年休假为带薪假期，按正常工资标准发放。

第四十九条　请假制度

1. 员工请假，均应在办公平台提前提交《请假申请单》。

2. 员工休假必须提前申请。如因紧急情况或突发急病而无法提前请假时，应在休假当天上午 8：00 通过电话向部门经理请假，并在上班后第一天完成请假审批手续，否则按旷工处理。

3. 请假必须由本人亲自办理有关手续，电话请假或委托他人代理手续的视为无效，将按旷工或自动离职处理。

4. 请假的核决权限

（1）员工请假 3 天以内的，部门经理核决；3 天（含）以上的，总经理核决。

（2）部门经理以上请假 3 天以内的，上级核决；3 天（含）以上的，总经理核决。

（3）如因主管 / 经理外出，无法在规定期限内审批签字，可在得到主管本人电话许可后，交由行政人事助理代为处理，事后补齐书面审批签字。

5. 对病假、产假、计划生育假、婚假、丧假等需提供相应有效证明的假别，请假时不能提供有效证明的，可先请事假，但必须在事后 2 天内补齐有效证明后再作相应处理。

6. 本制度其他条款对请假有特殊规定的，优先执行特殊规定；没有特殊规定的，按此一般规定处理。

7. 下列情形按旷工处理：

（1）休假超期而未另行办理请假手续的；

（2）以欺骗方式，或以不真实的请假理由取得批假的；

（3）请假未获得批准而自行休假的；

（4）制度规定的其他情形。

第五十条　违纪处理

1. 在规定时间未打卡或未到岗者，视为迟到；超过 30 分钟者视为旷工（最小按旷工半天计算）。未经许可在规定下班时间前离开者，视为早退；早退超过 30 分钟者，视为旷工（最小按旷工半天计算）。

有正当理由且经核实者，或因公外出者，不按迟到、早退或旷工处理。

2. 迟到或早退者，每次扣处全勤奖金或工资 50 元；旷工者，每次（一天为一次）扣处全勤奖金或工资 200 元，同时还应按公司奖惩办法进行处理。

3. 考勤全勤奖励：员工在一个自然月里无请假、迟到、早退等事项者，视为全勤，公司给予全勤奖励。

4. 考勤与绩效奖金

有下列情形时，不再享受年度绩效奖金：

（1）当年度旷工超过 10 天的；

（2）病假、事假或其他非正常上岗天数（带薪假期除外）超过 60 个工作日的。

第五章　薪酬管理

第五十一条　薪酬构成

1. 员工的薪酬由五部分组成：

（1）岗位基本工资，实行“以岗定薪”，以员工的学历、经验、技能及其工作性质予以确定，每月固定发放；

（2）绩效工资，与绩效考核挂钩；

（3）效益奖金，根据公司经济效益浮动发放；

（4）计件或提成工资，根据计件或提成办法发放；

（5）年终奖，由公司依据取得的实际经济效益决定发放标准及何时发放。在实际计发时，结合员工全年实际出勤率和考核结果。

2. 在发放年终奖金前的任何时候，本人辞职或者因故被公司解除劳动合同的员工，均不可享受公司当年发放的年终奖。

3. 每一位员工的具体工资构成，不必然包括上述项目，应以劳动合同约定为准。

第五十二条　工资发放

1. 公司严格执行国家和本市规定的最低工资标准政策规定。只要员工在当月提供了正常劳动的，其当月应得最低工资不低于本市公布的当年职工最低工资标准。但因员工本人请假、事假、旷工等个人原因被扣发工资的，其当月工资收入不受最低标准保护。

2. 员工应在每月薪酬发放当时，或之后 10 个工作日内到人力资源部领取并签收当月工资单。如有异议，应及时到人力资源部进行查询。逾期未来领取工资单或在上述 10 个工作日中未提出异议者，视作放弃领取工资单并认可所收到的薪资。若公司薪资计算有误多支付给了员工，公司可在下期的薪资发放中直接作相应扣减，并在工资清单上明确告知员工。

第五十三条　加班

1. 公司不鼓励员工加班，各岗位所安排的工作任务，均可在正常工作时间内完成。

2. 员工如需延长工作时间，应填写加班审批单，并得到部门主管的同意，否则不视为加班，公司将不予以支付加班工资。仅打卡下班时间超过了规定时间，不视为加班。

3. 实行不定时工时制的岗位员工，公司已在其职位工资标准中考虑了其工作时间的不确定性，故此类员工不再享受加班工资待遇。

4. 非上班时间参加公司组织或外派的培训、旅游、聚会等活动不计算为加班。

5. 非上班时间在外出差但没有工作安排、出差途中等不计为加班。

第五十四条　出差费用

1. 出差员工应对其出差可能产生的费用作出预算，经由部门主管初审，呈请总经理核准后，由出差员工至公司财务部门预支出差款。各项出差费用标准如下：

（1）交通费：在出差途中以及出差期间，员工应根据业务需要选择最为经济实惠而又切实可行的交通工作。部门经理以上的员工可乘坐商务舱及火车软卧。

（2）住宿费

a. 部门经理以上的员工每晚房费应不超过 500 元。

b. 其他员工每晚房费不应超过 300 元。员工在酒店入住期间，公司仅承担基本的每日房费。

c. 其他酒店内的额外支出，例如，房间内其他收费食品和饮料，均由员工本人承担。

（3）餐费：通常情况下依据不同的城市或地区来选择餐费标准，即国内出差日餐费为 30~100 元 / 餐；国外出差日餐费为 10~30 欧元 / 餐或 15~40 美元 / 餐。

（4）招待费

a. 所谓招待费是指员工在出差期间因业务需要而发生的商务应酬的开支招待费，可与差旅费一起实报实销。

b. 招待费的支出应事先得到批准。招待费的报销必须提供所有参加招待者的姓名与身份。

2. 员工出差回来后 3 个工作日内，根据出差实际发生的费用，凭真实有效发票实报实销。负责出差批示的部门主管应负责审核每一项差旅开支是否必要、合理，然后再考虑是否批准。员工凭部门主管签字的发票，填制《出差报销单》至财务部门办理报销业务。

第六章　绩效考核

第五十五条　绩效管理

1. 员工工作绩效是指员工在工作岗位上的工作行为表现与工作结果，它体现了员工对组织的贡献大小、价值大小。

2. 绩效管理是指管理者与员工之间在工作目标与如何实现该目标上所达成共识的过程，以及增强员工成功地达到目标的管理方法和促进员工取得优异绩效的管理过程。绩效管理的目的在于提高员工的能力和素质，改进并提高公司绩效水平。

3. 绩效考核是绩效管理的主要环节和手段，是指公司对员工的工作行为与工作结果全面地、系统地、科学地进行考察、分析、评估与传递的过程。

第五十六条　考核方法

1. 考核工作必须以客观事实、行为和数据为依据，以公平、公正、公开的态度进行，确保考核评估的客观性、合理性和有效性。

2. 考核将根据员工的出勤情况、工作态度、工作技能、完成工作任务的情况以及奖惩情况作出，客观评价与主观评价相结合，主观评价以同事评价、上级评价为主。

3. 公司可按月、季度、年进行考核，并可根据绩效管理的需要不定时地开展考核工作。

第五十七条　考核结果

1. 考核满分为 100 分，得分低于 60 分者，将被视为不胜任工作，公司将安排其调整岗位或培训。调岗或培训后仍不胜任工作者，公司将依法解除劳动关系。

2. 公司将另行制定绩效工资计发办法，将考核得分与绩效工资挂钩。

3. 公司将以考核结果作为调整岗位、晋升员工、续签劳动合同的主要依据。

第五十八条　不胜任工作

员工出现下列情形之一，将被认为属于不胜任工作：

1. 绩效考核得分低于 60 分或不合格者；

2. 连续的 1 个月内在本职工作中出现 2 次以上错误，而该错误一般可以避免者；

3. 未完成工作任务，而该工作任务同岗位大部分员工均可完成者；

4. 其他表明员工不胜任本职工作的情况。

第七章　知识产权和保密义务

第五十九条　知识产权

1. 员工的职务发明或职务作品，或在业余时间，利用公司提供的资金、技术、信息或其他条件完成的有关新产品开发研制的产品、论文、图纸稿件、书籍、专利等产权都属于公司所有。员工无权占有，无权对外提供。

2. 在员工与公司劳动合同终止或解除或因其他原因离开公司后，员工应向公司交还其公司的全部技术文档、备忘录、客户名单、财务报表或推销资料等，且不得在其他场合传播和使用。

第六十条　保密义务

由于竞争的存在以及员工对公司的责任，公司任何员工都不应将有关公司的任何情报泄露给任何人（公司授权者除外）。对于个人的工资、其他工作伙伴的信息、公司的财务经营数据、人事政策，等等，员工都有义务保密。这既是一种良好的工作作风，同时也是对别人尊重的道德表现。这种保密的义务，不仅限于员工在公司工作期间内，在员工离开公司后，都应承担这种义务。

第六十一条 保密范围

公司商业机密和保密资料如下：

1. 经营信息

（1）公司重大决策中的秘密事项；

（2）公司尚未付诸实施的经营战略、经营方向、经营规划、经营项目及经营决策；

（3）公司内部掌握的合同、协议、意向书及可行性报告、主要会议记录。

2. 市场信息

（1）供销情报及客户信息；

（2）市场及销售的预测、计划及其他信息；

（3）公司所掌握的尚未进入市场或尚未公开的各类信息。

3. 财务信息

（1）公司财务预决算报告及各类财务报表、统计报表；

（2）公司的资金筹措渠道和银行借贷情况。

4. 人事信息

（1）公司人力资源管理制度和规划等；

（2）公司职员人事档案、工资、劳务性收入等资料。

第六十二条 保密措施

对于公司的商业机密和保密资料，公司采取的保密措施如下：

1. 属于公司商业机密和保密资料的相关文件、资料和其他物品的制作、收发、传递、使用、复制、摘抄、保存和销毁，由专人负责执行。

2. 公司的商业机密和保密资料应在设备完善的保险装置中保存，由专人负责执行。

3. 未经总经理或主管副总经理批准，不得复制和摘抄。

4. 收发、传递和外出携带，由指定人员负责，并采取必要的安全措施。

5. 属于公司秘密的设备或产品的研制、使用、保管、维修销毁，由公司指定专门部门负责执行，并采取相应的保密措施。

6. 当公司外部的人员或机构向员工要求提供有关公司资料，对于其中涉及商业机密和保密资料的部分，一般情况下员工应告知无授权并拒绝提供。在对外交往与合作中确需提供公司秘密事项的，应当事先经总经理批准。

7. 不准在私人交往和通信中泄露公司秘密，不准在公共场所谈论公司秘密，不准通过其他方式传递公司秘密。

8. 员工发现公司秘密已经泄露或者可能泄露时，应当立即采取补救措施并及时报告公司。

9. 若员工对信息的保密程度无法确定，应先视其为保密信息直至被公司管理层或上级确定为可以对外透露的信息。

第八章　员工档案

第六十三条　人事档案

1. 人事档案是指员工在进入公司工作前，由国家事业单位、机关、学校或用人单位办理的个人历史记录材料。基于以下原因，公司可以要求员工将人事档案转入公司：

（1）人事档案转入公司属全职员工，享受全职员工有关待遇；

（2）公司为员工安排有关的养老保险、失业保险、医疗保险、工伤保险等相关事宜；

（3）公司为员工出国接受培训做政审、护照及提供有关的担保和材料；

（4）为保障员工和公司的双方利益。

2. 对公司要求员工将人事档案转入公司的，员工应在被录用或被通知后 1 个月内将人事档案转至本公司或公司指定的档案管理机构。

第六十四条　工作档案

1. 在员工进入本公司后，由公司人力资源部负责建立和保管员工的工作档案，其主要内容包括劳动合同、培训合同、个人资料表、升迁记录、工资福利、表彰及处分记录等。

2. 本档案归公司所有，当员工离职后，此档案留存本公司。

第六十五条　离职档案办理

1. 员工应当自离职生效之日起 15 日内将本人档案从公司转出，转入新单位、人力交流中心、劳务市场或退回街道等。

2. 员工过期不到公司人力资源部办理档案转出手续的，本人将负责档案的保存费。

3. 公司自员工离职生效之日起将不负责为员工支付任何保险及出具任何与调动档案无关的证明。

第九章　奖惩规定

第六十六条　主旨

为加强公司管理，教育员工遵守国家法律法规，遵守社会公德、职业道德以及公司各项规章制度，维护正常工作程序，保障公司各项制度的执行，促进全体员工奋发上进，根据国家有关规定并结合公司实际情况，制订本奖惩规定。

第六十七条　奖惩原则

制订奖惩规定的原则是：

1. 有章可依，有章必依，违章必惩，奖惩严明，赏罚有度；

2. 精神鼓励与物质鼓励相结合，教育与惩罚相结合。

第六十八条　负责部门

奖惩规定由公司行政人力资源部负责贯彻并督察实施情况。

第六十九条　奖励种类

本公司员工之奖励分为嘉奖、记功、晋级、奖金、总经理特别奖励五种。

1. 员工具有下列情况之一者，可予嘉奖：

（1）品德优良、技术超群、工作认真、恪尽职守者；

（2）领导有方，使业务工作拓展有相当成效者；

（3）品行端正，遵守规章、服从领导，堪为全体员工楷模者；

（4）厉行节约，或利用废料有显著成绩者；

（5）工作积极、忠于职守、遵纪守法、文明礼貌、模范执行公司各项规章制度，全年未出现事故者。

2. 员工有下述情况之一者，可酌予记功：

（1）超额完成公司利润计划指标，经济效益显著者；

（2）对于主办业务有重大拓展或改革并有实效者；

（3）积极向公司提出合理化建议，其建议被公司采纳者；

（4）敢于制止、揭发各种侵害公司利益之行为者；

（5）执行临时紧急任务能依限完成者；

（6）维护公司利益和荣誉，保护公司财产，防止事故发生与挽回经济损失有功者；

（7）维护公司的规章制度，对各种违纪行为敢于制止、批评、揭发者；

（8）对社会作出贡献，使公司获得社会荣誉者；

（9）具有其他功绩，总经理认为应给予奖励者。

3. 员工有下述情况之一者，可酌予晋级：

（1）对主办业务有重大革新，提出具体方案，经实行确有成效者；

（2）办理重要业务成绩特优、产生重大利润或有特殊成绩者；

（3）适时消灭意外事件或重大变故，使公司免遭损害者；

（4）在恶劣环境下，不顾个人危险尽力职守者；

（5）坚持业余自学，不断提高业务水平，在公司任职期间，获取硕士以上文凭或其他专业高级以上职称和证书者；

（6）具有其他功绩，总经理认为应给予晋级者。

4. 其他维护公司利益和名誉，为公司创造利润和价值的行为，有事实证明者，亦予以奖励。

公司员工具有上述各项情况并取得相应奖励时，经公司经理办公会议批准，可单独或同时给予100~1000元人民币奖金。

5. 总经理特别奖励，由总经理根据公司员工的功绩确定，给予不同程度奖励。

第七十条　奖励换算

员工一年内累计嘉奖3次等于记功1次，累计记功3次可奖励晋级一档工资。

第七十一条　奖励流程

员工的奖励，由员工所在部门或主管领导向公司行政人力资源部推荐，并按人事管理权限划分进行审核批准，由行政人力资源部落实执行。

第七十二条　其他奖励待遇

事迹突出的员工除给予奖励外，公司还将在学习、休假等方面给予优先考虑。

第七十三条　违纪处分

1. 本公司之处分为下述几种：警告、记过、解除劳动关系，并配合扣款措施。

2. 警告处分：员工有下列情形之一的，给予警告处分，并从工资中扣款 50 元：

（1）工作上消极怠工者；

（2）因工作失误导致过失，情节轻微者；

（3）不服从上级安排或指示者（初次）；

（4）代人刷卡或委托他人刷卡者（初次）；

（5）工作时间内短期（10 分钟内）无故脱离工作岗位者，未造成严重后果者；

（6）浪费公物，情节轻微者；

（7）在公司随地吐痰、乱扔烟头或其他废弃物者；

（8）利用公司车辆办理私人业务者；

（9）值班、检查、管理或监督人员管理疏忽及不认真履行职务者；

（10）出入厂区时拒绝管理人员检查、询问者；

（11）未遵守就餐时间及餐厅秩序者；

（12）品行不端正、谩骂或辱骂他人者；

（13）工作场所喧哗、嬉戏、吵闹，妨碍他人工作者；

（14）不按公司规定着装及佩戴劳保用品者；

（15）个人发型不符合公司规定者；

（16）拒绝公司因工作需要为其安排健康体检者；

（17）指定受培训人员无故不参加培训学习者；

（18）未经组织者批准不参加公司、部门或班组会议者；

（19）在公司组织的会议、活动中不遵守秩序者；

（20）妨碍现场工作秩序或违反安全生产规定者；

（21）不履行请假手续而缺勤者；

（22）不按照公司规定使用浴室、足球场、篮球场、体育器材及各种生活、体育设施者；

（23）1个月内（从第一次发生之日计算）迟到、早退、不按时到岗累计3次以上者；

（24）旷工1日者；

（25）其他有上述类似情况行为者。

3. 记过处分

员工有下列情形之一的，给予记过处分，并从工资中扣款200元：

（1）对上级指示或有期限之命令，无正当理由未如期完成者；

（2）工作上消极怠工，情节较为严重者；

（3）在公司规定的禁烟区内吸烟者；

（4）工作时间内无故脱岗超过10分钟者，或者虽未超过10分钟，但造成一定影响或损失者；

（5）在工作时间内从事与本职工作无关活动（包含玩手机或电脑游戏，看电影、小说，听音乐等）者；

（6）未经许可擅自带外人进入公司者；

（7）值班、检查、管理或监督人员管理疏忽或未认真履行职务，影响较轻者；

（8）因工作疏忽或失误，导致机器设备或物品资材遭受损害，或对本人、他人造成伤害者；

（9）违反安全生产管理操作流程、规定，对本人或他人造成人身伤害者；

（10）利用职务之便谋取私利（投机取巧）情节较轻者；

（11）携带危险物品进入公司者；

（12）中伤、挑拨、诽谤同事者；

（13）未做好上下班次交接工作者；

（14）累计旷工2日者；

（15）代替他人刷卡或委托他人刷卡，超过（并包括）2次者；

（16）1个月内（从第一次迟到、早退、不按时到岗之日计算）迟到、早退、不按时到岗累计5次（含5次）以上者；

（17）擅离职守导致发生事故使公司蒙受损失，情节较轻者；

（18）泄露生产经营或业务上机密，影响较轻者；

（19）遗失所管之重要文件、机件、物件或工具者；

（20）恶意撕毁公文或公告文件者（初次）；

（21）擅自变更作业方法者；

（22）其他被公司认定为具备上述类似行为者。

4. 解除劳动关系

员工有下列情况之一的，属于严重违反规章制度与劳动纪律，解除劳动关系并不支付任何经济补偿金：

（1）有以下利用职务便利谋取私利或未经许可从事和公司利益关联的行为之一者：

a. 收受他人或其他公司贿赂、以不正当手段谋取私利（包含回扣等）的；

b. 私自占用公司财物或擅自将公司财物授予他人的；

c. 贪污、挪用公款的；

d. 通过虚假发票或与实际用途不符的发票报销的。

上述行为，均无论金额大小，且无论是否已经实际取得利益。

（2）扰乱公司秩序或破坏工作风气的行为：

a. 工作时间内睡觉，情节严重的；

b. 公司内玩牌、赌博的；

c. 工作时间内在公司饮酒或酗酒后上班的；

d. 工作时间内无故脱岗超过30分钟者，或脱岗影响生产的；

e. 在工作场所及工作时间内利用公司材料或设备制造私人物品者；

f. 以暴力威胁、恐吓他人或严重侮辱、攻击、诋毁他人的；

g. 打架斗殴的，无论起因为何；

h. 寻衅滋事、聚众结伙或指使外公司人员到公司闹事的；

i. 对上级指示不执行或延误执行，情节严重的；

j. 拒不接受公司工作调派或命令，经教育后仍不悔改的；

k. 工作态度恶劣，经教育后仍不改正的；

l. 张贴或散发传单、图片，或本人参与、教唆、怂恿他人罢工、停工、怠工的；

m. 盗窃公司或他人财物的；

n. 故意损毁公司公文、重要文件或损毁公司印章的；

o. 过失或故意损坏公司财产、设备、器材、材料，或泄露公司机密，造成公司损失金额达 5000 元以上的。

（3）违反国家相关法律法规的行为：

a. 因违法被拘留的；

b. 被追究刑事责任的；

c. 吸食毒品（含麻醉剂等）的；

d. 隐瞒传染病或其他病史，危害其他员工健康的；

e. 参加非法组织、游行示威、集会，经劝告仍不悔改者；

f. 违反法律法规，影响公司名誉的。

（4）违反公司安全管理行为的：

a. 在公司禁烟区域内吸烟，造成任何安全事故的；

b. 未经许可携带危险或违禁物品进入公司，经劝说后仍不改正的；

c. 出入公司拒不接受检查，经教育后仍不改正的；

d. 损坏、占用、挪动公司安全管理设施（含消防设施），引发安全事故的；

e. 未遵守公司安全操作管理流程、规定，造成公司损失 5000 元以上的。

（5）违反考勤管理规定的行为：

a. 累计旷工 5 日，或连续旷工 3 日以上的；

b. 一个考勤月内迟到、早退、不按时到岗累计 10 次以上或全年迟到、早退、不按时到岗 20 次以上的；

c. 捏造虚假事实骗取休假或虚报生病、伪造证明请假缺勤的。

（6）泄露公司机密、违反信息管理规定、损害公司声誉及形象的行为：

a. 未经公司许可，将公司信息、文件、账簿带出公司或利用邮件发送给外人，对公司造成严重损失的；

b. 故意销毁、隐藏公司重要文件、资料、信息的；

c. 未经许可，偷阅、窃取、销毁公司或个人文件、资料的；

d. 使用非本人电脑 ID 号码、IP 地址等，对公司正常生产或他人工作造成严重影响的；

e. 因个人故意或过失行为，对公司的形象及声誉造成严重影响的。

（7）虚假行为方面：

a. 入职时提供、填写虚假材料、信息的；

b. 提供虚假出勤、加班记录的；

c. 编制、捏造虚假数据、报告的；

d. 隐瞒事实不报，对公司造成严重影响的；

e. 包庇他人错误行为，或作伪证的。

（8）履行职务不良的行为：

a. 不遵守工作规定和流程，造成公司损失金额 5000 元以上的；

b. 盗用公司名义，造成公司损失金额 5000 元以上的；

c. 本公司工作期间，在其他公司、单位兼职或提供劳务的；

d. 自行注册、参股同行业公司或在职期间参与其他公司经营的；

e. 对公司安全管理规定履行懈怠或疏忽，对公司造成损失金额 5000 元以上的；

f. 值班、检查、管理或监督人员管理疏忽及不认真履行职务，给公司造成严重损失的。

（9）在职期间被警告处分 3 次及以上的；或被警告处分后，又被处以其他处罚 1 次的；或被处以记过处分 2 次及以上的。

（10）其他规章制度规定的严重违纪行为。

（11）被公司认定的严重违反公司规章制度或严重紊乱公司正常生产秩序的行为。

第七十四条　从重处理

如员工的违纪行为同时符合本规定中两种处罚标准，则应按较重的处罚标准进行处理。

第七十五条　赔偿经济损失

对造成经济损失的责任人，除按本规定第七条、第八条进行惩处外，还应按以下规定赔偿公司损失：

1. 造成公司经济损失 5 万元（含 5 万元）以下者责任人应赔偿损失的 30% 至 50%；

2. 造成公司损失 5 万元以上者，由部门主管和法律顾问提出索赔处理意见，报公司总经理批准后，由行政人力资源部监督执行，情节严重者上报司法机关依法处理。

第七十六条　权责分配

员工的奖励或惩处由各部门、各主管领导提供材料，由行政人力资源部负责调查落实，审核批准权限按人事管理责权划分执行。

第七十七条　经济处罚

公司员工具有上述各项情况并被处以相应处罚时，经公司经理办公会议批准，可单独或同时给予 100~1000 元人民币罚款。

第七十八条　记入档案

员工受奖惩情况记入人事考核档案，处罚情况由行政人力资源部每月统计。

第七十九条　将功补过

为使受到惩处的员工将功补过，在同一年度中，功过可以相抵和转换，方法如下：

1. 1 次嘉奖可与 1 次警告相抵；

2. 1 次记功可与 1 次记过相抵；

3. 同年中功过抵消后，对年终评比、提薪、晋级等不发生影响。

第八十条　其他处理

当年内受过警告处分以上惩处的员工若功过未抵消或连续 3 个月考核均为本部门最后三名者不得参与晋级和职务升迁。

第十章　附　　则

第八十一条　说明

1. 本手册所称“以上”“以下”，均包括本数；“不满”不包括本数。

2. 本手册属内部资料，请员工注意妥善保存，如若不慎遗失，请及时向公司人力资源部申报，补领并补交相应的工本费。员工在离职时，请将此手册主动交还公司人力资源部。

3. 本员工手册与劳动合同具有同等效力。对本手册内容，如有不甚详尽或有使员工感到疑惑之处，请随时向人力资源部咨询，以确保理解无误。

4. 本手册如需修正，公司将向员工提供最新修正本，并回收旧手册以防混淆。本手册的修改权和解释权归属于公司人力资源部。

5. 本手册未尽事宜，均按政府有关法律、法规和本公司相关规章制度处理。国务院、地方政府或本公司有新颁布的政策规定与本手册则相悖时，以前者为准。

第八十二条　生效

本手册已经民主协商程序，并经总经理批准，于公布之日起施行。

______________公司

年　　月　　日

员工手册确认函 | 346

适用场景：

单位发布员工手册（或其他规章制度）时，可要求员工签署本文件。作用：员工确认该制度已经知悉并同意遵守、确保规章制度的有效性。但单位也可以通过其他有类似表述的文件来达到这一目的。

重要审查点：

主要是用于确认员工对相关制度已经知悉并同意遵守、确保规章制度的有效性。

文本正文：

员工手册确认函

致：________________公司（下称“公司”）

本人确认已经收到下列文件：

《员工手册》（　　年版）

同时本人确认并同意：

1. 上述文件在制订过程中，已经征求包括本人在内的员工意见，经过了民主协商程序。

2. 我已认真阅读并理解了文件全部内容，并得到了公司相关人员的解释。

3. 我同意遵守上述文件的所有内容，特别是个人对公司价值观的承诺、对劳动纪律与行为规范的承诺，并愿意承担违反相关内容的责任。

4. 我明白公司有权根据法律法规的调整和公司经营发展的需要修订、补充上述文件的有关条款，公司将以书面形式、电子邮件、网站等形式不定期地发布相关通知，我将会及时地接收。

5. 我将妥善保管《员工手册》，如因故导致《员工手册》遗失或损毁，我将及时上报公司。

6. 如果我从公司离职，我承诺将《员工手册》归还公司。

签署时间：　　　　年　　　　月　　　　日

承诺人签名：

07
CHAPTER

第七章

公司日常经营

借款合同 | 17585

适用场景：

适用：民间借贷；不适用：金融机构贷款。

甲方（出借方）向乙方（借款方）提供借款，乙方支付利息。

重要审查点：

【重要等级：**高**】

审查点 1：注意民间借贷的违法无效情形 / 类型

根据《民间借贷司法解释》第 13 条的规定，具有下列情形之一的，人民法院应当认定民间借贷合同无效：

（1）套取金融机构贷款转贷的。

（2）以向其他营利法人借贷、向本单位职工集资，或者以向公众非法吸收存款等方式取得的资金转贷的。

（3）未依法取得放贷资格的出借人，以营利为目的向社会不特定对象提供借款的。

（4）出借人事先知道或者应当知道借款人借款用于违法犯罪活动仍然提供借款的。

（5）违反法律、行政法规强制性规定的。

（6）违背公序良俗的。

审查点 2：借款利率条款

1. 根据最高人民法院对《民间借贷司法解释》的修改，应将借款利率约定在合同成立时一年期贷款市场报价利率（4% 左右）四倍（16% 左右）以下。

2. 约定利率过高并不会导致借款合同无效或者整个利率条款无效。应提示当事人法律上不能得到支持但对当事人可能有心理作用。

3. 律师费是否属于《民间借贷司法解释》第 29 条提到的“其他费用”存在争议，可以尝试约定律师费由借款人另外承担。

4. 如借款到期，可将不超过上限的利息转为本金并重新开始计算利息，此时可重新签订借款合同或补充协议。

5. 从出借方角度考虑，还应就逾期利息、迟延履行判决利息进行明确约定。

审查点 3：注意公司借出资金应经股东（大）会或董事会同意

【重要等级：**中**】

审查点 4：警惕“职业放贷”，出借人、借款人可能受到处罚，甚至构成犯罪

“职业放贷人”签订的民间借贷合同,一般被认定为无效,部分法院甚至不予立案。

应注意：

（1）若可能导致犯罪等严重后果的，应制止当事人或提示风险。

（2）若不构成犯罪或无严重后果，但有违法情形的，利息难以得到支持，本金仍应归还。这种情形下应向当事人说明风险，由当事人决定是否仍提供借款、签署合同。

审查点 5：注意“恶意串通，损害他人合法权益”的借款合同

例如，债务人为逃避债务，借出款项并将借款期限写得很长，无利息或利率很低。如该操作发生于法院强制执行阶段，可能被认定为妨碍强制执行。

审查点 6：应核实借款主体是公司还是个人

1. 借款方立场。公司借款的，合同主体、签名盖章处均写明公司名称。法定代表人代表公司签字的，签字处应列明“法定代表人、授权代表”等字样。个人借款的，合同主体应列明个人姓名、身份证号。

2. 出借方立场。借给公司的，最好将个人、公司同时列为合同主体，签名盖章处两处签署。或者，一方作为借款人，一方作为保证人。

审查点 7：注意已婚者大额借款“共债共签”

可在主体部分列明夫妻双方信息，在签名盖章处由两者一并签署。

或者仅一方为主体，配偶方在尾部签名或另外签名表示知情同意。

审查点 8：借款合同主体条款

1. 个人应列明身份证号。

2. 应区分是公司借款还是法定代表人个人借款。

最好是：如果是公司借款，法定代表人提供保证责任；如果是法定代表人个人借款，公司提供保证。

3. 合同首部主体及签名盖章主体应该准确。

如果是法定代表人以个人身份签名（无论是作为保证人或借款人），应由其本人签署，不应是人名章。

审查点 9：借款期限条款

如果约定借款期限（还款时间），应提示当事人注意诉讼时效，必须在还款时间到期后的 3 年内提起诉讼或主张权利。

审查点 10：借款用途条款

1. 一般情况下，借款合同中无须具体描述借款目的。公司借款可描述为“为生产经营目的”，个人一般借款可描述为“因资金周转需要”或“因生活需要”。

2. 但须注意，借款用于赌博、吸毒、贩毒等非法活动的无效。

3. 如果要求借款用于特定用途，则可以在合同中特别约定借款用途，并可以约定一定监管措施，以及违反借款用途的违约责任、提前要求归还等。

4. 若是大额借款，还应约定有效的借款使用监督措施，如明确资金托管方责任、借款分多次发放、实行账户资金共管等。

文本正文：

借 款 合 同

甲方（出借方）

名称：________________

统一社会信用代码：________________

乙方（借款方）

名称：________________

法天使 [1]：
【借款期限（月份数）】
使用文中条款。
【借款期限（年限）】

法天使 [2]：
【固定年利率】
使用文中条款。
【固定月利率】
【合同成立时 LPR 的四倍】
【浮动利率，根据 LPR 浮动】
【无息】

法天使 [3]：
【一次性还本付息】
使用文中条款。
【本金到期一次性归还，利息按月支付】
【本金到期一次性归还，利息按年支付】
【等额本息还款】
【等额本金还款】

统一社会信用代码：________________

甲乙双方经平等自愿协商，根据《中华人民共和国民法典》及相关法律法规，就甲方向乙方提供借款事宜，签订本合同以共同遵守。

1. 借款金额

1.1 甲方向乙方提供借款人民币（大写）　　元（¥　　元）。实际提供借款金额与约定不一致的，以实际提供借款金额为准。

1.2 乙方指定收款账户：

账号：________________

户名：________________

开户行：________________

2. 借款期限

____个月，自甲方实际向乙方提供借款之日起算。[1]

3. 借款用途

用于乙方企业正常生产经营，乙方不得挪作他用。

4. 借款利率

4.1 借款利率为固定利率，年利率为 14%（百分之十四）。日利率 = 年利率 ÷ 360。

4.2 如双方约定的利率被司法机关认为高于法定利率上限，则双方同意按法定利率上限计算利息。[2]

5. 还款方式

5.1 本合同项下借款本息采用一次性还本付息方式归还，即到期时一次性偿还全部本金与利息。[3]

5.2 甲方指定收款账户：

账号：________________

户名：________________

开户行：________________

5.3 甲方依本合同和相应担保合同所获得的用以清偿债务的款项，按照先清偿实现债权和担保权利的费用，再清偿违约金、赔偿金，之后清偿利息，最后清偿本金的顺序进行清偿。

5.4　若乙方与甲方之间存在数笔到期债务，且乙方的还款不足以清偿全部到期债务的，对于乙方给付的款项所清偿债务的顺序，由甲方确定。

6. 提前还款

乙方有权要求提前还款，但提前还款时应按约定利率的120%（百分之一百二十）计算利息。[1]

7. 甲方其他权利和义务

7.1　甲方有权对乙方的借款使用情况、经营情况和财务资金状况、负债和对外担保、重大健康状况、婚姻、工作、收入、住所、个人财产等信息和情况进行检查、监督，乙方应给予配合并按时如实提供甲方要求的有关资料和报告相关信息。

7.2　对乙方存在逃避甲方监督、拖欠借款本金及利息、恶意逃避债务或其他严重违约行为时，甲方有权向有关部门或单位予以通报，并有权在新闻媒体上公告催收，甲方作出的通报和公告行为视为向乙方主张权利。

8. 乙方其他权利义务

8.1　乙方应当按本合同约定的用途使用借款，不得将本合同项下的借款挪作他用。

8.2　乙方应承担本合同项下所有费用支出，包括但不限于公证费、鉴定费、评估费、登记费、保险费等。

9. 违约责任

9.1　乙方逾期未还款的，应以逾期清偿本金和利息之和作为本金，按全国银行间同业拆借中心每月发布的一年期贷款市场报价利率（LPR）的4倍计算逾期违约金，直至乙方实际归还之日为止。

9.2　乙方未按时足额还款的，除应按约定支付本金、利息、违约金以外，还应当额外承担甲方为实现债权而支付的所有费用，该费用包括但不限于诉讼费、律师费、财产保全费、公证费和所有其他应付合理费用。[2]

10. 合同联系方式

10.1　为更好地履行本合同，双方提供以下联系方式：

法天使[1]：
【乙方可提前还款】
【乙方可提前还款，按约定利率上浮计算利息】使用文中条款
【未经甲方同意不得提前还款】
【提前还款收取补偿金】

法天使[2]：
【逾期还款，将本息之和按四倍LPR计算违约金】使用文中条款。
【逾期还款，按约定利率的150%计算利息】
【逾期还款，按四倍LPR计算利息】

（1）甲方联系方式

联系人：________________

地址：________________

手机：________________

微信：________________

电子邮箱：________________

（2）乙方联系方式

联系人：________________

地址：________________

手机：________________

微信：________________

电子邮箱：________________

10.2　通过电子邮箱及其他电子方式送达时，发出之日即视为有效送达。

10.3　通过快递等方式送达时，对方签收之日视为有效送达；对方拒收或退回的，视为签收。

10.4　上述联系方式同时作为有效司法送达地址。

10.5　一方变更联系方式，应以书面形式通知对方；否则，该联系方式仍视为有效，由未通知方承担由此而引起的相关责任。

10.6　本联系方式条款为独立条款，不受合同整体或其他条款的效力影响，始终有效。

11. 争议解决

因本合同以及本合同项下订单/附件/补充协议等（如有）引起或有关的任何争议，由合同各方协商解决，也可由有关部门调解。协商或调解不成的，应向________所在地有管辖权的人民法院起诉。

12. 附则

12.1　本合同一式二份，合同各方各执一份。各份合同文本具有同等法律效力。

12.2　本合同经各方签名或盖章后生效。

签订时间：　　　　年　　　　月　　　　日

甲方（盖章）：
法定代表人或授权代表：
乙方（盖章）：
法定代表人或授权代表：

保　证　函

本人（本单位）同意为＿＿＿＿＿＿履行与＿＿＿＿＿＿签订的借款合同项下的全部债务承担连带责任保证。

保证期间为 3 年。

保证人（签名或盖章）：
统一社会信用代码 / 身份证号：
地址（可作为司法送达地址）：
联系方式：

签署时间：　　　　年　　　　月　　　　日

写字楼（办公室）租赁合同 | 17565

适用场景：

甲方（出租方）将办公室出租给乙方（承租方）用于办公，乙方支付租金。
附有租赁物业技术指标、收费标准、《管理公约》及《装修手册》承诺书等附件。
物业管理服务合同需另外签订。

重要审查点：

【重要等级：**高**】

审查点 1：应核实出租人是否具有处分权

如果出租人不是所有权人，承租人需要审查出租人是否有处分权：

（1）应核实所有权人是否允许其转租或者委托其对外出租等。

（2）应查验相关合同条款，必要时可要求所有权人专门出具文件确认或在租赁合同上最后确认同意。

审查点 2：租赁房屋信息条款

1. 重点是把租赁房屋的范围说清楚。除了一般的地址、面积等信息以外，要考虑采用：

（1）正说 / 反说 + 概括 / 列举的方式。

（2）可以配合平面示意图。

2. 注意面积测算与补差的问题。

如果双方已经确定了总租金，又在合同中提到“面积”或“租金单价标准”（每平方米每天 10 元），应以总租金为最终标准，并考虑约定：双方确认以现有租赁房屋为准，租金不再因实测面积误差而调整。

3. 注意租赁房屋瑕疵披露。

审查点 3：税费负担条款

1. 目前我国大量租赁合同并不正常开具发票，各方没有也无意缴纳税费，律师必须考虑这一点并在合同中予以应对。

2. 根据法律规定，如果合同中未明确约定，则出租人有义务开具发票并承担税费，即约定的租金视为含税。

3. 当事人约定不开发票、不缴纳税费是无效的。但可以约定“如果开发票，由哪一方承担税费”。

4. 实务中的一般做法：

（1）承租人为个人时，在出租人的角度，多数情况下应该约定“如需要开发票，由承租人另外承担税费”，如承租人不同意则另行协商。

（2）承租人为公司时，一般需要开发票，双方应明确由哪方开具发票并承担税费。多数情况下应该约定：出租人应开具发票并自行承担税费。

审查点 4：合同提前解除条款

提前解除租赁合同的约定有下列模式，可按需选择：

1. 普通居住房屋租赁、不需要装修的办公房屋租赁。

（1）解除模式：有权提前解除，不支付违约金，或限定违约金。

（2）条款要点：违约金一般约定为 1 个月、2 个月租金。

2. 承租人需要装修等前期投入较大的房屋租赁。

（1）解除模式：有权提前解除，支付一定违约金，违约金与装修投入或前期投入及剩余期限挂钩。

（2）条款要点：解除时间越早，违约金越高。

3. 如果一方自己无意解除，也不想给予对方提前解除的权利，如承租人投入较大，拟长期租赁经营时。

（1）解除模式：不能提前解除，提前解除有违约金且应赔偿损失。

（2）条款要点：这种解除仍是违约，且未限定违约责任，因此对方可以要求赔偿全部损失，也可以要求继续履行。

4. 不建议使用的模式。

（1）不建议未作特别约定，或仅约定提前解除应赔偿损失。因为理论上此时提前解除仍为违约，守约方也可要求继续履行，且有可能会导致合同僵局，通过诉讼能索赔的损失金额也存在不确定性。

（2）不建议约定“合同期限内，任何一方提前解除的，应提前 2 个月通知对方，并向对方支付 2 个月租金作为补偿”。因为无法确定赔偿“2 个月租金”后还要不要赔偿其他损失，这仍属于权利义务范围界定不清的情形。

【重要等级：**中**】

审查点 5：租赁合同、物业服务合同的配套

一般而言，承租人支付的租金已包括房产本身相关的物业服务费用。但有时各方会约定承租人还需额外支付物业服务费，即相当于同时要成立租赁合同与物业服务合同关系。常见的做法有：

（1）将租赁合同与物业服务合同“混合”到一份合同中，出租人、物业公司可以都作为合同主体。

（2）分别签署两份合同，分别交费。

（3）分别签署两份合同，由出租人代理物业公司办理相关手续。

审查点 6：转租、分租条款

1. 如果需要转租或分租，则必须在合同中列明承租人有权转租，因为承租人未经出租人同意转租的，出租人可以解除合同。

2. 有些情况下会约定“有限制的转租”，对转租的对象有限制。

审查点 7：优先购买权相关条款

出租人一方大致的做法有：

1. 约定承租人提前放弃优先购买权。

该约定效力可能有争议，但没有什么坏处。

2. 约定优先购买权的行使方式。

3. 不作约定。

此时承租人依法享有优先购买权，出租人出售房屋时应通知承租人，否则会产生赔偿责任。

4. 直接约定提前解除合同的条件与责任限制。

此时若出租人有意出售，直接按合同约定提前解除合同、承担有限的责任即可。既不存在“买卖不破租赁”的问题，也不存在优先购买权的问题。

文本正文：

租 赁 合 同

甲方（出租方）：________________

统一社会信用代码：________________

乙方（承租方）： ________________

统一社会信用代码：________________

本合同各方经平等自愿协商，根据《中华人民共和国民法典》及相关法规，就乙方承租甲方物业相关事宜，签订本合同以共同遵守。

第一部分　专有条款

1. 租赁房产

1.1　租赁房产：系指位于______市______区______路____号______大厦______层____号的房屋；该房屋的平面图见本合同附件。

以下简称“该房屋”，该房屋所在物业整体称为“本大厦”。

1.2　该房屋实测建筑面积为____平方米。双方同意，该房屋的租金、物业管理费和其他根据该房屋面积计算的款项均以本款约定的实测建筑面积为基数。

1.3　该房屋的用途为办公，不得将该房屋用于其他用途。

2. 租赁期限

2.1　租赁期限：自____年____月____日起（含当日）至____年____月____日（含当日）止。该期限起始日下称为“起租日”，结束日称为“租赁期届满日”。

2.2　甲方应在约定起租日，将该房屋按届时现状交付给乙方。

2.3　乙方享有的装修期为____个月，自起租日起算。

2.3.1　装修期内，乙方须支付租金、公用事业费、物业管理费等。

2.3.2　除本合同另有约定外，装修期不因任何原因延长，乙方应当在装修期内按时完成全部装修工作。

2.3.3　甲方提供的装修期内低于正常租期的租金优惠是基于乙方在履行本合同过程中没有重大违约的前提下给予乙方的商业优惠。在租赁期内，如因乙方原因导致本合同无法继续履行的或因乙方违约导致甲方解除本合同的，则乙方不享受装修期内的租金优惠，乙方应按照本合同约定的装修期结束后的第一年度正常租金标准向

法天使[1]：
【有装修期（支付租金）】
使用文中条款。
【无装修期】
【有装修期（免租金）】

法天使[2]：
【简要租金标准】
3.1.1 乙方在本合同项下缴纳的该房屋租金应为含税租金，月含税租金标准为：人民币（大写）____元（￥____元），其中包含增值税税金：每月人民币（大写）____元（￥____元）。
【详细租金标准】
使用文中条款。
【装修期内特殊租金标准，仅适用于装修期采取特殊租金标准的情形】
装修期内，月含税租金按优惠标准人民币（大写）____元（￥____元）计算；该标准不作为正常租金标准。

甲方补交该等装修期间的优惠租金。[1]

3. 租金与物业管理费

3.1 租金标准

3.1.1 乙方在本合同项下缴纳的该房屋租金应为含税租金，月含税租金标准为：人民币（大写）　　元（￥　　元）。具体说明：

3.1.1.1 不含税租金标准为：每月每建筑平方米人民币（大写）　　元（￥　　元）。物业管理费、公用事业费及增值税金均不含在不含税租金内。月不含税租金总计为人民币（大写）　　元（￥　　元）。

3.1.1.2 增值税金为乙方在本合同项下针对不含税租金需要额外承担并向甲方支付的增值税金额。增值税税金：每月人民币（大写）　　元（￥　　元）。[2]

3.1.2 乙方在此表示知晓并同意：在本条约定的月含税租金保持不变的前提下，上述所载的月不含税租金和月增值税金的数额可能会由于四舍五入与甲方开具的含税租金发票上分别显示的月不含税租金数额及月增值税金数额有微小差异，最终数额应以含税租金发票上显示的月不含税租金数额及月增值税金的数额为准。

3.1.3 双方确认，按当前国家“营改增”有关政策的规定，甲方适用9%的增值税税率。如遇国家调整增值税税率，甲方也会相应调整税率及乙方应承担的本合同项下应支付的各项费用的增值税金（如有），乙方同意按照甲方届时发出的书面调整通知向甲方支付调整后的增值税金。

3.2 押金标准

3.2.1 租赁押金为：2个月租金标准，计人民币（大写）　　（￥　　元）。

3.2.2 租赁期满或合同解除后5日内，押金除抵扣应由乙方承担的费用、租金以及乙方应承担的违约金及赔偿金外，剩余部分应如数返还乙方。

3.3 租金与押金支付方式

期数	金额	对应租期
第一期（租金＋押金）		
第二期		
第三期		
第四期		

3.4　物业管理费

以乙方与物业管理公司签订的合同为准。

3.5　租赁期限内乙方使用该房屋所发生的物业管理费、水、电、通讯费、中央空调超时费及其他费用由乙方承担，详见本合同附件及相关约定。

3.6　乙方应就其对该房屋的装修工程投保不低于下列标准的保险：

保险金额不低于______万元的建筑工程一切险，并投保涵盖租赁期、保险金额不低于______万元的公众责任险。

4. 合同联系方式

4.1　为更好地履行本合同，双方提供以下联系方式：

（1）甲方联系方式

地址：________________

联系人：________________

手机：________________

微信：________________

电子邮件：________________

（2）乙方联系方式

地址：________________

联系人：________________

手机：________________

微信：________________

电子邮件：________________

4.2　通过电子邮箱及其他电子方式送达时，发出之日即视为有效送达。

4.3　通过快递等方式送达时，对方签收之日或发出后第三日视为有效送达（以两者较早一个日期为准）；对方拒收或退回的，视为签收。

4.4　上述联系方式同时作为有效司法送达地址。

4.5　一方变更联系方式，应以书面形式通知对方；否则，该联系方式仍视为有效，由未通知方承担由此而引起的相关责任。

4.6 本联系方式条款为独立条款，不受合同整体或其他条款的效力影响，始终有效。

5. 争议解决

因本合同引起的或与本合同有关的任何争议，均提请＿＿＿＿＿＿仲裁委员会按照其仲裁规则进行仲裁。仲裁裁决是终局的，对合同各方均有约束力。

6. 特别约定

6.1 该房屋可提供一个（1个）地址用于乙方工商注册登记使用。

6.2 双方确认：乙方在编号为＿＿＿＿的租赁预约合同项下已交付的意向金共计人民币（大写）＿＿＿＿（￥＿＿元），用于折抵本租赁合同项下乙方应付的首期租金与押金，不足部分由乙方负责补足。

6.3 乙方承租该房屋用于设立新公司及新公司办公，新公司名称暂定为：＿＿＿＿＿＿，经营范围为：＿＿＿＿＿＿＿＿

各方确认，新公司设立成功后，即由新公司作为承租方承担本合同约定的权利和义务；各方应配合签署变更协议等文件。

7. 其他条款

7.1 乙方同意于本合同签署当日与物业管理公司另行签署物业服务合同，就本合同项下的物业管理事项进行约定。

7.2 本合同与下列文件一起构成合同文件：

（1）第一部分：专有条款

（2）第二部分：通用条款

（3）第三部分：合同附件

专有条款与通用条款不一致时，以专用条款为准。

7.3 本合同一式三份，甲方执两份，乙方执一份。各份合同文本具有同等法律效力。

7.4 本合同经各方签名或盖章后生效。

签署时间：　　　　年　　　　月　　　　日

甲方（签名或盖章）：

法定代表人或授权代表（签字）：

乙方（签名或盖章）：

法定代表人或授权代表（签字）：

第二部分　通 用 条 款

1. 关于甲方资格的特别约定

甲方是以业主代理人的身份，以甲方的名义签订和履行本合同，本合同直接约束业主。但业主有权撤销对甲方的授权并就本合同项下的事项委托新的甲方。业主的该行为不影响本合同的效力。[1]

2. 出租房屋情况

2.1　双方约定以建筑面积作为计算含税租金及物业管理费、装修管理费的计费依据。除非另行特别指明，本合同各组成部分所述面积及与面积有关的计量单位，均指建筑面积。

2.2　该房屋的建筑面积系经专门机构实际测量后的精确数字，对此双方均不持任何异议。

2.3　本大厦结构为钢筋混凝土。

2.4　该房屋的公用或合用部位的使用范围、条件和要求，和现有装修、附属设施、设备状况，由双方分别在与物业管理公司交接的设备设施交接清单中加以列明。双方同意此清单作为甲方向乙方交付该房屋和本合同期满或终止时乙方向甲方返还该房屋的验收依据。

2.5　出租房屋抵押情况

本租赁合同签订之前，该房屋已经抵押（单独抵押或所在大厦整体抵押）；甲方已向乙方说明此点。

2.6　签署本租赁合同时，乙方已经实地全面察看租赁房产及内部设施、相关情况。

法天使[1]：
【甲方为代理人】
使用文中条款。
【甲方为业主】
关于甲方资格的特别约定
甲方拥有租赁房产的房屋所有权、国有土地使用权及相应经营管理权利。

3. 租赁用途

3.1　乙方向甲方承诺，租赁该房屋仅用于本合同协议书中约定的用途，并遵守国家和市有关房屋使用和物业管理的法律法规。

3.2　乙方保证，在租赁期内未征得甲方书面同意以及按中国相关法律法规的规定需经有关部门审批而未核准前，不擅自改变上述约定的用途。

4. 房屋交付、装修期和续租

4.1　除非甲方和 / 或甲方的代理人另有书面通知，乙方应于约定起租日到物业管理公司办公室办理该房屋的交接手续，签署房屋交接文件并按本合同约定支付相关费用。

4.2　该房屋的装修期（如有）已列于本合同专有条款中。双方理解，装修期以本合同不得以任何原因提前解除为前提。

4.3　若乙方未于本合同约定的起租日前往本大厦物业管理公司办理该房屋的交接手续，则本合同约定起租日视为实际起租日。自本合同约定起租日起至乙方实际办理交接手续之日之期间依然计算在甲方给予乙方的装修期中。

4.4　若因甲方原因（因乙方违约的除外）未能在约定起租日将该房屋交付乙方，则约定起租日和租赁期届满日相应顺延。

同时，每逾期交付一日的，甲方应向乙方支付按以下方法计算的滞纳金：

滞纳金 = 乙方已付保证金金额 × 约定起租日至实际起租日的天数 × 日租金的10%。

4.5　乙方至迟应当在租赁期限届满之日的 45 日前向甲方发出要求续租的书面通知，且应该在租赁期限届满之日 30 日前与甲方签订新的租赁合同或续租协议。如乙方未在上述期限内向甲方发出要求上述续租的书面通知或与甲方达成一致的，即视为乙方放弃续租及优先续租权。甲方有权将该房屋在租赁期满后出租给第三方，并有权在租赁期内，经事先通知乙方，在合理时间内陪同可能的新客户参观该房屋，但不得影响乙方的正常经营。

如续租，则续租期的含税租金、租期及其他条款和条件由双方依照届时的市场水平友好协商确定。

5. 物业管理及费用

5.1　本大厦已由甲方委托物业管理公司为本大厦提供物业管理服务。甲方有权更换物业管理公司，且不应因更换物业管理公司而向乙方承担任何责任，但甲方应及时通知乙方。

5.2　乙方同意遵守本合同附件所列并不时修改的《写字楼用户管理公约》（以下简称《管理公约》）和《写字楼办公区装修手册》（以下简称《装修手册》）以及甲方、物业管理公司出台的与租赁房屋有关的各项规章制度，以及根据租赁房屋管理需要发出的合理通知、具体要求。

乙方保证其雇员及使用租赁房屋的相关人员遵守上述规章制度和要求。

5.3　物业管理费由乙方缴纳，乙方应按照物业管理公司所规定的物业管理费标准向物业管理公司支付物业管理费。乙方不得以任何理由抵扣其必须缴纳的物业管理费。

5.4　物业管理公司有权根据国家和市政府颁布的相关政策、法律法规的规定以及市场的变化，对物业管理费用进行适当的、合理的调整，并提前给予乙方适当的书面通知。乙方同意按照调整后的标准支付物业管理费用。甲方保证此等物业管理费用的调整是对于本大厦内全部办公租赁客户而作出的行为。

5.5　如本合同提前解除或终止，则物业管理合同亦相应解除或终止。

乙方应全面履行物业管理合同，乙方违反物业管理合同的行为同时亦视为对本合同的违反。如因乙方原因导致物业管理合同解除或终止的，甲方有权解除本合同且无须承担违约责任，并有权要求乙方赔偿损失。

6. 其他各项费用

6.1　自实际起租日起（含本日），乙方即应开始承担并支付该房屋之使用水（如有）、电（如有）、通讯（如有）、网络（如有）、燃气（如有）、热力（如有）等公用事业所产生的全部费用（以上费用在本合同中统称为“公用事业费”）。公用事业费按月缴纳，除乙方直接向公用事业供应商缴纳的项目外，乙方应按照物业管理公司提供的公用事业费账目，根据物业管理公司发出的相关付款通知书上说明的时间将公用事业费交付物业管理公司。物业管理公司另有要求的，则乙方同意按照物业管理公司的相关要求支付公用事业费。

6.2 乙方不得以任何理由拒绝或延迟缴纳本合同项下的公用事业费，如因乙方欠付公用事业费导致相关公用事业部门中断或停止对本大厦能源供应的，因此给本大厦的业主、甲方以及其他乙方造成的经济损失，由乙方予以赔偿。

6.3 本合同项下乙方向物业管理公司缴纳的各项公用事业费均为物业管理公司代相关公用事业部门收取，物业管理公司收取乙方缴纳的公用事业费后向乙方开具代收代缴服务行业发票，乙方对此予以确认。

6.4 双方应按照国家和市的相关法律各自承担因签订、履行本合同有关的税费，包括但不限于本合同登记备案的费用、印花税等。

6.5 乙方应承担租赁期内该房屋的灯管、灯泡的更换费用。

7. 空调

7.1 大厦正常空调服务时间：

每天 8：00 至 19：00 本大厦提供空调服务，星期六、星期日和公共节假日除外。

7.2 如乙方要求在正常空调服务时间之外提供额外空调服务，乙方须在一定时间之前预先将这种要求通知物业管理公司（或指定联系方式），物业管理公司（或指定联系方式）在接到乙方合理时间内的通知后，向乙方提供其要求的额外空调服务。乙方应按照物业管理公司的规定另行支付相关额外空调服务费用（见合同附件）。

8. 租赁保证金

8.1 乙方须向甲方支付租赁保证金，以确保乙方承担其在本合同项下的义务和责任。租期届满或本合同提前终止时，租赁保证金除用以抵充合同约定由乙方承担的费用外，剩余部分无息归还乙方。

8.2 下列任一情形下，甲方有权选择使用履约保证金抵扣乙方应当支付的欠款：

（1）乙方应支付的房屋租金、物业管理费、公用事业费、其他费用等；

（2）乙方应支付的赔偿、违约金等；

（3）因乙方在租赁房屋内的活动，导致甲方被第三方（包括但不限于政府、客户、供货商、员工）追索或承担连带责任，给甲方造成损失的；

（4）其他按本合同约定可扣除或没收履约保证金的情形。

甲方扣除部分或全部租赁保证金的，应以书面的方式通知乙方。租赁保证金不足抵扣的，甲方将以书面的方式通知乙方予以补足，乙方应在接到甲方书面通知后 7 日内将相关款项汇至甲方指定账户。

租赁保证金因上述扣除而不能达到合同约定标准的，乙方应在接到甲方向其发出的书面通知后 7 日内将租赁保证金予以补足至本合同约定的标准。

8.3　如因乙方不履行本合同或乙方的其他原因致使本合同提前终止或不能继续履行的，甲方有权没收乙方已付的全部租赁保证金。本款所述之全部租赁保证金的数额应与本合同中约定的租赁保证金的数额相同。

同时，乙方还应按本合同约定的其他条款支付欠款（如有）、违约金并承担其他违约责任。

8.4　本合同因届满或双方协商终止时，甲方将在乙方满足下列全部条件后 10 个工作日内，把乙方已付的保证金无息退还给乙方：

8.4.1　乙方已按照本合同的约定将符合本合同附件 4 条件的该房屋完整交还甲方，且物业管理公司在房屋返还确认书上已经签署确认“乙方已将该房屋恢复原状”。

8.4.2　乙方已按照本合同的约定缴清全部应缴纳的费用，包括但不限于应缴纳而未缴纳的含税租金、物业管理费、违约金、损害赔偿金及由此产生的追索费用。

8.4.3　乙方办妥在本合同终止前以该房屋为注册地址或营业地址的工商注销或变更手续。

8.5　乙方不得将履约保证金转让或抵押。

9. 付款方式

9.1　本合同项下乙方应向甲方和 / 或物业管理公司支付之包括含税租金在内的全部款项均应当以人民币形式付至甲方或物业管理公司指定的账户。

9.2　甲方收款账户为：

户名：________________

账号：________________

开户行：________________

9.3 物业管理公司收款账户为：

户名：________________

账号：________________

开户行：________________

9.4 如乙方以非现金的方式支付任何款项的，以该等款项到达甲方指定的账户之日视为甲方收到日。甲方和／或物业管理公司有权变更其指定的银行账户，但应至少提前5日以书面的方式通知乙方。

9.5 乙方因向甲方或物业管理公司指定的账户付款而发生的费用，如银行汇款等费用由乙方自行承担。

9.6 甲方或物业管理公司未授权任何个人、单位（包括收款方的员工、现场服务人员、管理人员与关联单位）以收款方名义收款；任何个人如表示可自行收款或提供其他收款方式均为无效。乙方如通过非指定的方式付款，仍视为未完成付款义务，造成的损失由乙方自行承担。

10. 装修及维修责任

10.1 如乙方对该房屋进行任何装修工程（包括但不限于内部装修、分隔、修建、改建，或安装、更换设备、装置，设置招牌、广告）时，乙方应自行办理该等批准手续并承担相应费用，并且在获得有关政府部门对装修设计文件的批准后方可开始对该房屋的装饰装修工程。此外，乙方应：

10.1.1 乙方就设计及图纸应事先取得甲方和／或物业管理公司的书面同意（甲方和／或物业管理公司不应当不合理地拒绝作出或者延迟作出同意的表示）。

10.1.2 乙方保证遵守物业管理公司对装修的所有规定，应选择具有政府部门批准的有效的施工或相关行业营业执照和资质许可的装修公司对该房屋进行室内装修。乙方在进行装修前，应先将装修公司的施工资质和营业执照以及装修方案呈报物业管理公司予以审查，乙方应确保其装修方案不违反本大厦对于公共区域和公用设施的管理，不对本大厦的主体结构以及对本大厦的其他乙方的使用构成任何影响。

10.1.3 如按照法律规定应当将装修设计文件报政府部门批准的，乙方应根据相关规定自行办理消防部门和其他主管部门的所有审批手续。

10.1.4　在对消防、空调系统和本大厦共用的设施设备进行装修、增建增设、改建工作及在恢复至附件约定的状态时，乙方应当遵守甲方对大厦整体硬件质量维护的要求。乙方聘用的施工单位应当具有市住房和城乡建设委员会认可的专业资质，其中消防施工单位应当具有“消防设施工程专业承包壹级”资质、机电（包括空调项目）施工单位应当具有“机电安装工程专业承包壹级”资质。

10.1.5　乙方应安排及时清运建筑垃圾，如超过 3 个工作日仍未清运或政府环卫部门要求立即清运，甲方有权代为清运，但所需费用应由乙方承担。上述费用在乙方收到甲方的书面缴费通知书后 7 个工作日内支付。

10.1.6　甲方或物业管理公司授权人员有权在装修期间检查乙方的装修工程是否符合国家有关法规、本合同及有关物业管理公司的规章制度的规定。

10.2　乙方应遵守甲方 / 物业管理公司制定的本合同附件中所列的及甲方 / 物业管理公司不时修改的装修规定，并在装修前支付装修押金等相关费用。乙方已详细阅读并知晓《装修手册》内容，同意按照《装修手册》的要求施工，并有义务接受甲方和物业管理公司对全部装修过程的指导和监督。乙方如违反《装修手册》施工，所产生的后果均由乙方承担。

10.3　乙方未征得甲方书面同意或者超出甲方书面同意的范围和要求装修房屋或者增设附属设施的，甲方可以要求乙方恢复房屋原状。如乙方不履行的，则甲方可以代为恢复房屋原状，但因此所发生的全部费用均由乙方予以承担。

10.4　该房屋的维修责任：

10.4.1　甲方对该房屋的维修责任只限于该房屋的结构及交接时甲方提供的设备设施（本合同另有约定的除外）。此外，甲方亦应维修本大厦的公共部位 / 区域。

10.4.2　甲方或物业管理公司的工作人员应对该房屋进行日常的检查、维修，对设施设备系统进行更换、维修，以及对乙方履行有关管理责任进行检查。因甲方对该房屋正常损耗而进行的维修行为造成乙方的装饰装修损坏的，甲方或物业管理公司应当予以修复，但因乙方原因造成的除外。对因乙方使用不当造成的该房屋非正常损耗，乙方应负责维修，或在甲方维修后承担维修费用。

10.4.3　遇到危及本大厦公共安全的紧急事态时，若在乙方的工作时间内，甲方由乙方人员陪同进入该房屋，但在非乙方工作时间内或无法联络到乙方的情况下，甲方或其授权代表可在事先无通知的情况下进入该房屋，但事后甲方需将情况向乙方予以书面说明。因进入该房屋而产生的损坏，由双方本着公平合理的原则处理。

10.4.4　乙方应自行承担该房屋内部装修在使用过程中的维修和费用。

10.5　乙方应自行负责租赁房屋内的清洁、消防安全、保安等，承担租赁房屋内的一切安全责任，乙方设计和配备的卫生、环保、安全、消防设备必须符合国家和地方卫生、环保、公安、消防部门的要求，如发生火灾、治安事件或其他事件，造成甲方或第三方操作的，由乙方承担相关赔偿责任。

11. 该房屋的返还

11.1　在租赁期届满日或在本合同非因甲方的原因而提前终止之日（以下简称提前终止日），或本合同因甲方原因而提前终止之日后 5 日内（以下简称返还期），乙方应当把该房屋连同其所有的附属物、装置、附加物，按本合同附件约定的状态、物业管理公司的《现状接收注意事项》规定的标准，或者甲方书面认可的可租用及良好的使用状态下，返还甲方（租赁期内该等设施的自然损耗除外）。同时，须将通向本大厦各部分的锁匙（如有）交还甲方。

11.2　返还期内，乙方无须支付含税租金和物业管理费。但是，在返还期发生的公用事业费、因乙方使用房屋而发生的费用，应当由乙方承担。

11.3　无论任何原因，租赁期届满或在提前终止日或返还期届满后乙方仍未能将符合要求的该房屋交还甲方的，则自租赁期届满日或提前终止日或返还期届满之日的次日起，乙方应当按照本合同专用条款所约定的含税租金标准的双倍向甲方支付房屋占用费，向物业管理公司支付双倍物业管理费，并承担相关的公用事业费，直至乙方按照合同要求返还该房屋为止。若因此造成甲方因延迟向新租户交付该房屋而需承担违约金、中介费，以及造成甲方其他损失的，乙方均应赔偿。

同时，租赁期届满或在提前终止日或返还期届满后，甲方或物业管理公司有权采取对该房屋停止水、电等能源供应、控制人员从该房屋进出、阻止乙方继续经营使用该房屋等强制措施。此种情形下，乙方所应当承担的房屋占用费和物业管理费及相关公用事业费并不能因此而得到减免。

11.4　无论任何原因，租赁期届满或在提前终止日或返还期届满后乙方仍未能将符合要求的该房屋交还甲方，且乙方联系不上或不配合的，则甲方有权进入该房屋，并在不另行通知乙方的情况下对该房屋内遗留的物品进行清点并另行存放，相关费用由乙方承担，包括但不限于清理费用、存储费用及由此产生的其他费用。甲方有绝对酌情权决定将该等装修、设施和物品保留或拆除。甲方无须为装修、设施和物品的剩余价值向乙方作出任何补偿。同时甲方有权向乙方追索拆除乙方装修和设施设备的合理开支。

11.5　在乙方向甲方返还该房屋时，乙方应与甲方 / 物业管理公司签署该房屋返还确认书。在该确认书签署之后，或虽未签署该确认书，但乙方已经实际撤离该房屋之后，乙方在该房屋内遗留的任何装饰装修、设施设备、物品等均视为乙方放弃了所有权及一切权利，甲方有权自行予以处置（包括作为垃圾予以处理等），因此而发生的费用支出均应当由乙方承担。

11.6　在未签署该确认书之前乙方擅自撤离的，甲方对该房屋进行清理、整改或对有关设施设备进行维修、更换等使之符合返还要求的，因此而发生的费用支出均应当由乙方承担，并且在上述清理期间，乙方应当按照本合同约定的含税租金和物业管理费标准承担该房屋的租金、管理费，以弥补甲方在此期间的损失。

11.7　无论任何原因，租赁期届满或在提前终止日或返还期届满后的 30 日内，乙方需将以该房屋作为注册地址或营业地址的工商登记或其他登记予以迁出或注销。逾期未迁出的，乙方应按每个登记地址每月人民币（大写）贰万元（￥20000 元）的标准向甲方支付登记地址占用费，直至按约定迁出或注册该登记地址为止。

12. 转租、优先购买权及转让

12.1　转租与分租

乙方不得将该房屋或其任何部分转租或分租给任何其他第三方，也不得将该房屋之任何权益转让给任何其他第三方，除非得到甲方的书面同意。

12.2　优先购买权

乙方同意放弃对该房屋的优先购买权。在租赁期内的任何时候，甲方在通知乙方后，无须取得乙方同意即可自行决定向第三方出售该房屋。此外，甲方需抵押该房屋的亦无须书面告知乙方及征得乙方同意，且在该房屋抵押后权利人协议处分该房屋前无须征询乙方购买该房屋的意见。

乙方放弃其在租赁期间对该房屋所享有的优先购买权的承诺自本合同签署之日生效，并不得撤销。如乙方在取得甲方书面同意后对该房屋进行转租，则乙方必须保证次承租方同样承诺放弃对该房屋的优先购买权。

12.3　房屋的处分与所有权变动

12.3.1　租赁期内，该房屋所有权发生变动的，不影响本合同的效力。如甲方将该房屋向第三方转让，并向乙方发出转让的通知，乙方应当按照甲方或该第三方的要求出具确认继续履行本合同并向第三方缴纳租金等费用的确认函或与甲方、第三方共同签署相关协议给予确认。无论乙方是否签署确认函或相关协议进行确认，只要甲方向乙方发出转让的通知，本合同下甲方的权利义务即按照甲方通知转让给受让人，乙方应按照甲方通知的受让人的名称、账户向受让人支付租金。乙方拒绝或延迟出具上述确认函或签署相关协议、或未按照甲方通知向受让人支付租金的，不影响甲方与受让人有关该房屋转让行为的效力，乙方应当承担违约责任。

12.3.2　基于经营情况的变动，甲方有权在无须征得乙方同意的情况下，随时将本合同项下的权利义务转让给任何第三方，但必须事先书面通知乙方，并保证受让方应无条件承担甲方在本合同项下的一切权利义务为转让的前提条件。

12.3.3　需要特别说明的是，在甲方已经披露在本租赁合同签署之前即已存在的抵押的情况下，因抵押权人行使抵押权导致的所有权变动，新的受让人有权要求解除未到期的租赁合同，乙方对此不持异议。

12.3.4　在租赁期限内，如房屋产权人将租赁物业用于抵押给金融机构或其他债权人，乙方同意按金融机构或其他债权人的要求出具相关承诺（此承诺以不损害乙方为前提），以便于产权人办理抵押登记手续。如因产权人抵押而给乙方造成损失的，由甲方赔偿。如乙方不同意出具相关承诺而导致不能办理抵押手续的，甲方有权提前终止本合同；相关承诺损害乙方利益或违反合同约定的除外。

12.4　本合同签订后，若乙方设立新的公司 / 主体，经甲方同意后，甲方、乙方及新的公司 / 主体三方应该及时签署相应变更协议，本合同项下的所有乙方权利义务应全部转由新的公司 / 主体承担。乙方应为新的公司 / 主体承担连带责任保证。

13. 租赁服务

13.1　甲方应保证乙方在租赁期内安静和完全地使用该房屋，而不受到甲方或其代表的不合法的干扰。

13.2　乙方已充分了解并应自行负责取得其在该房屋内从事经营活动时应获得的各项政府经营许可、执照和批准，需要甲方给予协助的，甲方应给予必要的支持。

13.3　甲方或物业管理公司将为乙方在本大厦首层大堂以及该房屋所在之楼层通道或电梯厅内按照本大厦统一标准设置乙方名牌，具体位置及方式由物业管理公司予以确认。设置名牌发生的相关制作费用由乙方承担。

13.4　在本合同签署后，乙方同意甲方有权无偿使用乙方的名称、商号、商标、标志进行对外宣传，包括但不限于广告。但该等宣传内容应当仅限于双方之间在本合同项下已经建立的租赁关系。

13.5　甲方享有本大厦的命名权以及本大厦外立面及楼顶的使用权和收益权，并享有独家装置、安排、维修、拆除及更换一切位于本大厦任何部位的招牌、布告、招贴及广告装置的权利。

13.6　甲方保留在租赁期内的任何时候，为公共利益，在通知乙方后，变更、修缮、及临时封闭本大厦公共部位 / 区域或其任何部分包括走道、门户、窗户、电动装置、电缆电线、水管信道、煤气管道、电梯、自动楼梯、消火系统、保安设备、空气调节设备等结构的权利，同时亦保留更换本大厦公共部位 / 区域整体结构、布局及安排的权利。但甲方该权利的行使不得影响乙方的正常经营活动。

13.7　甲方保留可不时制订、引进或修改、采用、废除任何其认为将本大厦作为第一流写字楼进行经营所必要的一切管理规章制度的权利。

13.8　租赁期内，甲方有权依其自主决定对本大厦以及任何部分的名称随时进行变更，或对租赁房屋的编号随时进行变更。

甲方应在政府有关部门对新名称核准后书面通知乙方。甲方无须就本大厦和 / 或任何部分的名称变更、编号调整而对乙方作出任何赔偿或补偿。若乙方因该等变更而需要对其相关登记注册信息进行变动，甲方应全力配合乙方完成该等变动工作。

13.9 甲方负责维持所有公共区域的设施与系统处于正常运行状态，并负责保持公共区域的环境卫生。甲方保证自约定起租日起使该房屋内的电力供应、照明以及空调处于正常使用状态。但对因不可抗力、公用事业供应单位或政府有关部门、乙方的原因（如检修、事故、乙方欠缴）导致的供应中断，甲方不承担责任。

13.10 如乙方变更名称或经营范围，应书面通知甲方并征得甲方书面同意，并按法律法规规定办理变更手续并在变更登记后提供相关资料给予甲方。如乙方未通知甲方或甲方认为乙方变更后的经营范围将对甲方或甲方其他租户造成不良影响且乙方坚持变更的，甲方有权单方终止本合同且不承担任何违约责任，履约保证金将不予退还。

14. 租赁要求

14.1 该房屋外的公共区域统一由物业管理公司管理，乙方不得占用。乙方仅对该房屋外墙范围之内的部分享有使用权，该房屋之外墙，包括该房屋与公共区域或其他房屋之间的墙体外侧，均由甲方或委托物业管理公司予以管理和获得收益。

14.2 乙方应当遵守中国各项法律之规定使用该房屋，不得利用该房屋进行任何违法活动。

14.3 乙方自行负责该房屋内的安全保卫工作，并承担因此而产生的一切费用支出和责任。

14.4 租赁期内，未经甲方的书面同意，乙方不得擅自改变该房屋的相关设施（包括但不限于楼道、消防通道、大门、走廊、设备用房、电梯厅、大堂等）的设计用途，也不得采取封堵或阻挡等方式使其无法实现其设计用途。

14.5 乙方应合理使用该房屋内甲方提供的装置以及本大厦公用装置 / 设备 / 系统（包括但不限于空调 / 取暖装置、消防 / 警报装置、照明装置、电缆、电线以及布线管道），避免人为破坏。

14.6 因乙方的原因造成该房屋和 / 或本大厦任何损坏的，乙方应立即通知甲方或物业管理公司，甲方可安排物业管理公司予以修复或要求乙方限期自行修复，因此而发生的费用均由乙方承担。

14.7 乙方应采取合理措施防止该房屋遭致自然灾害的破坏，如暴雨、风沙等。

如该房屋遭致以上情况的损坏，乙方应及时通知甲方和/或物业管理公司。

14.8　未经甲方和/或物业管理公司的书面许可，乙方不得安装、更改该房屋内的设备、间隔，亦不得在该房屋内安置、堆放、悬挂任何物件以致超出该房屋的设计承重限度。

15. 保险

15.1　乙方在对该房屋装修期间，须自费就该房屋装修工程投保建筑工程一切险（含第三者责任险），并使之在装修期间持续有效。所投保的建筑工程一切险（含第三者责任险）应以甲方、乙方和工程承包商为共同被保险人，保单中公众责任部分的投保金额须符合甲方的要求，其保险范围、保险额度、保险期限等应足以涵盖乙方装修期间可能遇到的风险。

15.2　乙方在开始装修前，须将上款约定的保单及已付保费的凭证呈交甲方，以此作为乙方进场装修的必要前提条件。在装修期间，甲方或物业管理公司可随时要求乙方提供其所投保的保险有效及符合要求的书面证明文件。

15.3　双方确认，发生保险事故时，保险赔偿金应用于修复或重建建筑物或重置设施设备或向有关受损方作出赔偿。如该房屋内发生保险事故造成甲方或第三方损失的，乙方从保险公司获得的赔款应当首先用于赔偿甲方或该第三方的损失，如乙方从保险公司获得的赔款（含保险公司拒绝赔付的情况）不足以赔偿甲方或第三方损失的，则应由乙方赔偿甲方或第三方的剩余损失或全部损失。保险公司不予理赔或理赔额不足的，乙方需自行承担赔偿责任。

16. 保密

16.1　双方同意，任何及一切从本合同产生或与之有关的资料、信息，包括双方之间所进行的讨论本身、任何及一切有关房屋的资料、设计及建筑规格、双方之间一切讨论的内容或任何一方提供的尚未为公众所知悉的任何资料为本合同项下之保密资料（以下统称保密资料）。除为本合同明确约定的用途外，任何一方不得使用或允许使用保密资料，也不得未经另一方书面同意，向除其及其任何关联公司中需要知道保密资料的高级职员、雇员、代理人或代表以外的任何人或任何第三方披露或允许披露保密资料。

16.2　任何一方因法律规定或政府部门要求而对外提供保密资料的，不构成违反保密条款的行为。同时，因甲方自身股权对外转让或甲方进行与该房屋相关之任何交易行为而对外提供保密资料的，亦不构成违反保密条款的行为。

16.3　任何一方违反保密条款约定的，均应当赔偿给对方造成的相关损失。

16.4　本保密条款独立于本合同而存在，在本合同终止后 3 年内继续有效。

17. 合同解除

17.1　双方经协商一致，可以提前解除本合同。

17.2　因一方违约导致合同解除及相关责任的，以本合同其他条款的约定为准。

17.3　出现下列情形之一时，任何一方均有权提前解除本合同，互不承担违约责任：

（1）该房屋占用范围内的土地使用权依法提前收回的；

（2）该房屋因社会公共利益或城市建设需要被依法征收、征用或被列入拆迁范围的；

（3）该房屋毁损、灭失或者被鉴定为危险房屋的；

（4）甲方已告知乙方该房屋出租前已设定抵押，现被处分的。

出现上述情形时，解除时间为一方通知解除的时间或事实上该房屋已经未被租赁使用的时间为准（以两者中较早的日期为准）。

18. 违约责任

18.1　任何一方违反本合同的约定，应向对方承担违约责任。本合同其他条款对违约责任有专门约定的，以专门约定为准；未作专门约定的，以本条款约定的违约责任为准。

18.2　乙方逾期支付本合同项下租金、物业管理费、押金、公用事业费或其他应付费用的，则每逾期 1 日，乙方应当向甲方支付相当于欠费金额的5‱（万分之五）的逾期付款违约金。

逾期超过 7 日，甲方或物业管理公司可以对该房屋暂停部分或全部能源供应或管理服务，直至乙方履行相关付款义务为止。甲方或物业管理公司无须因此而向乙方或第三方承担任何责任。甲方或管理公司因此受到第三方索赔的，则甲方或物业管理公司有权向乙方追偿损失。

逾期超过 15 日的，甲方有权解除本合同。如甲方解除合同的，乙方还应按照下列解除合同的责任约定向甲方支付违约赔偿金。

18.3　乙方出现下列情形之一时，甲方有权解除本合同：

（1）因乙方原因造成房屋主体结构损坏的；

（2）乙方擅自转租该房屋、转让该房屋承租权或与他人交换各自承租的房屋的；

（3）乙方逾期未支付含税租金、物业管理费、租赁保证金或相关费用超过 15 日的；

（4）乙方在租赁期满前擅自退租的；

（5）乙方违反本合同约定，经甲方书面通知后未在通知指定的时间内予以改正的；

（6）乙方利用该房屋进行违法活动而受到有关政府部门或司法机构处罚的；

（7）乙方进入破产程序的；

（8）乙方有其他违约行为，依照法定或约定情形甲方有权解除的。

18.4　甲方出现下列情形之一时，乙方有权解除本合同：

（1）甲方未按时交付该房屋，经乙方催告后 15 日内仍未交付的。

（2）甲方交付的该房屋不符合本合同的约定，致使不能实现租赁目的的；或甲方交付的房屋存在缺陷，危及乙方安全的，且经甲方在合理时间内整改后，该等缺陷仍然不能消除的。

（3）甲方有其他违约行为，依照法定或约定情形乙方有权解除的。

18.5　因乙方原因导致合同提前解除或乙方违约提前解除合同的，乙方应承担以下责任：

（1）向甲方支付违约金。违约金按本合同约定的租赁押金标准计算。

（2）违约金不足以赔偿损失的，乙方应赔偿甲方全部损失。

18.6　因甲方原因导致合同提前解除或甲方违约提前解除合同的，甲方应承担以下责任：

（1）向乙方支付违约金。违约金按本合同约定的租赁押金标准计算。

（2）违约金不足以赔偿损失的，甲方应赔偿乙方全部损失。[1]

第三部分　租赁合同附件

附件 1：房屋产权证明（略）

附件 2：业主授权文件（略）

附件 3：租赁房屋平面示意图（略）

租赁房屋为图中以红线标出的范围；该标注仅作位置确定之非精确示意。

附件 4：租赁物业技术指标

本文件同时作为承租方在租赁解除或终止时返还租赁房屋的验收依据之一。

除本文件或租赁合同中明确约定的以外，租赁物业既有的装修、设施及设备均不属于出租方提供的交付条件。验收完成后双方签署租赁物业移交记录单等，其内容即为交付状态证明，其签署日期即为租赁物业交付日。交付确认文件签署后，双方的交付 / 接收义务即告完成。如交付确认文件所载明的交接日期与本合同约定不一致的，则租赁物业交付日以交付确认文件载明的时间为准。

法天使[1]：
【甲方或乙方责任（违约金＝押金）】
使用文中条款。
【浮动违约金且不再承担其他责任】
18.6　租赁期限内，因一方违约导致合同提前解除的，违约方应按下列标准向守约方支付违约金，但不再就合同提前解除承担其他违约责任。违约金标准＝损失金额 / 租赁期限月份数 × 提前解除未履行部分租赁期限月份数。
【按剩余租金的一定比例计算违约金】
18.6　租赁期限内，因一方违约导致合同提前解除的，违约方应按下列标准向守约方支付违约金，但不再就合同提前解除承担其他违约责任。违约金标准＝未履行租赁期限的全部租金总额的 10%；租金标准按实际履行期间平均租金标准计算。

<table>
<tr><td colspan="4">返还条件</td></tr>
<tr><td colspan="2">项目</td><td>标准</td><td>备注</td></tr>
<tr><td rowspan="3">平面形状</td><td>平面形状</td><td>规整</td><td></td></tr>
<tr><td>进深</td><td>10~12 米</td><td></td></tr>
<tr><td>柱距及模数</td><td></td><td></td></tr>
<tr><td rowspan="5">吊顶</td><td>吊顶高度</td><td></td><td></td></tr>
<tr><td rowspan="4">吊顶作法</td><td>成形材料</td><td></td></tr>
<tr><td rowspan="3"></td><td></td></tr>
<tr><td></td></tr>
<tr><td></td></tr>
<tr><td rowspan="4">楼面</td><td rowspan="2">架高地板</td><td rowspan="2">安装到位</td><td></td></tr>
<tr><td></td></tr>
<tr><td>楼板内布线系统</td><td>由客户自己铺设末端点位</td><td rowspan="2"></td></tr>
<tr><td>楼板荷载</td><td></td></tr>
<tr><td>墙壁作法</td><td>墙壁装修材料</td><td></td><td></td></tr>
<tr><td colspan="4">注：如承租方要求以承租方设计所需的条件交付该房屋，则增加的材料由承租方自行承担费用。</td></tr>
</table>

附件 5：收费标准

收费项目	收费标准	说明
空调费		
电费		
水费		

附件 6：《管理公约》及《装修手册》承诺书

本人/本公司为________________（物业名称及具体位置，以下称该物业）的用户，为维护该物业管理区域内全体用户的共同利益，本人声明如下：

一、确认已详细阅读________________有限公司制定的《管理公约》及《装修手册》。

二、同意遵守并倡导本人/本公司雇员及其他用户遵守《管理公约》及《装修手册》。

三、本人/本公司同意承担违反《管理公约》及《装修手册》的相应责任，并同意对本人/本公司雇员违反本《管理公约》及《装修手册》的行为承担连带责任。

承租方（签名或盖章）：

日期：

附件 7：增值税发票开具客户信息表

公司注册登记的名称（全称、中文）	
纳税人识别号	
地址、电话	
开户行及账号（中文）	
是否需要增值税专用发票（是 / 否）	

注：

1. 敬请留意，我们将根据贵公司提供的本附件信息开具增值税发票，请贵公司确保所提供的开票信息准确、完整，因为任何错误信息都有可能导致贵公司收到的增值税专用发票不能作为进项税额抵扣的凭证。

2. 如果贵司需要增值税专用发票，请务必在上方表格中选择“是”，否则，我们将开具增值税普通发票。

3. 纳税人识别号是指用于开票的税务登记证号或统一社会信用代码。

4. 如果您的开票信息发生变更，烦请及时书面告知我司。

5. 如因贵公司未能提供准确完整的开票信息，或开票信息发生变更未能及时书面告知我司，所产生的损失由贵公司承担。

承租方（签名或盖章）：

日期：

项目中介服务合同 | 136

适用场景：

甲方（委托人）委托乙方（居间人）协助取得目标项目，如取得项目则向乙方支付中介服务费用。

重要审查点：

【重要等级：**高**】

审查点 1：注意涉嫌违法的中介模式

1. 工程项目建设的施工、采购等环节，违反招投标强制性规定的中介合同可能无效。详情可查看《招标投标法》中关于禁止串标、“黑白合同”和“阴阳合同”等内容的规定。

起草审查招投标领域的中介合同，应注意：

（1）合同条款中不应出现如“保证中标”“中标之前即取得资格进场施工”“泄露标底”等相关表述。

（2）约定中标无效情形下居间报酬是否返还。

（3）可考虑将中介合同调整为先收费模式（同时可约定如果未中标则退还全部或部分费用），以避免委托人主张合同无效而拒绝支付费用。

2. 违法分包、转包、挂靠相关中介合同可能无效。

（1）常见的违法分包、转包包括：

a. 分包未经发包方批准；

b. 分包方不具备相应资质；

c. 已分包工程再分包；

d. 将主体工程进行分包；

e. 以分包形式肢解工程间接转包。

（2）法律禁止的挂靠包括：

没有资质的单位或个人借用资质、资质等级低的借用资质等级高的、有资质的建筑施工企业名义上联营、合作等方式变相借出资质进行承揽等。

（3）对于促成违法分包、转包、无资质承包的中介合同，应注意：

从中介人角度，合同中可考虑增加“委托人不得以 ×× 合同无效为由拒绝支付中介服务费用”的约定。

提示当事人存在合同无效、不支持中介费用的风险。

可考虑改为“先收费、未达成要求再退费”的收费模式，以降低风险。

3. 以“中介”为名行贿受贿，涉嫌违法无效。

审查点 2：注意中介居间合同的任意解除权风险

《民法典》合同编第 26 章“中介合同”第 966 条规定：“本章没有规定的，参照适用委托合同的有关规定。”可见，中介居间合同也可能适用委托合同的规定而享有任意解除权。

审查点 3：“防跳单”相关条款

“跳单”，即绕开中介人直接订立合同，直接影响中介方以“居间成功才收费”，需要在条款上注意：

1. 明确“跳单”仍需要支付报酬——中介方注意。

2. 明确居间成功的定义，防止委托人否认“居间成功”——中介方注意。

3. 应事先考虑对“居间服务”的证明——中介方注意。

4. 如存在“虽然签约但并非由中介人促成”的情形，应在合同中列明——委托方注意。

文本正文：

项目中介服务合同

甲方（委托方）：＿＿＿＿＿＿＿＿

统一社会信用代码：＿＿＿＿＿＿＿＿

乙方（中介方）：＿＿＿＿＿＿＿＿

法天使[1]：
【成功才支付（提成模式）】使用文中条款。
【成功才支付（固定报酬）】
【成功才支付（浮动提成比例模式）】
【基础费用+后期提成费用】

统一社会信用代码：________________

本合同各方经平等自愿协商，根据《中华人民共和国民法典》及相关法律法规，就中介服务事宜，签订本合同以共同遵守。

1. 中介服务事项

1.1　乙方作为中介方，为甲方承接目标单位的目标项目提供中介服务。

目标单位是指：________________

目标项目是指：________________

1.2　乙方应就该项目向甲方提供咨询、资料整理等服务，该类服务费用已经包含在本合同约定的报酬中，无须另外支付。

2. 中介服务期限

中介服务期限：本合同签订之日起至目标项目事实上已经签约无须再提供中介服务时为止。

3. 中介服务费用

3.1　乙方中介成功的，甲方应按照“项目金额 × 佣金比例”向乙方支付中介服务费用；乙方未中介成功的，甲方无须支付中介服务费用。

（1）佣金比例：双方确认佣金比例为____%（百分之______）。

（2）项目金额：甲方就目标项目与目标单位实际签署的具有法律约束力的合同或文件中确定的金额。

3.2　支付时间：甲方就目标项目与目标单位签署合同或具有法律约束力的文件之日起5个工作日内。[1]

3.3　乙方指定收款方式

银行账号：________________

开户行：________________

户名：________________

3.4　本合同约定的价款为含税价；乙方应向甲方提供正规足额增值税专用发票。发票信息如下：

名称：________________

纳税人识别号：________________

地址、电话：________________

开户行及账号：________________[1]

4. 中介服务费用支付的特别约定

4.1　“中介成功”是指只要甲方取得目标项目（承揽、承接目标项目），即视为乙方中介成功。[2]

4.2　以下类型均视为“中介成功”：

4.2.1　甲方通过关联单位、分支机构取得目标项目，或者与第三方合作取得目标项目。

4.2.2　甲方通过发包单位的关联单位、分支机构取得目标项目。

4.3　中介成功后，甲方承接目标项目的合同发生解除、终止、退款或其他争议的，不影响本合同约定的中介服务费用支付。[3]

4.4　本合同签订后，任何一方不得任意解除合同，包括不得依据法律规定的任意解除权要求解除。甲方违约解除本合同的，在符合本合同约定的中介报酬支付条件时，仍需向乙方支付中介报酬。

5. 中介费用

无论中介是否成功、乙方是否取得中介服务费用，乙方在中介服务过程中所支出的其他费用均由乙方自行承担。[4]

6. 甲方其他权利与义务

6.1　配合义务

6.1.1　甲方应根据乙方要求，出示营业执照、资质证明等材料。

6.1.2　甲方应积极参与目标项目的沟通、谈判与签约事宜。

6.2　付款义务

6.2.1　甲方应按照合同约定，向乙方支付相应的中介服务费用。

6.3　其他

6.3.1　甲方有权自行决定是否与目标单位签约、以何种条件签约等。

6.3.2　甲方参与承接目标项目过程中发生的费用、纠纷、责任等由甲方自行承担，

法天使[1]：
【收款方为公司，开具发票】
使用文中条款。
【收款方为个人，承担税费】
【收款方为个人，付款方承担全部税费】

法天使[2]：
【取得项目即中介成功】
使用文中条款。
【取得项目+按特别约定】

法天使[3]：
【中介成功后，解除不退费】
使用文中条款。
【中介成功后解除且全部退款的，甲方有权要求退费】

法天使[4]：
【乙方自行承担】
使用文中条款。
【居间不成功时甲方适当补偿】
【居间不成功时甲方有限额报销】

乙方不承担任何责任。

6.3.3 如果中介成功，甲方应全面履行就目标项目所签订合同项下的全部义务。甲方因履行合同义务而与目标单位发生纠纷的，乙方不承担任何责任。

7. 乙方其他权利与义务

7.1 乙方在履行本合同的过程中，应本着诚信、专业、高效的职业精神，为甲方争取利益。

7.2 乙方可以向目标单位表明其为甲方的中介方，并可以在不违反保密约定的情况下向目标单位介绍甲方项目的相关情况。

7.3 乙方应根据甲方要求，及时汇报中介服务的进展。

8. 非代理、非雇佣

8.1 本合同的签订及履行，不代表双方建立劳动关系、劳务关系、劳务派遣关系、雇佣关系或类似关系，甲方不向乙方承担任何雇主或用人单位性质的责任。

8.2 本合同的签订与履行，不代表双方建立代理或类似关系，乙方无权代表甲方签署任何法律文件。

9. 保密

9.1 乙方保证对在讨论、签订、履行本合同过程中所获悉的属于甲方及甲方关联方的且无法自公开渠道的文件及资料（包括但不限于商业秘密、公司计划、运营活动、财务信息、技术信息、经营信息及其他商业秘密）予以保密。未经甲方同意，乙方不得超出本合同约定的目的和范围使用该商业秘密，不得向任何第三方泄露该商业秘密的全部或部分内容。

9.2 上述保密义务，在本合同终止或解除之后仍需履行。

10. 违约责任

10.1 甲方逾期未足额支付中介服务费用或其他费用的，每逾期 1 日，应按逾期金额的万分之五向乙方支付违约金，同时甲方仍应履行付款义务。

10.2 任何一方违反本合同约定给对方造成损失的，应赔偿给对方造成的全部损失。

11. 合同联系方式

11.1　为更好地履行本合同，双方提供以下联系方式：

（1）甲方联系方式

联系人：________________

地址：________________

手机：________________

微信：________________

电子邮箱：________________

（2）乙方联系方式

联系人：________________

地址：________________

手机：________________

微信：________________

电子邮箱：________________

11.2　通过电子邮箱及其他电子方式送达时，发出之日即视为有效送达。

11.3　通过快递等方式送达时，对方签收之日或发出后第三日视为有效送达（以两者较早一个日期为准）；对方拒收或退回的，视为签收。

11.4　上述联系方式同时作为有效司法送达地址。

11.5　一方变更联系方式，应以书面形式通知对方；否则，该联系方式仍视为有效，由未通知方承担由此而引起的相关责任。

11.6　本联系方式条款为独立条款，不受合同整体或其他条款的效力影响，始终有效。

12. 争议解决

因本合同以及本合同项下订单 / 附件 / 补充协议等（如有）引起或有关的任何争议，均提请____________仲裁委员会按照其仲裁规则进行仲裁。仲裁裁决是终局的，对合同各方均有约束力。

13. 附则

13.1　本合同一式二份，合同各方各执一份。各份合同文本具有同等法律效力。

13.2　本合同经各方签名或盖章后生效。

签署时间：　　　　　年　　　　月　　　　日

甲方（盖章）：

法定代表人或授权代表：

乙方（签名）：

声　　明

本书以及法天使网站 (fatianshi.cn) 中提供的合同模板、条款模板及相关信息 仅供读者参考，读者在实际使用时，应根据自身的具体情况修订使用。

本书内容以及列举的各类文本 / 审查点 / 条款仅供读者参考，不作为正式法律意见，有关审查点、条款及相关法律法规有可能过时或有争议。

欢迎指正：

《创业，你需要的合同（第二版）》，是为一般初创企业和创业者提供一套常用的合同范本及相关知识，本书作者深知这一任务的艰巨，虽然已经竭尽努力， 仍难免书中会有错漏之处，有些观点仍有待商榷，部分内容仍需补充。

作者将不断吸收专业人士的反馈意见，跟进法律法规、法律实务的变化，不断提高对合同起草审查的认识，从而持续更新、优化本书。

任何批评意见、建议、意向可发送至 he@fatianshi.cn，“法天使—中国合同库”团队将认真查阅所有意见。